KRIMINALGESCHICHTE BAYERNS

Reinhard Heydenreuter

KRIMINALGESCHICHTE BAYERNS

Von den Anfängen bis ins 20. Jahrhundert

Verlag Friedrich Pustet
Regensburg

Umschlagmotiv: Kolorierter Holzschnitt aus dem Laienspiegel von Ulrich Tengler, Augsburg 1512.
Sammlung Archiv f. Kunst und Geschichte, Berlin.
Foto: akg-images, Berlin.

Bibliografische Information Der Deutschen Bibliothek

Die Deutsche Bibliothek verzeichnet diese Publikation in der Deutschen Nationalbibliografie, detaillierte bibliografische Daten sind im Internet über http://dnb.ddb.de abrufbar

Ungekürzte Sonderausgabe 2008

ISBN 978-3-7917-2136-1

Umschlaggestaltung: Martin Veicht, Regensburg
Gesamtherstellung: Friedrich Pustet, Regensburg
Printed in Germany 2008

Inhalt

Kapitel II: Strafgesetzgebung in der frühen Neuzeit
Herrschen durch Strafen

Kapitel III: Was war früher alles strafbar?
Zur Geschichte der Straftatbestände

KAPITEL V: ZWISCHEN GALGEN UND GELD
Die Kriminalstrafen vom 16. bis zum 18. Jahrhundert

ANHANG

Einleitung

Die vorliegende Kriminalgeschichte Bayerns stellt den Versuch dar, die Geschichte der Strafrechtspflege für das Gebiet des heutigen Freistaats Bayern zu schildern. Bayern setzt sich historisch aus den unterschiedlichsten Territorien und Ständen des Alten Reichs zusammen. Alle diese historischen Einheiten, angefangen von der Reichsstadt Lindau im Südwesten bis zum Markgraftum Kulmbach-Bayreuth im Nordosten, hätten in der vorliegenden Darstellung eine ausführliche Berücksichtigung verdient. Es versteht sich, daß der beschränkte Platz und die Form der Darstellung nur eine Auswahl aus der Vielfalt der bayerischen Strafrechtsgeschichte ermöglicht hat. In weiten Bereichen der Arbeit, besonders dort, wo es um die Details von Delikt, Verfahren und Strafe ging, habe ich mich mit Beispielen aus dem Herzogtum und Kurfürstentum Bayern begnügt. Ein Grund dafür ist, daß ich mich hier in weiten Teilen, wie der Leser bemerken wird, auf eigene Quellenstudien stützen konnte. Auch sonst ist ein großer Teil der Arbeit unmittelbar aus den Quellen gearbeitet. Der überwiegende Teil der verwendeten Archivquellen stammt aus dem 16. und 17. Jahrhundert. Mit dieser zeitlichen Konzentration soll vor allem die Hauptthese meines Buches gestützt und bewiesen werden, daß nämlich der moderne Staat im 16. und 17. Jahrhundert nicht zuletzt auch als Strafrechtsstaat entstanden ist und daß wir unser heutiges Untertanenbewußtsein der „Verstrafrechtlichung" dieser Jahrhunderte zu verdanken haben. Die Hauptergebnisse dieser Untersuchung findet der Leser im Kapitel VII zusammengefaßt.

Großer Wert wurde in der vorliegenden Arbeit auf Abbildungen gelegt, die nicht nur illustrieren sollen, sondern auch als eigenständige Quellen gewertet werden wollen. Dies gilt auch für die eingestreuten Beispiele („Kriminalfälle"), die zu einem Teil unmittelbar aus den Quellen erarbeitet worden sind. Sie erhöhen hoffentlich die Anschaulichkeit der Darstellung. In großem Umfang sind sowohl im Text wie bei den Abbildungen Quellentexte zitiert und im Original abgedruckt worden. Die abgebildeten Quellentexte sind in der Regel transkribiert und können daher dem interessierten Leser dazu dienen, seine Lesefähigkeit bei historischen Texten der Neuzeit zu erproben und zu verbessern.

Eine Kriminalgeschichte Bayerns könnte natürlich bis ins 21. Jahrhundert hinein fortgesetzt werden. Andererseits endet die eigenständige bayerische Strafgesetzgebung im wesentlichen im 19. Jahrhundert. Die vorliegende Arbeit macht einen Kompromiß: Sie endet mit dem Prozeß gegen Adolf Hitler 1924, dem „folgenschwersten Fehlurteil unseres Jahrhunderts" (Gritschneder).

Kapitel I
Mittelalterliches Strafrecht
Vom Stammesrecht zum Ewigen Landfrieden 1495

1. Stammesrechte

Die ältesten Quellen für eine bayerische Kriminalgeschichte sind Heiligenlegenden und vor allem die im 7. und 8. Jahrhundert in lateinischer Sprache aufgezeichneten Stammesrechte (Volksrechte) der Baiuwaren und Alemannen (Lex Baiuvariorum, Lex Alamannorum). Die Entstehungszeit dieser beiden Volksrechte, die viel Gemeinsamkeiten aufweisen, ist umstritten. Einig ist man sich weitgehend, daß die Endfassung der Lex Baiuvariorum aus den Jahren zwischen 741 und 744 stammt, als Herzog Odilo (737–748) in Bayern regierte. Die Lex Alamannorum weist man der Zeit des Herzogs Landtfrid (710–730) zu. Beide Gesetze sind ganz offensichtlich keine reinen Stammesgesetze, die von Baiuwaren für Baiuwaren bzw. von Alemannen für Alemannen geschrieben worden waren. Veranlaßt wurde die Gesetzgebung nämlich im wesentlichen von den fränkischen Herrschern, die seit dem 6. Jahrhundert die Oberherrschaft über Baiuwaren und Alemannen beanspruchten. Daher sind die Gesetze sehr stark vom fränkischen Recht (Lex Salica) beeinflußt. Für die Lex Baiuvariorum will man sogar einen starken westgotischen Einfluß (Codex Euricianus) ausgemacht haben. Auffällig ist in der Lex Baiuvariorum der an den zahlreichen Bibelstellen erkennbare starke christliche Einfluß und die Bevorzugung der Geistlichkeit. Man vermutet daher als Verfasser einen Geistlichen. Die Stammesrechte sind somit nicht zuletzt ein von den fränkischen Herrschern eingesetztes Instrument der Christianisierung und Disziplinierung der von ihnen unterworfenen Völkerschaften.

Wie alle Stammesrechte galten Lex Baiuvariorum und Lex Alamannorum nicht für ein bestimmtes Gebiet, sondern nur für die jeweiligen Stammesangehörigen, unabhängig von ihrem jeweiligen Aufenthaltsort. Der Großteil der Bestimmungen in den Stammesrechten besteht aus Bußgeldkatalogen, in denen der Strafentarif bei Delikten und Beschädigungen festgelegt ist. Dabei ging es

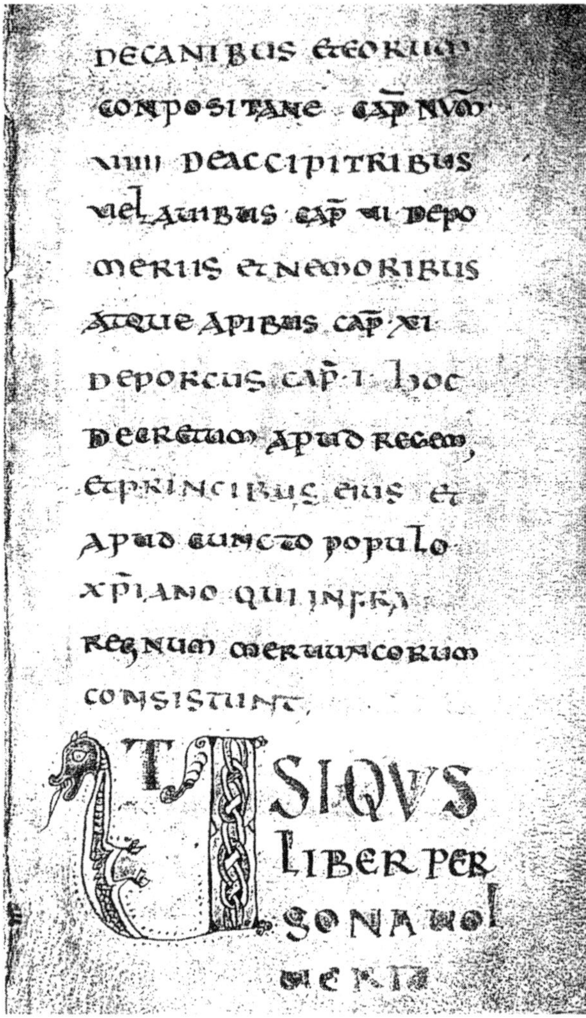

LEX BAIUVARIORUM (Endfassung im 8. Jh.): Pergamenthandschrift aus dem 1. Viertel des 9. Jh. Gezeigt wird das Ende des Inhaltsverzeichnisses und der Beginn des 1. Kapitels. (Universitätsbibliothek München)

darum, die verheerenden Fehden und Rachezüge der Sippen zu beenden und die Blutrache durch entsprechende Sühneverträge mit Bußzahlungen zu ersetzen. Die Höhe der Sühneleistung, mit der man der gegnerischen Sippe die Rache „abkaufen" und damit den Rechtsfrieden wiederherstellen konnte, richtete sich nach der jeweiligen Verletzungshandlung. Empfänger der Zahlung waren der Betroffene oder die Familie eines Getöteten. Um Streit zu vermeiden, mußte

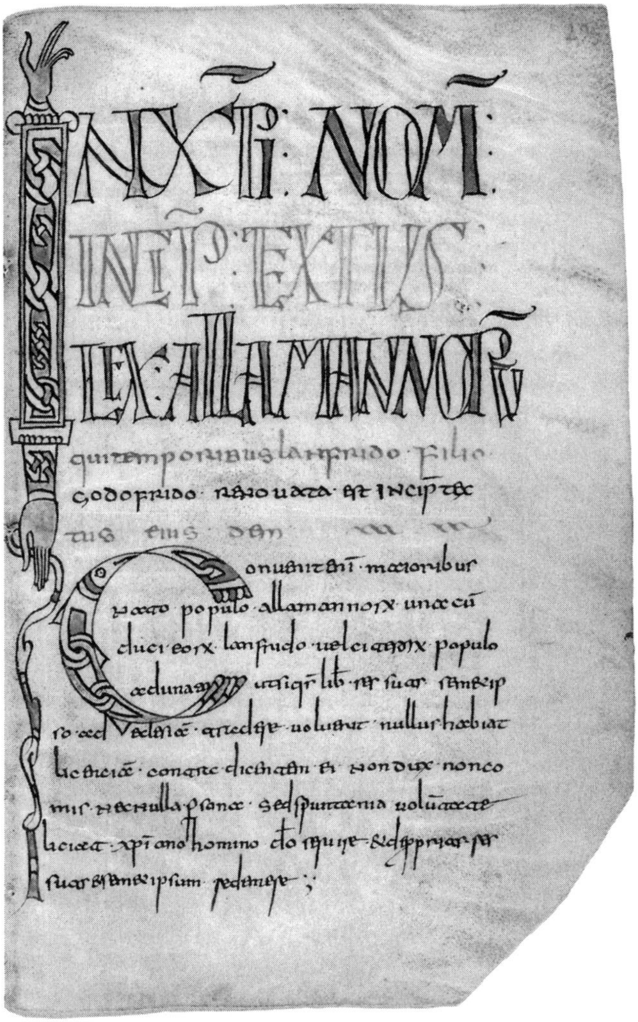

Lex Alamannorum: Das Stammesrecht der Alamannen (Endfassung zwischen 724 und 730) ist uns in über 50 Handschriften überliefert. Die abgebildete Handschrift aus der Klosterbibliothek St. Gallen stammt aus dem Jahre 793.

jedes Schädigungsobjekt genau taxiert werden. Grundmaß war der Preis für die Tötung eines freien Mannes. Dieses sogenannte Wer- oder Manngeld (wer = Mann) betrug bei einem freien Baiuwaren oder Alemannen 160 Schilling, das entsprach dem Gegenwert von 160 Kühen oder 80 Ochsen oder 33 Hengsten. Besonders präzise werden dann in den beiden Volksrechten die Gliedmaßen mit dem jeweiligen Grad der Verletzungen taxiert.

Einige Beispiele aus der Lex Baiuvariorum, die sich in gleicher oder ähnlicher Weise auch in der Lex Alamannorum finden:
Si quis liberum per iram percusserit, quod „pulislac" vocant, I solidum donet. Si in eum sanguinem fuderit, quod „plotruns" dicunt, sol. I et semi conponat (Wenn einer einen Freien im Zorn schlägt, was sie „pulislac" [Beulenschlag] nennen, der soll 1 Schilling geben. Wenn er jenen aber so schlägt, daß das Blut fließt, was sie „Plotruns" [Blutrunst] nennen, der soll es mit 1½ Schillingen büßen).
Si quis aliquem plagaverit, ut exinde claudus fiat, sic ut pedes eius ros tangit, quod „Taudregil" vocant, cum XII sol. conponat (Wenn einer den anderen dergestalt verwundet, daß er darüber so lahm wird, daß sein Fuß den Tau streift, was sie „Taudregil" nennen, der büße es mit 12 Schillingen).
Si quis liberum hominem occiderit, solvat parentibus suis, si habet, si autem non habet, solvat duci vel cui commendatus fuit, bis LXXX sol., hoc sunt CLX (Wenn einer einen freien Mann erschlägt, der büße ihn seinen Verwandten, wenn er solche hat, hat er aber keine, so zahle er dem Herzog oder demjenigen, dem jener sich [bei Lebzeiten] ergeben hat, zweimal 80 Schillinge, das sind zusammen 160 Schillinge).

Besonders hohe Bußzahlungen mußten bei Tötung von Klerikern bezahlt werden. Berühmt ist die Bestimmung in der Lex Baiuvariorum über die Tötung eines Bischofs:
Si quis episcopum, quem constituit rex vel populus elegit sibi pontificem, occiderit, solvat eum regi vel plebi aut parentibus secundum hoc edictum. Fiat tunica plumbea secundum statum eius, et quod ipsa pensaverit, aurum tantum donet, qui eum occidit, et si aurum non habeat donet alia pecunia, mancipia, terra, villas vel quicquid habet, usque dum impleat debitum (Wenn einer den Bischof, den der König eingesetzt oder das Volk sich zum Hohepriester gewählt hat, tötet, so soll er ihn dem Könige oder dem Volke oder den Verwandten nach folgendem Gesetz vergelten: Es werde ein Gewand von Blei nach des Getöteten Gestalt gemacht und was dieses wiegen wird, soviel soll der Täter an Gold erlegen. Und mangelt es ihm an Gold, so soll er anderes Geld, Leibeigene, Grundstücke, Höfe oder was er immer hat, hingeben, bis die Schuld erfüllt ist).

Auch Frauen genossen in der Lex Baiuvariorum besonderen Schutz. Bei ihrer Tötung und Verletzung mußte ein doppeltes Bußgeld bezahlt werden. Dagegen durfte die auf frischer Tat beim Ehebruch ertappte Frau zusammen mit dem Liebhaber ohne Bußgeldzahlung von ihrem Ehemann getötet werden. Leibesstrafen drohte die Lex Baiuvariorum in der Regel nur an, wenn das Verbrechen von Unfreien begangen worden war. Lediglich beim Diebstahl verlor auch der Freie jeglichen Schutz seines Standes. Auch willkürliche und mutwillige Totschläge konnten nicht einfach durch Bußgeldzahlungen aus der Welt geschafft werden. Dies ordnet schon das fränkische Stammesrecht (Lex Salica) im Jahre 596 an (Dekret des Königs Childebert II.):

§ 3: Bei Totschlägen befehlen wir das folgende zu beachten: Wenn jemand mutwillig und ohne Grund jemand tötet, hat er selbst sein Leben verwirkt. Denn er darf sich nicht mit einem Lösungspreis befreien oder Bußgeld zahlen. Falls es zu entsprechenden Vereinbarungen kommt, darf der Täter weder von Verwandten noch Freunden bei Gefahr des Wergeldverlustes unterstützt werden. Denn es ist gerecht, daß derjenige, der zu töten weiß, auch zu sterben lerne.

Im Prozeß kannte die Lex Baiuvariorum neben dem Reinigungseid auch den Zweikampf als Mittel der „Wahrheitsfindung". Freilich konnte man sich bei diesem bis in das 13. Jahrhundert üblichen „Gottesurteil" durch Berufskämpfer vertreten lassen.

Wie weit die Stammesrechte praktische Bedeutung gewonnen haben, wissen wir nicht. Die Lex Baiuvariorum schreibt zwar ausdrücklich vor, daß der Richter das Gesetzbuch immer bei sich haben mußte, aber mangels Urkunden können wir über die tatsächliche Anwendung und über das praktizierte Kriminalverfahren keine Aussagen machen. Keinesfalls können wir davon ausgehen, daß auf Grund der Stammesrechte die blutigen Sippenkämpfe ein Ende gefunden hätten und die Sühneverträge die Blutrache verdrängt hätten. Grundsätzlich war es bis ins 16. Jahrhundert so, daß ein Totschläger, der sich nicht durch Flucht in Sicherheit bringen konnte, mit der Blutrache der Sippe des Betroffenen rechnen mußte. Einen Eindruck von der Selbstverständlichkeit des Tötens und der Rache vermitteln uns die wenigen literarischen Zeugnisse aus der Entstehungszeit der Stammesrechte, insbesondere die Heiligenviten, wie etwa das Leben des hl. Emmeram oder des Frankenapostels Kilian. Auch im politischen Bereich war man mit der Aburteilung und Ausschaltung des Gegners nicht zimperlich. Dies zeigt der erste Bayern betreffende politische Prozeß, der von Kaiser Karl dem Großen gegen Herzog Tassilo inszeniert wurde:

Der Kriminalfall: Tassilos Ende 787/88

Merkwürdige Familienverhältnisse und Familienstreitigkeiten im Frankenreich des 8. Jahrhunderts: Hiltrud, die Tochter Karl Martells (688/89–741), flieht nach dessen Tod 741 mit ihrem Halbbruder Grifo vor ihren Brüdern Karlmann (vor 714–754) und Pippin (714–768) nach Bayern, das gegenüber dem Frankenreich eine weitgehend unabhängige Stellung behauptet. Sie heiratet dort Herzog Odilo. Gemeinsamer Sohn dieser antifränkischen „Trotzehe" ist der 741/742 geborene Tassilo. 743 rücken Pippin und Karlmann militärisch gegen ihren Schwager vor. 744 muß Odilo die fränkische Oberhoheit anerkennen. Als 748 Odilo stirbt, setzt Onkel Pippin Tassilo zum Herzog ein und überläßt die Vormundschaft seiner Schwester Hiltrud.

Wenig später, 751, übernimmt Pippin auch formal die Macht im Frankenreich. Er läßt den Merowingerkönig Childerich III. hinter Klostermauern bringen und sich selbst zum König erheben. Sein Bruder Karlmann hatte schon 747 auf die Regierung verzichtet. 754 arrangiert sich Pippin mit dem Papst, der ihn salbt und krönt. Pippin sagt ihm Hilfe gegen die Langobarden sowie die obrigkeitliche und umfassende Christianisierung der Bevölkerung zu.

757, auf der Reichsversammlung von Compiègne, schwört Herzog Tassilo seinem Onkel Pippin und dessen Söhnen Karl und Karlmann den Vasalleneid. Auf einer Synode in Aschheim versammelt sich die Geistlichkeit des Herzogtums um Tassilo. Es wird ihm der Vollzug der zwischen Pippin und Papst vereinbarten Zwangschristianisierung nahegelegt: Insbesondere muß er die Beitreibung des Kirchenzehnten garantieren und darf die Leitungsfunktion der Bischöfe nicht beeinträchtigen. Immer wieder weist die Versammlung auf die entsprechenden Bestimmungen der Lex Baiuvariorum hin. Auch jetzt soll – wie unter Herzog Odilo – dieses Werk der „fränkischen Kirchenpartei" in Bayern ganz offensichtlich den jungen Herzog in Schach halten.

Dieser aber wird die nächsten Jahre durch seine Heerfolgepflichten unter König Pippin in Anspruch genommen. Tassilo muß mit seinen bayerischen Truppen vor allem im fernen Aquitanien Dienst tun. Im vierten aquitanischen Feldzug kommt es zum Eklat: 763 verläßt Tassilo eigenmächtig das fränkische Heer und zieht mit seinen Bayern nach Hause.

Gestützt auf die Langobarden gelingt es Tassilo, sich vom Frankenreich zu lösen. Die Niederlage seines langobardischen Schwiegervaters Desiderius 774 isoliert ihn gegenüber Karl dem Großen, der ihn zu stürzen versucht. 781 wird der 763 gebrochene Treueid erneuert. Nach einem gescheiterten Aufstandsversuch rückt Karl der Große 787 mit seinem Heer gegen Tassilo vor. Einhard schildert uns die Ereignisse wie folgt: „Des Königs Großherzigkeit ertrug Tassilos Widersetzlichkeit nicht, da sie doch gar zu weit zu gehen schien. Er bot also allenthalben seine Truppen zum Zuge gegen das Baiernland auf und erschien selbst mit einem großen Heer am Lech. Tassilo hielt es mit Rücksicht auf sein und seines Volkes Wohl nicht für geraten, in seinem hartnäckigen Ungehorsam zu verharren. Demütig ergab er sich dem König …" Bayern wird fränkisches Lehen. In einem allerletzten Versuch, die fränkische Vorherrschaft abzuschütteln, verbündet sich Tassilo mit den Awaren. Doch scheitert er nun endgültig. Die Opposition im Innern ist zu groß. Karl der Große läßt Tassilo nach Ingelheim bringen, wo ihm der Prozeß gemacht wird.

Die Anklage basiert auf dem freilich verjährten Vorwurf, Tassilo habe sich vor 25 Jahren vom Heere Pippins entfernt. Darüber hinaus lastet man Tassilo sein Bündnis mit den Awaren und damit Bruch des Vasalleneids und Landesverrat an. Entscheidend für seine Absetzung dürfte aber seine Feindschaft mit den fränkisch gesinnten Bischöfen seines Landes gewesen sein.

Tassilo wird geblendet und zur Klosterhaft „begnadigt". Ihm folgt seine langobardische Frau Luitbirc. Zu fragen ist, wer von der Absetzung Tassilos in Bayern am meisten profitierte. Da sind zunächst einmal die Bischöfe zu nennen, allen voran Bischof Arno von Salzburg (785 bis 821). Dieser beeilt sich, aus der Konkursmasse des Herzogtums möglichst viel für die Salzburger Kirche zu sichern. Salzburg wird nun de facto die Hauptstadt Bayerns und Erzbischof Arno, der gute Freund Karls des Großen, der „heimliche" Herzog von Bayern. Bezeichnenderweise sind es die Salzburger Annalen, die uns als einzige berichten, daß Tassilo ins Kloster gesteckt wurde – nicht

einmal Einhard, Karls Geschichtsschreiber, berichtet uns darüber. Dieser teilt nur mit: „Tassilo wurde später vor den König geladen und ihm nicht erlaubt, zurückzukehren." Wo aber war Tassilo eingesperrt? Vieles deutet darauf hin, daß das Kloster im Verfügungsbereich des Salzburger Erzbischofs lag. Vielleicht im alten Kloster Herrenchiemsee, das in den Hunnenstürmen des 9. Jahrhunderts untergegangen ist und dessen ursprüngliche Lage die Archäologen bis heute nicht bestimmen konnten?
Noch einmal und zum letzten Mal taucht Tassilo im Jahre 794 aus dem Dunkel der Geschichte. In diesem Jahr wird Frankfurt zum ersten Mal als Ort einer Reichssynode erwähnt. Der Mönch Tassilo wird aus seiner Klosterzelle geholt bzw. vom zuständigen (Salzburger?) Bischof mitgebracht, um in aller Öffentlichkeit für sich und seine Kinder auf Bayern zu verzichten: Der blinde Kuttenträger Tassilo wird den kirchlichen Würdenträgern als abgesetzter Vasall „vorgeführt". Drei Urkunden sollen über den Vorgang ausgefertigt worden sein. Mit einer von ihnen wird Tassilo in seine Klosterhaft zurückgebracht. Dann hören wir nichts mehr von ihm. Wir wissen nur, daß er an einem 11. Dezember gestorben ist. Wo und in welchem Jahr er stirbt und wo er begraben ist, bleibt bis heute ein fränkisches Staatsgeheimnis.

2. Landfrieden

Es sollte Jahrhunderte dauern, bis nach der Niederschrift der Stammesrechte wieder umfangreiche Rechtsaufzeichnungen auf deutschem Boden erfolgten. Zu nennen sind hier vor allem die bayerischen und fränkischen Landfrieden des 13. und 14. Jahrhunderts. Diese entstehen aus den Gottesfrieden und den königlichen Landfrieden. Bei der königlichen und schließlich territorialen Landfriedensgesetzgebung ging es vor allem um die Eindämmung von Fehde und Blutrache. Die Fehde, das heißt die Durchsetzung von Rechten mittels Selbsthilfe, galt mangels einer funktionierenden Gerichtsorganisation als prinzipiell rechtmäßig. Ihre regellose Durchführung freilich führte zu Auswüchsen, unter denen vor allem die Untertanen zu leiden hatten. Für den Einzelnen war auch bald nicht mehr zu unterscheiden, ob es sich um eine rechtmäßige Fehde oder um einen Raubzug handelte. Dies galt vor allem für die Auseinandersetzungen zwischen Adel und Städten im fränkischen Bereich.

Mit den sogenannten Landfrieden, deren Rechtsnatur umstritten ist (königliche bzw. landesherrliche Gesetze, Einungen?), unternahm man nun den Versuch, die Fehde einzuschränken. Wichtigster Inhalt der meist als Vertrag ausgehandelten Landfrieden war der Schutz wehrloser Untertanen, vor allem von Bauern, Pilgern, Frauen und Kindern, dann der Schutz privilegierter Gebäude (Kirchen) und die Schonung gewisser Gegenstände und Anlagen, die für die Versorgung der Bevölkerung von Bedeutung waren (Mühlen, Pflüge). Wichtig war auch die Festsetzung von fehdefreien Tagen und Perioden sowie die Verpflichtung der Beteiligten zu einer gütlichen Einigung (Schiedsgericht) vor Fehdebeginn. Besonders interessiert an den Landfrieden waren die seit dem 12. Jahrhundert aufblühenden Städte und Märkte, denen vor allem die Sicherung des Handels am Herzen lag.

Die Landfriedensgesetzgebung begann in Deutschland mit den königlichen Reichslandfrieden. Zu nennen sind hier der Reichslandfrieden Kaiser Friedrichs I. von 1152, mit dem er seine Regierung antrat, oder die Constitutio contra incendiarios (Erlaß gegen die Mordbrenner) von 1186, die sich unter anderem gegen die Fehdeführung durch Niederbrennen von Dörfern des Gegners richtete. Diese Reichslandfrieden stellten die ersten, freilich unvollständigen Strafgesetzbücher des hohen Mittelalters dar. Seit dem 13. Jahrhundert wurden sie durch territoriale Landfrieden ergänzt.

Die Landesherrn übernahmen in ihren Territorien seit dem 13. Jahrhundert die Rolle des Königs bei der Friedenssicherung. 1220 und 1232 wird den Landesherren auch gesetzlich die Ausübung der königlichen Regalien bestätigt. Die größeren Herrscher, wie etwa die Herzöge von Bayern, machten davon umgehend Gebrauch: Herzog Otto II. schloß 1244 mit dem Erzbischof von Salzburg, den Bischöfen von Passau, Regensburg, Freising, Eichstätt und Bamberg sowie mit allen Grafen und Edlen des Herzogtums einen Landfrieden auf drei Jahre. Nach der Teilung des Landes in Nieder- und Oberbayern 1255 wird 1256 für Niederbayern für zwei Jahre ein eigener Landfrieden zwischen Herzog Heinrich XIII. von Niederbayern und den Bischöfen von Passau, Freising und Bamberg sowie Grafen, Freien und Dienstmannen beschlossen und beschworen. Man übernahm teilweise die Bestimmungen von 1244. Drastisch klingen die Bestimmungen, mit denen der Landfriede durchgesetzt werden soll: Jeder der Eidgenossen, der den Landfrieden bricht, soll seine Schwurhand verlieren. Friedbrecher werden automatisch rechtlos und dürfen von allen Beteiligten verfolgt werden. Die Erteilung des Geleits wird nun allein dem Landesherrn vorbehalten und auch der Mißbrauch des Befestigungsregals (also das Recht, Burgen zu erbauen) wird nun von der Landesherrschaft ins Visier genommen. Der Besitz von Burgen und befestigten Plätzen ist ebenso wie die Beschäftigung eines bewaffneten Anhangs nur noch Adeligen erlaubt, die ein Vermögen von 30 Pfund nachweisen können. Die zahllosen kleinen Befestigungen, die um diese Zeit das Landschaftsbild prägen, werden nun abgebrochen.

Die bayerischen Landfrieden von 1244 und 1256 – der von 1244 ist noch in lateinischer, der von 1256 (für Niederbayern) ist bereits in deutscher Sprache abgefaßt – stellen die ersten Gesetzgebungsakte des bayerischen Territorialfürstentums und die ersten schriftlichen Fixierungen des bayerischen Landrechts dar. Den Richtern wird bei einer Strafe von 5 Pfund Pfennigen (große Gerichtsbuße) aufgetragen, ein Exemplar des Landfriedens immer bei sich zu tragen. Die mitschwörenden Bischöfe treten in diesem Landfrieden bereits als selbständige Landesherren auf: Sie erkennen nur auf Grund ihres „Zustimmungseids“ die

Geltung des Landfriedens für ihr Gebiet an und machen damit deutlich, daß sie sich vom Herzogtum emanzipiert haben.

Auf Grund ihres Gesetzescharakters haben die Landfrieden Geltung für alle Untertanen der schwörenden Landesherrn. Ihr Hauptanliegen war im strafrechtlichen Bereich die Verbrechensbekämpfung, die Eindämmung der Fehde, der Schutz der Geistlichen und der Untertanen vor Übergriffen der herzoglichen Amtleute, Verfolgung der landschädlichen Leute von Amts wegen, Verbot von Spielleuten und Vaganten und das Verfahren bei Acht und Bann. Von größter Bedeutung waren sie für die Städte und Märkte des Herzogtums: In Landshut wird am 16. November 1256 eine Polizeiordnung erlassen, die den Landfrieden in der Stadt umsetzt. Auch für die Entwicklung der Prälatenklöster sind diese Landfrieden von großer Bedeutung; nicht umsonst sind uns die beiden Landfrieden und die Landshuter Polizeiordnung durch die Aufzeichnungen des Abtes Hermann von Niederaltaich (1242–1273) erhalten geblieben.

1281, nach der kaiserlosen, der „schrecklichen" Zeit, verkündete König Rudolf I. einen regionalen Landfrieden für Bayern und Franken, in dem es vor allem um Eindämmung der wilden Fehden und um wirksame und schnelle Verbrechensbekämpfung geht. Ausführlichst sind die Voraussetzungen des Achtverfahrens geregelt. Nicht nur diejenigen, die den Landfrieden brechen, kommen in die Acht, sondern auch diejenigen, die den Handfrieden, den privat vermittelten Frieden zwischen zwei Personen brechen. Die Verurteilung eines Verbrechers wird nun vor allem durch das „Übersiebnen" erleichtert. Damit kann ein auf frischer (handhafter) Tat ertappter oder sonstwie als *schädlich* erkannter Täter durch den Schwur des Betroffenen oder der Kläger sowie von sechs weiteren Zeugen „überzeugt" werden: *Wer einen schädlichen Mann oder Dieb vor Gericht gefangen bringt, derselbe oder der Richter soll schwören, daß er ein schädlicher Mann ist und daß man zu recht über ihn richten soll. Und sollen dann 6 schwören, daß der Eid wahr sei. Darnach soll man fragen, wie man ihn richten soll.*

In Nürnberg legte man daraufhin ein sogenanntes Achtbuch für Landfriedensbrecher an, in das man die geächteten Personen eintrug.[1] Die Acht sprach der in Nürnberg sitzende Reichsschultheiß im Einvernehmen mit dem Nürnberger Rat aus. Die Reichsacht konnte in ihrer letzten Konsequenz (Acht und Aberacht) dazu führen, daß der Geächtete „vogelfrei" wurde. Er war friedlos geworden, durfte von niemandem beherbergt und von jedermann straflos getötet werden. Im Zusammenhang mit der Landfriedensbewegung steht auch das älteste erhaltene Achtbuch Deutschlands, das seit 1274 am Kaiserlichen Landgericht Rothenburg geführt wurde.

Neben der Eindämmung der Fehde ging es in den Landfrieden vor allem um die Bekämpfung der „landschädlichen Leute", der ortsfremden, mobilen Verbrecher, denen man nur mit außerordentlichen Mitteln beikommen konnte. Offensichtlich stieg seit dem 13. Jahrhundert die Gewaltkriminalität allgemein an. Die Städte erhielten nun das Recht, diese „landschädlichen" Leute auch über ihre Gerichtsgrenzen hinaus verfolgen zu lassen. Zur Verurteilung dieser Verbrecher gab es ein vereinfachtes Verfahren: Ertappte man den Täter nicht auf frischer Tat, so genügte es, wenn ein Kläger zusammen mit sechs ehrbaren Leuten die Schuld des Beklagten beschwor (Übersiebnen). Der übliche Reinigungseid war dem Beklagten versperrt.

Das Bamberger Stadtrecht überliefert einen Fall, bei dem ein Bauer die Hintersassen eines Bamberger Bürgers gezwungen hatte, ihm Abgaben zu leisten. Dabei hatte er Gewalt angewandt und die materielle und physische Existenz seiner ausgebeuteten Opfer aufs Spiel gesetzt. Der gewalttätige Bauer wurde verhaftet, man „beschrie" ihn zum Zeichen dafür, daß man ihn auf „handhafter" Tat ertappt hatte. Man band ihm als Landfriedensbrecher die sogenannten „Handhaften" auf den Rücken, einen Kampfschild und eine Keule, und verurteilte ihn im Stadt- und Zentgericht zum Tod durch den Strang.

Im kleinräumigen Franken spielte die Landfriedensbewegung vor allem zwischen 1340 und 1423 eine besondere Rolle. Hier organisierte man sich in regionalen Landfriedensorganisationen, die kraft kaiserlicher Mitwirkung eine eigene Rechtspersönlichkeit erhalten. Die fränkischen Landfrieden sind als königliche Privilegien ausgestaltet, der König stellt sie aus und besiegelt sie, kann sie verlängern und widerrufen. Die freiwilligen oder unfreiwilligen Träger dieser königlichen Landfrieden bilden eine eigene Rechtspersönlichkeit, eine supraterritoriale Korporation mit eigener Gerichtsbarkeit, eigenen Hauptleuten und eigenem Siegel. Dieses zeigt den König als Richter mit dem Schwert. Die Feldzüge dieser Landfriedenskorporationen erfolgen unter dem Reichspanier. Zur Finanzierung der Maßnahmen werden vom König Landfriedenszölle genehmigt. Alle Landfriedensteilnehmer müssen den Landfrieden beschwören, Schwurverweigerer gelten als vogelfrei. Mit der freiwilligen oder unfreiwilligen Teilnahme am Landfrieden geht eine Einschränkung der Rechte der Teilnehmer einher: Ihre Verfügungsgewalt über Untertanen und Amtleute wird zugunsten des Landfriedens beschränkt.

Ziel der Landfrieden ist der Kampf gegen den „schädlichen Mann", gegen rechtswidrige Ritterbünde („böse Gesellschaften") und ganz allgemein der Kampf gegen Straftaten, insbesondere Gewaltverbrechen (Raub, Mord, Brandstiftung, unrechte Fehdeansage). Ein zentrales Anliegen ist bei den fränkischen Landfrieden wie bei den vorhergehenden Reichslandfrieden die Beschränkung und Regulierung der (rechtmäßigen) Fehde.

Den Anfang macht der von Ludwig dem Bayern veranlaßte Landfriede für Schwaben und Franken, der 1340 in Nürnberg aufgerichtet wurde. In dieser Landfriedenseinung[2] wurde bestimmt, daß niemand, der einen schädlichen Mann verhaftet oder angreift, dafür zur Rechenschaft gezogen werden kann. 1353 dehnte Karl IV. diesen Landfrieden vom Rhein bis zur Moldau aus. Im Landfrieden zu Rothenburg von 1358 legte man fest, daß eine Fehde nur dann rechtmäßig sein konnte, wenn eine Klage vorausgegangen war. Der Nürnberger Landfrieden von 1371 wandte sich gegen die Ritterbünde („böse Gesellschaften"), die vor allem den Städten gefährlich geworden waren. Mit dem 1389 in Eger von König Wenzel aufgerichteten Landfrieden wurde auf den vorangegangenen Städtekrieg reagiert. Der letzte fränkische Landfrieden von 1423 stand nur noch auf dem Papier.

Der „grosse Brandbrief" vom 25. November 1374 stellt den Höhepunkt der Landfriedensgesetzgebung im Herzogtum Bayern dar. Die bayerischen Herzöge und ihre Landstände verpflichten sich, auf kriegerische Fehdehandlungen, insbesondere auf das Niederbrennen von Häusern, zu verzichten und treffen Anordnungen gegen Räuber, Mordbrenner, Diebe und deren Helfer. Die abgebildete Urkunde ist von den Herzögen Stephan II., Albrecht Otto, Stephan III., Friedrich und Johann sowie von 112 Adeligen und 24 Städten des oberbayerischen Teilherzogtums beschworen und gesiegelt. Von den ursprünglich 141 Siegeln hängen heute noch 140 an der Pergamenturkunde. Die Landstände von Niederbayern-Landshut und Niederbayern-Straubing beurkundeten den Brandbrief jeweils in eigenen Ausfertigungen. (Bayerisches Hauptstaatsarchiv)

3. Landrechte, Weistümer und Rechtsbücher

Handelte es sich bei den Landfrieden in der Regel um Verträge zwischen Inhabern der Hochgerichtsbarkeit, also im heutigen Verständnis um völkerrechtliche Verträge, so wurden die internen Rechtsverhältnisse durch Landrechte, Satzungen, Weistümer oder Rechtsbücher (Rechtsspiegel) geregelt. Während es sich bei Landrechten, Satzungen und Weistümern um hoheitliche oder genossenschaftliche Rechtsetzung handelt, stellen Rechtsbücher in der Regel Privatarbeiten dar, die ein vorgegebenes Recht beschreiben. Der Unterschied zwischen Landrechten, Weistümern und Rechtsbüchern (Rechtsspiegeln) ist weit weniger groß, als man auf den ersten Blick annehmen möchte, da in einer Zeit, in der das alte Recht als das bessere gilt, auch Landrechte, wie etwa das Oberbayerische Landrecht von 1346, immer betonen, daß sie das Recht (ebenso wie bei Weistumsaufzeichnungen) von erfahrenen Richtern etc. erfragt und nur im offensichtlichen Mißbrauchsfall verbessert haben.

a. Landrechte

Eine erste umfangreiche amtliche Kodifikation von Rechtsverhältnissen nach der Lex Baiuvariorum findet sich im Bereich des heutigen Bayerns im **Oberbayerischen Landrecht** von Kaiser Ludwig dem Bayern vom Jahre 1346. Das zunächst für den oberbayerischen Landesteil bestimmte Gesetzbuch – das Herzogtum war 1255 zwischen Ober- und Niederbayern geteilt worden – wollte kein neues Recht schaffen, sondern nur den überlieferten Rechtsbrauch handlich zusammenfassen und eingerissene Mißbräuche korrigieren. In 28 Titeln und 350 Artikeln werden Bestimmungen aus allen Rechtsgebieten zusammengefaßt. Auch das Strafrecht wird berücksichtigt, das sich stark an den Bestimmungen der Landfrieden orientiert. Der Missetäter wird allgemein als schädlicher Mann bezeichnet, nur er wird hingerichtet. Deshalb nennt das Landrecht an Todesstrafen nur das Hängen. Bei Totschlag und Friedbruch verhängt es die Ausweisung. Umfangreich ist noch das Bußensystem ausgebildet. Bei Diebstahl wird wie beim Schwabenspiegel zwischen heimlicher und offener Begehung unterschieden. Die Rüge wird völlig abgeschafft, dagegen ist das „Übersiebnen schädlicher Leute“ üblich, Reinigungseide werden nur kurz behandelt.

Wesentlich für das Verfahren ist die Abschaffung der Beisitzer (Schöffen). Der Richter darf nur noch nach dem „Buch“ urteilen. Die einschlägigen Stellen liest ihm der Schreiber vor. Da das alte Verfahren mit Beisitzern in Niederbayern beibehalten wird, entwickeln sich bis ins 16. Jahrhundert in Oberbayern und Niederbayern unterschiedliche Rechtsgebiete. In Niederbayern muß man weiterhin mit einem mündlich überlieferten Recht und mit Beisitzern auskommen, von denen der Richter das Recht abfrägt. Ein Versuch, das Oberbayerische Landrecht

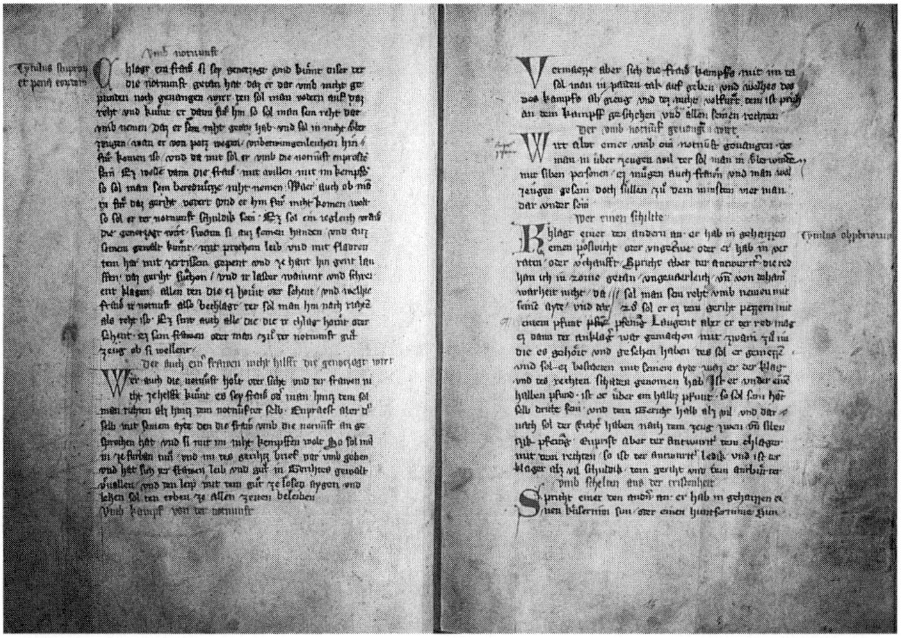

Oberbayerisches Landrecht Kaiser Ludwigs des Bayern von 1346: Ausschnitt aus einer um 1355 entstandenen illuminierten Handschrift. Gezeigt werden die Titel über Notnunft (Notzucht) und über Beleidigung. Das am 7. Januar 1346 verkündete Landrecht für Oberbayern, das neben zivilrechtlichen auch umfangreiche strafrechtliche Bestimmungen aufwies, legte fest, daß bei jeder Gerichtsverhandlung neben dem Richter ein geschworener Schreiber mit dem „Buch" anwesend sein mußte. Der Richter durfte zur Rechtsfindung nur noch das Landrecht benutzen. (Stadtarchiv München)

1487 auch in Niederbayern einzuführen, scheitert am Widerstand der lokalen Gerichte und der Beisitzer. Die strafrechtlichen Materien werden in Niederbayern vor allem dann durch Landesordnungen von 1491 und 1501 geregelt. Sie markieren bereits eine neue landesherrliche Gesetzgebungspraxis, die sich nicht mehr auf das Sammeln von überliefertem Recht beschränkt, sondern nun der Sicherheit und Ordnung und der Wohlfahrt der Untertanen verpflichtet ist und neues Recht setzt.

In Franken finden wir eine dem oberbayerischen Landrecht vergleichbare Gesetzgebung im Hochstift Bamberg, wo Mitte des 14. Jahrhunderts Bischof Friedrich I. von Hohenlohe ein Rechtsbuch erstellen ließ.

b. Weistümer und dörfliche Rechtsquellen

Das Zusammenleben im dörflichen Bereich war schon seit dem Mittelalter durch lokale Rechtsquellen geregelt. Sie sind uns unter den Namen Ehaftrecht, Taidingen, Dorfordnungen oder Weistümer überliefert. Es handelt sich dabei in der Regel um schriftlich fixiertes Gewohnheitsrecht, das von den ältesten Dorfbewohnern „gewiesen" wurde. Seit dem 15. Jahrhundert wurden diese lokalen Normen mehr und mehr von der jeweiligen Dorfobrigkeit ausformuliert.

Nicht selten verfügen die Bewohner größerer ländlicher Bezirke über ein Sonderrecht und damit über ein eigenes Strafrecht und Strafverfahrensrecht. Zu nennen ist hier etwa das Sonderrecht der Einwohner der Grafschaft Werdenfels des Bischofs von Freising (Werdenfelser Weistum von 1431), der Bewohner der Herrschaft Hohenaschau-Wildenwart (Priener Öffnung 1498) oder der Einwohner der Herrschaft Rettenberg des Bischofs von Augsburg (Rettenberger Landesordnung von 1538).

Beispiel: Das Weistum der Grafschaft Werdenfels

Die Grafschaft Werdenfels gehörte seit dem Mittelalter zum Hochstift Freising. Die Organisation der Rechtspflege wies die Besonderheit auf, daß die Niedergerichtsbarkeit in den drei Gerichten Mittenwald, Garmisch und Partenkirchen von bäuerlichen Urteilern ausgeübt wurde. Diese wählten auch den für die Malefizgerichtsbarkeit (Hochgerichtsbarkeit) zuständigen Richter und wirkten beim Malefizverfahren mit. Die Rechte dieser bäuerlichen Urteiler wurden im berühmten Werdenfelser „Weistum" von 1431 (*Elich Täding*) niedergelegt. Das Weistum wurde 1842 in der Weistümersammlung des Jakob Grimm publiziert.

Wahl- und urteilsberechtigt waren in der Grafschaft 72 Bauern bestimmter Höfe (Lehen). Besaß ein Bauer mehr als zwei berechtigte Lehen, mußte er die überzähligen Stimmen abgeben. Diese Urteiler mußten bei Strafe jedes Jahr an zwei festen Gerichtsterminen (Grafendinge), nämlich am St. Veits- und am St. Martinstag, auf der Landschranne in Garmisch erscheinen. Doch konnte der Pfleger von Werdenfels auch zusätzliche Landschrannen einberufen, wenn es um die Aburteilung *schädlicher Leute* ging.

Das in Garmisch tagende Landgericht mit den 72 Urteilern diente insbesondere der Aburteilung von Malefizsachen. Dabei ging es vor allem um die Verfolgung der *schädlichen Leute*, die ja im Werdenfelser Land mit seinen Durchgangsstraßen eine besondere Bedrohung darstellten. Ganz selten dürften Einheimische, also solche, die *mit aigenem Rauch* in der Grafschaft saßen, vor das Gericht gestellt worden sein. Bei ihnen mußte ein besonderer Nachweis erbracht werden, daß es sich um einen schädlichen Mann, d. h. einen Mörder, Dieb, Ketzer (!) handelte *oder mit wellicherlay Sach er den Leyb verworcht hielt.*

Jeder, der einen schädlichen Mann gefangen hatte und beim Richter ablieferte, mußte sich mit 10 Pfund dafür verbürgen, daß er die Anklage vertrat und die Tat nachweisen konnte. Gelang dies nicht, fiel der Geldbetrag an die Herrschaft. Hatte die Anklage

Erfolg (*überwyndt er in aber mit dem Rechttn*), so mußte der Kläger dem Richter nur 32 Pfennig *Fürfang* zahlen, eine Art Verhaftungsgebühr. Die sonstigen Kosten für das Verfahren und für die Verpflegung des Delinquenten trug die Herrschaft.
Das Aufrichten der Galgen in der Herrschaft, auch das ist im Weistum geregelt, war Aufgabe der jeweiligen Inhaber bestimmter Bauernhöfe. Diese wenig ehrenvolle Pflicht lösten die Bauern später ab. Im 16. Jahrhundert wird das Hochgericht von sämtlichen Zimmerleuten der Grafschaft auf der sogenannten „Galgenpoint" aufgerichtet.

c. Rechtsbücher

Rechtsbücher sind Zeugnisse der zunehmenden Verschriftlichung und Verwissenschaftlichung des Rechts. Das wichtigste Rechtsbuch im Raume des heutigen Bayern war der um 1275 in Augsburg entstandene sogenannte Schwabenspiegel, der besser „kaiserliches Land- und Lehenrechtsbuch" genannt wird. Wohl von einem Augsburger Franziskaner verfaßt, enthält er weniger schwäbisches Recht als vielmehr Reichsrecht, kanonisches und römisches Recht sowie teilweise auch Augsburger Stadtrecht. Er basiert auf dem sogenannten Deutschenspiegel, einer 1265 entstandenen oberdeutschen Übersetzung des Sachsenspiegels, der unter Einbeziehung der Lex Alamannorum, des ersten Augsburger Stadtrechts von 1156 sowie kanonischen und römischen Rechts den Sachsenspiegel für süddeutsche Bedürfnisse aufbereitete.

Auch wenn es sich bei dem in Süddeutschland weitverbreiteten Schwabenspiegel, wie bei dessen Vorbild, dem zwischen 1215 und 1235 von Eike von Repgow verfaßten Sachsenspiegel, um eine Privatarbeit und nicht um ein amtliches Gesetzbuch handelte, so fand er doch Verwendung bei der Rechtsanwendung, da er ja Rechtsverhältnisse und Gerichtspraxis, also altes Recht sammelte, aufbereitete und „spiegelte". Er wirkte auf das Münchner Stadtrecht von 1340 und auf den im Gebiet von Frankfurt am Main entstandenen „Frankenspiegel" („Kleines Kaiserrecht").

Eine weitere wichtige Privatarbeit im bayerischen Bereich war das 1328 entstandene Rechtsbuch des Ruprecht von Freising, das sich in weiten Bereichen am Schwabenspiegel orientierte. Originell ist das Freisinger Rechtsbuch vor allem dort, wo der als Vorsprecher in Freising arbeitende Verfasser seine eigenen Erfahrungen einarbeiten konnte.

4. Stadtrechte

Die Geschichte unserer bayerischen Städte im Mittelalter ist vor allem eine Geschichte der Auseinandersetzungen mit dem Stadtherren. Ein wesentlicher Anlaß hierfür war der „Kampf um das Strafrecht", also die Frage, wer die Straf-

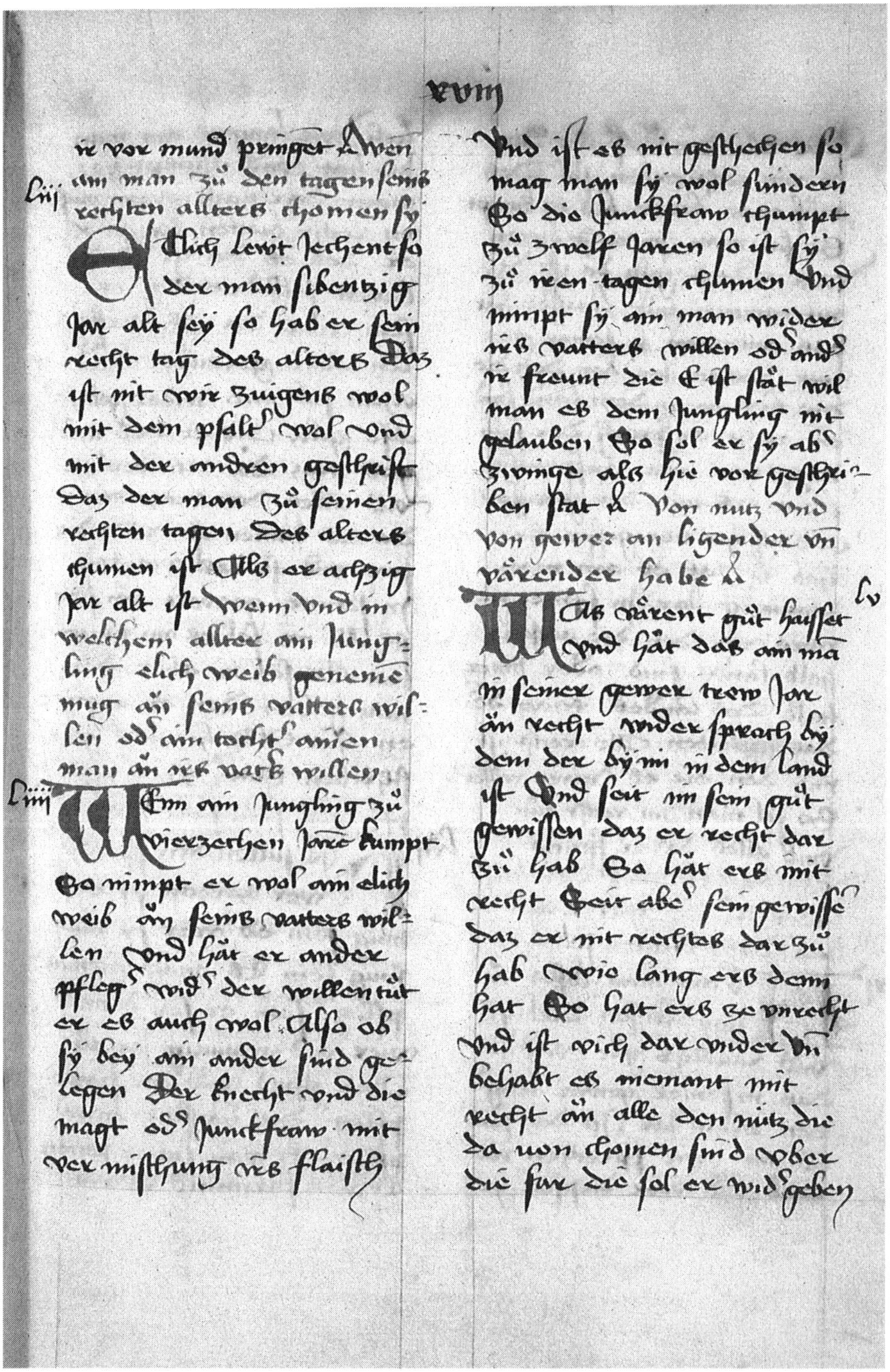

xviij

re vor mund pringet ¶ Wen
Liij ain man zu den tagen seins
rechten alters chomen sy
Etlich lewt sechent so
der man sibentzig
Jar alt sey so hab er sein
recht tag des alters Daz
ist nit war zuigens wol
mit dem psalter wol und
mit der andern geschrift
Daz der man zu seinen
rechten tagen des alters
chumen ist Als er achtzig
Jar alt ist wann und in
welchem alter ain Jung=
ling elich weib neme
mug an seins vaters wil=
len oder ain tochter ainen
man an irs vaters willen
Liiij Wenn ain Jungling zu
viertzechen Jaren kumpt
So nimpt er wol ain elich
weib an seins vaters wil=
len und hat er ander
pfleger wider der willen tut
er es auch wol Also ob
sy bey ain ander sind ge=
legen Der knecht und die
magt oder Junckfraw mit
der mischung irs flaisch

Und ist es nit geschehen so
mag man sy wol finden
So die Junckfraw chumpt
zu zwelf Jaren so ist sy
zu iren tagen chumen Und
nimpt sy ain man wider
irs vaters willen oder ander
ir freunt die E ist stat wil
man es dem Jungling nit
gelauben So sol er sy aber
zwinge als hie vor geschri=
ben stat ¶ Von nutz und
von gewer an ligender und
varender habe ¶
Was varent gut haisset Lv
und hat das ain man
in seiner gewer drew Jar
an recht wider sprechen by
dem der by im in dem land
ist Und sait im sein gut
gewissen daz er recht dar
zu hab So hat ers mit
recht Sait aber sein gewisse
daz er nit rechtes dar zu
hab wie lang ers dem
hat So hat ers ze unrecht
Und ist auch dar wider un=
behabt es nieman mit
recht an alle den nutz die
da von chomen sind uber
die fure die sol er wider geben

gerichtsbarkeit über die Bürger ausüben darf. Während im Bereich der großen Landesherrschaften, wie dem Herzogtum Bayern, die Städte und Märkte als Landstand in Abhängigkeit vom Landesherrn blieben und in der Regel nur die Niedergerichtsbarkeit erwerben konnten, gelang es im schwäbischen oder fränkischen Raum zahlreichen Städten, sich dem Druck eines Stadtherrn zu entziehen und die Hochgerichtsbarkeit und damit die vollständige Gerichtsbarkeit über ihre Bürger zu erlangen. So erhielt Nürnberg 1315 das „privilegium de non evocando", also das kaiserliche Privileg, daß seine Bürger nur noch vor dem eigenen Stadtgericht abgeurteilt werden dürfen. Fast alle fränkischen und schwäbischen späteren Reichsstädte erwarben im 14. und 15. Jahrhundert die Gerichtsbarkeit über ihre Bürger, so Dinkelsbühl 1351, Schweinfurt 1362, Nördlingen 1383 und Rothenburg 1387. Freilich war damit noch nicht das Ernennungsrecht für den Richter verbunden. Dieses wurde vielen Reichsstädten erst später übertragen. Auch den königlichen oder landesherrlichen Blutbann bekamen einige Reichsstädte als jeweilige Korporation (und damit für immer) relativ spät zugesprochen (königlicher Blutbann für Dinkelsbühl 1401, Kaufbeuren 1418, Windsheim 1464, Weißenburg 1535). In Regensburg wird die Hochgerichtsbarkeit zunächst durch den Burggrafen, dann durch das Schultheißengericht ausgeübt, das dem Herzog von Bayern zustand und 1360 durch die Stadt erworben wurde. Die Verleihung des Blutbannes behielt sich der Herzog vor. Sie erfolgte noch bis 1496 durch Überreichung der Bannurkunde und eines Schwertes an die Ratsherrn. Erst dann verzichteten die bayerischen Herzöge auf die Blutbannverleihungen. Der Besitz der Hochgerichtsbarkeit war später eines der wichtigsten Attribute der Reichsunmittelbarkeit. Daher ist auf den Darstellungen von Reichsstädten, wie sie uns etwa Merian aus der letzten Phase des 30jährigen Krieges überliefert hat, der Galgenplatz immer an prominenter Stelle vor der jeweiligen Reichsstadt zu sehen.

Auch in den Städten und Märkten der Landesherrschaften, die es nicht zur Reichsunmittelbarkeit gebracht hatten, war vielfach eine Mitwirkung der Bürgerschaft in der Strafgerichtsbarkeit vorgesehen, insbesondere dann, wenn es um die Aburteilung der eigenen Bürger ging. In der Stadt Freising wirkte beispielsweise die Stadt an der Blutgerichtsbarkeit, die grundsätzlich dem Fürstbischof zustand, durch Urteilssprecher mit. Die Urteiler waren identisch mit den städtischen Ratsmitgliedern. Schon im Rechtsbuch Ruprechts von Freising von 1328

◀ HANDSCHRIFT DES SCHWABENSPIEGELS UM 1300: Der in Augsburg um 1275 entstandene, seit dem 17. Jh. sogenannte Schwabenspiegel wurde im Mittelalter „kaiserliches Rechtsbuch" genannt. Wie auch der Sachsenspiegel ist der Schwabenspiegel eine Privatarbeit. Seine weite Verbreitung im Südwesten des Reichs und auch im Herzogtum Bayern belegen die vor allem aus dem 15. Jh. stammenden über 350 Handschriften. (Universitätsbibliothek Augsburg)

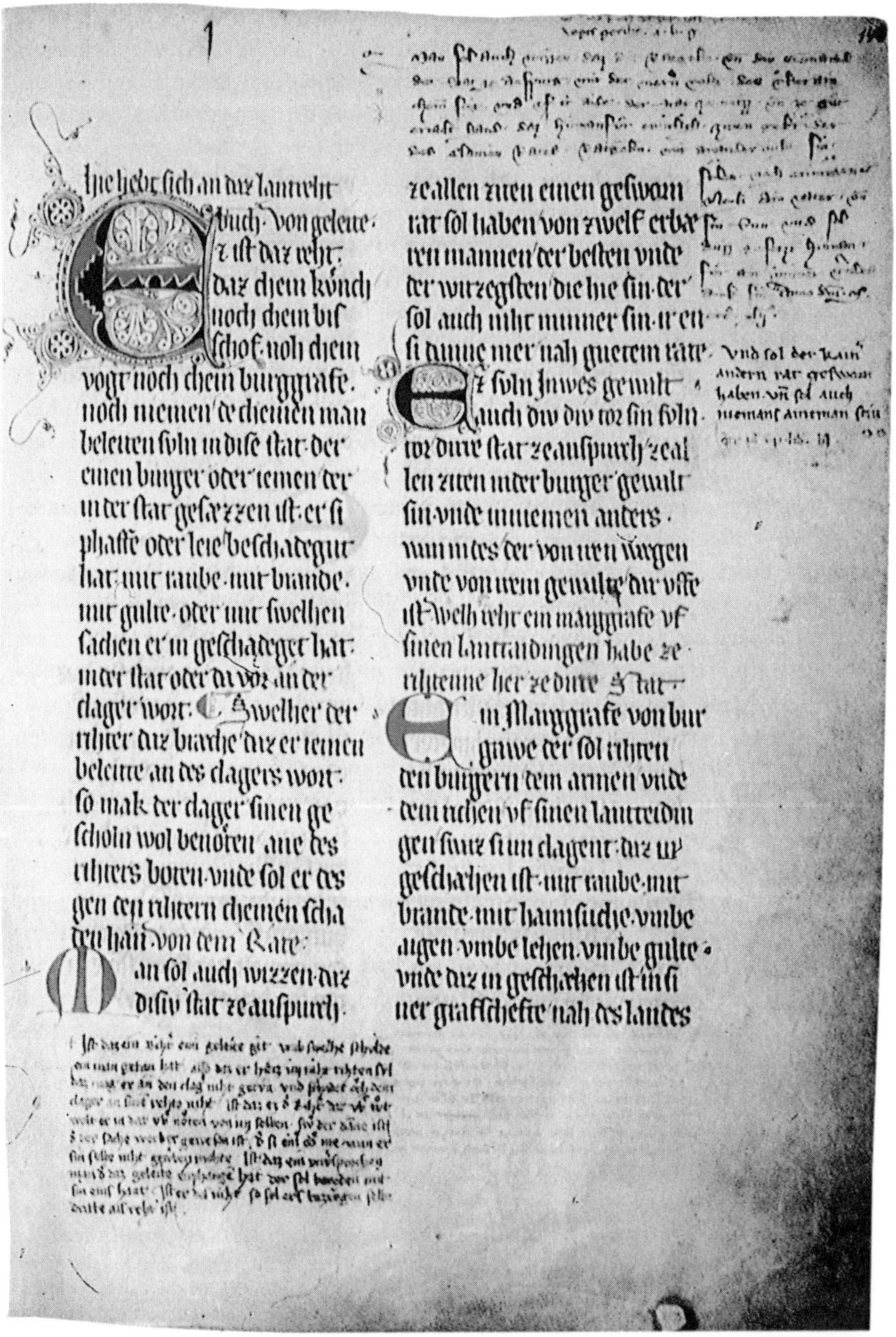
Hie hebt sich an daz lantreht buch. von geleite. Ez ist daz reht. daz dhein künich noch dhein bischof. noh dhein vogt noch dhein burggrafe. noch neinen dheinen man beleiten suln in dise stat. der einen burger oder iemen der in der stat gesezzen ist. er si phaffe oder leie beschadeget hat. mit raube. mit brande. mit gulte. oder mit swelhen sachen er in geschadeget hat. in der stat oder da vor. an der clager wort. Swelher der rihter daz brache daz er iemen beleite an des clagers wort. so mak der clager sinen gescholn wol benoeten ane des rihters boten. vnde sol er des gen dem rihtern dheinen schaden han von dem Rate. Man sol auch wizzen. daz disiv stat ze auspurch

ze allen ziten einen geswornen rat sol haben von zwelf erbaren mannen der besten vnde der witzegsten die hie sin. der sol auch niht minner sin. iz en si dinne mer nah guetem rate. Ez suln Jnwes gewalt auch div div ze in suln ze diser stat ze auspurch ze allen ziten in der burger gewalt sin. vnde nimemen anders. wan in des der von iren burgen vnde von irem gewalte dar vsse ist. Welh reht ein marggrafe vf sinen lanttaidingen habe ze rihtenne her ze diser Stat. Ein Marggrafe von burgawe der sol rihten den burgern dem armen vnde dem richen vf sinen lanttaidingen swaz si im clagent. daz in geschahen ist. mit raube. mit brande. mit haimsuche. vmbe aigen. vmbe lehen. vmbe gulte. vnde daz in geschahen ist in siner grafschefte nah des landes wird dieses Zusammenwirken zwischen Richter und Stadt ausführlich geschildert. Als Organe der Stadt, die am Strafverfahren beteiligt sind, nennt Ruprecht die Zwölfer des Rats (die zwölf Geschworenen): *Weil die Stadt von dem Fürsten, dem sie da gehört, die Gnade hat, daß er ihnen zwölf (Männer) gibt, die darauf schwören, daß sie alles auf ihren Eid setzen, wovon die glauben, daß es der Stadt nützlich und gut sei …* Einer der Geschworenen hatte die Pflicht zu klagen, wenn sich – wie etwa bei einem Totschlag an einem Fremden – kein Ankläger fand. Die Geschworenen konnten auch den vom Bischof ernannten Richter beim Bischof verklagen.

Im Herzogtum Bayern erhielten die wichtigsten Städte erst im 16. Jahrhundert die Blutgerichtsbarkeit. Das galt auch für die Stadt München, die zwar immer die Blutgerichtsbarkeit beanspruchte, aber nie wirklich ausübte. Die Präsenz des Landesherrn war hier so übermächtig, daß die Stadt sich beugen mußte. Eine Ausnahme ist uns allerdings aus dem Jahre 1400 überliefert. Damals verurteilte der Stadtrichter Georg Öttlinger drei Mitbürger, die mit den Herzögen und den Handwerkern einen heimlichen Umsturz geplant hatten, zum Tode. Das in Kopie erhaltene Todesurteil gibt interessante Aufschlüsse über das damals übliche Verfahren:[3]

Ich Georg Öttlinger, zu den Zeiten Richter zu München, verjechen … daß für mich kham mit Vorsprechern Ulrich Halbnberger der Jünger zu den Zeiten Burgermaister zu München unnd Conrad Anngstlich zu den Zeiten deß grossen geschwornen Raths Redner der dreyhundert ist unnd baide Burger zu München und clagten mit Vorsprechen, da ich sass am offnen Gericht zu München in dem Rathhauß. Unnd da bei dem Rechten gesessen ist der Inner unnd Eusser Rath unnd auch der grosse geschwornn Rhat der dreyhundert ist und ettwo vil Vüerer auß denn Hanndtwerchen unnd clagten mit Vorsprechen yber Thoman Haidtfolckh unnd yber Conraden denn Trüener unnd yber Ulrichen den Stromayr, alle drey Burger zu München, daß sy und annder Leüth haimblich Rathe gehabt haben in der Alten Fesst zu München … Unnd baten mich … des Rechten zefragen, welchen Todt sy verdiennt, als waß ich … Richter des Rechtens nit weißig …

◀ Das Augsburger Stadtrechtsbuch von 1276: Das umfangreiche Augsburger Stadtrecht wurde auf Bitten der Stadt 1276 von König Rudolf I. genehmigt. Es enthält zahlreiche strafrechtliche Bestimmungen. In ihnen dokumentiert sich die Lösung des Stadtgerichts von der bischöflichen Oberhoheit. Das im Stadtrecht fixierte Recht weist enge Parallelen zu dem gleichzeitig in Augsburg entstandenen Schwabenspiegel auf. Das Stadtrechtsbuch stellt einen wichtigen Schritt auf dem Weg zur Reichsfreiheit dar. Spätere Ergänzungen und Änderungen wurden im Original des Stadtrechtsbuchs, das zusammen mit dem Schatz und dem Archiv der Stadt im Rathaus aufbewahrt wurde, an freien Stellen im Text nachgetragen. (Leihgabe des Bayerischen Hauptstaatsarchivs im Stadtarchiv Augsburg)

Also sprachen die vorgenannten zween Anclager mit Vorsprechen, ich mechts wol thuen ... dann eß unserer Stattrecht zu München ist ... Da ward erthailt auf den Aydt von dem Innern Rath und von dem Eüssern Rath unnd von dem grossen geschworenen Rath der dreyhundert und von den Vüerern ... daß sy den Todt wol verdiennt haben ... Ich ... Richter solt dem Freyen Mann (Henker) *zuesprechen, welchen Todt sy verdiennt haben ... Der ertailet auf seinen Ayd, sy hetten nach der Anclag einen annderen Todt verdiennt, mann soll aber mit dem Schwerdt hüncz in richten und sy enthaubten.*

Die Münchner beriefen sich bei diesem Verfahren wohl auf die Privilegien Kaiser Ludwigs im Verfahren gegen die landschädlichen Leute von 1315.

Die Details des jeweiligen städtischen Strafrechts und Strafverfahrens finden sich seit dem 14. Jahrhundert in den Stadtrechten und städtischen Satzungen. Das städtische Strafrecht war bis ins 14. Jahrhundert noch weitgehend Bußenstrafrecht. So heißt es etwa im Augsburger Stadtrecht von 1276, daß derjenige, der einen anderen mit *gewaffneter Hannt* verwundet, ohne einen Dauerschaden (Lähmung) zu verursachen, dem Vogt 10 Pfund Augsburger Pfennig zu zahlen hatte. Falls freilich diese Summe nicht bezahlt werden kann, büßt der Täter mit seiner Hand. Zur Verfolgung einer Tat bedurfte es grundsätzlich eines Anklägers: das waren vor allem der Geschädigte oder (etwa bei Totschlag) dessen Verwandte. Da der Geschädigte weniger an einer Leibesstrafe des Täters interessiert war, einigten sich Ankläger und Richter über die zu verhängende Strafe in der Art eines Vergleichs. So heißt es etwa in den ersten Weißenburger Satzungen (Art. 39), daß jeder Bürger, der eine „Missetat“ begeht, womit er den Leib verwirkt hat, falls er ergriffen wird, *mit dem Rihter und Anclager nach Gnaden taydingen* (sich einigen) muß. Gegenstand dieses „Sühnevertrags“ war in der Regel eine entsprechende Bußzahlung, die vor allem den angerichteten Schaden wieder gutmachen sollte. Zur Wahrung des Stadtfriedens verhängte man zusätzlich noch zeitlich beschränkte oder unbeschränkte Stadtverweise (Stadtverbote). Im Gegensatz zur Acht konnte der Stadtverweis nur gegen Anwesende verhängt werden. Bei Ausspruch eines Stadtverbots mußte wie bei allen Ausweisungen eine Urfehde geschworen werden.

Die Verhängung von Todesstrafen war auf wenige Delikts- und Tätergruppen beschränkt. Das Augsburger Stadtrecht von 1276 droht dem Totschläger, der auf frischer Tat ertappt und verhaftet wird (handhafte Tat), an, daß er mit „blutiger Hant“, also mit dem Schwert gerichtet wird.

Die hohe Strafgerichtsbarkeit in den reichsunmittelbaren oder landständischen Städten und Märkten wurde in der Regel nicht vom jeweiligen Richter (Schultheiß) allein, sondern im Zusammenwirken mit sogenannten Geschworenen (iurati, Schöffen, consiliarii, Ratsleute, Hausgenossen) ausgeübt. Diese (meistens 12) Geschworenen waren fast immer auch Mitglieder des (inneren) Rates.

Wichtig für die Strafverfolgung von Nichtbürgern und Ausländern waren die

Landschädliche Leute beim Spielen und Essen. Die den Männern drohende Strafe ist ihnen sozusagen auf den Kopf gesetzt: Block, Schwert, Brand, Galgen, Rad. Bei einer der beiden Frauen greift der Teufel zu, die andere hat einen Sack neben sich stehen („Säcken" wegen Kindesmord!). Holzschnitt aus der Bamberger Halsgerichtsordnung 1507.

Privilegien, die vor allem Reichsstädte im Rahmen der Landfriedensgesetzgebung zur Verfolgung von „landschädlichen Leuten" auch außerhalb des Territoriums erhielten.[4] Auch landesunmittelbare Städte erhielten vergleichbare Rechte. So durfte München auf Grund eines Privilegs Ludwigs des Bayern von 1315 im ganzen Herzogtum schädliche Leute fangen und in München aburteilen. Bei der Aburteilung bediente man sich der Grundsätze des „Übersiebnens": Im entsprechenden Privileg für Weißenburg von 1431 ist festgelegt, daß der Verhaftete zum Tode verurteilt werden kann, wenn die Mehrheit des Rats unter Eid versichert, daß es sich um eine landschädliche Person handelt.

Typisch für die königlichen Hochgerichtsprivilegien ist das von König Sigmund an Kaufbeuren 1418 verliehene Privileg über die Ergreifung der landschädlichen Leute, das Übersiebnen und die Dauerverleihung des Blutbanns:[5]
Wir Sigmund von Gottes Gnaden ... tun kundt ... daß wir ... den Burgern ... der Statt zu Kauffbeuren ... die besonder Gnad getan haben und thun ... daß sy all und jeglich schedlich Leute und Personen, Mordt-Brenner, Raeuber, Diebe oder wie die genannt seind, die offennlich oder haymlich schedlich Luet seind, die den meren Teyl des Rates ... nach Wuerden duencket und uf ir Eyde erkennd und sprechen, daß sy schedlich Luet seind und nuzer und besser tod seyen denn lebend, sollen und muegen umb ir Missetat ... sy toedten nach Urtheyl und Ausspruch des mehrern Teyls des Rates ... oder an ihrem Leyb sunst muegen straffen, mit Augen auszustechen oder Oren abzuschneyden ... auch von besondern unsern Gnaden haben wir in ... die Freyhait geben, wann und als offt nu hinfuer in der ... Statt Kauffbeuren ein Ammann gesezt wirdt, daß dann derselb Ammann den Bann ueber das Blut zu richten von uns und dem Reiche haben soll, und des nit fuerpaß beduerffe gebunden sein zu emfahen ...

1471 bestätigte Kaiser Friedrich III. den Reichsstädten Nürnberg, Dinkelsbühl, Windsheim und Weißenburg das Recht, während der Dauer des in Regensburg erlassenen vierjährigen Landfriedens auch solche Friedbrecher abzuurteilen, die in fremden Gerichtsbezirken verhaftet worden waren, und den auf frischer Tat ertappten Friedbrechern auf 6 Meilen nachzueilen. Der Landfriede von 1471 hängt mit der drohenden Türkengefahr zusammen und sollte vor allem dem Schutz der Kaufleute auf der Landstraße dienen.

5. Strafverfahren

Ein Täter, der von mehreren Zeugen auf frischer Tat erwischt und gefangengenommen wurde, also auf **handhafter Tat**, hatte prinzipiell keine Chance, eine Verurteilung zu verhindern (etwa durch einen Eid, der seine Unschuld beteuerte, oder durch ein Gottesurteil). Schon im Reichsfrieden von 1152 wird bestimmt, daß sich der Täter bei einer notorischen Tat (notorium), die „omnibus manifestum" ist, nicht mehr durch einen Reinigungseid oder ein Gottesurteil aus der Affäre ziehen kann. Offensichtlich „handhaft" ist eine Tat vor allem, wenn glaubwürdige Tatzeugen vorhanden sind. Dieser Grundsatz, der aus dem kanonischen Recht stammt, findet sich in allen Landfrieden der Folgezeit, bei denen es um effektive Verbrechensbekämpfung geht. Wenn ein Verbrecher nicht auf handhafter Tat ertappt worden ist, der Tatverdacht auch wegen der Persönlichkeit des Verbrechers mehr als dringend war, so behalf man sich im Mittelalter mit dem **Leumundsverfahren**, das wohl auf kanonischen Einfluß zurückgeht und das seit dem 13. Jahrhundert nachweisbar ist: Beim Vorliegen eines (schlechten)

Leumunds (infamia) kann der Richter dem Beklagten oder Verdächtigen die Zulassung zum Reinigungseid erschweren bzw. verweigern.

Gelang es dem Täter zu fliehen, so konnte er sich im Rahmen eines **Inzichtverfahrens** vom Schuldvorwurf reinigen. Beim Inzichtverfahren geht es vor allem darum, seine Unschuld zu beweisen und seinen Leumund wiederherzustellen. Der Beweis konnte durch einen Eid angetreten werden. Der Verleumdete mußte sich freiwillig (*ungebunden und ungefangen*) stellen und konnte dann den Reinigungseid leisten. Das vor allem vor fränkischen Landgerichten übliche Verfahren diente dazu, der gerichtlichen Vorladung zuvorzukommen, indem man sich als „Inzichter" vor Gericht einfand und als „freier Franke" einen Reinigungseid ablegte. Die Würzburger Landgerichtsreformation von 1512 verengte die Berechtigung zum Inzichtverfahren auf die Ritterschaft. Im Herzogtum Bayern hält sich das Inzichtverfahren, vor allem bei Totschlag, noch das ganze 16. Jahrhundert.

Das alte Strafverfahren mit den Beweismitteln **Gottesurteil und Zweikampf** wurde seit dem 12. Jahrhundert vor allem von der Kirche in Frage gestellt. Zunächst verbieten die Päpste die Teilnahme von Klerikern an Zweikämpfen. Papst Julius III. spricht der „purgatio vulgaris" die Beweiswirkung ab, und Coelestin III. untersagt schließlich den gerichtlichen Zweikampf bezüglich kirchlicher Besitzungen. Auf Veranlassung Innozenz III. distanzierte sich das 4. Laterankonzil von 1215 schließlich völlig von den Gottesurteilen. Es verbietet allen Klerikern die Beteiligung an jeder Art des Gottesurteils (Ordals). Seit dem 13. Jahrhundert beansprucht nämlich die Kirche nicht nur die Strafgewalt in ihren eigenen Herrschaftsbereichen, sondern auch bei allen Delikten, die einen Angriff gegen die Religion darstellten. Mit der Ausbildung des kanonischen Rechts und dem Entstehen eines juristisch vorgebildeten Gelehrtenstandes innerhalb der Kirche besaß die Kirche auch die notwendige Sachkompetenz bei der Beurteilung und Aburteilung der „geistlichen" Sachen. Juristenpäpste wie Innozenz III. haben diese Zuständigkeit der Kirche für „geistliche" Delikte besonders herausgearbeitet. Dazu gehörten etwa Häresie, Zauberei oder Ehebruch, also Delikte, bei denen es mangels „corpus delicti" besondere Beweisschwierigkeiten gab und bei denen daher die weltlichen Richter Zuflucht zum Gottesurteil nehmen mußten. Trotz dieser kirchlichen Vorbehalte gehören Gottesurteile zum Grundbestand der mittelalterlichen Rechtspflege. Die Formalien werden vielfach in Gesetzen und Rechtsbüchern beschrieben, wie etwa im Schwabenspiegel, Kap. 169–173.

Das berühmteste Gottesurteil der Deutschen Geschichte ist wohl die Pflugscharprobe der Kaiserin Kunigunde: Nachdem Kaiser Heinrich II. (1002–1024) von einem angeblichen Ehebruch Kunigundes berichtet worden war, befahl er ein Gottesurteil und ließ sie über glühende Pflugscharen gehen. Dabei blieb sie unverletzt – ein Zeichen ihrer Keuschheit und Reinheit. Dargestellt ist der Vorgang auf dem berühmten Kaisergrab Tilman Riemenschneiders im Bamberger Dom.

Nicht nur von der Kirche, sondern auch von den aufblühenden Städten wurden Gottesurteile, insbesondere Zweikämpfe, als Belastungen empfunden. Nachdem seit dem 13. Jahrhundert den Gottesurteilen der kirchliche Segen entzogen war und die geistlichen Delikte zunehmend von geistlichen Gerichten abgeurteilt wurden, bemühten sich die Städte, sich auf dem Privilegienweg vom alten Recht zu lösen. So erhielten 1219 die Städte Nürnberg und Regensburg von Friedrich II. und 1274 die Stadt Rothenburg von König Rudolf I. das Privileg, den Zweikampf abzuschaffen.

In Franken hat sich die Kampfklage als Sonderverfahren überwiegend für Ritterbürtige, insbesondere wegen Ehrverletzung (Verleumdung) noch lange erhalten (beim kaiserlichen Landgericht Würzburg als „Frankenrecht" bezeichnet). Voraussetzung für die Kampfklage war, daß der Beklagte nicht zum Reinigungseid fähig war (etwa wegen Infamie) und eine Ladung *vor das Heilige Römische Reich* (also vor ein kaiserliches Landgericht) bekommen hatte. Der Kampf war mit Schild und Streitkolben auszutragen.

Als letzter Rest einer Strafgerichtsbarkeit, die sich noch der Gottesurteile als Entscheidungshilfen bediente, hat sich im Herzogtum Bayern bis ins 16. Jahrhundert hinein die Institution des **Bahrrechts** (Jus feretri) bzw. der Bahrprobe erhalten. Dem Bahrrecht liegt die Anschauung zugrunde, daß das Blut als Träger der Seele auch noch im toten Körper wirkt und sich in der Nähe des Mörders oder bei einer Berührung „empört" und zu fließen beginnt. Die Bahrprobe geschah durch Ausstellung der Leiche am Tatort oder auf einem öffentlichen Platz, meist vor dem Rathaus. In Verbindung mit einem Reinigungseid wurde die Bahrprobe als Beweismittel berücksichtigt und fiel nicht unter das kirchliche Verbot der Gottesurteile. Ausführlich erörtert das Bahrrecht etwa Ruprecht von Freising in seinem Rechtsbuch.

Bis ins 14. Jahrhundert war im Herzogtum Bayern das **Rügeverfahren** üblich. Bei dieser Rügung mußten alle Gerichtsuntertanen einmal im Jahr unter Eid aussagen, was *ainer von dem andern gehört und gesehen hat, daz an das Gericht gehört.* Im Landfrieden von 1300 der Herzöge Otto, Rudolf und Stephan wurde die Rügepflicht auf die *drei Sachen, die zum Tode ziehen* beschränkt. Im Landrecht Kaiser Ludwigs (Art. 266) wurde wegen des *großen Unwillens und Hasses*, der durch dieses Verfahren unter den Gerichtsgenossen entstanden sei, die Rügung abgeschafft. Noch einmal wiederholt und schließlich auch allgemein auf Niederbayern ausgeweitet wurde das Verbot durch den 11. Freiheitsbrief von 1365.

Anders lief die Entwicklung in den fränkischen Zentgerichten (Hochgerichten). Hier blieb die Rügepflicht bis ins 18. Jahrhundert hinein erhalten. Gerügt werden konnten alle Delikte, für deren Aburteilung die Zent zuständig war. So heißt es etwa 1394 in der Zent Aura: *Und seind dies die vier rugen: mord, mordgeschrei, fließende wunden, notzwang, schmahung, diebstahl.*[6]

Als weit effektiver als das Rügeverfahren erwies sich in der Zeit der Land-

Erklärung der Mordacht über den flüchtigen Täter über der Leiche des Ermordeten: Das Achtverfahren wurde gegen flüchtige Täter eingeleitet. Stellte sich der Delinquent nicht nach Jahr und Tag, fiel er in die Aberacht und wurde „vogelfrei“. Holzschnitt aus der Bamberger Halsgerichtsordnung 1507.

friedensgesetzgebung das **Übersiebnungsverfahren.** Um dem auf handhafter Tat gefangenen Täter jeden Reinigungseid abzuschneiden, wurde dem Kläger bzw. demjenigen, der den Täter vor Gericht brachte, die Möglichkeit eingeräumt, zusammen mit sechs weiteren Zeugen die Schuld des Täters zu beschwören. Dieses Verfahren, bei dem die Schwörenden natürlich nur im Ausnahmefall echte Tatzeugen waren, wurde bald auch auf solche Fälle ausgedehnt, bei denen nur der allgemeine Verdacht einer Landschädlichkeit bestand. Damit war die Herrschaft über Leben und Tod in der Regel den Gerichtsinsassen bzw. den Geschworenen einer Gerichtsgemeinde bzw. den Mitgliedern des Rats gegeben. Der Nachteil des Verfahrens bestand darin, daß nun bei jeder Verurteilung der Richter trotz klarer Indizien oder Geständnisse auf die Eide des Anklägers und seiner sechs Helfer angewiesen war. Mit der weiteren Konsolidierung und Verrechtlichung der Strafverfahren Ende des 15. Jahrhundert schaffte man daher das Übersiebnen mehr und mehr ab.

Die **Folter** als Teil des Strafverfahrens läßt sich in Bayern und in Deutschland nicht vor dem Ende des 13. Jahrhunderts nachweisen. Sie ist in Deutschland nicht, wie man früher annahm, aus einer eigenen Wurzel erwachsen, sondern beruht auf dem römischen Recht, das über die päpstliche Ketzergesetzgebung und über italienische städtische Vorbilder in den deutschen Rechtskreis eindringt. Insbesondere ist es die Gleichsetzung der Häretiker mit den Majestätsverbrechern, wie wir sie etwa in den Krönungsgesetzen Kaiser Friedrichs II. von 1220 finden, die zur Übernahme der römischen Folter führte. Die ausdrückliche Aufforderung an die weltlichen Gewalten, die Folter zur Bekämpfung von Häretikern anzuwenden, findet sich in der Bulle „Ad exstirpanda“ vom 15. Mai 1252, die Papst Innozenz IV. an die oberitalienischen Städte richtete. Bald findet die Folter auch Eingang in kirchliche Gerichte.

Der erste Beleg für die Übernahme des in der Bulle „Ad exstirpanda“ beschriebenen Verfahrens in Deutschland findet sich in dem Traktat „De inquisitione haereticorum“ des David von Augsburg.[7] In den 60er Jahren des 13. Jahrhunderts waren in der Nähe von Regensburg Waldenser[8] („pauperes de Lugduno“) entdeckt worden. David scheint den Inquisitoren entsprechende praktische Anweisungen gegeben zu haben: Die Folter sollte Anwendung finden, wenn sich der Angeklagte nicht freiwillig zu seinen Irrtümern bekannte oder seine Komplizen nicht nennen wollte. Allerdings sollte die Folterung nicht zu Verstümmelungen oder gar zum Tode des Betroffenen führen.

Die zunächst auf die Ketzerprozesse beschränkte Folter wurde in kirchlichen Kreisen unter Berufung auf das römische Recht bei verdächtigen und verachteten sowie bei unfreien Personen allgemein für zulässig erachtet. In der weltlichen Gerichtspraxis fand die Folter indes vor dem Jahre 1300 wohl keine Anwendung. Auch die oft als Nachweis für eine entsprechende Praxis genannten Ausführungen des Schwabenspiegels (Art. 375 III), die wahrscheinlich erst nach 1300 in den Urtext kamen, zeigen noch nicht die Folter als festen Verfahrensbestandteil: *Wird ein Man wegen eines Verbrechens gefangen und er wurde dabei von ein oder zwei Personen gesehen oder die Personen haben anderweitig Kenntnis vom Verbrechen und der Gefangene will nicht bekennen, so soll man diesen nicht freilassen, sondern man soll ihn zu Vernunft bringen, mit Anschlagung an den Pranger, mit starkem Gefängnis, mit Hunger, Frost und anderen üblen Dingen, bis daß er gesteht. Auf diese Weise soll man ihn einen Monat gefangenhalten. Dies gilt aber nur für den Fall, daß die (anzeigende) Person oder die zwei Personen ehrenhafte Leute sind, denen man glauben kann, nur dann soll man den Verdächtigen in der genannten Weise behandeln. Sind aber die anzeigenden Personen keine glaubhaften Leute, so ist eine Verhaftung widerrechtlich. Wenn keiner von seinem Verbrechen Kenntnis hat, soll man den Verdächtigen gehen lassen.*[9]

Es handelt sich im vorliegenden Falle um eine typische Maßnahme gegen landschädliche Leute. Das Anschlagen an den Pranger und die Geständniserpressung durch Inhaftierung ist ein Ausnahmetatbestand, kein allgemeiner Verfahrensbestandteil. Sichere Anhaltspunkte haben wir erst in den 20er Jahren des 14. Jahrhunderts. Jetzt geht es vor allem in den Städten um den Kampf gegen Verbrecher, denen man mit den alten Prozeßregeln nicht beikommen kann. Was gegen die Häretiker als erlaubt gilt, wird nun auch gegenüber Banditen, Dieben und Mördern angewandt, wobei man problemlos das römische Recht als Grundlage nehmen konnte. Die ersten Nachweise der Folter im weltlichen Bereich finden wir 1321 in Augsburg und 1338 in Regensburg. In beiden Bischofsstädten ist der Einfluß der geistlichen Juristen auch in anderen Bereichen offensichtlich. Beide Städte verfügen darüber hinaus über gelehrte Stadtjuristen und dürfen im übrigen auch durch ihren regen Fernhandel nach Norditalien von der Folterpraxis erfahren haben.

> In Regensburg wird 1338 der frühere Ratsherr Conrad Frumolt beschuldigt, während einer Fehde gegen die Stadt ihre Feinde unterstützt zu haben. Unter Bruch des gewährten Geleits wird er vom Rat festgenommen und gefoltert. Zum Reinigungseid wird er nicht zugelassen.

In Nürnberg waren es wohl vor allem die römisch-rechtlich geschulten gelehrten Stadtjuristen, die die Anwendung der Folter befürwortet haben. Sie verwenden bei der peinlichen Befragung nach dem Vorbild des kanonischen Rechtes bereits Fragstücke.[10]

Ende des 14. Jahrhunderts hat sich die Folter im Prozeßverfahren überall durchgesetzt. Wie sehr die Herkunft aus dem römischen Recht auch den Zeitgenossen bewußt war, zeigt noch das Verfahren gegen den 1516 hingerichteten Hofmeister und Reichsfreiherrn Hieronymus von Stauf. Er hatte 1514 die Opposition der Landstände gegen die Herzöge angeführt und war wegen Landesverrats und wegen eines Majestätsverbrechens (crimen laesae majestatis) verhaftet und gefoltert worden. Man wollte mehr über seine Komplizen wissen. Das Hindernis, daß er als Adeliger nicht gefoltert werden durfte, räumte man mit dem Hinweis auf das römische Recht aus, das bei Majestätsverbrechen auch die Folterung hochstehender Personen zuließ.

6. Hoch- und Niedergerichtsbarkeit

Der Besitz der Hochgerichtsbarkeit (Blutgerichtsbarkeit, Fraischgerichtsbarkeit) ist einer der tragenden Pfeiler der Landeshoheit. Als (reichsunmittelbarer)

Herr eines Territoriums kann sich in der Regel nur derjenige fühlen, der die hohe Gerichtsbarkeit über seine Untertanen besitzt. In Herrschaftsbereichen, wo ein starker Landesherr fehlt, kommt es zur Aufsplitterung der Hochgerichtsbarkeit: Städte, Klöster, Ritter erwerben so ihre eigene Landeshoheit und Reichsunmittelbarkeit. In Franken und Schwaben prägt bis ins 19. Jahrhundert das enge Nebeneinander unterschiedlicher Territorien mit eigener Blutgerichtsbarkeit auch das äußere Bild. Hinrichtungsstätten, Galgenplätze und Köpfstätten werden als Symbole der Hochgerichtsbarkeit an prominenter Stelle aufgerichtet. Noch der Reisende des 18. Jahrhunderts konnte an einem Tage an mehr als einem halben Dutzend von Hochgerichten unterschiedlicher Territorialherren vorbeiwandern.

In Territorien wie dem Herzogtum Bayern, den fränkischen Markgraftümern oder dem Hochstift Würzburg (der Bischof von Würzburg führte seit 1268 den Titel eines Herzogs von Franken) gelang es den Landesherren, sich die Blutgerichtsbarkeit als einen der tragenden Pfeiler ihrer Landeshoheit gegenüber den konkurrierenden Ansprüchen von benachbarten Fürsten, Städten und Märkten, Klöstern, Adeligen oder Landgemeinden zu sichern. Die Errichtung von Hochgerichten und die Demonstration der Strafgerichtsbarkeit gehörten dabei in strittigen Gebieten oder in Gebieten gemischter Zuständigkeit, wie sie etwa in Bayerisch-Schwaben häufig waren, zum „letzten Trumpf“ im Kampf um die Oberhoheit. Als etwa 1491 von den bayerischen Herzögen zwei schwäbische Dörfer an einen Adeligen verkauft werden, wird der zuständige Richter von Schwabegg von Herzog Albrecht IV. in München angewiesen: *Wir bevelchen dir, daß du zu Durckheim und Hiltolfing an yedem Ort ain Keichen und Fancknus, Stock und darzu ain Galgen machen und aufrichten lassest …*[11]

Bei der Ausübung der Strafgerichtsbarkeit mußte der Inhaber der Hochgerichtsbarkeit gegenüber anderen Herrschaftsträgern in seinem Bereich, insbesondere dem Adel, oft Zugeständnisse machen: In den Gebieten der bischöflichen Landesherrn gelang es dem Adel gewöhnlich, sich vollständig zu emanzipieren und sich als Reichsritter mit eigener Blutgerichtsbarkeit außerhalb des geistlichen Territoriums zu stellen. Gleiches gilt vielfach für den Bereich der kaiserlichen Gerichte. So erhielt etwa die reichsritterschaftliche Herrschaft Kronburg in Schwaben vom Kaiser Maximilian 1515 für einen engeren Bereich zunächst den Blutbann und dann 1551 von Kaiser Karl V. die Befreiung von allen fremden Gerichten. 1515 hieß es in der Verleihungsurkunde, daß dem Schloßherrn von Kronburg, Gaudenz von Rechberg, sein Schloß und seine umliegenden Dörfer zwar *mit aller Oberkait zuegehörn. So hab doch nyemants an dem selben Ort kain Hochgericht, sonder … sein die Teter (Täter) an umbligende Hochgericht … gefüert worden, daran sy vill Mühe und Kosten gelauffen und dadurch menig Ubel ungestraft beliben sey … Und darumb … ein Halsgericht, Stock und Galgen aufzerichten und zu halten gegonnt und erlaubt …*[12]

Den bayerischen Herzögen gelang es zwar trotz aller Bedrängnisse und finan-

Hochgericht des Bischofs von Würzburg: Eine Diebstahlsklage vor dem Zentgericht Volkach: Im sogenannten Salbuch (nach 1500) der Stadt Volkach, die zum Fürststift Würzburg gehörte, ist eine städtische Halsgerichtsordnung von 1504 aufgezeichnet, die an Hand eines konkreten Diebstahlfalles illustriert wird. Der Richter (judex) mit Stab und die 12 Schöffen (mit Hut) sitzen auf der Schranne. Das Gericht ist mit Schranken und Planken abgegrenzt (gehegt). An der Türe steht der Gerichtsknecht und verliest auf Geheiß des Richters die Anklage. Der Ankläger (mit Bart), der ebenfalls außerhalb der Schranken steht, zieht seine Kappe vor dem Richter und bittet durch Fingerzeig um einen „Fürsprech" aus der Reihe der Geschworenen. Draußen stehen als Zuhörer die Leute der Landschaft, bewaffnet zum Schutz des Gerichts. Die Beweisstücke des Diebstahls liegen vor dem Gericht auf dem Erdboden. (Stadtarchiv Volkach)

zieller Nöte, die Blutgerichtsbarkeit gegenüber ihrem landständischen Adel zu behaupten, doch nur mit erheblichen Zugeständnissen im Bereich der Gerichtsbarkeit. Durch die **Ottonische Handfeste vom 15. Juni 1311**, die später als 1. Freiheitsbrief das Verhältnis zwischen den Herzögen und seinen Landständen bestimmen sollte, erhielten alle geistlichen und weltlichen Herrn, die dem Landesherrn eine Steuer bewilligt hatten, die Gerichtsbarkeit auf ihren Gütern, soweit diese Güter *mit Tür und Tor … beslossen* waren. Dem Herzog bzw. dessen Richtern verblieben jedoch alle Delikte, *die zu dem Tode ziehent*, wie Diebstahl, Totschlag, Notzucht und Straßenraub sowie die Gerichtsbarkeit über Grund und Boden. Diebstahl fiel jedoch nur dann in die Zuständigkeit des herzoglichen Richters, wenn das Diebesgut mehr als sechs lange Schillinge wert war. Der in einem Niedergerichtsbezirk (Hofmark) verhaftete Dieb mußte dem herzoglichen Richter so ausgeliefert werden, wie er „mit Gürtel ist umfangen", also ohne alle Habe. War kein Amtmann zur Stelle, durften der herzogliche Richter oder seine Bediensteten in den Niedergerichtsbezirk kommen und den Dieb selbst verhaften. Der Dieb mußte innerhalb von vierzehn Tagen abgeurteilt werden. Geschah das nicht, war er freizulassen. Das Vermögen des Diebs fiel an den jeweiligen Grundherren. Hatte der Dieb Frau und Kinder, so erhielten diese ein Drittel. Bei Totschlägen stand das Verhaftungsrecht ausschließlich dem herzoglichen Richter oder seinen Bediensteten zu. Das Vermögen des Totschlägers (mit Abzug eines Drittels für Frau und Kinder) fiel an den herzoglichen Richter und zwar auch dann, wenn der Totschläger geflüchtet war. Wie beim Totschlag wurde auch bei Notzucht und Straßenraub verfahren. Bei einem Totschlag durch einen „Grafen, Freien, Dienstmannen, Ritter oder edlen Knecht" behielt sich der Herzog die Aburteilung vor.

Die in der Ottonischen Handfeste und vielen folgenden Urkunden genannten „drei Fälle, die zum Tode ziehen" (Totschlag, Raub bzw. Diebstahl und Notzucht), bildeten nur den formelhaften Kern der sogenannten Malefizfälle, nämlich der mit Todesstrafe zu ahndenden Delikte. Wichtig war die Unterscheidung zwischen Hochgerichtsbarkeit und Niedergerichtsbarkeit natürlich dort, wo mit der landesherrlichen die landständische Gerichtsbarkeit des Adels, der Prälaten oder Städte und Märkte konkurrierte. Die Abgrenzung der Hoch- von der Niedergerichtsbarkeit erfolgte für den Bereich der Hofmarksgerichtsbarkeit seit dem 15. Jahrhundert durch den Katalog der sogenannten Viztumshändel, für die Städte und Märkte durch die jeweiligen Privilegien.

Die Liste der bayerischen Viztumshändel ist also die Weiterschreibung der Ottonischen Handfeste. Die dann für das 16. und 17. Jahrhundert maßgebende Fassung der Viztumshändel findet sich in Teil 1, Art. 15 der Bayerischen Landesfreiheitserklärung von 1508 in der Fassung von 1516, wo es heißt: *Es sollen auch unser Renntmaister und Landtschreiber die Vitzdombwändel, was sie der in ihrem Umbreiten oder sonst erfahrn, nun füran mit unserm und unserer Hofräthe und in unsern Vitzdombambten mit unserer Vitzdomb und Räthe Willen und Wissen und nach derselben Mässigung abthädigen und die, noch ander Wandel zu verthädigen, on sonder Befelch auff ihr Umbreiten nit mehr auffschieben.* Damit wird festgelegt, daß der Rentmeister (der auch das Landschreiberamt versieht), die Viztumshändel nur in Abstimmung mit dem jeweiligen Viztum und seinen Räten (bzw. mit dem Hofrat) aburteilen darf.

Ottonische Handfeste von 1311: Der niederbayerische Herzog Otto III. (und ehemalige König von Ungarn) gewährte in der sogenannten Ottonischen Handfeste vom 15. Juni 1311 allen geistlichen und weltlichen Herren, die ihm eine Steuer zur Abzahlung seiner Schulden bewilligten, die Gerichtsbarkeit auf ihren Gütern. Die Handfeste gilt als die älteste Verfassungsurkunde Bayerns.
(Bayerisches Hauptstaatsarchiv)

In Art. 16 wird dann ein Katalog der genannten Händel gebracht: 1) Ermordung des Herrn, Treu- und Eidbruch 2) Verrat gegen Obrigkeit oder Landfrieden 3) Tötung des Ehegatten 4) Tötung und Mißhandlung der Eltern 5) Selbstmord, um einer peinlichen Strafe zu entgehen 6) Verletzung des vom Landesfürsten gewährten Geleits 7) Austreten und Fehde 8) Mordbrand und Brandstiftung 9) Totschlag, Mord, Kindstötung und Abtreibung 10) Fälschung von Münzen, Urkunden, Edelmetall und Edelsteinen 11) Notzucht 12) Gleichgeschlechtliche Unzucht und Bestialität (Sodomie) 13) Meineid und falsches Zeugnis 14) Schädliche Zauberei 15) Großer Diebstahl 16) Raub 17) Kirchendiebstahl und Bruch des Kirchhoffriedens 18) Entführung von Frauen, Kindern und Mündeln 19) Nächtliches Auflauern mit Körperverletzung 20) Vorsätzliches Versetzen von Marksteinen.

Von größter Bedeutung war in der mittelalterlichen und der neuzeitlichen Rechtspflege die Auslieferung von Verbrechern aus dem Niedergerichtsbezirk (Hofmark) in den Hochgerichtsbezirk (Landgericht). Dies geschah an festgelegten Punkten wie z. B. Toren und Steinmartern. Wenn der Delinquent nicht rechtzeitig abgeholt wurde, konnte er am Übergabepunkt mit dem sprichwörtlichen „seidenen Faden“ an die Säule gebunden werden und damit freikommen, wie das etwa in der Herrschaft Aschau-Wildenwart gegenüber dem Hochgericht des bayerischen Landesherrn in Kling der Brauch war. Dort hatte das Herrschaftsgericht zwar das Recht, den Täter zum Tode zu verurteilen, lautete der Schuldspruch aber auf Hinrichtung durch den Strang, so mußte der Delinquent dem Richter von Kling ausgeliefert werden. Im Hochstift Würzburg übte der Bischof seine Blutgerichtsbarkeit in den sogenannten Zenten aus. Auch hier ging es darum, sich gegenüber konkurrierenden Gewalten abzugrenzen und sich als unbestrittener Inhaber der Hochgerichtsbarkeit zu behaupten. Dies gelang den Bischöfen gegenüber dem Adel nur beschränkt.

7. Kaiser und Landesherren als oberste Gerichtsherren

Als Herren über Leben und Tod konnten die Kaiser und schließlich auch die Landesherren in ihrem Territorium jedes Gerichtsverfahren an sich ziehen (= evocare). Während das Recht des Kaisers als oberster Gerichtsherr von den Landesherren durch entsprechende Evokationsprivilegien in Schranken gehalten wurde, mußten die Landesherrn durch die Abtretung (Verkauf oder Verleihung) der niederen oder auch hohen Gerichtsbarkeit an den Adel, die Geistlichkeit oder die Städte ihre Strafgewalt teilen. Vielfach behielten sie sich aber das Begnadigungsrecht als letzten Rest ihrer umfangreichen Strafkompetenz vor.

Auch wenn die landesherrliche Strafgewalt als von der kaiserlichen abgeleitet betrachtet wurde, erwarben sich die Fürsten ein beträchtliches Maß an

Freiheit bei der Ausübung der Strafrechtspflege. Willkürakte und Kabinettsjustiz gegen Verwandte oder Untertanen blieben fast immer ungesühnt. Sie ziehen sich wie ein „roter“ Faden auch durch die bayerische Geschichte, wie etwa die Hinrichtungen der bayerischen Herzogin Maria von Brabant durch ihren Ehemann Ludwig den Strengen und der Agnes Bernauer (1435) durch ihren Schwiegervater Herzog Ernst zeigen.

Der Kriminalfall: Die Hinrichtung der Herzogin Maria von Brabant 1256

Der bayerische Herzog Ludwig II. (1253–1294), der später den Beinamen „der Strenge“ erhielt, ließ seine Gattin Maria von Brabant auf einen bloßen Verdacht der ehelichen Untreue hin auf der Burg Mangoldstein bei Donauwörth hinrichten. Die Hintergründe und Motive für die Tat blieben im Dunklen. Früh kam die Legende auf, die Herzogin habe einem Vertrauten des Herzogs eine harmlose Vertraulichkeit gestattet, indem sie ihm das „Du“ anbot. Als sie ihn später daran erinnerte, soll der Bote das Schreiben mit einem Brief der Herzogin an ihren Gatten verwechselt haben. Daraufhin sei der Herzog von seinem Lager am Rhein nach Donauwörth geritten und habe ohne weitere Untersuchung die Hinrichtung befohlen. Nach der Legende sind auch die Kammerfrauen der Herzogin hingerichtet worden. Maria von Brabant wurde in der Benediktinerabtei Heilig Kreuz in Donauwörth beigesetzt. Als sich die Unschuld seiner Frau herausstellte, wandte sich der Herzog an Papst Alexander IV. und bat ihn um die Lossprechung von seiner Schuld. Als Buße erhielt er die Auflage, entweder einen Kreuzzug ins heilige Land zu unternehmen oder ein Kartäuserkloster für zwölf Mönche zu gründen, die für Ludwig II. beten sollten. Da sich in Bayern keine Kartäuser fanden, beauftragte Ludwig die Zisterzienser von Aldersbach mit der Gründung eines Klosters zunächst im Glonntal, später an der Amper in der Nähe des Ortes Bruck. Die Gründung hieß später Fürstenfeld (heute: Fürstenfeldbruck).

Der Kriminalfall: Die Hinrichtung der Baderstochter Agnes Bernauer 1435

Agnes Bernauer soll die (außerordentlich hübsche) Tochter eines Augsburger Baders gewesen sein. Wann und wo sie Herzog Albrecht III., den Sohn des regierenden Herzogs Ernst von Bayern-München kennenlernte, ist unbekannt. Ziemlich gesichert ist, daß der verliebte Herzog die Baderstochter geheiratet hat, möglicherweise im Jahr 1432. Diese unebenbürtige Heirat war deswegen so ungewöhnlich, weil der Herzog wußte, daß er als einziger Sohn und Nachfolger von Herzog Ernst im Herzogtum Bayern-München eine schwere dynastische Krise heraufbeschwören würde. Das Herzogtum Bayern-München wäre angesichts einer solchen unebenbürtigen Ehe Gefahr gelaufen, nach dem Tode von Herzog Ernst von den „freundlichen“ Verwandten in den Herzogtümern Bayern-Landshut und Bayern-Ingolstadt annektiert zu werden. Da München damit auch seinen Status als Residenzstadt verloren hätte, waren vor allem die einflußreichen Münchner Bürger mit Herzog Ernst der Meinung, daß dieses Verhältnis keinen Bestand haben dürfe. Doch selbst die Erniedrigung, die Albrecht III. 1434 erdulden mußte, als er wegen seiner Verbindung mit Agnes von den Turnierschranken zurückgewiesen und turniermäßig „gestraft“, d. h. mit Kolben geschlagen

GRABMONUMENT DER AGNES BERNAUER: Das aus Rotmarmor gefertigte Grabmonument in der Friedhofskirche bei St. Peter in Straubing zeigt die 1435 (nicht 1436 wie in der Umschrift des Grabsteins!) hingerichtete Agnes Bernauer in der Tracht einer Fürstin (Haarkrause, Rissentuch um Kopf, Kinn und Stirne, pelzbesetzter Mantel). Die Ringe am Ring- und kleinen Finger der rechten Hand sind wohl Verlobungs- und Trauringe, was ebenfalls die Vermutung bestärkt, daß Agnes Bernauer tatsächlich mit Herzog Albrecht III. verheiratet war. Die Inschrift lautet: „Anno domini 1436 in die octobris obiit agnes bernauerin requiescat in pace“. Die Friedhofskirche mit dem Grabmahl wurde von Herzog Ernst wohl über der Stelle errichtet, wo man Agnes Bernauer nach ihrer Ermordung begrub. Beigesetzt wurde sie schließlich in der Karmeliterkirche in Straubing. Jedenfalls war die Gruft unter dem Grabstein leer, als man diesen 1875 vom Boden an die Wand versetzte.

wurde, konnte ihn nicht von der Bernauerin trennen. Wo sich Agnes Bernauer während der Zeit ihrer Ehe aufgehalten hat, ist weitgehend ungeklärt. Nach ihrem Tode dürften die meisten Akten, die über sie Auskunft geben, vernichtet worden sein. Ein Hauptaufenthalt des jungen Paares dürfte jedoch Straubing gewesen sein, das die Herzöge von Bayern-München kurz zuvor geerbt hatten.
Der „Anschlag“ auf die Bernauerin wurde von Ernst im Zusammenwirken mit dem Landshuter Herzog Heinrich dem Reichen vorbereitet. Heinrich lud Albrecht nach Landshut zu einer Jagd ein. In dieser Zeit schlug Herzog Ernst zu. Fraglich ist, ob vor dem Straubinger Hofgericht ein Gerichtsverfahren gegen die Bernauerin vorausging. Da Agnes Bernauer öffentlich ertränkt wurde, was die übliche Frauenstrafe bei Kindesmord und Abtreibung aber auch bei Hochverrat war, hat man möglicherweise Vorwürfe in dieser Hinsicht konstruiert. Am 12. Oktober 1435 stieß der Henker Agnes Bernauer mit gebundenen Händen und Füßen von der Straubinger Brücke hinunter: „Die Bande, welche die Unglückliche fesselten, waren nicht fest genug. Es gelang ihr, das eine Bein freizumachen, mit der Kraft der Verzweiflung das Ufer zu erreichen und dort einige Zeit sich festzuhalten. Mit Entsetzen vernahmen die Umstehenden ihren Angstruf aus heiserer Kehle: helft! helft! – bis der Henker herzueilte und mit einer um

ihre langen goldenen Flechten gewickelten Stange sie in die Fluten zurückstieß. Noch heute zeigt man am rechten Ufer in der Altstadt die Stelle, wo der Leichnam angeschwemmt wurde."
Als der entsetzte Herzog Albrecht von der Hinrichtung erfuhr, wollte er in seinem Zorn zunächst gegen seinen Vater Krieg führen. Doch bald versöhnten sich Vater und Sohn. Der Vater baute auf dem Kirchhof von St. Peter eine Kapelle und stiftete dort einen Jahrtag.

8. Kaiserliche Landgerichte

Die Rechtshistoriker streiten sich darüber, ob die im Hochmittelalter in Franken und Schwaben nachweisbaren Landgerichte unmittelbare Nachfolger der Grafschaftsgerichte des Karolingerreichs sind. Wahrscheinlich stammen die meisten aus der Stauferzeit. Sie ragen jedenfalls wie archaische Inseln aus den „modernen" Territorialstaaten heraus und zeichnen sich durch ihre Nähe zum Kaiser und durch eine konservative Verfassung aus. Der Kaiser konnte diese Gerichte schon lange nicht mehr unmittelbar besetzen, sondern vergab sie in der Regel als Reichslehen meist an weltliche oder geistliche Herren in der Nähe des Gerichtssitzes. In diesen Gerichten, die meistens schon im 15. Jahrhundert verschwanden, hielt sich (teilweise noch bis ins 18. Jahrhundert) das mittelalterliche Strafverfahren. Wie die hochmittelalterlichen Gerichte waren die kaiserlichen Landgerichte vor allem das privilegierte Standesgericht der fränkischen oder schwäbischen „Freien". Das Gericht mußte mit ebenbürtigen oder mit standeshöheren Personen (Übergenossen) besetzt sein, um als privilegierter Gerichtsstand vor allem für den Adel tätig zu sein. Die kaiserlichen Gerichte kannten noch die deutschrechtliche Dreiteilung der Gerichtsverfassung von Vorsitz, Vorsprecher des Urteils und Urteilssprecher (Umstand, ursprünglich Dinggemeinde).

Viele der kaiserlichen Landgerichte sinken im 15. und 16. Jahrhundert zu landesherrlichen Gerichten herab, wie etwa **Graisbach** oder (de facto) **Marstetten**. Dem Landgericht Marstetten waren am Ende seiner Tätigkeit im 15. und 16. Jahrhundert an Kriminalfällen nur noch die Totschläge aus der Reichsstadt Memmingen geblieben. Die Täter mußten vor dem Landgericht verklagt werden, außer sie waren bereits auf handhafter Tat ergriffen worden. Dann kümmerte sich die Reichsstadt Memmingen selbst um sie. Im Landgericht der „Grafschaft" **Kempten** hielt noch Anfang des 16. Jahrhunderts ein Beamter des Abtes an der freien Landstraße Gericht für die Freien des Stiftsgebietes. 1481 war noch eine Landgerichtsordnung erlassen worden. Doch im 16. Jahrhundert, wohl nach dem Bauernkrieg, stellte das Landgericht seine Tätigkeit ein.

Das kaiserliche Landgericht **Rothenburg** wurde 1274 entsprechend privilegiert und legte seit diesem Zeitpunkt ein Achtbuch an, das uns heute noch erhalten ist. Es enthält die Ächtungen (proscriptiones), also die Urteile im Achtverfahren gegen flüchtige Delinquenten. Ab 1315 rekrutieren sich die Urteiler aus der Rothenburger Bürgerschaft. Im 15. Jahrhundert verkümmerte das Landgericht zum Bauerngericht für das Rothenburger Territorium. Ein gleiches Schicksal erlitt das kaiserliche Landgericht **Schweinfurt.** Das kaiserliche Landgericht **Hirschberg** fiel 1305 nach dem Aussterben der Grafen von Hirschberg an die Herzöge von Bayern, denen es nicht gelang, die hochgerichtliche Kompetenz des Landgerichts auch im Hochstift Eichstätt durchzusetzen.

Bedeutung erlangte das kaiserliche **Landgericht Franken des Hochstifts Würzburg** und das **Nürnberger Landgericht (Landgericht des Burggraftums Nürnberg).** Letzteres, erstmals 1228 erwähnt, befand sich seit 1273 im Besitz der Zollern. Es beanspruchte Kompetenz für ganz Franken und sogar für das ganze Reich. Richter, Urteiler und Anleiter mußten Adelige sein; die Urteiler, die aus der Stadt Nürnberg kamen, mußten aus den alten hohen Geschlechtern stammen. 1447 wird dieses Nürnberger Gericht von Markgraf Albrecht Achilles von Brandenburg, dem „Liebhaber des Adels", mit einer ausführlichen Gerichtsordnung bedacht.

Interessant sind im strafrechtlichen Bereich vor allem die Kampfklagen vor den beiden Gerichten. Bis ins 14. Jahrhundert gehört gerade in den Reichsstädten der gerichtliche Zweikampf zu den häufigen Erscheinungen, wird aber dann schnell ungebräuchlich. Auch Bauern dürfen noch im 14. Jahrhundert vor den mainfränkischen Zenten kämpfen. Um die Wende zum 15. Jahrhundert wird ihnen dies offensichtlich verboten. Als nämlich ein Bauer vor einem Bamberger Zentgericht eine Kampfklage erhob und gewann, wurde er als „Landzwinger" mitsamt seinen Kampfwaffen an den Galgen gehenkt. Spätestens im 15. Jahrhundert war dann die Kampfklage ein Privileg des Adels.

Während in Würzburg schon seit der Regierung Bischof Johann von Grumbachs (1455–66) kein Kampfgericht mehr gehalten wurde, beginnt der „ritterliche" Markgraf Albrecht Achilles diese Verfahrensform wieder zu aktualisieren. Er erläßt nach der Gerichtsreformation von 1447 am 26. Dezember 1460 eine Kampfgerichtsordnung. Er lädt den Adel des ganzen Deutschen Reichs ein, eventuelle Ansprüche durch die alte deutsche Kampfklage vor dem Nürnberger Landgericht durchzusetzen.

Was ist eine Kampfklage? Eine Kampfklage kann zunächst dazu dienen, einen Beweis zu erbringen. Der Kläger verlangt etwa Schadensersatz für eine Beschädigung. Wenn nun der Beklagte diese leugnet, dann kann der Kläger den Beweis durch einen Kampf erbringen. Der Kampf kann aber auch als eine Strafverfolgung gegen den Verdächtigen ausgesprochen werden, dabei wird die Zahl der Straftaten, die zur Kampfklage berechtigen, streng limitiert. Schon der Mainzer Reichslandfrieden läßt die Kampfklage nur wegen des „crimen laesae majestatis" zu, und die Nürnberger Kampfgerichtsordnung von 1460 läßt den Kampf-

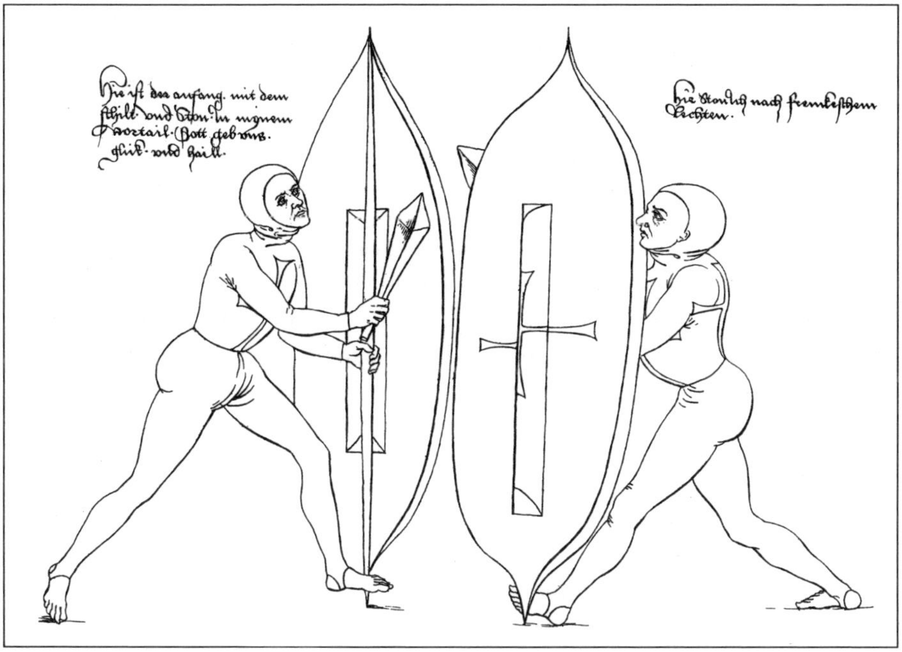

Gerichtlicher Zweikampf nach fränkischem Recht aus dem Fechtbuch des Hans Thalhofer von 1447 in Gotha: Die Kämpfer haben spitze Schilde und kämpfen mit Kolben. Die Beschriftung lautet: *Hie ist der Anfang mit dem Schilt und ston in mynem Vorthail Gott geb' und Glück und Haill* – Hier ist der Anfang mit dem Schild und ich stehe in meinem Vorteil, Gott gebe uns Glück und Heil – und: *Hie ston ich nach frenkeschem Rechten* – Hier stehe ich nach fränkischem Recht. (Aus: Thalhofer. Ein Beytrag zur Literatur der gerichtlichen Zweykämpfe im Mittelalter von Dr. Nathanael Schlichtegroll, München 1817)

kläger schwören, daß er den Beklagten auf des Reiches Straßen *mit verdecktem Haubt und verrückten Schwerten sehen rauben* ... In der Praxis war freilich eine Kampfklage, wie uns das der oberdeutsche Fechtmeister Thalhofer überliefert, bei Mord, Verrat, Ketzerei, Treuebruch, Ehrverletzung u. ä. üblich.

Von der Nürnberger Kampfgerichtsordnung von 1460 versprach sich ihr Anreger, Markgraf Albrecht Achilles, offensichtlich einen adeligen „Kampftourismus“ Richtung Nürnberg. Bei der Verkündung der Kampfacht mußte sich nämlich der Landrichter auf das „Erdreich“ der Beklagten begeben. Nürnberg erklärte man zum Zentrum des Alten Reichs, das an allen Stämmen des Reichs Anteil hatte. Wenn der Beklagte ein Franke war, so mußte sich der Landrichter *jenseits der Brücken, die bei Fürth über das Wasser geht, auf fränkisches Erdreich, auf der Strass gegen der Neuenstadt* stellen, war der Beklagte ein

Schwabe, *so soll er sich jenseits der Brücken, genannt der Stein bei Nürnberg, auf Schwäbisch Erdreich auf der Strass die gen Onolzbach geht,* stellen, war der Beklagte ein Bayer, *soll er sich vom Frauentor zu Nürnberg auf die Strassen gen Bayern auf bayerisch Erdreich* stellen. Bei sächsischen Beklagten schließlich mußte sich der Landrichter *auf die Strass gen Erlangen auf sächsisch Erdreich stellen.* Trotz dieser volltönenden und weitausgreifenden Gerichtskompetenz, mit der man das Nürnberger Landgericht ausstattete, blieb die Kampfgerichtsordnung nur auf dem Papier bestehen. Da sich Albrecht Achilles im ersten Markgrafenkrieg gegenüber Nürnberg und den fränkischen Hochstiften nicht durchsetzen konnte, ließ er das Landgericht ruhen. Ersatzweise boten daraufhin die Würzburger und Bamberger Bischöfe Kampfgerichte an. Freilich gelang ihnen damit ebensowenig wie dem Markgrafen, den Adel durch dieses privilegierte Landgericht in ihr Territorium einzubinden.

9. Bayern und die westfälischen Vemegerichte

Die von Geheimnissen umwitterten westfälischen Vemegerichte (Veme = Strafe) oder Freigerichte verdanken ihren Ruf und ihre überregionale Wirksamkeit der Tatsache, daß die dort auf den „Freistühlen" ausgeübte Blutgerichtsbarkeit direkt vom König abgeleitet wurde. Dieser königliche Blutbann wurde seit Beginn des 15. Jahrhunderts durch den Erzbischof von Köln in seiner Eigenschaft als Herzog von Westfalen, oberster Stuhlherr und königlicher Statthalter der heimlichen Gerichte, verliehen. Die Vemerichter, die sogenannten Stuhlherren, hatten die Möglichkeit, jeden ehelich geborenen, freien und gut beleumundeten Deutschen zum Freischöffen aufzunehmen. Dieser „wissende" Bund der Freischöffen machte auch vor Bayern nicht halt. Er hatte die Pflicht, todeswürdige Sachen vor einem Freistuhl zu rügen.[13]

Das Freistuhlgericht als unmittelbares, außer Beziehung auf Territorialhoheit stehendes, kaiserliches Gericht war ein geheimes und ein öffentliches. Das heimliche Gericht (hemelik Gericht) oder die heimliche Acht unterschied sich vom öffentlichen oder offenen Gerichte (oppenbar Gericht) dadurch, daß in ihm nur Wissende, d. h. Freigrafen und Freischöffen, welche die Geheimnisse der heimlichen Acht kannten, zugegen waren und über bestimmte, wie die Sage selbst von den Freischöffen gepflegt wurde, durch Karl den Großen eingesetzte und von den späteren Kaisern bestätigte Sachen entschieden. Beide, die offene und die heimliche Acht, wurden an derselben Stätte im Freien, unter einem Baume und zwar am Tage gehalten. Ehe das heimliche Gericht begann, überzeugte man sich erst, daß kein Uneingeweihter zugegen sei; wurde nach Beginn einer, der nicht Wissender war, entdeckt, so büßte er auf der Stelle mit dem Leben durch den Strang … Zwei Umstände waren es vorzüglich, welche die große Macht des

Vemgerichts seit dem vierzehnten Jahrhunderte begründeten. In allen vemlichen Sachen war ihm jeder im Römischen Reich Angesessene unterworfen ohne Ansehn der Person.[14]

Wie konsequent die Zuständigkeit des Vemegerichts gegenüber den Territorien des Deutschen Reichs auch von den Kaisern anerkannt wurde, zeigt ein Schreiben Kaiser Sigmunds an die bayerischen Herzöge Ernst und Wilhelm vom Jahre 1438 anläßlich einer Klage eines Conrat Rot von Dinkelsbühl gegen den bayerischen Adeligen Erhart Muggentaler, der von den Herzögen in Schutz genommen wurde: *Nu wist ir wol, das kein Kurfürst, Fürst, Herre noch niemant ander für solich heimlich Gerichte mag gefreiet sein.*[15]

Auch die bayerischen Herzöge finden wir als Kläger und als Beklagte vor den westfälischen Gerichten. 1424 war Heinrich der Reiche von Bayern-Landshut von Ludwig dem Gebarteten von Bayern-Ingolstadt bei westfälischen Vemegerichten verklagt worden.[16]

Der Kriminalfall: Die Verfemung Herzog Heinrichs von Bayern-Landshut

Herzog Ludwig der Gebartete von Bayern-Ingolstadt hatte seinen Vetter Heinrich von Bayern-Landshut 1417 vor dem Konstanzer Konzil angeklagt. Die Kirche, der Kaiser und die Fürsten hatten ein sicheres Geleit ausgeschrieben. In der Klage Ludwigs ging es vor allem um den Anspruch auf gewisse Landesteile. Im speziellen warf er Heinrich vor, daß er durch Georg von Gundelfingen die Nachbarländer berauben und verwüsten lasse und rief gegen ihn als Räuber und Friedensbrecher die Hilfe des Kaisers und des Konzils an. Der erboste Heinrich zog sich den Harnisch an, nahm vier Reiter mit sich und lauerte seinem Vetter auf, der gerade vom Morgenmahl beim Kaiser und Bischof Georg von Hohenlohe in Begleitung von drei Edelknaben nach Hause kam. Ohne Vorwarnung griff ihn Heinrich mit bloßem Schwert an. Ludwig gelang es zwar, Heinrich das Schwert zu entreißen, wurde aber von den anderen vier Reitern schwer verwundet und fiel vom Pferd. Herzog Heinrich meinte, Ludwig sei tot und ergriff die Flucht. Der Kaiser ließ dem flüchtigen Täter nachsetzen, aber Heinrich konnte entkommen. Das sofort gesprochene Achturteil konnte bei der Schwäche des Kaisers nicht vollzogen werden. Auch der Papst konnte Ludwig nicht helfen. Herzog Ludwig ließ nun durch Kaspar Törringer, der auch in eigener Sache klagte, vor dem Freigrafen Albert Swinde zu Bodelschwingh gegen Herzog Heinrich klagen. Da nach drei Aufforderungen (zunächst mit zwei, dann mit vier, schließlich mit sechs Freischöffen) Heinrich nicht erschien, versammelten sich viele Freigrafen und Freischöffen 1429 auf dem Freistuhle zu Limburg, um unter dem Vorsitz des Freigrafen von Dortmund Conrad von Lindenhorst das Urteil über Heinrich zu sprechen. Neben vier Freigrafen waren noch 41 ritterliche Freischöffen und zahlreiche andere echte Freischöffen anwesend. Kaspar Törringer brachte nun seine Anklage vor, erbat sich einen Vorsprecher aus der Zahl der Wissenden. Mit einem Verfemungsbrief wurde Heinrich für vogelfrei erklärt, dieser endete mit der folgenden Verfluchungsformel:

... so habe ich Freigraf Albert mit den vorgenannten Freigrafen, die zu der Zeit mit mir den Stuhl besessen hatten, den obgenannten Heinrich, der sich schreibet Pfalzgraf

bei Rhein und Herzog in Baiern, von königlicher Gewalt genommen und vervemt und verurteilt aus der rechten Zahl in die unrechte Zahl, aus der echten Zahl in die unechte Zahl, der obern Zahl in die niedere Zahl, von allen Rechten abgeschieden und habe ihn gewiesen von den vier Elementen, die Gott dem Menschen zum Troste gegeben hat, daß sein Leichnam nimmer dazu gemengt werden soll, wenn er nicht als missetätiger Mensch dazu geführt werde und sein Hals und sein Lehen, das er vom heiligen Reiche empfangen hat, dem heiligen Reiche und dem Könige verfallen ist, und habe den obgenannten Heinrich, der sich schreibet Pfalzgraf bei Rhein und Herzog in Baiern, von Rechtes wegen verurteilt als achtlos, rechtlos, friedlos, ehrlos, sicherlos, missthätig, vempflichtig, liebelos und daß man mit ihm verfahren mag, wie mit einem andern missetätigen vervemten Manne und ihn noch trefflicher und lästerlicher behandeln soll nach den Gesetzen des Rechts, weil je höher der Stand, um so viel tiefer ist und schwerer der Fall und er soll ferner für unwürdig gehalten werden und kein Fürst sein noch heißen, noch Gericht noch Recht besitzen. Und wir obgenannten Freigrafen gebieten allen Königen, Fürsten, Edlen, Rittern, Knechten und allen denen, die zu dem Reiche gehören und angesessen und Freischöppen sind und gemeiniglich allen Freischöppen in der heimlichen Acht bei ihrer Treue und ihren Eiden, die sie dem heiligen Reiche und der heimlichen Acht geleistet haben, daß sie dazu helfen und beiständig dazu sind mit aller Macht nach allem ihrem Vermögen und daß sie das nicht lassen um Verwandtschaft, Schwägerschaft, um Liebe und Leid, um Gold, um Silber, um Angst, Leben oder Gut, daß das über den vorgenannten Heinrich, der sich Pfalzgraf bei Rhein und Herzog in Baiern schreibt, über seinen Leib und sein Gut gerichtet werde und correctio geschehe, wie es heiligen Reichs und heimlicher Acht Recht ist, und auch dazu helfen und beiständig sind, daß dem Herzog Ludwig solche Gewalt, Wunden, Schläge und Schmerzen nach seiner hohen Würde gebessert werden und ihm auch sein Schade an seinen Landen und Leuten und Untersassen durch Mord, Brand und Gewalt, und demselben Kaspar, der Ritterschaft, Landschaft und dem Vereine alles, was ihnen vom vorgenannten Herzoge Heinrich geschehen ist, gerichtet werde unverzögert ohne ihren Schaden oder Hindernis und daß dafür Ersatz und Buße geschehe, wie zum Rechte gebührlich ist; da der ehgenannte Heinrich, der sich schreibt Herzog in Baiern sie wider Gott, wider Ehre, wider Recht und wider das heilige Reich gewaltsam beraubt hat. Und Heinrich, der sich schreibet Herzog, soll fort mehr keiner Privilegien, Freiheit und Geleit genießen an keiner Stätte, als allein an geweihter Stätte, weil alle diese Sachen vor uns vor dem heimlichen Gerichte mit Urteil und Recht durchgegangen sind, wie es des heiligen Reichs heimlicher Acht Recht ist.[17]

Das Urteil blieb weitgehend auf dem Papier. Im Gegenteil, es hatte nicht für den Verurteilten, sondern für den Kläger ungünstige Folgen. Ein halbes Jahr nach dem Urteil kündigte Kaiser Sigmund dem Herzog Ludwig den Frieden auf. Herzog Heinrich hatte dem Kaiser mitgeteilt, welche Schande es für das Reich sei, wenn ein Landesfürst nicht vor dem Kaiser, sondern vor einem westfälischen Gericht erscheinen müsse. Herzog Ludwig hätte im übrigen die Freigrafen mit Geld bestochen. Außerdem hätte er mit Ludwig die private Beilegung vereinbart. Der Kaiser selbst versuchte in Westfalen eine Revision des Spruchs zu erreichen, Ludwig seinerseits drängte auf Vollstreckung. Die Freigrafen werden vom Kaiser unter Druck gesetzt, eine lebhafte

Korrespondenz geht hin und her. 1431 kommt es außerhalb des westfälischen Verfahrens zu einer Verurteilung von Herzog Heinrich durch ein Fürstengericht in Nürnberg: Herzog Heinrich sollte binnen Jahresfrist entweder selbst oder durch Stellvertreter (einem Freiherrn mit zwei Begleitern) fünf Wallfahrten verrichten und zwar nach Jerusalem, Rom, Einsiedeln, Aachen und zum heiligen Blut nach Wilsnack in der Mark Brandenburg. Doch auch dieser Spruch blieb auf dem Papier. Nachdem dann Herzog Ludwig 1433 vom Konstanzer Konzil als Kirchenräuber in den Bann getan wurde, scheint auch das Vemeverfahren von den westfälischen Freischöffen nicht mehr weiter verfolgt worden zu sein. Das übliche Schicksal eines Verfemten, von Freischöffen an einem einsamen Baum gehängt zu werden, blieb Heinrich jedenfalls erspart. Schließlich wurde auch Ludwig vor dem Vemegericht beklagt: 1432 strengte Herzog Wilhelm von Bayern-München gegen Ludwig einen Prozeß an. Diesmal ging es um das Erbe der ausgestorbenen Wittelsbacher Linie Bayern-Straubing.

10. Das römische Recht und die deutsche Strafrechtsentwicklung im Mittelalter

Seit dem 15. Jahrhundert benützen die Landesherrn mehr und mehr die Strafgesetze zum Ausbau ihrer Landeshoheit. Die Wucht der vielfach neu formulierten Straftatbestände erklärt sich nicht zuletzt auch aus ihrer doppelten Begründung. Zur Ermittlung eines verletzten Rechtsguts wird nicht nur das entsprechende kirchliche Gebot, sondern in der Regel auch noch die entsprechende Bestimmung des römischen Rechts herangezogen, dessen „Rezeption“ um 1500 seinen Höhepunkt erreichte. Nicht nur die Kaiser, sondern auch die Landesherrn bedienten sich des römischen Rechts, wenn es galt, das eigene Territorium auszubauen und zu vereinheitlichen. Dabei eignete sich das römische Strafrecht hervorragend zur Festigung der eigenen Herrschaftsansprüche. Vor allem die Bestimmungen über den Hoch- und Landesverrat, das crimen laesae majestatis, das „Laster der beleidigten Majestät“, spielten dabei in der deutschen Geschichte eine verhängnisvolle Rolle. Das spätrömische Recht (lex quisquis der Kaiser Honorius und Arcadius) verfolgte bereits jeden politischen Vorwurf strafrechtlich und erstreckte den Schutz auf Minister und Günstlinge des Kaisers. Dieses Gesetz wurde von den Karolingern übernommen, bei denen das römische Majestätsverbrechen auf alle Staatsverbrechen Anwendung findet. Im Prozeß gegen Heinrich den Löwen finden wir das römische Majestätsverbrechen ebenso wieder wie in der Goldenen Bulle Karls IV. von 1346. Durch die Goldene Bulle wurde die zunächst für den Kaiser geltende römische Schutzvorschrift auch auf die Kurfürsten übertragen, wenig später nehmen ebenso alle Landesherren dieses Recht für sich in Anspruch. Dieser übersteigerte Schutz des Landesherrn gewann vor allem gegenüber den Landständen Bedeutung und konnte gegen das etablierte Widerstandsrecht des Adels ins Feld geführt werden.

Der Kriminalfall: Ein adeliger Steueraufstand in Niederbayern und die späte Rache der bayerischen Herzöge

1466 wird im Bayerischen Wald von 41 Rittern des Straubinger Landes und Rittern aus dem Nordgau die „Gesellschaft vom Eingehürn" gegründet (die sogenannten Böckler). Nach der Mode der Zeit und nach dem Vorbild der freien fränkischen und schwäbischen Ritterschaft organisieren sich die niederbayerischen Herren ohne Genehmigung ihres in München sitzenden Landesherrn. Das Straubinger Land, in dem sich dieser Ritterbund bildete, war zwei Jahrzehnte vorher an die Münchner Herzöge gefallen. Seit 1460 regierte dort der junge Albrecht IV., zunächst mit seinem Bruder, seit 1467 alleine. Albrecht IV. war ein moderner und strenger Herrscher, der vom Schreibtisch aus regierte, aber auch seine landesherrlichen Ansprüche durchzusetzen wußte. Die bisher idyllisch lebenden Adeligen des Straubinger Landes verspotteten ihn als „Federfuchser und Schulmeister", besonders als er sich daran machte, seine landesherrlichen Einnahmen zu forcieren und Steuern für die Aussteuer seiner Tochter zu verlangen. Die Gesellschaft der Böckler, die sich ganz offen gegen Albrecht IV. und seine Ansprüche wandte, war illegal. Ein kaiserliches Mandat verlangte ihre Auflösung. Die Böckler fühlten sich nahe der böhmischen Grenze und fern von München auf ihren scheinbar uneinnehmbaren Burgen sicher. Sie proklamierten ihre Unabhängigkeit und verbündeten sich mit dem Königreich Böhmen. Das war Hochverrat, und Herzog Albrecht IV. begann 1468/69 mit unerwarteter Tatkraft eine der feindlichen Burgen nach der anderen mit modernster Waffentechnik, mit Artillerie, zu zerstören. Niedergebrannt wurden die Kollnburg und Altnußberg, der Stammsitz der Nußberger, die Burgen Degenberg und das stolze Weißenstein am Pfahl. Die Degenberger, die zu den Rädelsführern des Böcklerbundes gehörten, durften ihre Stammburg nicht mehr aufbauen, sondern mußten ihren Wohnsitz unten in Schwarzach bei Bogen nehmen.

20 Jahre nach dem Böckleraufstand kommt es zu einer ähnlichen Niederbayern-Revolte, dem Löwlerkrieg. Auch hier verliefen die Fronten ähnlich: Wegen des Steuerdrucks revoltierten niederbayerische Adelige gegen den Herzog in München. Diesmal wurden die Adeligen allerdings vom Schwäbischen Bund und vom Kaiser unterstützt. Doch der bayerische Herzog hatte den längeren Atem. Man unterwarf sich und zahlte. Die Rädelsführer wurden 1491 gefangengenommen, darunter Hieronymus von Stauf. Dieser machte dann als Hofmeister in München noch Karriere, wurde aber 1516 Opfer eines „in unserer vaterländischen Geschichte einzig dastehenden Hochverratsprozesses" (Riezler). Am 1. April 1516 war er auf einem Landtag in Ingolstadt von den damals gemeinsam regierenden Herzögen Wilhelm IV. und Ludwig X. verhaftet und peinlich befragt worden. Bei Hochverrat und Majestätsverbrechen konnte, so die damalige Rechtsmeinung, die Tortur auch gegen Adelige und Beamte angewandt werden. Dem Hofmeister Stauf, lange Zeit der mächtigste Mann im Lande, wurde jetzt vorgeworfen, die beiden Brüder aufeinandergehetzt zu haben. Auch soll er, und hier holte ihn seine Vergangenheit aus dem Löwlerkrieg ein, angeblich zweimal an den Münchener Hof gekommen sein, um Herzog Albrecht IV. zu erstechen. Das Geständnis des Staufers (die Urgicht) ist zwar unter der Folter zustandegekommen, doch wird man den Wahrheitsgehalt der meisten Vorwürfe nicht bestreiten wollen. Am

8. April 1516 richtete man Hieronymus von Stauf in Ingolstadt hin. Der Kaiser stimmte nachträglich zu. Juristisch abgesichert wurde das ganze Verfahren durch das römische Recht: Das „crimen laesae majestatis" bot genug Handhaben, um dem ehemaligen Hofmeister den Prozeß zu machen.

11. Der ewige Landfrieden 1495 und das Ende der Fehde

Mit dem ewigen Landfrieden auf dem Wormser Reichstag von 1495 wurde jede Art von privater Rechtsfindung untersagt und mit schweren Strafen bedroht. Jeglicher Streit mußte vor dem Kaiser oder dem neu errichteten Reichskammergericht ausgetragen werden. Mit dem Jahre 1495 war freilich die Fehde in Deutschland keineswegs beseitigt. Fehdehandlungen unter Rittern, aber auch unter Bauern gehören noch zum Alltag des 16. Jahrhunderts. Strafrechtlich wurde die Fehde als Majestätsverbrechen, als Landfriedensbruch und als „Austreten" zwar mit dem Tode geahndet, doch kennt noch die Carolina 1532 eine erlaubte Fehde: *Item welcher jemandt wider Recht und Billicheyt mutwilliglich bevhedet, den richtet man mit dem Schwert vom Leben zum Todt. Doch ob eyner seiner Vhede halb von unnß oder unsern Nachkommen am Reich Römischen Keysern oder Königen Erlaubniß hett oder der, den er also bevhedet, sein, seiner Gesipten, Freundschafft oder Herrschaft oder der iren Feindt wer oder sunst zu solcher Vhed rechtmessig gedrungen Ursach hett, so soll er auff sein Außführung derselben guten Ursachen, peinlich nit gestrafft werden.* (Art. 129)

KAPITEL II
STRAFGESETZGEBUNG IN DER FRÜHEN NEUZEIT
Herrschen durch Strafen

1. Die Strafgesetzgebung des Reiches und der modernen Territorialstaaten

Zu Beginn der Neuzeit, begünstigt durch das Aufkommen der Druckkunst und das Eindringen der gelehrten Juristen in die Verwaltung, werden in zahlreichen Territorien des Alten Reichs die Landesgesetze zusammengefaßt, neu konzipiert und in Gesetzbüchern publiziert. Auch das Strafrecht, vielfach unvollständig und vermischt mit anderen Materien, wird Objekt der Gesetzgebungsbemühungen. Besonders deutlich wird dies in den zahlreichen Landgeboten, die seit dem 15. Jahrhundert auch strafrechtliche Materien regeln. Von allergrößter Bedeutung wird zudem die Reichsgesetzgebung. Zu nennen ist hier vor allem die **Wormser Reichskonstitution (Mandat) vom 7. August 1495 gegen das Gotteslästern** mit ihren Verweisen auf das römische Recht und Gottes Zorn:[1]

... dem auch zu merer Nachvolg und Ere Gottes und der Menschen Hayl weilend Kaiser Justinianus, unser Vorfar am Reich, löblicher Gedächtnüs, meniglich zu halten ernstlich ermant und gestrenglich geboten hat, alle lesterliche Wort und Swür bei dem Namen Gottes und seinen heiligsten Gelidern zu vermeyden und wo darüber jemand soliche Ermanung und Gebot verbrechen und überfaren würde, daß sich dieselben Teter dardurch der Parmherzikeit Gottes unwürdig gemacht haben und darumb gefenglich angenommen und mit der letzten Strafe des Todes gepeinigt werden ... sullen ... Und aber dieselben Gottes Gebot und des ehgemelten unsers Vorfarn Satzung, Ermanung, Gebot und Pene jetzt leyder in Vergeß und Verachtung von vil Menschen überfaren werden, haben wir ... für Augen genommen, das Gott, unser Schöpfer, obgemelt, swerlich davon beleydigt und der Menschen Seelen seiner göttlichen Gnaden ewiglich beraubt und unwürdig werden auch vormals aus solichem Hunger, Erdpiden, Pestilenz und andere Plagen auf Erden kumen und gefallen sein und yetzo bey unsern Zeiten als offenbar ist, dergleich vil und menigerley Plagen und Strafen gevolgt haben und

sunderlich in diesen Tagen swer Krankheiten und Plagen der Menschen, genannt die bösen Plattern, die vormals bey Menschen Gedächtnüs nie gewesen noch gehört sein. Aus dem wir die Strafe Gottes billich gedenken …

Die Bestrafung der Gotteslästerung und die Begründung hierfür wurden epochemachend und füllten in der Folgezeit Hunderte von gedruckten Seiten von Gesetzen und Ordnungen in den deutschen Territorien. Ähnlich war es mit dem „Delikt“ des Zutrinkens und des Ehebruchs. Ihre Auflistung und (zunehmend schärfere) Bestrafung gehörte zur strafrechtlichen Pflichtübung des werdenden Territorialstaates. Mit zu den ersten modernen Gesetzen dieser Art gehört die **Landesordnung** der Grafen Wolfgang und Joachim von **Oettingen** aus dem Jahre 1509.[2] Darin heißt es u. a.:

Und darzue umb noch nachvolgung willen goettlicher Eren, durch gemaine kayserliche Recht, bey grosser Peen gepotten wirdt, alle Lestrung, Wort und Schwuer, bey dem Namen Gotes, unnd seinen hailigsten Glider zue vermeiden …

Ob aber sollichs durch yemandt frevenlich und vorbedechtlich gescheche, der soll darumb zue strennger Vanknuess angenomen unnd nach rechtlicher Erkanntnuess an Leib oder leben … gestrafft werden …

Zum andern verpieten wir all Zuetrincken, wie man das nenn mag. Allso, das kainer den andern raitz, bewegen, noch noett zuetrincken, noch fuer sich selber zuetruenck, bey zehen guldin Straff …

Item wir woellen und gepieten bey zehen Guldin Straff, das kainer dem ander sein Eeweyb entpfueer, noch wider sein Willen vorhallt in kain weg noch weyse.

Zu Beginn des 16. Jahrhunderts entwickelt sich – unterstützt durch den Buchdruck und die Zunahme der Juristen in den Verwaltungen – eine wahre Regelungslust der Landesherrschaften. Dabei ging man in der Regel zweistufig vor. Zuerst versuchte man die lokalen bzw. die ständischen Rechte zu kodifizieren und abzugrenzen. In einem zweiten Schritt versuchte man das lokale Recht durch einheitliches Recht außer Kraft zu setzen. Die Entwicklung verlief in den verschiedenen Territorien unterschiedlich. Während im Herzogtum Bayern, vor allem in Oberbayern, die Vereinheitlichung und die Beseitigung des lokalen Rechts schon im 14. Jahrhundert durch das Oberbayerische Landrecht 1346 weitgehend gelang, war dies beispielsweise im Fürststift Augsburg erst im 16. Jahrhundert der Fall.

2. Die Bamberger Halsgerichtsordnung 1507 und die Carolina 1532

Der erste richtungweisende Schritt für die Reform des Strafrechts wird im Hochstift Bamberg gemacht. Dort gelingt es Johann von Schwarzenberg mit seinen juristisch gebildeten Hofräten unter Heranziehung römisch-rechtlicher und

Der richterlich Clagspiegel
Ein nutzbarlicher begriff: Wie man setzē und formierē sol nach ordnūg der rechtē ein yede clag/antwurt/ vñ außsprechene vrteilē. Gezogē auß geistlichē vñ weltlichē rechtē. Do durch sich ein yed/er sey Clager/Antworter oder Richter: in recht geschickt machen/ das selb üben/brauchen/ vnd dargegē vor vnrechter that/ anfechtung/vnd fürnemen verhüten mag. Durch Doctorē Sebastianum Brandt wider durchsichtiger/vnd mit merern fleiß vō neüwem zům theil gebessert. ꝛc.

„moderner" italienischer Strafrechtsliteratur 1507 mit der **Bamberger Halsgerichtsordnung** ein erstes modernes deutsches Strafrechtswerk zu schaffen. Sie faßt das zersplitterte deutsche Recht zusammen, insbesondere findet sich viel Bamberger Stadtrecht. Ihre Praxisnähe bezieht die Bamberger Halsgerichtsordnung dadurch, daß sie nicht in der Gelehrtenstube, sondern quasi im Gericht entstanden ist. Ihr Verfasser oder besser Initiator und Herausgeber, Johann III. von Schwarzenberg (1463–1528), war als Hofmeister des Bischofs Georg Schenk von Limburg auch Vorsitzender des Hofrats, des höchsten Organs für die Strafrechtspflege im Hochstift. Schwarzenberg hat in seinem Gesetzeswerk immer Augenmaß bewiesen. So versuchte er vor allem die Willkür der Richter im Strafverfahren, etwa bei der Folter und bei der Behandlung der Gefangenen, einzuschränken. In Art. 254 wird beispielsweise deren Verpflegung geregelt: *Item von gefangen, so umb peynlicher Sachen willen in Gefengknuss liegen, sol man dem Puetel oder Knecht, der sein pfligt zu waren und Kostung gibt, Tag und Nacht dreyssig Pfennig geben und er darumb den Gefangen mit zimlicher Kostung versehen, auch in guter Hute und Wart halten.*

Die Sprache Schwarzenbergs ist ausgesprochen plastisch. Ganz modern verstärkt er die Wirkung seines Gesetzes durch Bilder und Reime:

Wem trewe Straff nit bringet Furcht
Der kumpt dick in des Meysters (Scharfrichter) *Zucht*
Des Werck und Zeug wirt hie anzeygt
Wol dem der sich zu Tugent neygt

Da Schwarzenberg kein studierter Jurist war und angeblich kein Latein beherrschte, bedurfte er bei der Abfassung des Werks der Hilfe seiner studierten Bamberger Hofräte. Zu nennen ist hier vor allem sein gelehrter Standesgenosse Dr. Rotenhan. Die am 19. Juni 1507 verkündete Bambergische Halsgerichtsordnung wurde 1516 fast unverändert (mit einem ähnlichen Titelblatt) auch im Markgraftum Brandenburg-Bayreuth-Ansbach als Brandenburgische Halsge-

◀ TITELBLATT VON ULRICH TENGLERS LAIENSPIEGEL 1509/1550: Das Werk des Ulrich Tengler (+1511), Stadtschreiber von Nördlingen und Landvogt im pfalz-neuburgischen Höchstädt, wurde 1509 von dem Basler Humanisten Sebastian Brant herausgegeben und erlebte 17 Auflagen. Der Laienspiegel, der bürgerliches und peinliches Recht gleichermaßen enthält, beherrschte die juristische Praxis in Süddeutschland und wirkte stark auf die Entwicklung der Strafrechtspflege ein. Die jeweiligen Auflagen berücksichtigen die neuere Rechtsentwicklung. Das abgebildete Titelbild der in Straßburg gedruckten Auflage von 1550 (die letzte erschien 1560) zeigt einen Strafprozeß mit Kläger (rechts) und Beklagten (links) im gehegten Gericht. Im Hintergrund links ist eine Folterkammer (Fragstatt) mit den entsprechenden Instrumenten abgebildet.

Bambergische Halsgerichts/

vnd rechtlich Ordenung/in peynlichen sachen zů volnfarn/allen Stetten/Communē Regimenten/Amptleüten/Vögten/Verwesern/Schultheyßen/Schöffen vñ richtern Dienlich/fürderlich vñ behilfflich/Darnach zuhandeln vnd rechtsprechē/gantz glich/förmig gemeynē geschriben Rechten rc. Dar auß auch diß büchlin gezogen vñ fleissig gemeynem nutz zugůt/gesammelt vnd verordnet ist.

richtsordnung eingeführt. Als Mitglied des 2. Reichsregiments und fürstlicher Gesandter hat Johann von Schwarzenberg entscheidend auch auf das bedeutendste Strafgesetzbuch des Alten Reichs eingewirkt, auf die **Carolina**, die „Peinliche Gerichtsordnung" Karls V. (*Des allerduchleuchtigsten großmechtigsten unüberwindlichsten Keyser Karls des fünfften: unnd des heyligen Römischen Reichs peinlich Gerichts Ordnung/auff den Reichstagen zu Augsburgk und Regenspurgk/ inn jaren dreissig/und zwey und dreissig gehalten/auffgericht und beschlossen*).

Seit dem Wormser Reichslandfrieden 1495 hatten sich Kaiser und Reich bemüht, die Gesetzgebung in Strafsachen an sich zu ziehen und damit den kleineren Reichsständen und ihren oft schlecht ausgebildeten Richtern praktikable Regeln an die Hand zu geben. Einen entsprechenden Beschluß hatte 1498 der Reichstag von Freiburg gefaßt. Als Vorbild konnten die damals verfaßten Halsgerichtsordnungen König Maximilians für Tirol (1499) und Radolfszell (1506) sowie die Bamberger Halsgerichtsordnung von 1507 dienen. Obwohl die Carolina (Constitutio Criminalis Carolina = CCC) nur subsidiär zum lokalen Strafrecht gelten sollte, entwickelte sie sich bald zum wichtigsten Reichsgesetz. In den kleinen Territorien ohne eigene strafrechtliche Gesetzgebung wurde sie ausschließlich angewandt, ebenso in den Reichsstädten, Reichsabteien, Reichsgrafschaften und Fürstentümern. Selbst die Gesetzgebung der großen Territorien verwies ergänzend immer wieder auf die Carolina.

Hauptverdienst der Carolina ist es, daß nun ernsthaft der Versuch gemacht wurde, die Privatrache abzulösen und die Willkür der Richter zu stoppen. Darüber hinaus galt es, die Sicherheit und Ordnung herzustellen, insbesondere die steigende Kriminalität in den Griff zu bekommen. Vor allem die Bandenkriminalität scheint um 1500 ein echtes Problem für die Menschen gewesen zu sein. Dies macht das herzoglich bayerische **Gemeine Landgebot von 1512** *wider die Mörder, Todschleger, Außtreter, ir Helfer unnd Ennthalter und von Befridung der weg und Straßen: auch Ordnung von Rüstung der Ambtleut und Fueßvolckhs im*

◀ Titelblatt der Bambergischen Halsgerichtsordnung von 1507 (Straf- und Strafverfahrensrecht): Der Holzschnitt des Titelblatts, der in dieser Form vielfach nachgeahmt wurde (etwa in der Peinlichen Gerichtsordnung Kaiser Karls V. von 1532), zeigt (von links oben bis rechts unten) die folgenden Straf- bzw. Folterinstrumente: (hölzerner) Galgen, gemauerte Köpfstätte mit verschließbarer Eingangstür und Steinmarter auf der Plattform, Pfahl zum Verbrennen, Rad, Richtschwert, Pranger, (im Feuer glühend gemachte) Zwickzange, Rute (zum Auspeitschen am Pranger vor der Ausweisung), Stock (zum Einschließen von Kopf, Händen und Füßen) als Symbol der Freiheitsstrafe, Daumenschrauben, Kette, Foltervorrichtung zum Aufziehen des Delinquenten (an den hinter dem Rücken zusammengebundenen Händen) an Seil und Haken. Das beigestellte Gewicht zum Anhängen an den Füßen des Gefolterten dient zur Verschärfung der Folter.

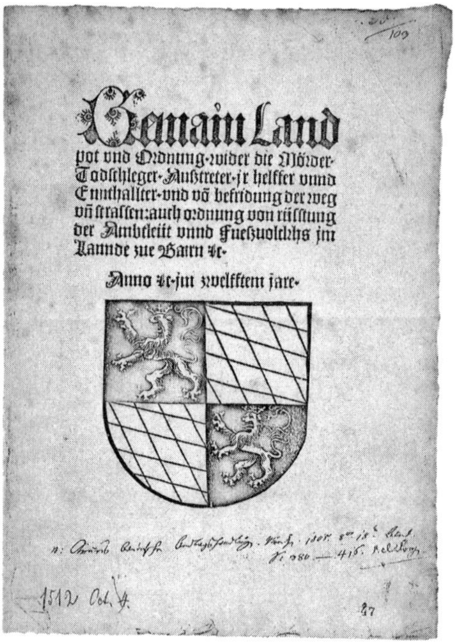
Gemain Land
pot vnd Ordnung·wider die Mörder·
Todschleger·Außtreter·ir helffer vnnd
Enthallter·vnd vō befridung der weg
vñ strassen:auch ordnung von rüstung
der Ambtleüt vnnd Fueßuolckhs im
Lannde zue Bairn ꝛc·

Anno ꝛc·im zwelfftem jare·

LANDGEBOT GEGEN DIE MÖRDER, TOTSCHLÄGER UND AUSTRETER VON 1512 IM HERZOGTUM BAYERN.

Lannde zue Bairn deutlich, bei dem es fast ausschließlich um die Bekämpfung von Räuberbanden und Fehdeführern geht. Der nach heutiger Sicht barbarische Strafenkatalog mit seinen vielen Todesstrafen zeigt, daß sich die Gewaltbereitschaft verstärkt hatte und das alte Fehderecht noch lange nicht vergessen war. Es ging der Carolina also vor allem auch um Verbrechensbekämpfung. Die Bauernkriegsunruhen mit ihren zahllosen Opfern machen deutlich, daß gerade auf dem Land die neue Tendenz zur Verrechtlichung und Verstrafrechtlichung auf einen virulenten Geist der Gewalttätigkeit und Widerstandsleistung bei erworbenen, ersessenen oder auch nur angemaßten Rechten stieß. Man muß sich daher auch die Frage stellen, wie weit die Bestimmungen der Carolina über die Verbrechensbekämpfung hinaus vorhandene Freiräume einengten und so einen strafrechtlichen Schlußstrich auch unter die Bauernkriege zogen.

TITELBLATT DER „PEINLICHEN GERICHTSORDNUNG“ KARLS V. VON 1532, CONSTITUTIO CAROLINA CRIMINALIS: Ähnlich wie die Bambergische Halsgerichtsordnung von 1507 zeigt auch das Titelblatt der Carolina die Attribute der Hochgerichtsbarkeit. Der Holzschnitt übernimmt die dort gezeigte Darstellung seitenverkehrt. Hinzugefügt ist rechts eine Hinrichtungsszene am Galgenplatz vor einer Stadt. Der Delinquent, ein Dieb, dem man das Diebesgut auf den Rücken gebunden hat, wird vom Henker zum Richtplatz geführt. Der Richter mit dem Stab folgt auf einem Pferd.

DEs allerdurchleuchtig-
ſteñ großmechtigſtẽ vñ-
überwindtlichſten Key-
ſer Karls des fünfften: vnnd des
heyligen Römiſchen Reichs peinlich gerichts ord-
nung/ auff den Reichßtägen zů Augſpurgk
vnd Regenſpurgk/ iñ jaren dreiſſig/ vñ
zwey vnd dreiſſig gehalten/ auff-
gericht vnd beſchloſſen.

Cum gratia et priuilegio Imperiali.

Die Carolina erschien in einer Zeit, in der das bisher geltende Anklageprinzip (Strafverfolgung nur auf Grund einer privaten Klage) mehr und mehr vom Inquisitionsprinzip abgelöst wurde. Um den Kläger vom nicht geringen Risiko einer falschen oder nicht geglückten Anklage zu entlasten, konnte und mußte der Richter insbesondere bei Kapitalverbrechen im Auftrag des Landesherrn das Verfahren selbst in die Hand nehmen. Völlig unbrauchbar war das Anklageprinzip naturgemäß bei den vielen zahlreichen „neuen" oder besser neu pönalisierten Delikten, bei denen es, wie etwa bei der Gotteslästerung oder der Leichtfertigkeit, keine unmittelbar Geschädigten und daher keine Interessenten für eine Klage gab. Die Carolina enthält zwar auch entsprechende Aufforderungen an die Obrigkeit zur Strafverfolgung bei gewissen „modernen" Delikten. Prinzipiell stellt sie sich aber gegen diesen neuen Trend und betont das Grunderfordernis einer Anklage des Geschädigten auch im Strafprozeß. Daß freilich das ausgeklügelte Strafensystem der Carolina mit seinen Leib-, Lebens-, Geld- und kurzfristigen Freiheitsstrafen für einen souverän agierenden Inhaber der Blutgerichtsbarkeit und nicht für einen Privatkläger gedacht war, liegt auf der Hand.

Bedeutsam war der Erlaß der Carolina vor allem für die fränkischen Gebiete, wo die Hochgerichtsbarkeit (Fraischfall), die dem Zentgericht zustand, nur in allgemeinen Formen von der Niedergerichtsbarkeit (Vogtgericht) abgegrenzt war. Das betraf vor allem das Verhältnis der großen Landesherrn, wie der Bischöfe von Würzburg und Bamberg oder der Markgrafen, zu ihren Adeligen und Reichsrittern. Die Carolina hatte die Strafandrohungen bei vielen Delikten erstmals konkretisiert und verschärft und erweiterte damit die Kompetenzen der Inhaber der Blutgerichtsbarkeit. Diese Entwicklung und die Tatsache, daß der Richter nun ein gedrucktes Rechtsbuch zur Verfügung hatte, führte zum schnellen Kollaps des Instituts der Laienbeisitzer und Geschworenengerichte, soweit nicht ausreichende Privilegien deren Bestand sicherten.

Von segensreicher Wirkung waren alle jene Bestimmungen der Carolina, in denen den Gerichten größere Sorgfalt bei der Untersuchung und Aburteilung von Verbrechen vorgeschrieben wurde. So finden sich beispielsweise in den Art. 147 und 149 die Anfänge der Gerichtsmedizin niedergelegt: In Art. 147 wird bestimmt, daß immer dann, wenn jemand geschlagen wurde und einige Zeit später stirbt und es fraglich ist, ob die Verletzung den Tod verursacht hatte, Wundärzte herangezogen werden müssen. Nach Art. 149 muß bei einem Totschlag und einer Verletzung mit Todesfolge die Leiche vor dem Begräbnis von Schöffen, Gerichtsschreibern und Wundärzten sorgfältig besichtigt werden.

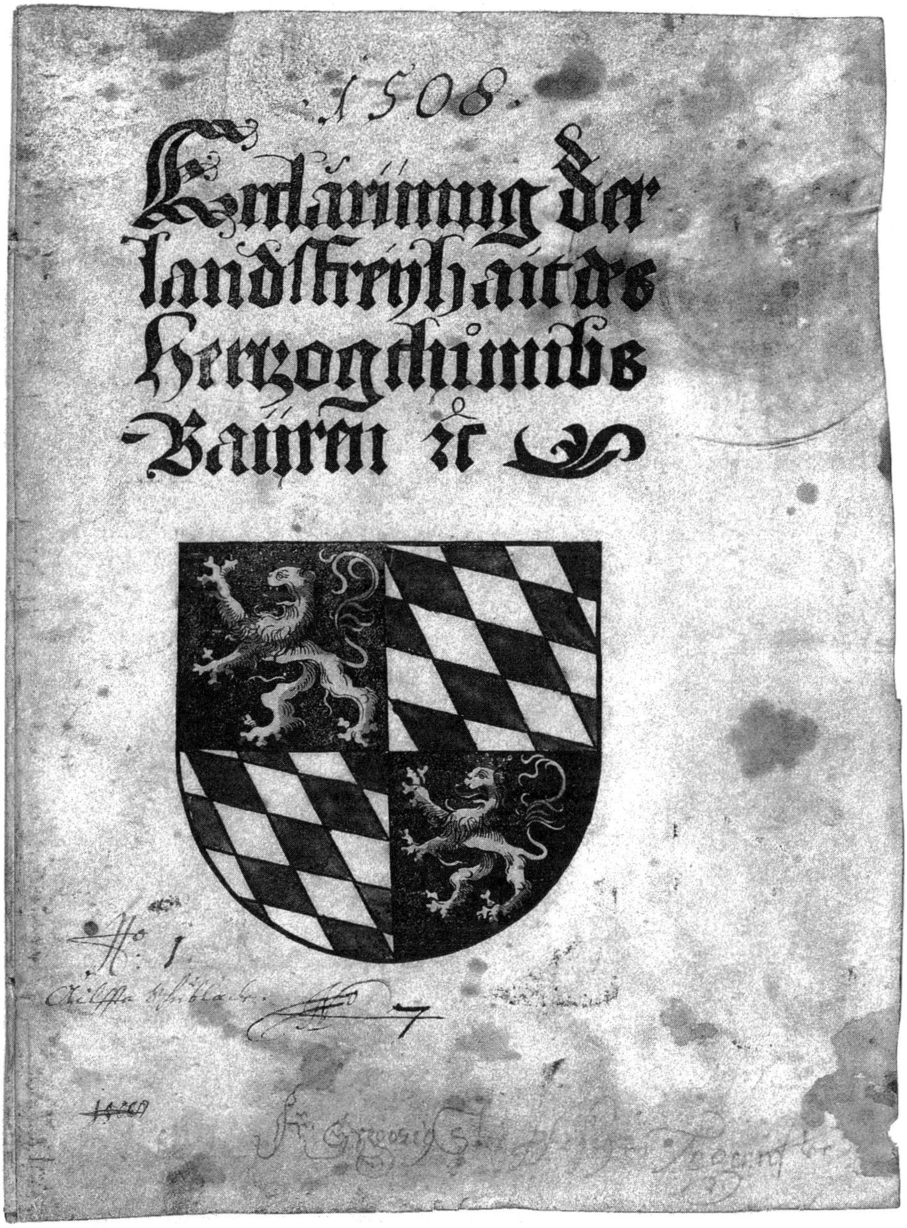

ERKLÄRUNG DER LANDESFREIHEIT 1508:
Die Landesfreiheitserklärung, die 1514 und 1516 neu formuliert wurde, stellt das erste gesamtbayerische Gesetz dar.
(Bayerisches Hauptstaatsarchiv)

3. Gesetzgebung im Herzogtum Bayern im 16. Jahrhundert

Mit am vollständigsten kodifiziert das Herzogtum Bayern sein Recht: 1508 erscheint die (1514 und 1516 abgeänderte) sogenannte **Erklärung der Landesfreiheit**, eine in Gesetzesform gepreßte Zusammenfassung und Vereinheitlichung der den bayerischen Landständen gewährten Privilegien, die wegen der Wiedervereinigung von Ober- und Niederbayern (1505) notwendig geworden war. Die niederbayerischen Landstände hatten im Laufe von zwei Jahrhunderten von den niederbayerischen Herzögen andere Freibriefe erhalten als die oberbayerischen Landstände von den oberbayerischen Herzögen. Das Bestreben der Landstände war es nun, die günstigsten Freibriefe zur Grundlage neuer Vereinbarungen mit dem Landesherrn zu machen. Erst nach dem Tode Herzog Albrechts IV. gelang es den Landständen, der Vormundschaftsregierung einen günstigen Kompromiß abzutrotzen.

Die damals konzipierte sogenannte Erklärung der Landesfreiheit umschreibt vor allem die niedere Gerichtsbarkeit in den Hofmarken. Die Kompetenzen der Landesherrschaft als Inhaber der Hochgerichtsbarkeit, die auf dem Land durch Landrichter und Pfleger in den Landgerichten ausgeübt wurde und die Kompetenzen der geistlichen oder weltlichen Inhaber von Hofmarken werden gerade im strafrechtlichen Bereich durch die Liste der sogenannten Viztumshändel voneinander abgegrenzt. Diese Liste führte alle Delikte an, die sich der Landesherr zur Bestrafung vorbehielt. Die Endfassung der Landesfreiheitserklärung wurde nach heftigem Ringen zwischen Landesherrn und Landständen 1516 erstellt. Diese Fassung blieb im wesentlichen bis zur Aufhebung der landständischen Korporation 1808 in Kraft.

Eine Erweiterung der Gerichtsbarkeit der Landstände im Herzogtum Bayern brachte der sogenannte 60. Freiheitsbrief von 1557, in dem Herzog Albrecht V. die Hofmarksgerichtsbarkeit auch auf die Güter außerhalb des Hofmarkbezirks erweiterte (einschichtige Güter), aber nur soweit der Hofmarksinhaber dem alten bayerischen Adel entstammte (Edelmannsfreiheit). Freilich konnte diese Edelmannsfreiheit auch verliehen werden, so daß im Herzogtum und Kurfürstentum Bayern ein Großteil der niederen Straf- und Polizeigewalt auf dem Land bis 1803 bzw. 1848 von den Richtern des Adels bzw. der Prälatenklöster ausgeübt wurde.

In der bayerischen **Landes- und Polizeiordnung von 1516** kommt ein moderner Gesetzestyp zum Durchbruch: Die dort gesammelten Anordnungen und

TITELBLATT DER BAYERISCHEN LANDES- UND POLIZEIORDNUNG VON 1553: Auf dem Titelblatt ist Herzog Albrecht V. abgebildet, der als (grimmiger) Richter mit dem Schwert inmitten seiner Räte sitzt. ▶

Bairische Lanndts
ordnung
15 53

Regelungen dienen vor allem der öffentlichen Sicherheit und Ordnung und der Wohlfahrt des Landes und sind vom Landesherrn in der Regel selbständig erlassen. Hier finden sich zahllose Deliktstatbestände und Strafen, die man in den Landrechten vergeblich sucht. Ihre Einführung gegen das „alte Recht" und in der Regel ohne Mitwirkung der Landstände beruht alleine auf dem Gedanken, daß der Landesherr für das „gemeine Wohl" der Untertanen verantwortlich sei. Eine Beteiligung der Landstände an dieser neuen Art von Gesetzgebung wies im Herzogtum Bayern schon 1532 der einflußreiche Hofjurist Leonhard von Eck mit der Bemerkung zurück, daß dem *regierenden Fürsten und einer jeglichen anderen Obrigkeit ohne Zutun der Untertanen … Ordnung, Landpot und dergleichen zu machen und zu geben allein zusteht.*

Lediglich bei den alten Landrechten läßt man noch den Grundsatz gelten, daß grundsätzlich das alte Recht den Vorrang habe. Deswegen präsentiert sich die **Landrechtsreformation von 1518** formal als Überarbeitung des oberbayerischen Landrechts Ludwig des Bayern von 1346. Von den Bestimmungen des 14. Jahrhunderts ist jedoch nur wenig geblieben. Gewisse Partien sind stark vom römischen Recht geprägt. Die Arbeiten an einer Reformierung hatten schon 1487 begonnen, wurden dann unterbrochen und sind erst 1516 wieder aufgenommen worden. Grundsätzlich blieb die Anwendung auf Oberbayern beschränkt, sie wurde aber auch den niederbayerischen Richtern empfohlen.

Neben solchen kompakten Gesetzeswerken werden die Untertanen auch mit anderen Produkten moderner Gesetzgebungstätigkeit, mit Mandaten, Landgeboten, Generalbefehlen und ähnlichem überschüttet, die zu einem beträchtlichen Teil Strafrechtsmaterien enthalten. Die umfangreiche Gesetzgebung überfordert zwar (bis heute) die Untertanen, aber sie schützt bis zu einem gewissen Grad vor willkürlichen Entscheidungen der Richter. Die Willkür des Verfahrens wird gerade im Strafrecht als großer Makel der Rechtspflege empfunden.

4. Strafgesetzgebung im Hochstift Augsburg im 16. Jahrhundert

Der Übergang der stark von privilegierten Gerichten mit Sonderrecht bestimmten mittelalterlichen Strafrechtspflege zur einheitlichen landesherrlichen Strafrechtspflege läßt sich besonders gut an der Strafrechtspflege und Strafgesetzgebung im Hochstift Augsburg zeigen. Zum Fürststift gehörten mehrere bäuerlich strukturierte Gerichte mit eigener Verfassung und eigenem Verfahren. Darüber hinaus waren die Gerichte teils dem Domkapitel, teils dem Bischof zugeordnet, so daß auch insoweit eine relative Vielfalt zu beobachten war.

Folgenreich ist nun für die Strafrechtspflege im Hochstift Augsburg die zentral angeordnete Überprüfung und Kodifizierung der lokalen Rechte. Zu nennen sind hier die Gerichtsordnungen für die Pflegen und Tigen Rettenberg, Sonthofen, Oberstdorf und Wertach von 1518 und der sogenannte Urbar des Gerichts Nesselwang von 1524, eine Zusammenfassung der lokalen Rechte. Mit diesen „juristischen Fixierungen" des lokalen Rechts wollte man die unkontrollierte Weiterentwicklung des lokalen Gewohnheitsrechts unterbinden. Diese „juristische Offensive" in den Allgäuer Gerichten geht auf einen im römischen und kanonischen Recht besonders bewanderten Bischof, auf Christoph von Stadion (1517–1543) zurück. Seine Betriebsamkeit bei der „Regelung" der Rechte der augsburgischen Gerichte hat sicher seinen Teil zu den Bauernkriegsunruhen beigetragen.

Ebenso folgenreich war für den Bereich der Strafrechtspflege, daß die Augsburger Bischöfe am Ende des 15. Jahrhunderts schrittweise den vor allem in den Allgäuer Gerichten üblichen Brauch des „Übersiebnens" abschafften bzw. durch königliche Privilegienverleihung abschaffen ließen. Zuerst beseitigte man das Übersiebnen im Gericht Füssen, dann in Dillingen, später in den Gerichten Rettenberg und Sonthofen (1487). Für eine Reihe anderer Gerichte, etwa Nesselwang, gewährte König Maximilian am 3. Juli 1495[3] dem damaligen Fürstbischof Friedrich von Zollern ein entsprechendes Privileg. Das Recht des Übersiebnen setzte voraus, daß ein Delinquent nur dann (bzw. immer dann) zum Tode verurteilt werden konnte, wenn ein Kläger zusammen mit sechs Eideshelfern beschwor, daß der Beklagte eines todeswürdigen Verbrechens schuldig sei. Ein solches Verfahren erforderte natürlich Laienbeisitzer, die im guten wie im schlechten ihren eigenen Kopf durchsetzen konnten. Durch das „Übersiebnen" gewannen die bäuerlichen Gerichte eine mitunter gefährliche Macht. Ohne ihre Mitwirkung konnte der landesherrliche Richter nichts ausrichten.

Die Landesherrschaft, und das ist der Hintergrund für die Privilegienerwirkung, bevorzugte das von den Beamten eigenverantwortlich betriebene „Inquisitionsverfahren", bei dem an die Stelle des Beweises durch die Eide der Eidhelfer (Beisitzer) das (eventuell durch Folter erreichte) Geständnis des Delinquenten bzw. die offenbare Tat (bei Ergreifung auf handhafter Tat) trat. Das war effektiver, denn nicht immer fanden sich die nötigen Eideshelfer. So formulierte es auch das Privileg von 1495, in dem es hieß, daß es bei den Gerichten des Bischofs und des Domkapitels bisher Gewohnheit, Gebrauch und Herkommen gewesen sei, *so ubelthetig, schädlich Personen umb wolverschuldten Sachen daselbst in Gefenknus khommen, und obwohl ir Verhandlung offenbar oder durch sy bekannt werden, daß dannocht zu inen nit gericht noch geurthailt werde, sy seyen dann zuvor solcher irer Mißhandlung durch etlich Zeugen beweist, dadurch zu Zeiten das Recht verhindert, auch menig Personen, die mercklich bueswürdig, on Straff ledig gelassen und sonst fürgeschoben werden. Daraus ime, seinem Stift und anderen, Kosten, Schaden, Unrath und Nachtail erwach-*

sen ... Daher habe er, Maximilian, *diese besondere Gnad gethan ... daß ... gegen allen und jeglichen übelthätigen und schädlichen Leuten umb ihr Mißhandlung nach gewondlicher peinlicher Frag und Erkundung der Sach auf eines jeden selbs Bekanntnus oder offenbar That nach des hailigen Reichs Rechten gehandelt, volfarn und procediert werden und ... die Gewohnheit ... ferner zu halten nit not sein noch hierin nit irren noch verhindern sul ...*

Das Privileg von 1495 bedeutete für die Gerichtsuntertanen im Hochstift Augsburg einen bedeutenden Verlust an Mitwirkungsrechten. Darüber hinaus war man nun dem jederzeitigen Zugriff des landesherrlichen Beamten ausgesetzt. Die Beamten des Bischofs waren nun die Herren der stolzen Allgäuer Gerichte. Deshalb darf man das Privileg von 1495 mit gutem Gewissen in eine Reihe mit anderen Maßnahmen stellen, mit denen die Untertanenrechte schrittweise eingeschränkt wurden und die daher entsprechenden Widerstand hervorriefen.

Mit dem Ende des Bauernaufstandes konnte die Gesetzesvereinheitlichung auf Kosten der kleinen Gemeinschaften fortgesetzt werden. Die Einführung der Carolina von 1532 für das Hochstift wurde ergänzt durch eine Untergerichtsordnung des Domkapitels von 1539, die fast wörtlich am 7. Januar 1552 von Fürstbischof und Kardinal Otto Truchseß von Waldburg übernommen wurde. Sie stellt die erste bedeutsame Rechtskodifikation des Hochstifts Augsburg dar. Zusammen mit dieser Untergerichtsordnung veröffentlichte Kardinal Otto auch eine Strafordnung, die er durch ältere kaiserliche und fürstbischöfliche Mandate ergänzte. Damit lag nun erstmals für das Fürstbistum eine gedruckte Rechtskodifikation vor. Sie war – wie es im Text der Untergerichtsordnung hieß – *allein unsern Undergerichten und dem gmainen Man zue guetem* verfaßt worden. Als Motiv für die Publikation der Strafordnung gab der Bischof (wohl mit einem Seitenblick auf seine selbstherrlichen Gerichte im Allgäu!) die bisherige Ungleichheit bei der Bestrafung an. Darüber hinaus hätte es sich als notwendig erwiesen, gewisse Delikte energischer zu verfolgen oder unter schärfere Strafe zu stellen. Man kriminalisierte nun wie in den anderen Landesherrschaften oder in den Reichspolizeiordnungen auf breiter Front Tatbestände, die vorher strafrechtlich nicht relevant waren oder nur im geistlichen Bereich im Rahmen der „Sündenzucht" abgestraft worden waren, wie etwa Zutrinken, Gotteslästern, einfache Unzucht („Leichtfertigkeit") und Ehebruch.

Man kann sich vorstellen, welch verheerende Wirkung diese „Disziplinierung" auf die stolzen Gerichtsuntertanen hatte. Die angedrohten Strafen mußten öffentlich vollstreckt werden. So mußten die Untertanen der augsburgischen Gerichte, soweit sie des Ehebruchs überführt wurden, wie im Herzogtum Bayern und anderswo an drei Sonntagen in bußfertiger Haltung (mit Kerzen und Ruten in der Hand) während des Gottesdienstes vor der Türe stehen. Die Allgäuer Gerichte beschwerten sich beim Bischof.[4]

5. Strafgesetzgebung im Herzogtum und Kurfürstentum Bayern im 17. Jahrhundert

Wie zu Beginn des 16. Jahrhunderts, so publizierten auch zu Beginn des 17. Jahrhunderts die bayerischen Herzöge ein umfangreiches Gesetzeswerk. Das sogenannte **Landrecht von 1616**, das von Herzog und Kurfürst (seit 1623) Maximilian von Bayern veranlaßt worden war, gliedert sich in mehrere Gesetzbücher von unterschiedlicher Bedeutung. Strafrechtliche Materien bringt vor allem die Landes- und Polizeiordnung, die sich an die landesherrlichen Polizeiordnungen des 16. Jahrhunderts anschließt (vor allem 1553 und 1578). Die Malefizprozeßordnung ist der erste Versuch einer selbständigen bayerischen Strafrechtskodifikation. Geregelt wird insbesondere das Strafverfahren. Im Bereich der Delikte wird vor allem auf die Bestimmungen der Carolina von 1532 verwiesen.

Ein eigenes Gesetzbuch erhielt die seit 1623 und endgültig seit 1648 zum Kurfürstentum Bayern gehörende Oberpfalz mit dem **Oberpfälzer Landrecht von 1657.** Das Werk stammt weitgehend aus der Feder des Juristen und Politikers Dr. Caspar Frh. von Schmid. Dem Landrecht wurde 1658 eine Malefizordnung angefügt, die weit vollständiger ist als die Malefizprozeßordnung von 1616 und bereits den Kriminalcodex von 1751 vorwegnimmt.

6. Kriminalität und Gesetzgebung in der Zeit der Aufklärung

Das 18. Jahrhundert ist durch einen merkwürdigen Gegensatz gekennzeichnet: Den vielen aufklärerischen gedruckten und ungedruckten Äußerungen zugunsten einer humanen Strafrechtspflege und den vielen propagandistisch aufgemachten aufgeklärten Maßnahmen der Landesherrn (Abschaffung der Folter in Preußen 1740, aber nur bei solchen Vergehen, die nicht mit der Todesstrafe zu ahnden sind!) steht eine durch keine Verfahrenshindernisse mehr gebremste Strafrechtspraxis gegenüber: In keinem Jahrhundert vorher wurden mehr Personen hingerichtet als im 18. Jahrhundert!

Liest man die zeitgenössischen Verlautbarungen, so muß man von einem drastischen Anstieg der Kriminalität, vor allem der Bandenkriminalität, ausgehen. Richtig dürfte aber vor allem sein, daß nun die Effektivität der Strafverfolgung merklich verbessert worden war.

a. Kreittmayrs Strafgesetzbuch von 1751

In Kurbayern wird die Landbevölkerung nach dem Ende des für Bayern ruinösen Österreichischen Erbfolgekrieges (1740–1745) von Räuberbanden heimgesucht. Um die Untertanen zu schützen, befiehlt der Kurfürst Max III. Joseph 1749 eine

Landts- vnd
Policey Ordnung
der Churfl. Durchl. in Bayrn/ꝛc.
Fürstenthumbs der Obern Pfaltz.

DENKMAL KREITTMAYRS VON LUDWIG SCHWANTHALER, AUFGESTELLT 1845 AUF DEM MÜNCHNER PROMENADEPLATZ: Wiguläus Xaverius Aloysius Frh. von Kreittmayr (1705–1790) war der bedeutendste Jurist im Kurfürstentum Bayern im 18. Jh. Der 1705 in München als Sohn eines Hofgerichtsadvokats und späteren Hofrats geborene Kreittmayr machte eine steile Karriere im bayerischen Staatsdienst. 1725 wird er schon zum Hofrat ernannt. 1758 bis zu seinem Tode amtierte er als Geheimratskanzler und war damit die Seele der bayerischen Politik. Auf Kreittmayr geht das Strafgesetzbuch von 1751 zurück, das wegen der Beibehaltung der Zaubereidelikte und der Folter heftig kritisiert wurde. Besondere Verdienste hat sich Kreittmayr mit seinem 1756 veröffentlichten Zivilgesetzbuch erworben, das bis zum Jahre 1900 in Kraft blieb. (Lithografie von 1845)

◀ TITELBLATT DER LANDES- UND POLIZEIORDNUNG DER OBERPFALZ 1606: Die Oberpfalz war Teil der Kurpfalz, wurde aber wie ein eigenes Fürstentum mit eigenem (altbayerischen) Recht verwaltet und regiert. Hier mußten sich die Kurpfälzer Prinzen ihre kurfürstlichen Sporen verdienen, bevor sie in Heidelberg die Nachfolge antraten. Die Gesetzgebung der Oberpfalz ist bemerkenswert fortschrittlich und im 16. und 17. Jh. stark von den protestantischen und kalvinistischen Vorstellungen ihrer Landesherrn beherrscht. Typisch für die „protestantische“ Variante der Sozialdisziplinierung ist die vorliegende Landes- und Polizeiordnung. Es handelt sich um eine unveränderte Neuauflage der Oberpfälzischen Landesordnung von 1599, diese geht auf die Kurpfälzische Landesordnung von 1582 zurück, bringt aber einige Varianten, etwa eine weitere Ausdehnung der landesherrlichen Polizei und eine Verschärfung der Strafmaßnahmen. Schon 1523/26 gab es in der Oberpfalz eine eigene Landesordnung (erlassen von Kurfürst Ludwig V. dem Friedfertigen), die stark von der oberbayerischen Landesordnung von 1516 beeinflußt ist.

RELIGIONE ET IVSTITIA.
Landrecht,
Der Churfürst: Dht: in Bayrn, &c.
Fürstenthumbs der Obern Pfaltz
DEVTERON. CAP. I.
Quod iustum est, iudicate: siue ciuis ille sit siue peregrinus: nulla sit distātia personarum.
München.
1657.
SALA
EGER
MAIN
RYN

drastische Verschärfung der Strafen. Der Kampf gegen die Verbrecher kostet den Landesherrn jährlich die sagenhafte Summe von 100 000 Gulden. Durch zwei Maßnahmen hofft er nun die hohen Kosten der Strafrechtspflege zu senken: Durch Verlegung aller auf dem Land inhaftierten Verbrecher in das Arbeitshaus nach München, wo sie abgeurteilt werden sollen, und durch die Vereinheitlichung des Strafrechts und die Beschleunigung des Strafprozesses. Die Zentralisierung aller Strafprozesse in München läßt sich nicht durchführen, aber die Abfassung eines Strafgesetzbuches wird von Kreittmayr begonnen und 1751 vollendet.

Das neue Strafgesetzbuch, der Codex Juris Bavarici Criminalis, wird am 7. Oktober 1751 publiziert. Er soll vor allem den Beamten eine brauchbare Zusammenfassung des geltenden Strafrechts bieten. Diese Aufgabe hat Kreittmayr in kurzer Zeit glänzend gelöst. Neues Recht zu setzen, war nicht seine Aufgabe und war im strafrechtlichen Bereich auch eine verfassungsrechtlich heikle Sache. Im Rückblick soll Kreittmayr gesagt haben: „Da ich schrieb, mußte ich mich an die Lage der Zeiten und an viele Dinge der Verfassung halten.“ Kreittmayrs Strafgesetzbuch ist für das 18. Jahrhundert die erste Strafrechtskodifikation. 1752 läßt sein Verfasser Anmerkungen als Handreichung für die Richter erscheinen.

Zum Vorwurf wurde Kreittmayr gemacht, daß er die Folter als Teil des Verfahrens beibehalten hat. Angesichts der steigenden Bandenkriminalität glaubte man jedoch auf sie – insbesondere bei der Ermittlung von Komplizen – nicht verzichten zu können. Die Anwendung der Folter, die um diese Zeit in fast allen europäischen Territorien noch selbstverständlicher Bestandteil des Verfahrens war, wurde durch Kreittmayr jedoch strengeren Voraussetzungen unterworfen. In den Anmerkungen plädierte er für eine moderate Anwendung. Die Bestrafung der Zauberei, der Hexerei und des Aberglaubens findet sich ebenfalls noch bei Kreittmayr. Auch in diesem Punkt wird deutlich, daß Kreittmayr nur zusammenfassen wollte. In den Anmerkungen stellt er das Teufelsbündnis in Frage: *Ob es nun dergleichen Bündnis gebe, ist nicht jetzo noch, sondern zu allen Zeiten ein grosser Disput der Gelehrten gewesen.*

Die Gesetzgebung und auch die Strafpraxis vermitteln den Eindruck, als ob die Kriminalität in der 2. Hälfte des 18. Jahrhundert zugenommen hätte: In einem gedruckten Gedicht, das bei der Hinrichtung eines Viehdiebes in München 1773 verkauft wurde, wird vor allem auf die seit 1770 anhaltenden Hungersnöte hingewiesen:

◀ TITELBLATT DES LANDRECHTS DER OBERPFALZ 1657/58: Das Landrecht der Oberpfalz von 1657 enthält mit der ein Jahr später gedruckten Malefizordnung das älteste vollständige altbayerische Strafgesetzbuch. Das Titelkupfer bringt eine Allegorie auf die Oberpfalz. Dargestellt sind u. a. der Erzbergbau im Fichtelgebirge, der Wildreichtum des Landes sowie die Flüsse Saale, Main, Naab und Eger.

Frage woher doch bey jetzigen Zeiten eine so überaus große Zahl des Dieb- und Raubergesindels komme …
Wird denn das ganze Land zu einer Mördergrube,
Zum Weg nach Jericho? schreckt keine Folterstube
Kein Galgen, Schwerd, und Rad, das Diebsgesindel ab?
Man schlägt, man züchtiget, braucht Ruthe, Stock und Stab,
nimmt alle Mittel vor den Frevel zu bezwingen,
Das Land zu reinigen, doch will es nicht gelingen,
Fast täglich mehret sich Mord, Dieberey, Betrug,
Straft denn die Obrigkeit nicht oft und scharf genug?
Nun frag sich abermal, woher so viele Diebe,
Warum ist auf der Welt gar keine Menschenliebe?
O fragt nicht lange mehr, die Zeit, die schwere Zeit,
Verleitet manches Blut zu Mord und Grausamkeit?
Zwar Freyheit, Müßiggang und die verderbte Sitten
Hat vielen Sündern schon den Urtheilsstab geschnitten,
Doch in der schweren Zeit steckt alles Uebels Grund,
Die Theurung daurt zu lang, zu viel ist ungesund,
Der Arme kann sich nicht mit allen Fleiß ernähren,
Der Handwerksmann kann sich des Bettels kaum erwehren …

b. Das Bamberger Strafgesetzbuch von 1795

Die Rigorosität der Strafrechtspflege Mitte des 18. Jahrhunderts, wie sie sich in Kreittmayrs Strafgesetzbuch von 1751 widerspiegelt, zeigt sich auch in kleinen Territorien wie dem Hochstift Bamberg mit seinen 65 Quadratmeilen und etwa 190 000 Einwohnern. Dort wurden von 1759 bis 1779 52 Verbrecher hingerichtet. 1764 bis 1768 saßen angeblich 1523 Verhaftete hinter Gittern. In Bamberg galt um diese Zeit immer noch die Halsgerichtsordnung von 1507 in einer 1580 revidierten Fassung.

Um so erstaunlicher ist die Wende, die durch den Regierungsantritt des aufgeklärten Bischofs Franz Ludwig von Erthal (1779–1795) eingeleitet wurde. Eine seiner ersten Maßnahmen war die Beschränkung der Folter auf solche Delikte, die mit der Todesstrafe bedroht waren (Verordnung vom 1. 12. 1781). 1787 entschloß er sich zu einer Neuregelung des Strafrechts. Angeregt wurde diese Initiative wohl durch das im gleichen Jahr erschienene österreichische Strafgesetzbuch Josephs II. sowie durch das berühmte Leopoldinische Gesetzbuch für die Toskana. Seinen Hofräten befahl er, dem geplanten Gesetz den 1782 erschienenen „Ausführlichen Entwurf zu einem Gesetzbuch in peinlichen Strafsachen“ des Rostocker Professors Johann Christian Quistorp zugrundezulegen sowie das österreichische und das toskanische Strafgesetzbuch und das Bamberger Recht ergänzend zu berücksichtigen. 1792 war der Entwurf fertig, nachdem schon Teile des Werkes vorher in Kraft gesetzt wurden. Der Entwurf wurde publiziert und positiv aufgenommen. Erthal wollte das Werk auch in seinem Hochstift Würzburg in Kraft setzen, was aber dortige Widerstände und die Kriegswirren verhinderten. Erst nach seinem Tod wurde das Strafgesetzbuch am 30. 12. 1795 von seinem Nachfolger Bischof Christoph Franz von Buseck in Kraft gesetzt.

Wie alle Strafgesetze dieser Zeit wollte auch das Bamberger Strafgesetzbuch die Willkür der Richter durch detaillierte und verbindliche Regeln einschränken. Die Strafrahmen waren starr. Trotzdem erlaubte es noch in engen Grenzen die analoge Anwendung des Gesetzes. Ausgeklügelt ist bereits das System der Zurechenbarkeit. Beim Strafverfahren wird jetzt die Folter ganz abgeschafft, dafür gibt es beim Fehlen des Geständnisses oder ausreichender Beweise die Verdachtsstrafe. Bei den Strafen dominieren die Freiheitsstrafen, geblieben war für wenige schwere Delikte die Hinrichtung mit dem Schwert oder mit dem Rad. Die Verstümmelungsstrafen wurden abgeschafft. Bei den Straftatbeständen fehlt „Zauberei, Wahrsagerei, Ketzerei und ähnlicher Aberglauben“, sie werden in den Bereich des „Unverstands“ verwiesen und als Betrug oder Störung der öffentlichen Ordnung bestraft.

Im Vergleich zum toskanischen Strafgesetzbuch oder zum Strafgesetzbuch Feuerbachs von 1813 ist das bambergische Strafgesetzbuch nicht unbedingt eine reformatorische Großtat. Es ist vielmehr ein wirksames Mittel aufklärerisch-absolutistischer Sicherheitspolitik. Bischof Erthal war stolz auf seine Erfolge in der vorbeugenden Verbrechensbekämpfung. Angeblich sind in seiner Regierungszeit nur noch zwei Hinrichtungen vollzogen worden. Die Zahl der Strafgefangenen sank drastisch, sie betrug in den 10 Jahren zwischen 1779 und 1789 nur noch 765.

Kapitel III
Was war früher alles strafbar?
Zur Geschichte der Straftatbestände

1. Mord und Totschlag

In Art. 165 des Oberbayerischen Landrechts von 1346 (Umb totsleg) heißt es: *Slecht ainer den ander ze tod, leib und gut, daz varntiu hab ist, ste in dez herren hant; aygen und lehen, daz sol den erben beleiben und dem richter sechzick und funf pfunt pfennig* (Wenn einer den anderen zu Tode schlägt, dessen Leib, und Fahrnisgut gehören seinem Herren. Das Eigen und das Lehen verbleiben den Erben. Der Richter erhält 3 Pfund und 60 Pfennige). Eine Unterscheidung zwischen Mord und Totschlag, die seit dem 16. Jahrhundert angesichts differenzierter neuzeitlicher Leibes- und Todesstrafen von größter Bedeutung ist, kennt das Oberbayerische Landrecht nicht. Es begnügt sich mit der Verteilung der anfallenden Buße, insbesondere mit dem Anteil des Richters. Daß die Regelstrafe (ordentliche Strafe = poena ordinaria) die Hinrichtung des Täters war, dürfte als bekannt vorausgesetzt worden sein, doch ist sie bis in die Neuzeit hinein bei Totschlagsdelikten selten ausgesprochen worden. In der Regel verhängte man die Landesverweisung, ersatzweise auch Schanzarbeit oder Artilleriedienst; bei Adeligen Kavalleriedienst gegen die Türken. Wenn dem Täter die Flucht gelungen und eine Landshulderteilung vereinbart worden war, kam dieser fast immer mit einer vom Rentmeister zu verhängenden Geldstrafe davon. In der Regel pflegte man dabei den wegen Totschlag verhafteten Delinquent von der ordentlichen Totschlagsstrafe („a poena homicidii ordinaria“) zu absolvieren: Begründet wurde dieses Abweichen von der Regelstrafe üblicherweise damit, daß man dem Delinquenten den Tötungsvorsatz („anima occidendi“) nicht nachweisen konnte. Totschläge, die im Rahmen von „Raufhändeln“ geschahen, klassifizierte man als Körperverletzung mit Todesfolge.

a. Vom Sühnevertrag zur obligatorischen Strafverfolgung – Wallfahrten und Steinkreuze

Im Mittelalter finden wir bei Totschlag nur dann ein unmittelbares Tätigwerden der Obrigkeit, wenn der Täter auf frischer (handhafter) Tat ertappt und dem Richter vorgeführt wurde. Gelingt es dem (einheimischen) Täter zu fliehen, werden in der Regel unter den betroffenen Familien mit Vermittlung der Obrigkeit Sühneverträge geschlossen.

1420 vermittelt der Viztum von Niederbayern Heinrich Nothaft einen Sühnevertrag wegen eines Totschlages, den Stephan Seman, Pfleger zu Kirchberg, im Dienst („von Gerichts wegen") an Ulrich Teusprunner begangen hatte und stellt darüber einen Spruchbrief mit dem Siegel des Viztumamtes aus. Seman muß zunächst durch zuverlässige Personen zugunsten der Seele des Erschlagenen eine Wallfahrt nach Rom und eine nach Aachen machen lassen. Zum Begräbnis des Opfers soll der Täter durch 24 Priester die Messe singen, lesen und halten lassen. Er soll auch 100 Leute zum Begräbnis schicken und die Kerzen für das Begräbnis liefern. Dann muß er einen ewigen Jahrtag und ein Gedächtnis bei der Pfarrei des Verstorbenen stiften. Zuletzt wird er verpflichtet, ein steinernes Kreuz machen zu lassen *und das setzen an die stat, da der obgenant Todslag geschehn ist.*[1]

Die Errichtung von Steinkreuzen, Wallfahrten nach Rom und Aachen, die Stiftung von Seelenmessen, Ausgleichszahlungen an Hinterbliebene sowie die Erstattung der Beerdigungskosten sind die gewöhnlichen Inhalte solcher Sühneverträge, die sich noch zahlreich in den Archiven erhalten haben. Für das Hochstift Eichstätt hat man zwischen den Jahren 1465 und 1587 noch fast 100 Sühneverträge mit den dazugehörigen Urkunden ermitteln können.[2] Bei den Steinkreuzen wurde in der Regel deren genaue Höhe festgelegt. Bei den Wallfahrten nach Rom und Aachen wurde man im Hochstift Eichstätt seit etwa 1530 konzilianter, man konnte sie ersetzen, etwa durch lokale Wallfahrten oder durch Geldzahlungen an lokale Bettelklöster oder sonstige gute Taten. So heißt es 1533: *Weiter so soll der Theter fur die aufferlegten Romfahrt in yetzbestimbter Zeit des Jars in das Spital alhie zu Eystett den armen durftigen Menschen umb Gottes Willen reichen und geben zwen Gulden und des vom Spitelmeister doselbst auch warhaftig Anzeigung tun.* In einem Sühnevertrag von 1540 ist festgelegt: *Auch für Rom und Achfart am Tag der Begencknus umb Gottes Willen sechs Gulden: zwen alhier geen Eystett ins Prediger Closter, zwen geen Ingolstat ins Parfuesser Closter und die uberigen zwen Gulden armen Leuthen in der Pfarr, da der entleybt besungen wurt.*[3]

Die Sühneverträge und damit die Steinkreuze in der Landschaft verschwinden im 16. Jahrhundert, nachdem die Landesherrschaften die Verfolgung der Totschläge für sich beanspruchen und daher private Regelungen unterbinden.

Freilich gelingt es der Landesherrschaft gerade beim Totschlag nur sehr langsam, ihren Strafanspruch durchzusetzen. Der Totschlag (unter Einheimischen) ist bis ins 18. Jahrhundert ein Bereich, in dem man den Zugriff der Obrigkeit nicht schätzt. Im Herzogtum Bayern beanstandeten die Rentmeister, die viel im Land herumkamen, immer wieder, daß die Untertanen folgenreiche Streitigkeiten selbst zu regeln versuchten: *Die Paurn vertragen sich selbs, khumen die Handlungen nicht ordenlich für Gericht* (1582). Die Obrigkeit versucht die private Streiterledigung vor allem durch Hinweise auf die Sicherheitslage und das Ansteigen der Kriminalität zu unterbinden. Typisch ist insoweit die Entwicklung im Herzogtum Bayern: Im Jahre 1551 ließ der eben an die Regierung gekommene bayerische Herzog Albrecht V. folgenden Befehl an alle seine Gerichtsbeamten verschicken: ... *und fuegen euch zu wissen, das wir die Zeit unserer fürstlichen Regirung, aus täglicher Erfarung ... befunden haben, wie in unserm Fürstenthumb in Steten, Märckhten und auf dem Landt die Todschleg gar gmain werden und sich schier täglich gantz fräventlich und muetwilliglich, auch zu vilen Malln fürsetzlich und vermessenlich zuetragen.* Und 1557 heißt es: ... *alls wir in teglicher Erfarung befinden, das sich die Todschleg in unserm Fürstenthumb ye lennger ye mer zutragen und begeben ...*

Was war der Grund dieser von der Regierung so besorgt registrierten Zunahme der Gewaltdelikte? Als Hauptursache wird in den einschlägigen Gesetzen vor allem die Trunksucht genannt, die besonders durch die weitverbreitete Unsitte des Zutrinkens gefördert werde. Gegen das Zutrinken wandten sich zahlreiche Reichsverordnungen und landesherrliche Mandate. Ein Mandat von 1551 verweist auf die *grossen Kirchtäg, Hochzeiten und Täntz*, auf denen die meisten *Rumorn* und Totschläge geschehen. Die Klagen über Trunkenheit und Gewaltdelikte halten in den nächsten Jahrhunderten an. Im 30jährigen Krieg häufen sich die Alkoholdelikte der Untertanen in Stadt und Land: *Demnach die Todtschläg under dem Bauernvolck, sonderlich wann sich dasselbige also bezecht und vol antrinckht allzu gemain ...*[4], klagte 1644 der Hofrat in München.

Bei einem Totschlagsfall im Dorfmilieu wurde es gewohnheitsrechtlich von den Dorfgenossen geduldet, wenn sich der Täter oder die Täter dem Zugriff der landesherrlichen Beamten durch Flucht entzogen. Das hatte den Vorteil, daß die betroffene Familie in Ruhe über eventuelle Entschädigungen verhandeln konnte, da sie an der Aburteilung des Täters als solche kein Interesse hatte. Vielfach wurde eine solche Flucht durch die passive Haltung der Unterbeamten begünstigt. Daher mußten die Landesherrn nicht nur diejenigen bestrafen, die dem Täter Hilfe und Unterschlupf gewährten, sondern auch die eigenen Beamten immer wieder drängen, tätig zu werden. Die Bayerische Landesordnung 1578 forderte die Amtleute ausdrücklich auf, bei einer schweren Körperverletzung sofort zur Verhaftung des Täters zu schreiten und nicht – wie üblich – erst zu warten, bis das Opfer verstarb. Die Beamten sollten in Zukunft vor allem immer dann, wenn die Ärzte, Barbiere und Bader die Verletzung als ernsthaft beurteilten, den Täter unverzüglich verhaften, ohne Rücksicht darauf, *was dißfals etlicher Orten unnsers Fürstenthumbs für ain böse Gewonhait oder Mißbrauch herkommen sein möchte.*

b. Das Geleitverfahren (Inzichtverfahren) für geflüchtete Totschläger und die Entstehung der öffentlichen Anklage

Wenn es einem Totschläger gelang, sich dem Zugriff der landesherrlichen Beamten durch Flucht zu entziehen, gab es im Herzogtum Bayern in der Regel zwei Möglichkeiten. Entweder bewies der Täter seine Unschuld durch ein Geleitverfahren oder er beantragte nach einer gewissen Zeit die Landshuld und unterwarf sich den für die Gewährung der Landshuld gestellten Bedingungen; meistens mußte er sich nach seiner Rückkehr vom Rentmeister bestrafen lassen.

Durch die Möglichkeit, das Vermögen des Flüchtigen nach einem Jahr zu konfiszieren, hatte der Landesherr ein starkes Druckmittel in der Hand, um die Rückkehr des Täters oder eine Einigung mit ihm zu erzwingen. Das Konfiskationsrecht des Landesherrn bei flüchtigen Tätern wird schon in der Ottonischen Handfeste von 1311 angesprochen: Dort erhält der Richter ⅔, Frau und Kinder ⅓ des Vermögens, wenn der Täter sich nicht vor Gericht stellt. Auch das Landrecht von 1518 regelt in Tit. 20, Art. 4 die Einziehung des beweglichen Vermögens als Teil der Totschlagsstrafe: „Schlägt einer den anderen zu Tod, so steht Leib und Gut und was fahrend Habe ist, in des Landesfürsten Hand. Aber Eigen und Lehen soll den Erben bleiben und dem Richter zur Buße 65 Pfennige." Die Bayerischen Landesfreiheitserklärungen 1516/1553 bestätigen das landesherrliche Konfiskationsrecht bei flüchtigen Tätern: Nach Ablauf eines Jahres ist „das Gut für die Strafe des Vitzthumshandels" dem Landesfürsten verfallen. Durch diese Konfiskation war die Strafe nicht erschöpft, also „der Leib des Täters … nit gesichert", außer dieser einigt sich mit dem Landesherrn und den Verwandten des Erschlagenen.

Von Bedeutung für die Entwicklung des Strafprozesses in dieser Zeit ist der Umstand, daß sich im Inzichtprozeß bei Totschlagsdelikten oft kein Ankläger fand, da die Familie des Opfers bereits abgefunden war. In einem solchem Fall mußte der Täter freigesprochen werden. Erstaunlicherweise scheinen sich die Beamten, wenn ein Täter im Lande auftauchte, geweigert zu haben, ein Strafverfahren gegen diesen einzuleiten, auch wenn die Betroffenen darauf bestanden. Vielmehr sollen die Beamten die Familie des Getöteten auf das Zivilverfahren verwiesen haben. So wenigstens formuliert es das Totschlagsmandat von 1551, das die Beamten ermahnt, sie sollten keinesfalls *des entleibten Freundschaft wider iren Willen das peinlich Recht abstricken und das burgerlich vorsetzen*.

Um in Zukunft die konsequente Verfolgung von Totschlagsdelikten zu gewährleisten, richtete man mit dem Mandat vom 23. Dezember 1551 und der Landespolizeiordnung 1553 das Institut des öffentlichen Anklägers ein, eine zukunftsweisende Entscheidung. Wenn sich ein geflüchteter Totschläger vor Gericht verantworten wollte, mußte dies nun dem Hofrat bzw. den Regierungen gemeldet werden, die dann einen Ankläger („procurator“) benachrichtigten, der als Vertreter des landesherrlichen Interesses amtierte. Die Verwendung von Kammerprokuratoren bzw. Fiskalen für diese Zwecke wird im 16. Jahrhundert auch in anderen Territorien üblich.[5] Der Fiskal wird Anfang des 18. Jahrhunderts in Zedlers Universallexikon wie folgt definiert: *Fiscal ist ein fürstlicher Beamter, der Obrigkeit bestes in Acht nimmt. Ein peinlicher Fiscal wird der genennet, der einen wegen eines Lasters, an Stat des Fürsten oder Amts peinlich anklaget, entweder gar auf den Tod oder zu einer grossen Geldt-Buss; ingleichen wird derjenige also genennet, welcher einer Obrigkeit Interesse wahrnimmt und dasselbe zu erhalten und zu vermehren trachtet, die dem Fisco heimgefallene Güter in Besitz nimmt und die Geld-Bussen oder Straff-Gelder einfordert.*[6]

c. Die Erteilung der Landshuld bei Totschlägern

Neben dem durch das Inzichtverfahren erwirkten Urteil stand dem flüchtigen Totschläger noch eine zweite Möglichkeit offen, um wieder ins Land zurückzukehren. Er konnte sich um eine Landshuld bewerben. In der Praxis wurde eine solche dann erteilt, wenn der Täter schon längere Zeit außer Landes war, oder die Sache so beschaffen und aufgeklärt war, daß der Totschlag vom Hofrat oder den Regierungen als minder schwer zur Bestrafung dem Rentmeister aufgetragen wurde. Selbst wenn der um Landshuld Ansuchende von außerhalb seine Unschuld, etwa eine Notwehrhandlung, durch Zeugen u. a. nachweisen konnte, so schützte ihn das nicht vor einer Bestrafung wegen „Austretens“, d. h. allein schon die vorsorgliche Flucht aus dem landesherrlichen Jurisdiktionsbereich galt als strafbar.

d. Edelleute als Totschläger: Von der Fehde zum Duell

Differenzen wegen der Bestrafung des Totschlags gab es Mitte des 16. Jahrhunderts zwischen dem Landesherren und seinen Beamten auf der einen Seite und der Ritterschaft im Herzogtum Bayern auf der anderen Seite. Auf den Landtagen beschwerte sich der Ritterstand über die landesherrlichen Beamten, die nach Totschlägen durch Adelige sofort zur Inventarisierung und Beschlagnahme des Vermögens schritten, wenn der Täter flüchtete. Dies wurde von der Ritterschaft als Verstoß gegen die Landesfreiheitserklärungen moniert. Der Landesherr machte nun das Zugeständnis, daß die Güter eines flüchtigen Adeligen in Zukunft nicht mehr inventarisiert, versiegelt und versperrt werden sollten.[7] Vielmehr durfte seine Familie die Güter nutzen; die Kinder konnten aus der Substanz ausgesteuert werden. Wenn der flüchtige Täter starb, durfte sich der Landesherr nicht mehr an die Güter halten, die Sache war für ihn erledigt. Ansprüche der Familie des Erschlagenen blieben natürlich vorbehalten.

Diese außerordentliche Privilegierung des Adels, die man als letzten Rest der mittelalterlichen „Straffreiheit" des Totschlags interpretieren kann, entwickelte sich zum nicht mehr tolerierbaren Ärgernis für Beamte und Landesherrn, als um 1600 nach den Beobachtungen der Landesherrschaft die Totschläge von und unter Adeligen deutlich zunahmen. Schuld an dieser Entwicklung war nicht zuletzt der gesteigerte Ehrbegriff, der die Gewaltbereitschaft bei jeder Art von Auseinandersetzung förderte. Herzog Maximilian wollte nun angesichts steigender Totschlagsdelikte (Duelle!) die Privilegierung der Adeligen nicht mehr tolerieren: Es sei schon so weit gekommen, daß, wenn sich einer *nur in die Flucht gebe, man ihme alles nachsechen misse*, meinte er ärgerlich in einem Dekret an den Hofrat vom 1. Februar 1610. Landflüchtige Adelige sollten nun wie alle Totschläger vor Gericht zitiert werden und, wenn sie nicht erschienen, sollte gegen sie nach gemeinem Recht verfahren werden.[8] Das konnte nur bedeuten, daß man nun versuchte, auch auf das Hab und Gut der Edelleute zuzugreifen. Dies führte auf dem Landtag von 1612 zu entsprechenden Beschwerden der Ritterschaft.

Maximilian artikuliert damit die seit dem 16. Jahrhundert allgemein gewandelte Einstellung gegenüber dem adeligen Duell. Kreittmayr meinte: *Unsere Voreltern seynd zwar diesfalls in ganz andern principiis gestanden, und haben den Duell nicht nur für ein erlaubt- sondern sogar in gewissen Fällen für eine notwendige Sache gehalten, so, daß derjenige, welcher sich hierauf nicht einlassen wollte, seines Rechts darüber verlustig wurde.* Kreittmayr, der die „Entleibung" im Duell (seine Definition: „Rauffereien, welche mit guten Wissen und Vorbedacht, auch mit Bestimmung einer gewissen Zeit und Zusammenkunft ausgeübt werden") in seinem Kriminalcodex 1751 (1, 3, 9) mit der Totschlagsstrafe belegt, verweist wegen der Unzulässigkeit des Duelles auf das Tridentinische Konzil, auf päpstliche Konstitutionen sowie auf Reichsbeschlüsse von 1668 und 1681. Im Kurfürstentum Bayern wurden Duellmandate 1701, 1720 und 1748 erlassen. Das 1701 von Max Emanuel nach seiner Rückkehr aus Brüssel erlassene Mandat verbot die Unsitte, *aneinander herauß zufordern, zu Duellirn, zu Palgen oder den Degen zuentblösen: oder geladenes Gewöhr gegen jemandt so Tag als Nacht in denen Häusern oder auff der Gassen freventlich zu gebrauchen und damit zu schiessen ...*

2. Abtreibung und Kindstötung

Je intensiver die Leichtfertigkeits- und Ehebruchsdelikte verfolgt wurden, dies war vor allem nach dem kurbayerischen Mandat vom 20. September 1635 der Fall, desto stärker nahmen die Abtreibungs-[9] und Kindstötungssdelikte zu. Auf diese Entwicklung reagierten die Landesherren erneut mit Strafverschärfungen. Wenn eine Deliquentin eine Abtreibung gestand, mußte sie mit einer Verurteilung

Hinrichtung der Kindsmörderin Agathe Laimer im Jahre 1769 auf dem „Rabenstein“ in München. (Staatsarchiv München)

zum Tode rechnen. Bei versuchter Abtreibung oder bei nicht ganz aufgeklärtem Sachverhalt verhängte man im Herzogtum und Kurfürstentum Bayern die ewige Landesverweisung.

Insgesamt sind im 17. und 18. Jahrhundert im Kurfürstentum Bayern jedenfalls weit mehr Frauen wegen Kindesmord als wegen Hexerei hingerichtet worden. Die Zeitgenossen mögen die Zusammenhänge zwischen Leichtfertigkeitsstrafen und Kindesmord erkannt haben, gesetzliche Folgerungen wurden zunächst daraus nicht gezogen. Im 18. Jahrhundert wurde das Delikt der Kindstötung bei den Dichtern und Philosophen der Aufklärung zum zentralen Punkt ihrer Kritik an der barbarischen Strafrechtspflege.[10] Die Todesstrafe für eine Kindsmutter, die aus Angst vor Strafe und Schande und unter schwerem seelischen Druck ihr Kind tötete, galt vielen Juristen der Aufklärungszeit als übertrieben grausame Reaktion. Bekannt ist die dichterische Verarbeitung des Stoffes durch Goethes Gretchentragödie, der die Hinrichtung der Susanna Margaretha Brandt wegen Kindstötung in Frankfurt zur Vorlage diente. Praktische Folgerungen zog man erst sehr viel später. Noch am 14. Dezember 1793 bestätigte Kurfürst Karl Theodor in einem Mandat über das Verbrechen der Kindstötung die strengen Bestimmungen von Kreittmayrs Strafgesetzbuch von 1751. Erst 1808 beseitigte man die Strafbarkeit der einfachen Leichtfertigkeit (Fornikationsstrafe).[11] Die Todesstrafe wegen Kindstötung wird dann in Feuerbachs Strafgesetzbuch von 1813 abgeschafft.

3. Körperverletzung

Die alten bayerischen Strafgesetze beschäftigten sich mit der Körperverletzung nur dort intensiver, wo es um die Differenzierung von Bußgeldzahlungen und um den vom Kläger zu erbringenden Beweis der Täterschaft ging. Art. 164 des Landrechts 1346, der die schwere Körperverletzung und die entsprechenden Bußen (in der Regel der gleiche Betrag für den Betroffenen und den Richter) regelt, unterscheidet zwischen *sichtig pogwunten* (= Wunden aus denen das Blut im Bogen herausspritzt: 2 × 10 Schilling Pfennig), *pain schrot* (= Knochenverletzung: 2 × 3 Pfund und 60 Pfennig), *lem* (= Lähmung 2 × 5 Pfund 60 Pfennig). Abgeschlagene Glieder (Hand, Fuß) werden entweder nach dem Talionsprinzip (= Vergeltung von Gleichem mit Gleichem) auch dem Täter zur Strafe abgeschlagen oder pro Glied für 2 × 5 Pfund 60 Pfennig abgegolten.

Ein öffentliches Interesse an einer Strafverfolgung bestand wohl bis ins 17. Jahrhundert nur insoweit, als man nicht auf den Bußenanteil für den Richter verzichten wollte. Das wird deutlich am Art. 170 des Landrechts 1346: „Wenn einer den anderen mit scharfer Spitze verwundet, so daß er sichtbare schwere Verwundungen (Bogwunden) erlitten hat und sich die beiden Kontrahenten ohne Wissen des Richters einigen, so bleibt das ohne Wirkung auf die dem Richter zustehende Buße“. Die Körperverletzung wurde auch in der Neuzeit fast ausschließlich mit Geldstrafen belegt.

4. Raub, Diebstahl und Eigentumsdelikte

a. Diebstahl

In der Strafrechtsliteratur, der Strafgesetzgebung und in der Strafpraxis des 16. und 17. Jahrhunderts spielte beim Diebstahlsdelikt immer wieder die Unterscheidung zwischen leichtem und schwerem („kleinem“ und „großem“) Diebstahl eine überragende Rolle. Diese für die Zuständigkeit der niederen Gerichtsbarkeit auf der einen Seite und der hohen Gerichtsbarkeit auf der anderen Seite sowie für die Straffolgen wichtige Unterscheidung findet sich schon in der Lex Baiuvariorum. Genaue Wertbestimmungen und das zugeordnete Strafmaß bringt dann das oberbayerische Landrecht von 1346: Bei einem Wert des Diebesguts unter 32 Pfennigen war eine Geldstrafe fällig, bei einem Wert des Diebesguts über 32 Pfennigen sollte der Delinquent an den Pranger („Schraiet") „geschlagen", bei Werten über 62 Pfennigen „durch die Zähne gebrannt" (gemeint ist wohl durch die Backen) und schließlich bei Werten über 6 Schillingen 2 Pfennigen hingerichtet werden.

Die Landesfreiheitserklärungen von 1508/1514/1516 listen den großen Diebstahl (der ja zu den drei klassischen „Dingen, die zum Tode ziehen", der Ottonischen Handfeste von 1311 gehörte) im Katalog der Viztumshändel auf. Als Kriterium für den schweren (großen) Diebstahl galt dort die 32-Pfennig-Grenze (32 Regensburger Pfennige oder 80 schwarze Münchner Pfennige). Auch das Landrecht von 1518 (Tit. 19, Art. 6) läßt den großen Diebstahl bei 80 (Münchner) Pfennigen beginnen.

Die Wertgrenze markierte auch den Unterschied zwischen hoher und niederer Gerichtsbarkeit. Der kleine Diebstahl wurde gerichtlich abgestraft, d. h. er fiel in die Kompetenz der Hofmarksinhaber. Die Höhe der Geldbuße für kleinen Diebstahl limitierte das Landrecht von 1518 (Tit. 19, Art. 7) auf 3½ Pfund Pfennige. Beim großen und malefizisch abzustrafenden Diebstahl wurde schon wie im Landrecht von 1346 differenziert: Die mildeste Malefizstrafe betrug 65 Pfund Pfennige bzw. öffentliche Züchtigung, bei einem Wert des Diebesguts über 4 Schillingen mußte die ewige Landesverweisung über die vier Wälder verhängt werden, und wenn das Diebesgut mehr als 1 Pfund Pfennige wert war, verschärfte man die Landesverweisung noch durch das Abschneiden der Ohren. Die Todesstrafe drohte man für den Fall an, daß das Diebesgut mehr als 10 Schillinge wert war, jedoch nur dann, wenn es sich mindestens um einen dreifachen Diebstahl handelte. Die Carolina von 1532 war in den Strafdrohungen weit rigoroser: Die Todesstrafe sollte schon bei Diebstählen über 5 fl. verhängt werden, eine Wertgrenze, die noch auf den Landfrieden Kaiser Friedrichs I. von 1156 zurückgeht. Von dort fand diese Unterscheidung zwischen großem und kleinem Diebstahl Eingang in das langobardische Lehenrecht und dann über die italienische Rechtswissenschaft Eingang in die Bambergensis und die Carolina, wobei man die in den alten Gesetzen angeführten Schillinge durch Gulden ersetzte.

Sowohl die Todesstrafe für großen Diebstahl der Carolina als auch die (nach italienischem Vorbild gestaltete) Todesstrafe für dreifachen Diebstahl des Landrechts von 1518 waren offensichtlich nicht praktikabel. Die Bayerische Malefizprozeßordnung 1616 (Tit. 8, Art. 5) bezeugt, daß wegen 5 fl. oder 10 Schillingen im Herzogtum Bayern nie die Todesstrafe verhängt worden ist. In der Praxis, wie sie dann auch in Kreittmayrs Kriminalkodex von 1751 festgeschrieben wurde, zog erst ein Diebstahl ab 10 fl. Wert die Todesstrafe nach sich. Über den tatsächlichen Wert eines Diebesguts mußte sich das Gericht zur Not durch Gutachten kundig machen, wie etwa der Hofrat 1642 im Falle einer gestohlenen Uhr.[12] Die vom Landrecht 1518 und der Carolina vorgeschriebene Todesart für schweren Diebstahl war die Hinrichtung durch den Strang. Daran hielt man sich auch streng in der bayerischen Gerichtspraxis. Kirchendiebstahl pflegte man durch Verbrennen zu bestrafen.

Gegen Ende des 30jährigen Krieges mehrten sich die Eigentumsdelikte wie Diebstahl, Raub und Wilderei überall im Alten Reich in einem Maße, das dem Landesherrn und seinen Behörden bedrohlich erschien. Im Kurfürstentum Bayern begannen seit 1648 die vom Hofrat ausgesprochenen Todesurteile wegen Diebstahls die bis dahin dominierenden Tötungsdelikte zu überwiegen.

b. Straßenraub – Bandenkriminalität

Das heute entscheidende Unterscheidungsmerkmal zwischen Diebstahl und Raub, die Gewaltanwendung gegen Menschen, spielte in der Praxis der Frühen Neuzeit eine untergeordnete Rolle. Art. 126 der Carolina 1532 (Räuber sind mit dem Tode zu strafen) spart sich jede Legaldefinition des Räubers. Unter dem Begriff Räuber subsumierte man einen Verbrechertyp, den man seit der Landfriedensgesetzgebung als „landschädlich" bezeichnete. Im 16. und 17. Jahrhundert wird dieser vorwiegend durch den notorisch diebischen oder gewalttätigen „gartenden Knecht" verkörpert. Kaum ein Bereich der öffentlichen Sicherheit und Ordnung findet sich häufiger in Mandaten erwähnt.

In den letzten Jahren des 30jährigen Kriegs kommt es dann häufiger zur Bildung von Räuberbanden, die aus abgedankten Soldaten und sonstigen entwurzelten Existenzen bestanden. Diese stellten die lokalen Obrigkeiten vor fast unlösbare Probleme. Noch im 18. Jahrhundert beunruhigten zahlreiche Räuberbanden Obrigkeit und Bevölkerung. Zahllose Steckbriefe zeugen von diesem Problem, das man bis ins 19. Jahrhundert nicht in den Griff bekam. Der Großteil der uns in den Urgichten überlieferten Hinrichtungen in München betrifft Raubüberfälle. Wie die Tätigkeit von Räuberbanden vor allem durch die Kleinräumigkeit der Territorialverhältnisse begünstigt wurde, zeigt der Fall des Matthias Klostermeyer, der als „bayerischer Hiasl" die Grenzgebiete zwischen dem Kurfürstentum Bayern und dem Hochstift Augsburg beunruhigte.

Der Kriminalfall: Der bayerische Hiasl

Der 1736 in Kissing bei Friedberg geborene Klostermeyer begann als Wilddieb und wurde mit der Zeit der Anführer einer 20–30köpfigen Räuberbande, die vor allem auf dem Gebiet des Fürstbistums Augsburg ihr Unwesen trieb und bei den Bauern Unter-

Eine Votivtafel des 18. Jh. mit nächtlichem Überfall auf Kauf- oder Fuhrleute im Spessart: Der Stifter der Votivtafel aus dem Kloster Mariabuchen bei Lohr ist unbekannt. Wahrscheinlich handelt es sich um den in der Bildmitte mit Beil, einer Leiter und schwarzer Kleidung dargestellten Köhler oder Kaminkehrer, der wohl zufällig Zeuge des Überfalls geworden ist und daher beseitigt werden sollte. Ein Schuß aus dem Dickicht geht in seine Richtung. Die Tafel protokolliert das Geschehen am Tatort in naiver aber präziser Weise: die Mißhandlung eines Kauf- oder Fuhrmanns, die Plünderung der Beute, einen entkommenen Kutscher, der im nächsten Dorfe Hilfe holt. Als Tatort kommt die Umgebung des Dorfes Rothenbuch im Spessart in Betracht. (Spessartmuseum Lohr)

schlupf fand. Eine der berühmtesten Taten Hiasls war der Überfall auf den Obervogt von Täfertingen bei Augsburg, über den sich einige Bauern beschwert hatten. Hiasl nahm dem Beamten alles Geld mit der Bemerkung ab: „Es ist ohnehin nur Blutgeld, das ihr den armen Leuten abgeschunden habt!“ Durch solche und ähnliche Taten wurde Klostermeyer so prominent, daß bald in jedem Haus im Kurfürstentum Bayern und im Hochstift Augsburg sein Porträt hing: „Kein Haus war auf dem Lande, kein Haus fast in der Stadt, wo nicht der Hiasl stande, auf einem Kupferblatt!“, dichtete ein zeitgenössischer Poet. Nachdem sogar zwischen dem Herzogtum Württemberg (im Namen des Schwäbischen Kreises) und dem Kurfürstentum Bayern ein Staatsvertrag über die Verfolgung des „Erzbösewichts, welcher sich den bayerischen Hiasl nennt“, abgeschlossen worden war, konnte Klostermeyer 1771 mit einem Teil seiner Bande nach einem Feuergefecht im Wirtshaus von Osterzell gefangengenommen und in das Gefängnis des Schwäbischen Kreises nach Buchloe gebracht werden. Nachdem ihm der Prozeß gemacht worden war, wurde er in der fürstbischöflich augsburgischen Residenzstadt Dillingen am 6. September 1771 mit zwei seiner Genossen öffentlich erdrosselt, gerädert und gevierteilt. Die auf das Rad geflochtenen vier Überreste wurden an den Grenzen des Landes aufgestellt. Die Nachwelt verklärte Klostermeyer, der in den Akten als äußerst brutaler und eitler Verbrecher geschildert wird, zum Schutzpatron der Armen und Unterdrückten. Sein Leben in den Wäldern wurde als „Naturzustand“, seine Wilderei als „natürliches Recht“ gepriesen. Der Karl Moor in Schillers „Räuber“ trägt viele Züge des bayerischen Hiasls.

c. Fisch- und Perlmuscheldiebstahl

Der Fisch- und Krebsdiebstahl und seine Bestrafung haben in Bayern eine merkwürdige Entwicklung genommen: Das oberbayerische Landrecht (Art. 349) sah gegen Fischdiebe noch drakonische Strafen vor („Haut und Haar abschlagen“ = poena decalvationis = Skalpieren). Wesentlich moderater wird der Fischdiebstahl im Landrecht von 1518 (Tit. 22, Art. 2 und 3) bestraft: die Entwendung von Fischen aus Weihern, Gruben und Behältern mit 5 Pfund Pfennigen + 60 Pfennigen sowie Ersatz des doppelten Wertes (= Zweigilt = poena dupli) und diejenige aus gebannten Gewässern mit 1 Pfund Pfennigen und Ersatz des doppelten Wertes. Schärfer, und zwar als Malefiztat, will die Carolina 1532 den Fischdiebstahl aus Behältnissen und Weihern geahndet sehen. Nun kommt erstmals der Eingriff in Fiskalrechte als verschärfende Strafbegründung hinzu. Das Bayerische Landrecht 1616 (Tit. 29, Art. 3) folgt dem nicht, sondern beläßt es bei den Differenzierungen des Landrechts von 1518. Der Fischdiebstahl bleibt damit niedergerichtlich abstrafbar; vor allem dann, wenn er in öffentlichen Flüssen geschieht. Kreittmayr weist in seinen Anmerkungen zum Kriminalcodex von 1751 (1, 2, 7) darauf hin, daß nach römischem Recht dieser Fall zwar nicht strafbar sei, nach deutschem Recht aber das Fischereirecht zu den kleinen und übertragbaren Hoheitsrechten („jus piscandi ad regalia saltem minora et communicabilia“) gehöre.

Von Anfang an malefizisch wurde das Delikt des Perlmuschelfangs bestraft. Mehrere Mandate mit entsprechenden Strafdrohungen erklären die Perlbäche des Bayerischen Waldes zu gebannten Gewässern. Immer wieder werden die Beamten aufgefordert, Perlendiebe als besonders dreiste Verletzer landesherrlicher Regalienrechte hart zu bestrafen. An den Perlbächen werden „öffentliche Perltäfl und Hochgericht“, also Warntafel und Galgen aufgerichtet, um die Diebe abzuschrecken.[13] Der Tatbestand des Perlmuscheldiebstahls bleibt auch noch im 18. Jahrhundert als besondere Diebstahlsform das Objekt landesherrlicher Gesetzgebung (Mandat vom 11. Juni 1700); bei Diebstählen über 20 fl. Wert

Mathias Brentan
oder der ſogenante Bayer-
ſche Hieſl ſamt ſeinem Jung
und groſſen Hund
nach dem Leben
gezeichnet.

MATHIAS KLOSTERMEYER (BRENTAN), GENANNT DER „BAYERISCHE HIESL“, MIT SEINEM „BUBEN“ UND SEINEM HUND „TYRAS“: Der 1736 in Kissing bei Augsburg geborene Mathias Brentan, der das Schießen in der (den Augsburger Jesuiten gehörenden) Hofmark Kissing beim dortigen jagdbegeisterten Hofmarksrichter, seinem Freund und Gönner, lernte und gute Aussichten hatte, Förster zu werden, wurde 1756 wegen eines dummen Scherzes entlassen und kam auf die schiefe Bahn. Als Wilderer sorgte er zur Freude der Bauern für die Dezimierung des Wildbestandes. Das erlegte Wild verkaufte er an Augsburger Wildprethändler, aber auch an Beamte und Pfarrer. Als seit 1761 der Pfleger von Friedberg gegen ihn vorgeht, verlegt er seine Tätigkeit in das Gebiet des Schwäbischen Kreises (Hochstift Augsburg, Reichsklöster Irsee und Roggenburg, Fuggerherrschaften, Markgrafschaft Burgau u. a.). Vom Mai 1765 bis Frühjahr 1766 sitzt er im Zuchthaus München, kommt aber glimpflich davon, da sein Vetter, der kurfürstliche Medizinalrat und Leibarzt Dominikus Geyer, ein gutes Wort für ihn einlegt. Trotzdem setzt Hiesl sein Treiben fort. Begleitet wird er von seinem Hund Tyras, den er einem Meringer Wirt abgenommen hatte und dem „Buben“, der 1766 zu ihm stieß. Seine Bande wird mit der Zeit immer größer, insbesondere zur Zeit der Hungersnot 1770. Klostermeyers Popularität (und seine Eitelkeit) ist so groß, daß er sich von dem Münchner Hofmaler Lander im März 1769 in einem Wald bei Göggingen malen läßt. Der von Söckler nach diesem Gemälde gestochene Kupferstich erreichte weite Verbreitung.

DIE HINRICHTUNG DES BAYERISCHEN HIESLS UND ZWEI SEINER KOMPLIZEN IN DILLINGEN AM 6. SEPTEMBER 1771: Die in Osterzell verhaftete Bande des Bayerischen Hiesls wurde zunächst nach Buchloe und dann nach Dillingen gebracht, wo der Prozeß stattfand. Vier Mitgliedern der Bande, darunter dem Buben (Andreas Mayr), gelang es zu fliehen. Man verurteilte Hiesl zum Tode durch das Rad. Er sollte zur Richtstatt *in einer Haut eingemachter geschleifet, alldort mit dem Rad durch Zerstossung seiner Glieder von obenherab vom Leben zum Tod gerichtet und nach abgesondertem Kopff der Körper in 4 Stück zerhauen und auf den Landstrassen aufgehängt, der Kopff hingegen auf den Galgen gesteckt werden.* Seine beiden Mitkomplizen wurden geköpft, ihr Körper auf das Rad gelegt und der Kopf auf den Galgen von Dillingen gesteckt.

HOLZSCHNITT AUS EINEM MANDAT DES FÜRSTBISCHOFS JOHANN VON PASSAU GEGEN DAS PERLFISCHEN VOM 13. MÄRZ 1698: Zur Abschreckung für Perldiebe wird ein Perlbach mit Galgen und abgehackter Hand sowie ein ertappter Delinquent dargestellt. An den Perlbächen des Bayerischen Waldes malte man auf sogenannte „Perltäfel" ähnliche Darstellungen.
(Bayerisches Hauptstaatsarchiv)

wird wie beim großen Diebstahl die Todesstrafe angedroht. Denunzianten wird eine besondere Belohnung von 50 fl. ausgelobt.

Auch der Passauer Fürstbischof, auf dessen Gebiet im Bayerischen Wald viele Perlbäche flossen, verfolgte in gleich rigoroser Weise wie der bayerische Kurfürst die Perldiebe. In einem Mandat des Bischofs Johann Graf von Lamberg, vom 13. Mai 1698 lesen wir:

... Ordnen aber und statuiren darbey ernstlichen, daß inskünfftig all- und jede, welche ohne habende Licenz und also diebischer Weiß ein oder andern Bach- oder Perl-Wasser betretten werden, sie haben was gefangen oder nicht, ohne alle Gnad und Barmherzigkeit, alsogleich auffgehenckt werden sollen.
Gleichmässige Lebens-Straff deß Strangs sollen diejenige Unsere Unterthanen in Stätten, Märckt- und Dörffern zu befahren haben, welche dergleichen Land-Perl von verdächtigen heimblichen Perl-Dieben erhandlen oder ihnen die Perl vertuschen, verkauffen oder in andere Weeg darzu verhülfflich seyn werden ...

Selbst Kreittmayr weist den Perlmuschelfang noch als eigenes Delikt aus (Kriminalcodex 1751; 1, 2, 8). Die gegen Ende des 17. und im 18. Jahrhundert zu beobachtende Strafverschärfung hing damit zusammen, daß Perlen nicht nur für Schmuckzwecke gesucht und hochbezahlt wurden, sondern ebenso wie die Muscheln auch als Heilmittel (pulverisiert) Verwendung fanden und daher bei Apothekern und Materialisten (Drogisten) sehr gefragt waren.

d. Beamtenunterschlagungen, Veruntreuung

Zum eigenen Delikt hat sich im 17. Jahrhundert im Kurfürstentum Bayern die Veruntreuung durch Beamte (crimen residui) entwickelt.[14] Bedeutsam wurde es gerade im Rahmen des Salzregals, denn die Hofratsprotokolle bringen häufig

Fälle von Salzverfälschung und Veruntreuung (von Salzscheiben) durch Salzfuhrleute und Beamte. Wie allgemein etwa die Salzverfälschung besonders während des 30jährigen Krieges geworden ist, belegt ein Mandat vom 15. Juli 1630, in dem es heißt, daß etliche Salzfuhrleute sich unterstehen, *die Scheiben oder Faß zu eröffnen und daraus etwas Salz verstollner Weiß zu nemmen, an dessen Statt aber Holtz, Stein, Kalch, Hew, Stroh etc hineinzuthun und die angriffne Scheiben oder Faß damit wider zuzufüllen und gantz zu machen.* Über Veruntreuungen wird vor allem aus der Salzniederlage in Wasserburg berichtet. 1629 wird eine gewisser Peter Halbeisen wegen Veruntreuung von Salzscheiben vom Hofrat „Gott und dem Malefiz" empfohlen. Wohl auf die Intervention des Pflegers hin kommt er aber mit einer Landesverweisung davon.[15]

5. Wilderei

Bei kaum einem Delikt wurde im 16. und 17. Jahrhundert der Strafgrund (Unrechtsgehalt) und die Höhe der zu verhängenden Strafe kontroverser diskutiert als bei der Wilderei. Dem entsprach eine oft abenteuerliche Vielfältigkeit und Unberechenbarkeit bei den Strafandrohungen in der Wildereigesetzgebung.

Die Grundfrage für die Juristen in der frühen Neuzeit war vor allem diese: Stellte die Wilderei lediglich eine Unterart des Diebstahls dar? Oder verletzte der Wilderer zusätzlich oder ausschließlich andere Rechtsgüter, insbesondere die öffentliche Sicherheit und Ordnung? Wenn man das letztere betonte, so mußte man das Wildereidelikt notwendigerweise dem Landfriedensbruch oder auch den Majestätsverbrechen zuordnen. Der Wilderer galt daher auch als ein gemeingefährlicher Tätertyp sui generis, der – anfänglich einer relativ harmlosen Leidenschaft folgend – zum rücksichtslosen Mörder degeneriert. Typisch für diese Anschauungsweise sind die rechtshistorischen Ausführungen, die Christoph Frh. v. Aretin etwa 1813, kurz vor dem Erscheinen des neuen Strafgesetzbuches, zur Wildereiproblematik machte:[16] *Wenn es bloß an dem Diebstahl eines Hirschen oder Hasen gelegen wäre, so würde die Meinung der gelinderen Rechtsgelehrten Platz greifen, aber die Sache ist wichtiger. Schon die Existenz vieler strenger Gesetze der neueren Zeit, wo die guten Fürsten die große Jagdlust ablegten und nur auf die Wohlfahrt und Sicherheit ihr Augenmerk hatten, muß uns Ursache zur Aufsuchung der Gesetzgründe für die strenge Bestrafung der Wilddiebe darbieten.*

Wie viele Menschen sind zur Jagdfrevelei aus Leidenschaft und Gewinnsucht geneigt? Der Hang hierzu gibt zur Liederlichkeit, Sittenverderbnis und Vergehen Anlaß, die mit der Zeit und Gelegenheit in die gröbsten Verbrechen ausarten.

Der Jagdfrevler fängt mit Erlegung eines Hasen an, seine Leidenschaft macht ihn bald zum gewöhnlichen Wilddiebe, das strafende Auge der Obrigkeit wacht, er

wird ein listiger, verwegener, tollkühner Wilddieb und, wie jeder andere Dieb, endlich Auswurf der Menschheit.
Der aufpassende Jäger der Obrigkeit sucht ihn auf, beide sind auf ihrer Hut und aus Hang, ohne sich weiter beleidigt zu haben, Todfeinde. Der Jäger, im Bewußtsein seines Rechts, wird mutiger, der Wilddieb, aus Furcht vor Strafe, verwegener; beide begegnen sich unversehens in menschenleerem Pfade erschrocken; die Furcht vor Strafe oder Verletzung spannt die Gewehre; aller Haß drängt sich in die Fingerspitzen zusammen, und der eine, oder andere Gegner liegt hingestreckt am Boden.
Durch solche Auftritte gegen die allgemeine Sicherheit werden die Gesetze strenger, diese Strenge erzeugt größere Vorsicht und Verwegenheit, diese wieder größere Strafe, und so wird Strenge durch Verbrechen, Verbrechen durch Strenge und Furcht erschaffen und es muß also das Gesetz in Hinsicht der Vorbeugungsmittel und Strafen strenger verfahren. Solche Fälle hatten die älteren baierischen Strafgesetze geschärft.

Kreittmayr verweist bei seiner Kommentierung des Wildereidelikts richtig darauf, daß im Unterschied zum römischen Recht in Deutschland die Jagd auf das frei herumlaufende Wild auch deshalb strafbar sei, weil *sich die Landsherrschaften das Jagdrecht vi superioritatis territorialis* (kraft Landeshoheit) *als ein besonderes Regale und Vorrecht dergestalt beigelegt haben, daß sich des keiner prävalieren* (bemächtigen) *darf, der es nicht ex speciali concessione* (auf Grund besonderer Genehmigung) *oder sonst rechtmäßig hergebracht hat …*

Die Entwicklung hin zu einer strengen Bestrafung des Wildereidelikts setzt im Herzogtum Bayern zu Beginn des 16. Jahrhunderts ein, genauer gesagt nach 1525. Der Bauernkrieg hat offensichtlich auch im Herzogtum Bayern zu einer Präzisierung und Pönalisierung des landesherrlichen Jagdregals geführt. Weder im Katalog der Viztumshändel der Bayerischen Landesfreiheitserklärung 1516 noch in der Landrechtsreformation von 1518 findet die Wilderei Erwähnung. Wenig später aber wird die Wilderei schon als Viztumshandel in den Jagdordnungen erwähnt. Die Wilderei war damit zum Verbrechen avanciert, das nur noch mit Vorwissen des Landesherren abgestraft werden durfte, zur „causa domini".

Zur Eindämmung der Wilderei versuchte man vor allem, das Büchsentragen der Untertanen zu beschränken: Die Drohungen gegen Wilderer werden in der Folgezeit immer schriller. Ein Mandat vom 24. Oktober 1567 droht jedem Wilderer, der auf frischer Tat ertappt wird, gar die Todesstrafe an: *Dann wir endlich entschlossen seyen, wil die Ungehorsam so groß ist … Das wir fürtterhin so offt einer damit begriffen oder erfaren wirdet, den oder dieselben ohn alles Mittel an den nechsten Baum hencken zelassen, verschaffen wollen.*" Die Wilderei und der besondere Tätertyp des Wilderers veranlaßten die bayerischen Landesherrn seit Mitte des 16. Jahrhunderts, über neue und wirksamere Strafen nachzudenken.

Die herkömmliche Strafe der Landesverweisung war in der Regel unwirksam und die Hinrichtung unangemessen. Herzog Albrecht V. ließ daher erstmals in größerem Umfang Wilderer auf die Galeeren schicken. Freilich war die Galeerenstrafe mit hohen Kosten verbunden, und nicht wenige Sträflinge rissen auf dem Transport nach Süden aus. Genauere Bestimmungen über die Bestrafung der Wilderei bringt dann ein Mandat vom 10. Dezember 1644. Bei der ersten Bestrafung wegen Wilderei sollten die Delinquenten zum Kriegsdienst verurteilt werden. Wer sich ohne Erlaubnis und vor der Zeit aus dem Kriegsdienst entfernte, war des Landes zu verweisen. Rückfalltäter sollten eine Hand verlieren und gegen Urfehde des Landes verwiesen werden. Beim dritten Rückfall galt der Wilderer als *incorrigibilis* und mußte *auff gemainer Strassen aufgehenckt* werden. Für Helfershelfer, insbesondere Weißgerber, die den Wilderern Felle und Häute abkauften, sah man die Abstrafung durch den Rentmeister vor. Für Denunzianten setzte man Belohnungen zwischen 40 und 50 fl. aus.

Eigenartigerweise kam es zu einer weiteren Verschärfung der Strafen wegen Wilderei erst lange nach Ende des 30jährigen Krieges unter den Kurfürsten Ferdinand Maria und Max Emanuel. Mit Mandat vom 25. Januar 1657 sollen Wilderer, ganz gleich ob sie schon einmal verurteilt worden waren, mit dem Strang hingerichtet werden, falls sie „verrueft" waren und damit eine latente Bedrohung für die Jagdbeamten darstellten. Eine wahre Flut von Wildereimandaten und neuen Strafandrohungen ergießt sich in der Folgezeit über die bayerischen Untertanen.[17] Selbst noch in Kreittmayrs Kriminalcodex von 1751 (Teil 1, Kap. 10) finden wir das Wildereidelikt überproportional umfangreich behandelt. Wie sehr selbst noch in der 2. Hälfte des 17. Jahrhunderts die Wilderei zu einem geradezu zentralen Punkt der landesherrlichen Ordnungs- und Sicherheitspolitik wurde, zeigt das Bestehen eines eigenen „Wildpretschützenkollegiums" im Kurfürstentum Bayern in den Jahren 1664–1683, dessen Präsident der Oberstjägermeister war.

Im 18. Jahrhundert wird die Wilderei im Deutschen Reich vielfach auch bandenmäßig betrieben. Der bayerische Hiasl, der 1771 in Dillingen hingerichtet wird, begann als Wilderer und endete als Anführer einer Bande von 20 bis 30 Mitgliedern. Für die Obrigkeit sind Wilderer deswegen so gefährlich und schwer greifbar, weil sie sich auf die Solidarität der Bauern verlassen können, denen das Jagdrecht ihrer Herren und der Wildschaden schwer zu schaffen macht. Bei einer solchen Kombination von bandenmäßiger Organisation und Unterstützung durch die Bevölkerung waren die ortskundigen Wilderer von der Obrigkeit schwer zu fassen und gewannen ein fast „ewiges Leben". Berühmt-berüchtigt ist in diesem Zusammenhang die Wilderei im Spessart, dessen Landesherr und Jagdherr der Kurfürst von Mainz war. Symbolfigur der Spessartwilderer war Johann Adam Hasenstab, der 1773 von den Kugeln der kurfürstlichen Jäger hingestreckt wurde.

Der Kriminalfall: Der Spessartwilderer Hasenstab

Unweit der einsamen und von Wäldern umgebenen Ruine der Kartause Grünau findet sich am Wegesrand ein Steinkreuz mit dem Namenskürzel JAHST und der Jahreszahl 1773. Es erinnert an den „Erzwilderer" Johann Adam Hasenstab, der hier im Jahre 1773 getötet wurde. Hasenstab kam 1716 in Rothenbuch zur Welt. Die erste Nachricht über ihn datiert aus dem Jahre 1749. Damals wurde er als „Erzwilderer" für vogelfrei erklärt. Bei einem Feuergefecht war er verwundet worden, so daß er seitdem mit dem linken Fuß hinkte. 1756 erwischte man ihn schließlich. Er wurde zur Schanzarbeit in Mainz verurteilt, konnte aber fliehen. Nach seiner Wiederergreifung deportierte man ihn nach Neu-Holland, dem heutigen Australien. (Damals wurden Kurmainzer Häftlinge von niederländischen Agenten zur Ansiedlung nach Australien aus den Gefängnissen herausgekauft.) Hasenstab tauchte jedoch 1772 wieder in den Spessart-Wäldern auf. Wie er aus Australien wieder in seine Heimat zurückgefunden hatte (wenn er denn fort gewesen war!), wird sich nicht mehr aufklären lassen. Da er bei seiner Ausweisung eine Urfehde geschworen hatte, wurde er nun auch wegen Meineids gejagt. Wieder erklärte man ihn für vogelfrei. Die Fangprämie erwarb sich schließlich ein Jäger von Rothenbuch, der Hasenstab erschoß. Er erhielt dafür 15 fl.

Hasenstab hatte die Sympathien der armen Bauern im Spessart, die unter der Jagdleidenschaft der Mainzer Kurfürsten und dem überhegten Wildbestand litten. Die Bauern schrieben ihm übernatürliche Kräfte zu. Angeblich konnte sich Hasenstab unsichtbar machen und war nur mit einer silbernen Kugel zu töten. Unter dem fahrenden Volk gewann er Kundschafter, Abnehmer für sein Wild und viele Helfer. Profitiert hat Hasenstab wie andere Wilderer des 18. Jahrhunderts vor allem auch von der territorialen Engräumigkeit des Alten Reichs. So konnte er vor den kurmainzischen Häschern jederzeit in die Grafschaft Wertheim ausweichen. Der Abt des reichsunmittelbaren Zisterzienserklosters Bronnbach bei Wertheim soll sogar das gewilderte Wildpret Hasenstabs aufgekauft haben.

In allen Territorien des Alten Reiches macht man die Feststellung, daß bei der Wilderei mehr als bei anderen Delikten den oft drakonischen Strafandrohungen relativ milde tatsächliche Strafaussprüche und zahlreiche abgebrochene Ermittlungen gegenüberstehen.[18] Dieser Widerspruch hängt wohl zu einem guten Teil mit der Persönlichkeit der Täter zusammen, die nicht unbedingt zu dem kriminellen Milieu gehörten, gegen das man die Todesstrafe bedenkenlos einsetzte, und zum anderen Teil mit der Fragwürdigkeit des Delikts, über dessen Unrechtsgehalt sich selbst Juristen nicht ganz im klaren waren, insbesondere wenn man, wie üblich, das römische Recht als Leitlinie nahm, das ja von der Freiheit der Jagd ausging.

6. Sittlichkeitsdelikte

a. Ehebruch und Bigamie

Spätestens seit dem 15. Jahrhundert strafte man im Herzogtum Bayern den Ehebruch vor den weltlichen Gerichten ab. Gleichwohl taucht der Straftatbestand des Ehebruchs nicht in den Viztumshändelkatalogen des 15. Jahrhunderts oder in den Bayerischen Landesfreiheitserklärungen von 1508/1514/1516 auf.

Von Anfang an bot die Abstrafung des Ehebruchs Stoff für grundlegende Auseinandersetzungen um die Strafrechtskompetenzen des Landesherrn. Das Ehebruchsdelikt stellt den zentralen Tatbestand einer Deliktgruppe dar, die sich der Landesherr seit dem 16. Jahrhundert zur Bestrafung vorbehielt. Zu dieser Deliktgruppe gehörten insbesondere auch die Leichtfertigkeit und das Gotteslästern. Diese Delikte wurden vom Landesherrn wegen ihrer „religiösen" Provenienz, wegen der vom Reich und dem römischen Recht hergeleiteten Strafvollmacht, wegen der Einbindung in die landesherrliche Sorge um das öffentliche Wohl als malefizisch, als zur Hochgerichtsbarkeit gehörig, betrachtet, auch wenn es sich nicht um Tatbestände handelte, die nach alter Interpretation „zum Tode ziehen".

Auf dem niederbayerischen Landtag von 1497 beschwerten sich die Landstände beim Herzog, daß Rentmeister und Landschreiber die Untertanen wegen Ehebruchsdelikten in den Hofmarken verhafteten.[19] In der Landshuter Landesordnung von 1501 wird dann bestimmt, daß der einfache Ehebruch nicht als Viztumshandel gelten soll. Damit war die Sache aber nicht abgetan, denn im Laufe des 16. Jahrhunderts gewann der Ehebruch im Rahmen der landesherrlichen Strafmaßnahmen ein neues Gewicht: Insbesondere wurde nun der Unrechtsgehalt dieser Tat durch die einsetzende Reichs- und Landesgesetzgebung und die sich verschärfenden Strafdrohungen erheblich gesteigert, was dazu führte, daß die Landesherrn aufs neue ihre Stafkompetenz gegenüber den anderen Inhabern von Niedergerichtsbezirken geltend machten. Das galt natürlich besonders für alle qualifizierten Begehungsformen des Delikts.

Gesetzliche Bestimmungen über die Strafbarkeit des Ehebruchs finden sich zu Beginn des 16. Jahrhunderts ausschließlich in der Reichsgesetzgebung, vor allem in der Carolina 1532 und in den Reichspolizeiordnungen von 1530 und 1577. In letzterer heißt es: *Und nachdem zu Zeiten Personen ehelichs Stands einander verlassen und mit andern leichtfertigen Personen in offentlichem Ehebruch sitzen, welches von den Obrigkeiten gestattet, dardurch der Allmächtig, nachdem es wider seine göttliche Gebott ist, hoch beleydigt, auch zu vielen Ärgernissen ursach gibt; so gebieten wir hiemit ernstlich, daß solche offentliche Ehebruch und andere leichtfertige und unziemliche Beywohnungen hinfüro mitnichten gestattet oder gelitten, sondern von der Obrigkeit ernstlich an Leib und Gut nach Gestalt und Gelegenheit der Personen und der Verwürckung gestrafft werden soll.*

Im Herzogtum Bayern wird erstmals in der Landesordnung von 1553 (Buch 4, Tit. 12, Art. 5) die Strafbarkeit des Ehebruchs (unter Hinweis auf die Reichspolizeiordnung) normiert. Angaben über die Strafhöhe werden jedoch nicht gemacht. Auch beschränkt man sich wie in der Reichsgesetzgebung auf diejenigen Personen, *die mit andern in offentlichem Ehebruch sitzen*. Der Ehebruch mußte also von einer gewissen Dauer sein und öffentliches Ärgernis erregen. In der Landesordnung 1553 wird auch die offensichtlich verbreitete Praxis des „verabredeten" Ehebruchs als Mittel zur Herbeiführung einer Scheidung angesprochen: Bestraft werden sollen die leichtfertigen Eheleute, die vorsätzlich und mutwillig *ir aigen Schand und Laster des begangen Ehebruchs selbs fürgeben und bekennen, damit sie Schaidung der Ehe erlangen und dann fürther in lästerlichem Ehebruch sitzen mögen …*

Differenzierte Strafbestimmungen, zusammengefaßt unter einer eigenen Rubrik „Vom Ehebruch", finden sich dann in der Landesordnung von 1578. Begründet wird dies mit der Zunahme des „hochsträflichen Lasters" des Ehebruchs im Herzogtum. Ausdrücklich wurde darauf verwiesen, daß der Herzog die neuen Strafbestimmungen mit Rat der landesherrlichen und landständischen Verordneten, denen die Bearbeitung der Landesordnung von 1578 oblag, erlassen hat. Jetzt begegnet uns zum ersten Mal das gesamte Strafrepertoire, das im folgenden Jahrhundert alltäglich werden sollte: Die einmonatige Haft bei Wasser und Brot und das als *offne Buß* bezeichnete öffentliche Ausstellen *bey negst gelegner Pfarrkichen drey Sonntag nacheinandern mit prünnender Kertzen, entplösten Armen und daran habenden Ruetten in den Eysen für die Kirchenthür …* Damit die Bestrafung im ganzen Land gleichmäßig vollzogen werden konnte, mußten die landesherrlichen Beamten den Hofmarksherren, in deren Bezirk keine eigene Pfarrkirche stand, die Delinquenten kostenlos abnehmen und abstrafen. Für den zweiten Ehebruch war die ewige Landesverweisung angedroht. Diese Strafe blieb allein dem landesherrlichen Beamten vorbehalten, da es sich um eine Malefizstrafe handelte. Wenn der Landesherr die Landshuld erteilte, also die Rückkehr des ausgewiesenen Delinquenten bewilligte, mußte dieser sich wegen einer noch fälligen Strafe mit seinem Hofmarksherrn einigen. Eventuelle Strafgelder fielen damit dem Inhaber der Niedergerichtsbarkeit zu, was später zu erheblichen Streitigkeiten zwischen Landesherrn und Landständen führen sollte. Der dritte Ehebruch war unstrittig ein Malefizverbrechen.

Die genannten Bestimmungen galten für höherrangige Personen nur beschränkt. Die Ausstellung vor der Kirche, die natürlich de facto einen stark ehrmindernden Charakter hatte, konnte entweder durch Geldzahlungen (vor allem bei Patriziern oder angesehenen Bürgern) oder (vor allem bei Adeligen) durch Kriegsdienst gegen die Türken auf fünf Monate und mit vier Pferden abgelöst werden. Beim zweiten Ehebruch sollten Adelige und die Patrizier in den Städten *ihrer Ehren entsetzt, zu kainen Ambtern mehr gebraucht, zu ehrlichen Gesell-*

schaften nit beruefft, auch aller Ehrclaider und Geschmuck … gentzlich beraubt sein. Die anderen Bürger sollte man des Landes verweisen. Beim dritten Ehebruch mußte auch den Delinquenten höheren Standes das Malefizrecht angekündigt werden. Frauen aus höheren Ständen belegte man beim ersten Ehebruch nicht mit Geldstrafe, sondern mit gesellschaftlichen Sanktionen: Sie durften zu keinen Hochzeiten und *ehrlichen* Zusammenkünften mehr gehen; das Tragen der ihnen zustehenden *Ehrklaider* und des entsprechenden Schmucks sollte ihnen untersagt werden. Beim Adel hielt man sogar noch das dem Manne zustehende Recht aufrecht, seine Frau einzumauern und sie in *solcher Fencknus biß in iren Tod verwart zu enthalten.* Diese Form der Selbstjustiz war jedoch nur noch mit Genehmigung des Hofrats oder der zuständigen Regierung zulässig. Ertappte ein Ehemann seine Frau auf frischer Tat, so durfte er sie töten. Diese Regelung der Landesordnung 1578 verweist insoweit auf die Carolina 1532.[20]

So bedrohlich auch der für Ehebruch vorgesehene Strafkatalog der Landesordnung 1578 klingt, so moderat ist er im Vergleich zu den Strafdrohungen in anderen Territorien. So drohen etwa die Landesordnung des Kurfürsten August von Sachsen von 1572 oder die Mecklenburgische Polizeiordnung von 1572 wie viele andere Landes- oder Malefizordnungen deutscher Territorien die Todesstrafe schon für einfachen Ehebruch an.[21] Auch in der Folgezeit liegen die bayerischen Strafandrohungen, trotz der Verschärfungen unter Herzog und Kurfürst Maximilian, weit unter denjenigen vergleichbarer Territorien. Typisch ist insoweit die Strafgesetzgebung in der Oberpfalz. Dort war nach pfälzischem Vorbild in der Malefizordnung von 1606 die Todesstrafe für den einfachen Ehebruch angedroht, und zwar für den Mann durch Enthauptung mit dem Schwert, für die Frau durch Ertränken.[22] Nachdem die Oberpfalz 1628 dem Kurfürstentum Bayern eingegliedert worden war, hob Kurfürst Maximilian am 5. Juli 1628 die strengen Pfälzer Strafbestimmungen auf und führte die vergleichsweise moderaten bayerischen Gesetze ein.

b. Der Ehebruch und das kurbayerische Mandat vom 20. September 1635

Mit dem Mandat vom 20. September 1635 kam es dann wieder zu einer deutlichen Verschärfung der Ehebruchstrafen. Ein erster Ehebruch wurde nun bei Männern bereits mit fünfjähriger Landesverweisung bestraft; die Strafe traf auch einen Ledigen, der mit einer verheirateten Frau Ehebruch begangen hatte. Wenn der Delinquent (nach verbüßter Landesverweisung) das zweite Mal des Ehebruchs mit einer verheirateten Frau überführt wurde, sollte er, *was Standts er immer seye, edl oder unedl, für das strenge Malefiz gestellt und mit dem Schwerdt hingericht* werden.

Da nun der einfache Ehebruch (falls eine verheiratete Frau beteiligt war) ein Malefizverbrechen darstellte, das der Niedergerichtsbarkeit entzogen war, kam es bei der Abstrafung zu Widersprüchlichkeiten und Protesten der Hofmarksher-

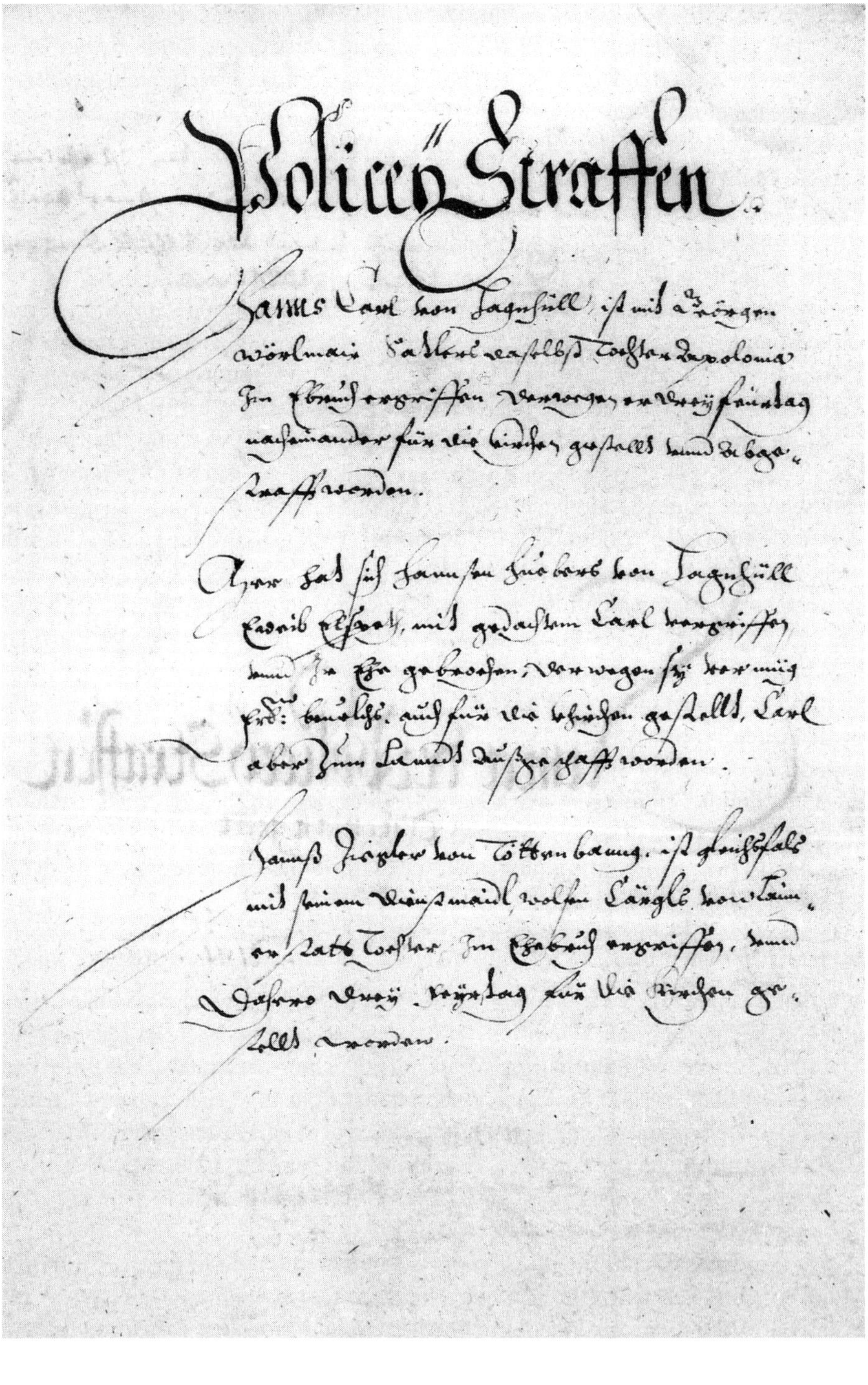
Policey Straffen

ren und schließlich zur schrittweisen Rücknahme der offensichtlich überhöhten Strafandrohungen. In einem Generale vom 16. November 1637[23] wird die Malefizstrafe der fünfjährigen Landesverweisung nur noch im Zusammenhang mit einem Ehebruch erwähnt, an dem auf jeder Seite verheiratete Partner beteiligt sind. Nur in diesem Falle dürfen die Städte und Märkte sowie die Hofmarksgerichte, also die Niedergerichte, nicht tätig werden. Aber auch die fünfjährige Landesverweisung beim ersten Ehebruch war viel zu hoch gegriffen und nicht zu halten. Die Wirkungslosigkeit der Landesverweisung wurde in einem Dekret vom 10. Mai 1641 offen zugegeben:[24] Für unverheiratete männliche Delinquenten sei die Strafe deswegen ohne Wirkung, weil sie im Lande nichts zu verlieren hätten und im Ausland wegen der herrschenden Knappheit an Arbeitskräften jederzeit Arbeit finden würden. Bei den landesverwiesenen Ehemännern würden mehr die zurückgebliebenen Kinder und die betrogene Ehefrau bestraft als der Ehebrecher selbst. Man befahl daher, die Landesverweisung je nach Einzelfall entweder zu verkürzen oder in eine andere ebenbürtige Strafe umzuwandeln. Als Regelstrafe für den einfachen Ehebruch sollte in Zukunft eine vierwöchige Gefängnisstrafe in Verbindung mit dem dreimaligen Vorstellen vor die Kirche, wahlweise noch Geldstrafe oder Zwangsarbeit verhängt werden. Beim zweiten Ehebruch sollte das Mandat vom 1635 unverändert gelten: Die Delinquenten waren malefizisch abzustrafen.

◀ Aus den Gerichtsrechnungen des Gerichts Altmannstein 1596: In den Gerichtsrechnungen der herzoglich bayerischen Landgerichte sind auch die vom jeweiligen Landrichter oder Pfleger selbständig oder in Zusammenarbeit mit dem Hofrat oder der jeweiligen Regierung verhängten Strafen aufgelistet. Seit dem Ende des 16. Jh. wurden die Richter vor allem durch die Bestrafung von Sittlichkeitsdelikten in Anspruch genommen. (Staatsarchiv München, Hexenakten)

Policey Straffen

Hanns Carl von Hagnhüll ist mit Geörgen / Wörlmair Satlers daselbst Tochter Apolonia / Im Ebruch ergriffen, derwegen er drey feürtag / nacheinander für die kirchen gestellt unnd abge- / strafft worden

Mer hat sich Hannsen Huebers von Hagnhüll / Eweib Elspeth mit gedachtem Carl vergriffen / und Ir Ehe gebrochen, derwegen sy vermüg / frstl. bevelchs, auch für die khirchen gestellt, Carl / aber zum Lanndt ausgeschafft worden.

Hannß Ziegler von Töttenwanng ist gleichfals / mit seinem Dienstmaidl, Wolfen Cärgls von Laim- / erstatt Tochter im Ehebruch ergriffen unnd / dahero drey Feyrtag für die Kirchen ge- / stellt worden.

c. Strafpraxis beim Ehebruch seit dem 16. Jahrhundert

Wenn man der Frage nachgeht, welche Wirkungen die sich zunehmend verschärfende Ehebruchsgesetzgebung und die damit parallel gehenden Maßnahmen auf die Bevölkerung hatten, so ist vorweg zweierlei zu sagen: Zum einen läßt sich besonders seit den Bestimmungen der Bayerischen Landesordnung von 1578 und verstärkt noch seit dem Mandat von 1635 eine bedeutende Ausweitung der Strafverfahren feststellen, die Anwendung von Untersuchungsmethoden wie Verhaftung und Tortur in einem vorher unbekannten Ausmaß und damit die Kriminalisierung von großen Teilen der Bevölkerung.

Wie bei den Leichtfertigkeitsdelikten wurde von den Untersuchungsbehörden auch bei den Ehebruchsdelikten zur Ermittlung der Beteiligten bedenkenlos die Folter angewandt, um den schwierigen Tatnachweis durch ein Geständnis führen zu können: *Und wollen, daß due beede benahmste Persohnen gefencklich widerumb einkehren lassest, ernannten Georg Reiffen, in loco torturae mit Bethroung der Marter, die Maria Spöckherin aber, mit Anlegung, jedoch ohne Zuschraufung des Taumenstockhs, ob sie sich ungebürlich miteinander nit vermischt, ernstlich besprachest.*[25]

Obwohl das Mandat von 1635 bereits bei zweimaligem Ehebruch die Todesstrafe androhte, scheint man in der Praxis viel geduldiger mit Ehebrechern verfahren zu haben. Für das Rentamt München läßt sich nach 1635 nur ein Todesurteil wegen Ehebruchs, und zwar wegen eines dritten Ehebruchs nachweisen: 1647 hatte man in Wasserburg Caspar Padiesser, der schon zweimal wegen Ehebruchs vorbestraft war, erneut verhaftet. Padiesser hatte sich, wie der Hofrat ausführte, die „beschehene Anthroung keine Wahrnung sein lassen, sondern noch darüber den dritten einfachen Ehebruch begangen“.[26] Im Juli 1647 wurde Padiesser in Wasserburg hingerichtet. Padiesser war die Ausnahme. Es war wohl seine auch sonst nachweisbare Mißachtung landesherrlicher Gebote, die ihn das Leben kostete.

Zu Problemen konnte es bei der Ausweisung von Ehebrechern dann kommen, wenn man die beiden Beteiligten gemeinsam auswies. Vielfach ermöglichte man erst dadurch den Delinquenten im Ausland das ersehnte gemeinsame Leben fern von ihren Familien. Daher legte man vielfach Wert darauf, daß die Ausweisungen nicht gleichzeitig geschahen.[27] Auch verlangte man bei notorischen Fällen den Nachweis einer sittlich einwandfreien Lebensführung im Ausland.

Wie sinnlos bei Ehebruchsdelikten jedoch die Landesverweisung war, zeigte sich sehr bald nach 1635. Durch Dekret vom 10. Mai 1641 wurde sie bei Männern durch Kriegsdienst und Zwangsarbeit ersetzt. Als man schließlich 1643 die Landesverweisung auch für Frauen abschaffte, klang die Begründung wie eine Bankrotterklärung für die bisherige Strafpraxis: Weil *die Erfahrung mit sich bringt, wann man selbige begangnen Ehebruchs halben des Landts verweist, das sie daraussen, wo sie ire mehrere Freiheit haben, selten die verhoffte und durch solche Straff der Ausschaffung intendirte Verbesserung ires Wandls ergreiffen, sondern gemainiglich in ein noch örgers straffbares und ganz verruchtes Leben und Weesen gerathen ...*[28]

d. Ehebruch und Niedergerichtsbarkeit

Die Bestrafung des Ehebruchs (wie auch der Leichtfertigkeit) stellte für die landständischen Inhaber von Niedergerichtsbezirken eine existenzielle Frage dar. Wegen der Häufigkeit dieses Delikts, wegen der massiv in die Privatsphären eingreifenden intensiveren Strafverfolgung und wegen der möglichen Gefährdung von bisher meist stabilen Familien- und Dorfgemeinschaften war es für die Niedergerichtsinhaber von größter Bedeutung, die Abstrafung dieses Schlüsseldelikts in ihrer Hand zu behalten. Gerade die Kriminalisierung des Sexuallebens stellte einen entscheidenden Eingriff ins Bewußtsein der Untertanen dar. Das Strafrecht war nun zu einer Angelegenheit geworden, die nicht mehr wie früher vor allem durchreisende Vaganten oder Diebe betraf. Das neue Strafrecht bedrohte nun wegen der Breite der Straftatbestände potentiell jedermann in der dörflichen Gemeinschaft. Es machte die Untertanen schnell zu Fremden im eigenen Land, indem es sie dem beliebigen Zugriff der Strafjustiz preisgab; diese exekutierte ohne Rücksicht auf jahrhundertealte Bindungen und Existenzen. Ehebruch und Leichtfertigkeit werden damit zu „Leitdelikten" dieses modernen „Strafstaates", der erstmals in der Geschichte das alltägliche Geschlechtsverhalten kriminalisierte und es dadurch aus dem unverbindlichen, zumindest nicht existenzgefährdenden Bereich der Sündhaftigkeit heraushob.

e. Leichtfertigkeit

Erstmals wird im Herzogtum Bayern unter Hinweis auf die Reichspolizeiordnung von 1548[29] in der Landesordnung 1553 (Buch 4, Tit. 12, Art. 5) die „Leichtfertigkeit", also der außereheliche Geschlechtsverkehr, mit Strafe bedroht. Ein bestimmtes Strafmaß nennt die Landesordnung nicht; auch sollte die sogenannte „leichtfertig unehelich Beywonung" nur dann bestraft werden, wenn die betreffenden Personen zusammen wohnten und dadurch Ärgernis erregten *(offentlich und ergerlich Laster und Sünde der Personen, die uneelich beyainander wonen ...).* Daß dieses Zusammenleben unverheirateter Personen offensichtlich noch Mitte des 16. Jahrhunderts weit verbreitet war und auch geduldet wurde, zeigt eine Bestimmung in der 1557 publizierten Erläuterung der Landesordnung, die den Titel trägt: „Von leichtfertiger Beywonung, darüber geistliche Tolerantzen oder Permittimus ausgebracht werden". Darin wird der Mißbrauch angeprangert, daß sich die unverheirateten Personen ihr Zusammenleben durch eine geistliche Genehmigung legitimieren ließen. Die 1557 publizierte Erläuterung der Landesordnung bestimmte nun, daß die Beamten trotz eines solchen geistlichen Freibriefs gegen die Betroffenen vorgehen sollten, insbesondere in solchen Fällen, in denen diese mutwillig eine Ehescheidung oder das Getrenntleben provoziert hatten in der Absicht, mit anderen Personen in „offentlich uneelich Wesen und Haushaben" zu leben.

Folgenreich für die Leichtfertigkeitsdelikte war dann die mit Mandat vom 20. April 1578 angeordnete Beschränkung der „leichtfertigen" Heiraten durch junge Leute. Diese Form der Eheschließung stellte man nun (als liederliches „Umgehungsgeschäft") in eine Reihe mit dem „leichtfertigen" Zusammenleben der nicht verheirateten Paare. Die Eheschließung sollte in Zukunft wegen der drohenden Verarmung der Familien und der damit verbundenen Belastung der Untertanen nur mit obrigkeitlicher Bewilligung geschehen. Mit diesem Mandat beginnt das unerfreuliche Kapitel der obrigkeitlichen Heiratsgenehmigungen.

Eine erhebliche Strafverschärfung für die einfache Leichtfertigkeit brachte dann das Generalmandat Herzog Maximilians I. vom 13. März 1598. Bei wiederholten Leichtfertigkeiten unter ledigen Personen sollte der Fall an den Hofrat oder die Regierungen berichtet werden, die dann die erforderlichen Strafen aussprachen. Da der Nachweis eines Leichtfertigkeitsdelikts beim Leugnen der Beteiligten und beim Fehlen des „Beweismittels" Schwangerschaft oder Kind sehr erschwert war, griff Herzog Maximilian zu einer für das Strafverfahren einschneidenden Maßnahme: Er ließ generell eine bloße „Verdachtsstrafe" zu. Mit Mandat vom 24. August 1615 setzte man dazu ausdrücklich die üblichen Beweisregeln außer Kraft. „Genugsamer Verdacht" war nun ausreichend für die Bestrafung: *Nachdem mancher durch vermessenes Läugnen ungestraft durchzukommen glaubet, soll auch derjenige, welcher genugsamen Verdacht des Ehebruches und der Leichtfertigkeit auf sich geladen, nach Verhältnis seines Verbrechens, der Umstände und des Standes, mit Ausstellung an der Schandsäule, Schanzarbeit, Geldstrafe, Dienstentsetzung und Hinwegweisung aus dem Orte, in welchem sich die Person aufhält, mit welcher die fleischliche Vermischung vorgieng, gestraft werden.*[30]

Bei der Bestrafung der Leichtfertigkeit konnte sich der Gesetzgeber des 16. Jahrhunderts noch auf das römische Recht berufen. Die Lex Julia de adulteriis, in der die Strafbarkeit des „stuprums" (Unzucht/Ehebruch) niedergelegt war, drohte für die „gewaltlose" Schändung (= „wenn jemand ohne Gewalt eine Jungfrau oder ein ehrbare Witwe geschwächt hat")[31] die Ehrlosigkeit und die Konfiskation des halben Vermögens an; Delinquenten niedriger Herkunft drohte Leibesstrafe und Verbannung. Während das römische Recht die Standesqualität und die Unbescholtenheit der Frau als Voraussetzung für das „stuprum" beachtete und als schützenswertes Rechtsgut vor allem die Ehre der Frau ansah, beginnt man nun seit dem 16. Jahrhundert ganz allgemein den Geschlechtsverkehr außerhalb der Ehe und den zugrundeliegenden sündhaften Willen zu strafen. Als geschütztes Rechtsgut erscheint jetzt nach Aussage der entsprechenden Mandate vor allem das christliche Sittengesetz, dessen Verletzung nicht zuletzt auch eine Beleidigung Gottes darstellt. Der römisch-rechtliche Strafgrundsatz wird also mit christlichen Argumenten untermauert und so die Strafkompetenz der Landesherrn wie bei anderen der „neuen“ Straftatbestände (Gotteslästerung, Zauberei u. a.) doppelt legitimiert. Zusätzlich wird der Strafanspruch auch noch landesväterlich-persönlich begründet: Der Landesherr betont seine Verantwortlichkeit für das sittliche Betragen seiner Untertanen. Eindringlich und wiederholt beschwören die Landesherrn in fast allen Territorien des Alten Reichs die Schicksalsgemeinschaft von Landesherr und Untertan: Es gehört zu den Kennzeichen des frühmodernen Staates, daß der Landesherr als „erster Sünder seines Landes“ eine „Sündergemeinschaft“ formiert, deren Haupt er ist. Daher ist er es, der vor Gott Rechenschaft ablegen muß für das sündhafte Verhalten seiner Untertanen! Die Landesherrn werden nicht müde, dies ihren sittlich verkommenen Untertanen vor Augen zu stellen.

f. Die Leichtfertigkeit und das kurbayerische Mandat vom 20. September 1635

Seit der Regierungszeit von Herzog und Kurfürst Maximilian gehörte die Leichtfertigkeit zu den meistverfolgten Delikten im Herzogtum und Kurfürstentum Bayern. Dabei ist natürlich schwer zu beurteilen, ob diese Sorge um das sittliche Verhalten der Untertanen eine Folge der gehobenen sittlichen Anforderungen der Obrigkeit oder eine Folge eines tatsächlichen Niedergangs der Sitten war.

Besonders betroffen zeigte sich Maximilian Ende der 20er Jahre über die angebliche Zunahme der Leichtfertigkeitsdelikte und damit der unehelichen Kinder in seiner Residenzstadt München: Ein Kindbett nach dem anderen, zahlreiche Kindsaussetzungen und viele schwangere ledige Frauen seien die für jeden sichtbare Folge der sittlichen Verworfenheit in München, so beklagte er sich bei der Stadt.[32] Mit Dekret vom 3. Februar 1629 befahl der Kurfürst dem Hofrat und dem Münchner Stadtrat die Bildung einer gemischten Kommission, die Maßnahmen vorschlagen sollte. Die Kommission erhielt für die in München begangenen Leichtfertigkeitsdelikte die Strafgewalt des Hofrats, der Hofstäbe und der Stadt München übertragen.[33] Mehr als bisher setzte man nun die Folter zur Ermittlung von Beteiligten ein. Wollte eine Kindsmutter nicht sprechen, scheute man sich auch nicht, mehrere Folterstufen anzuwenden.

Eine erhebliche Strafverschärfung brachte – wie bereits erwähnt – das Mandat vom 20. September 1635. Es stellt den Höhepunkt der gesetzgeberischen Tätigkeit im Bereich der Leichtfertigkeitsdelikte (und Ehebruchsdelikte) dar. Als Begründung für eine so umfangreiche Regelung verwies man auf die (durch die

Kriegszeit und die bisherige unzureichende Bestrafung verursachte) Zunahme des Lasters der „Leichtfertigkeit“ bzw. der „Unlauterkeit und unehrlichen Schwängerungen“ besonders bei der Landbevölkerung. Laut Mandat wurde dieses Laster vor allem durch die Unsitte begünstigt, daß der *Pöfel von Manns- und Weibspersonen zu Feyerszeiten hin und wider allerhand Schlüffwinkel, darinnen sie ihre haimbliche Zusammenkünfften pflegen und ihr sträffliche Ungebür verüben können, gesucht, daß auch etlicher Orten unserer Churfürstenthumben, bevorab unsers Vernemmens unser undern Landen zu Bayrn, der Bawren Haußwohnungen nit alle also accomodirt und beschaffen, daß die Knecht und Dienstmägd ihr Schlaf- und Ligerstatt in absonderlichen versperrten Kammern, gleich wi bey den verburgerten Personen nit haben, sondern mehrern Thails oben auff dem Boden und zwar etwan nur an schlechten mit Brettern underschlagnen, im übrigen aber gantz offnen unversperrten Orten ihr nächtliche Ruhe nemmen; wol auch die Bawrsleuth ihren Ehehalten, wann sie erst dieselbige in Diensten behalten wollten, also gestalt, verdachte Zusammenkunfften und Heimgärten so Tags als Nachts sollen zusehen und verstatten müssen.*

Den Beamten wird nun aufgetragen, ihr Augenmerk auf diese und andere Mißbräuche auf dem Land zu richten, etwa gegen „das nächtliche Fensterln“ vorzugehen. Nach diesen präventiven Maßnahmen wendet sich das Mandat der zukünftigen Bestrafung des Leichtfertigkeitsdelikts zu: Für die erste Begehung des Delikts wird für die Männer neben der bisher üblichen Geldstrafe die Einschlagung „in die Sprenger und Eysen“ angedroht und zwar je nach Tatumständen zwischen einem Tag und 14 Tagen. Frauen sollten neben der Geldstrafe auf vier bis fünf Tage in die Geige geschlagen werden und sollten „zu ihrer Arbeit zu Hauß darinnen gelassen werden.“ Sowohl die Eisen- als auch die Geigenstrafe konnte also im Regelfall zuhause abgebüßt werden. Im Wiederholungsfall mußten die Männer mit der doppelten Geldstrafe belegt und aus dem Gericht bzw. der Hofmark ausgewiesen werden. Frauen büßten mit der doppelten Geld- und Geigenstrafe. Ein Mann, den man zum dritten Mal erwischte, sollte aus dem Rentamt, beim vierten Mal aus dem Kurfürstentum verwiesen werden. Frauen sollten beim dritten Mal aus der Hofmark bzw. dem Landgericht und beim vierten Mal aus dem Kurfürstentum gewiesen werden. Insgesamt waren also die gegen Frauen zu verhängenden Strafen geringfügig milder.

Eine Erhöhung des Strafmaßes für Männer war immer dann möglich, wenn *ain ledige ehrliche Weibsperson durch Nachstellung, Kupplerey, Schanckungen, Verhaissungen, vollmachend Tranck oder falscher Versprechung der Ehe zum Fall gebracht worden …*

Dies umschreibt ganz offensichtlich den Tatbestand des römischen „stuprum“, der hier wieder als qualifizierte Begehungsform der Leichtfertigkeit auftaucht. Frauen, die *sich ainem jeden ausser vorermelten Umbständen prostituirn und deren Willen pflegen,* sollten nicht nur des Landes verwiesen werden, sondern auch – je nach Beschaffenheit des Falles und auf Grund eines besonderen Befehls von Hofrat oder Regierungen – mit Ruten gezüchtigt werden. Kuppler und Kupplerinnen sollten gefangengesetzt und dann *mit Anhängung des Lasterstains oder anderer offentlicher Schandstraff* auf ewig des Landes verwiesen werden.

g. Blutschande

Die Definition und die Strafbarkeit der Blutschande gehörte seit dem römischen Recht zu den kontroversesten Themen der Strafrechtsgeschichte. Sowohl die Carolina 1532 als auch die Bayerische Malefizordnung 1616 spiegeln diese Unsicherheit: Sie verweisen schlichtweg auf das kaiserliche, d. h. römische Recht, das aber in sich auch nicht schlüssig war. Damit wurde der Richter, wie Kreittmayr boshaft bemerkte, an das „Oraculum der Rechtsgelehrten" verwiesen.[34] Während das römische Recht die Blutschande zunächst mit Landesverweisung bestrafte, verschärften sich unter christlichem Einfluß im Laufe der Zeit die Sanktionen bis hin zur Todesstrafe. Erst die Juristen und Philosophen des 17. und 18. Jahrhunderts, die alle Strafgesetze aus der menschlichen Natur heraus begründen wollten, hatten wieder größere Schwierigkeiten mit einer Begründung der Bestrafung.

Im Kurfürstentum Bayern schaffte man angesichts des offensichtlich auf dem Lande weit verbreiteten Delikts um 1700 klare Verhältnisse: Mit Mandat vom 3. August 1700, dem noch weitere folgten, wurde, nachdem *beim gemeinen Volk das Laster der Blutschande dermaßen überhand genommen* ... eine drastische Verschärfung der Bestrafung angeordnet. Man übernahm nun im gesamten Kurfürstentum die strengeren Bestimmungen des Oberpfälzer Landrechts, insbesondere die Hinrichtung durch Verbrennen. Noch in Kreittmayrs Strafgesetzbuch von 1751 wurde die Blutschande mit dem Feuer, bei Verschwägerten und Geschwistern mit dem Schwert, bei Verwandten in zweiter Linie mit Pranger und Ausweisung bestraft.

h. Konkubinat

Das Konkubinat, das dauernde Zusammenleben eines katholischen Geistlichen mit einer Frau, wurde als Straftatbestand im Herzogtum Bayern erstmals in der Landespolizeiordnung 1553 unter Strafe gestellt. Wie die in der Folgezeit durchgeführten Visitationen zeigten, war das Konkubinat weit verbreitet und wurde von den landesherrlichen Beamten auch stillschweigend geduldet. Auf dem Landshuter Landtag 1557 ergriffen die Landstände die Initiative. Sie forderten vom Landesherrn energische Maßnahmen gegen das Konkubinat. Sie beschwerten sich, daß die Geistlichen ihre Konkubinen *so gar unverholen nit allain hallten, sonder auch in offne Wirtsheuser, Ladschafften und dergleichen Ortten geschmuckht und gezirt neben anderen erbarn Frauen zu fieren, etwo auch voran zu setzen, sich nit schemen ...*[35] Die Bayerische Landes- und Polizeiordnung 1578 wurde dann konkreter: Die Geistlichen müssen ab jetzt dem zuständigen Bischof zur Bestrafung ausgeliefert werden, sollen ihrer Pfründe für verlustig erklärt werden und dürfen das Herzogtum nicht mehr betreten. Trotz dieser deutlichen Sprache scheinen die Beamten nach wie vor nur sehr zögerlich gegen Geistliche und Konkubinen vorgegangen zu sein. Um so deutlicher wird der Hofrat, der 1579 bei der Ausweisung von Konkubinen, die offensichtlich schon einmal des Landes verwiesen worden waren, drohte, diese durch die Backen brennen zu lassen, wenn sie noch einmal im Lande aufgegriffen würden.[36]

Unter Herzog Wilhelm V. war während der Konkordatsverhandlungen am 20. April 1583 vom päpstlichen Nuntius Felicianus zur Unterstützung der landesherrlichen Maßnahmen ein lateinisches Mandat „contra clericos concubinarios" erlassen worden.[37] Einige Bischöfe reagierten darauf und versuchten auf ihre Geistlichen einzuwirken. Der Augsburger Bischof erließ, durch ein päpstliches Breve (23. Juni 1589) ermuntert, 1589 bereits sein viertes Konkubinatsmandat an seine Pfleger.[38] Und von Herzog Wilhelm V. ergingen am 15. Januar 1595 und am 25. April 1596 zwei gleichlautende gedruckte Mandate gegen das Konkubinat.[39] Allen Hofmarksherren und Beamten, die noch Konkubinen in ihrem Gerichtsbezirk duldeten, drohte man eine Geldstrafe von 500 fl. an.

Erstaunlicherweise fruchteten auch diese an die Gerichtsobrigkeiten adressierten Ermahnungen nur wenig. Herzog Maximilian I. beklagte sich in seinem ersten Generalmandat vom 13. März 1598 vielmehr über eine Zunahme des Konkubinats und gab die Schuld der außerordentlichen Saumseligkeit und Nachlässigkeit der Hofmarksherren und Beamten. Er setzte eine letzte Frist von vier Wochen: *dann auf den widerigen Fall gedencken wir mit Einforderung der obbestimmten Straffen der fünffhundert Gulden gegen unsern Landtständen und Hofmarchsherrn so wol, als unsern verpflichten Pflegern, Richtern und dergleichen Beampten unnachläßlich verfahren zu lassen.*

Trotz des nun offensichtlich verschärften Vorgehens finden sich in den nächsten Jahrzehnten noch zahlreiche Verfahren gegen Konkubinen.[40] Der Pfarrer wurde in der Regel verhaftet, auf einen Karren geschmiedet und zu seinem Bischof geschickt. In den meisten Fällen verbot man ihm, das Land wieder zu betreten. Gegen die Konkubine ging man mit Rutenstreichen und Verweisung vor. Detailliertere Strafmaßnahmen brachte das Konkubinatsmandat vom 1. Januar 1607: Bei der ersten Bestrafung sollte die Konkubine dreimal vor der Kirchentüre im Büßergewand ausgestellt und dann auf sechs Meilen des Ortes verwiesen werden. Im Wiederholungsfall mußte die Konkubine an den Pranger gestellt und des Landes verwiesen werden. Als schwerste Bestrafung drohte man schließlich die Rutenzüchtigung am Pranger mit nachfolgender ewiger Landesverweisung an.

Blieb der Bischof untätig, so scheute man sich nicht, neben der Konkubine auch den Priester abzustrafen. Über diesen Eingriff beschwerte sich 1623 der Bischof von Freising in München, jedoch ohne Erfolg.[41] Die bayerischen Amtleute betraten bei ihren Ermittlungen und Verhaftungen auch die Pfarrhöfe, eine Praxis, die ebenfalls auf heftigen Widerstand der Bischöfe stieß. Erst mit Kurfürst Ferdinand Maria verpflichteten sich die bayerischen Landesherren, in den Pfarrhöfen keine Verhaftungen mehr vorzunehmen.[42]

Der Kriminalcodex von 1751 bestrafte schließlich das Konkubinat wie einfachen Ehebruch mit öffentlicher Ausstellung und anschließender Verweisung auf sechs Meilen, im Wiederholungsfall mit unbeschränkter Landesverweisung und beim dritten Mal mit dem Staubbesen (Rutenzüchtigung mit Ausweisung).

i. Sodomie

Die partikulare Gesetzgebung bedrohte seit dem Mittelalter jede widernatürliche Befriedigung des Geschlechtstriebes mit dem Feuer. Diese Regelstrafe hielt sich in den Gesetzestexten bis ins späte 18. Jahrhundert. Die gemeinrechtliche Strafpraxis sah indes anders aus: Die Feuerstrafe wurde nur in den seltenen Ausnahmefällen verhängt, in denen die inzwischen entwickelten detaillierten Tatbestandsvoraussetzungen allesamt nachgewiesen und keine Milderungsgründe vorhanden waren. Diese schon 1830 von Jarcke in seinem Handbuch des gemeinen deutschen Strafrechts getroffene Feststellung[43] läßt sich auch für die bayerische Gerichtspraxis bestätigen, wo es fast ausschließlich um die Unzucht mit Tieren ging. Zwar sind auch Hinrichtungen wegen Sodomie nachweisbar, aber bei den meisten Sodomieermittlungen kommt der Delinquent mit dem Leben davon.

7. Gotteslästerung[44]

Das Delikt der Gotteslästerung gehört zu den „Leitdelikten" des 16. Jahrhunderts. Über die Kriminalisierung des Gotteslästerungsdelikts geht eine direkte Linie zur Kriminalisierung der Hexerei und Zauberei.

Mit der Schaffung und Durchsetzung des Gotteslästerungsdelikts hat die Reichsgewalt und ihr folgend bzw. sie antreibend die Landesherrschaft einen verhängnisvollen Weg in den „Strafrechtsstaat" des 16. Jahrhunderts begonnen. Man griff damals erstmals auf die strengen Straftatbestände des römischen Strafrechts zurück. Zusätzlich abgestützt wurde diese Anwendung durch den Hinweis auf den strafenden Gott, der das sündige Volk mit Hunger, Krankheiten und Kriegen zu züchtigen pflegt.

Die erste bayerische Bestimmung gegen Gotteslästerung findet sich in der Bayerischen Landespolizeiordnung 1516. Vorbild ist hier die Reichskonstitution von 1512. Die Bayerische Landesordnung 1578 widmete sich dem Delikt detaillierter: Da der gemeine Mann *kain Abscheuchen, Sorg, Forcht noch Entsetzen mer haben wil*, erhöhte man nun die Strafdrohungen, insbesondere sollten jetzt vor allem Schandstrafen, insbesondere Springer- oder Schellenstrafen verhängt werden. Auch das Ausstellen vor der Kirche an drei Sonntagen (in der einen Hand eine Rute, in der anderen Hand eine brennende Kerze) war vorgesehen. Drastische Strafverschärfungen brachte dann das Mandat vom 21. Januar 1589: Neben den Schandstrafen sollten nun je nach Einzelfall die Delinquenten auch mit dem Abschneiden von Gliedern, dem Ausreißen oder Durchbrennen der Zunge, ja auch mit dem Tode bestraft werden. Das Sittlichkeitsmandat vom 20. September 1635 verschärfte die Strafandrohungen erneut erheblich und drohte sowohl Leibesstrafen als auch Todesstrafen an. Als Regelstrafe wird seither die Ausstellung an der Schandsäule üblich. Zur Überwachung des Mandats müssen die Landgerichte des Rentamts München und die Regierungen nun regelmäßig an den Hofrat Berichte über abgestrafte Gotteslästerungsdelikte liefern.

Bericht des Rentamts München über die abgestraften Gotteslästerungs- und Leichtfertigkeitsdelikte von 1639.[45]

1. Quartal 1639:

Stadt Wasserburg: Gefängnis auf dem Turm und Geldstrafe (10 Pfund Pfennige).

Landgericht Rosenheim: 5 × Geldstrafe (2 × 1 Pfund Pfennige, 1½ Pfund Pfennige, 2 Pfund Pfennige, 3 Pfund Pfennige); 1 × 3 Stunden Schandsäule.

Markt Rosenheim: 1 × Geldstrafe (4 Pfund Pfennige) und 4 Tage in die Eisen; 1 × Geldstrafe (12 Pfund Pfennige) und eine Nacht im Amtshaus; 2 × Geldstrafe (1 Pfund Pfennige); 4 × Geldstrafe (2 Pfund Pfennige) und 2 Tage Gefängnis; 2 × Geldstrafe (1 Pfund Pfennige) und 1 Tag Gefängnis; 2 × Geldstrafe (10 Pfund Pfennige) und 3 Tage Springer; 2 × Geldstrafe (2 Pfund Pfennige); 1 × Geldstrafe (6 Pfund Pfennige) und 3 Tage Springer.
(Dem Markt wird auf Grund dieser Meldung befohlen, in Zukunft nicht nur Geldstrafen, sondern auch Schandstrafen zu verhängen.)

Stadt München: 2 × Schandsäule (auf der Hofpruggen); 1 × Geldstrafe (2 Reichstaler) und 4 Tage Falkenturm; 1 × 4 Tage Falkenturm.

Landgericht Schwaben: 1 × 3 Tage Schelle; 1 × Geldstrafe (2 Reichstaler).

Landgericht Vohburg: 3 × Schandsäule (jeweils 3 Stunden am Sonntag); 1 × Schandsäule (den ganzen Tag).

Landgericht Aichach: 1 × Schandsäule (halber Tag).

Landgericht Aibling. 7 × Schandsäule (einige Stunden).

2. Quartal 1639:

Stadt Wasserburg: 1 × Schandsäule.

Landgericht Rosenheim: 2 × Schandsäule (drei Stunden).

Markt Rosenheim: 2 × Geldstrafe (1 Pfund Pfennige) und 1 Tag Gefängnis; 1 × Geige (3 Tage); 1 × Schandsäule (1 Stunde).

Landgericht Traunstein: 1 × Schandsäule (1 Tag).

Stadt München: 1 × Geldstrafe (2 Pfund Pfennige) und Gefängnis; 1 × Gefängnis (1 Tag).

Landgericht Schwaben: 2 × Geldstrafe (2 Reichstaler); 1 × Schandsäule (2 Stunden); 1 × Geldstrafe (2 Pfund Pf.) und 1 Tag Gefängnis; 2 × Geldstrafe (1 Reichstaler); Geldstrafe (1 Pfund Pfennige) und 8 Tage Eisen; 2 × Geldstrafe (2 Pfund Pfennig).

Landgericht Vohburg: 1 × Schandsäule (2 × zu 2 Stunden).

8. Wiedertäufer

Die bayerischen Herzöge waren neben den Habsburgern die ersten deutschen Landesherrn, die mit Mandaten und Strafandrohungen gegen die Wiedertäufer vorgingen. Das Wiedertäufertum hatte sich seit 1525 von Zürich ausgehend sehr schnell über ganz Südwestdeutschland ausgebreitet und fand besonders in den oberdeutschen Reichsstädten Anhänger. In Augsburg versammelten sich im August 1527 die bedeutendsten Täuferführer zu einem großen „Täuferkonzil". Von Augsburg aus scheint dann das Täufertum auch auf das Herzogtum Bayern übergegriffen zu haben. Dort wurden die Wiedertäufer besonders radikal verfolgt, da ihre Tätigkeit mit den Bauernaufständen der vorhergehenden Jahre in Verbindung gebracht wurde. Schon im Februar 1527 war ein Georg Wagner aus Emmering in München als Häretiker (Wiedertäufer?)[46] hingerichtet worden, und nach dem Augsburger Konzil gingen im September 1527 die landesherrlichen Amtleute in den Gerichten Landsberg und Dachau erstmals energischer gegen die Täufer vor. Am 23. Oktober 1527 richtete man in Landsberg neun Täufer mit dem Schwert hin. Im Spätherbst machte man dem Täuferprediger Leonhard Spörle den Prozeß und richtete ihn am 12. November 1527 hin.[47] Einen Tag danach erließen die bayerischen Herzöge ihr erstes Wiedertäufermandat.

Die Strafandrohungen gegen Wiedertäufer wurden immer schärfer. In einem Mandat vom 27. April 1530 drohten die Herzöge nun die Todesstrafe auch für den Fall an, daß der Delinquent seine ketzerische Meinung widerrief. Es habe sich, so die Argumentation, gezeigt, daß ein solcher Widerruf in der Regel ohne dauerhaften Erfolg war. Im gesamten Herzogtum wurden von 1527 bis 1530 zwischen 70 und 100 Wiedertäufer hingerichtet.[48]

Im Reich publizierte man 1544 die Reichskonstitution von 1529 noch einmal und fügte eine Kommentierung an. Dabei betonte man, daß die Verurteilung der Wiedertäufer grundsätzlich ohne vorherige geistliche Inquisition zu erfolgen habe. Damit vertraute man noch einmal ausdrücklich die Verfolgung von Religionsdelikten allein den Landesherrn an. Dies verstärkte und bestätigte eine Entwicklung, die in den nächsten Jahrzehnten gerade im Bereich der sonstigen Ketzereidelikte, insbesondere bei Hexenprozessen, verheerende Auswirkungen haben sollte. In Bayern reagierte man auf diese Initiative des Reichs umgehend mit dem Wiedertäufermandat vom 24. Juni 1544. Von größeren Aktionen gegen Wiedertäufer hören wir in den nächsten Jahren dann allerdings nichts mehr. 1555 berichtete man von Aktivitäten mährischer Wiedertäufer aus dem niederbayerischen Gericht Mörmoosen. 1560 werden in Landshut zwei Wiedertäufer hingerichtet.[49]

1586 kam es in München zum letzten Mal zur Hinrichtung eines Wiedertäufers: Von ursprünglich drei zum Tode Verurteilten hatten zwei im letzten Moment widerrufen und sich so retten können, während ein dritter, der Schmied Cristoff Gastinger aus Trostberg, für seinen Glauben durch das Schwert starb.[50] In einem letzten bayerischen Wiedertäufermandat von 1587 wird wieder auf die Reichsgesetzgebung verwiesen und nach einzelnen Rädelsführern gefahndet; angeblich hätten diese im Jahre 1586 bis zu 600 Untertanen aus dem Lande geführt!

9. Zauberei, Hexerei und Aberglaube

Mit der Bulle des Papstes Innozenz VIII. von 1484 und mit dem Hexenhammer von 1487 erhält die Verfolgung von Zauberern und Hexen eine neue Qualität. Insbesondere gewinnt nun das Ketzereidelikt eine vorher unbekannte Breitenwirkung, da man die Verschwörung der Hexensekte als breites und bedrohliches Phänomen propagierte. Der in Nürnberg 1494 und 1496 bei Anton Koberger gedruckte Hexenhammer („Malleus maleficarum“) war von den beiden Dominikanermönchen Heinrich Kramer (der sich lateinisch Institoris nannte) und Jakob Sprenger verfaßt worden, die als päpstliche Inquisitoren durch die Lande zogen und die weltlichen Gewalten „sensibilisieren“ wollten. Ihre Aufrufe zum Kampf gegen die Hexensekte hatte freilich wenig Erfolg, auch wenn sie im Hexenhammer ein bedrohliches Szenario entwarfen.

Die Reichsstadt Nürnberg, wiewohl Druckort des Hexenhammers, hat sich nicht zu einer aktiven Hexenverfolgung bequemen können. Dieser Linie ist die Stadt auch in den kritischen Zeiten der Hexenverfolgung im 16. und 17. Jahrhundert treu geblieben. Immerhin hat der Rat der Stadt Nürnberg den Dominikaner Institoris mit einem entsprechenden Gutachten über die Verfolgung von Hexen beauftragt, das dieser am 2. Oktober 1491 ablieferte.[51] Dieses Gutachten ging bei der Frage der Anklageerhebung noch über den Hexenhammer hinaus und wurde vom Rat der Stadt sofort unter Verschluß genommen. Für die berühmten Juristen der Stadt waren die Ansichten des Dominikaners nicht zu realisieren. Immerhin verbot die Stadt mit Mandat am 16. Juni 1536 den offensichtlich weitverbreiteten Besuch von Zauberern und Wahrsagern.

Im Herzogtum Bayern schwieg man sich über die Strafbarkeit der Hexerei, Zauberei und der abergläubischen Praktiken im 16. Jahrhundert erstaunlicherweise aus. Die Zurückhaltung des Landesherrn und seiner Juristen in diesem Bereich war nicht zuletzt in der juristischen Kompliziertheit der Materie begründet. Das Zaubereidelikt in seiner „Reinform" stellte im Unterschied zur Carolina

Hexensabbat. Kupferstich des 16. Jh.
(Stadtarchiv München)

1532 nicht auf den Schadenszauber, sondern auf den Teufelspakt, also lediglich auf den Vertrag zwischen Delinquent und Teufel, ab. Das bedeutete, daß man den Nachweis einer durch Zauberei verursachten Tötung, Körperverletzung oder Sachbeschädigung nicht mehr benötigte. Eine solche Definition des Zaubereidelikts, die sich in der 2. Hälfte des 16. Jahrhunderts durchsetzte und auch in weiten Teilen Mitteleuropas gesetzlich normiert wurde, stellte einen bedeutenden und gefährlichen Schritt dar, den die bayerischen Juristen offensichtlich nicht ohne weiteres gehen wollten. Ohne nachweisbaren „Schaden" war auch die Abgrenzung zum bloßen Aberglauben juristisch schwer möglich. Die bayerische Strafpraxis und die bayerische Gesetzgebung konnten sich bis Ende des 16. Jahrhunderts nicht zu einer klaren Aussage durchringen. Vorläufig hielt man sich an Perneders Strafrechtskommentar, der 1544 erstmals erschien und dann mehrfach aufgelegt wurde und der für die Strafrechtspraxis im Herzogtum wichtiger war als die Carolina 1532 (Art. 109). Er kannte nur die Strafbarkeit des Schadenszaubers. Den sonstigen Aberglauben, insbesondere die „weiße Magie", hielt Perneder anders als die Carolina 1532 nicht für strafbar.

Während sich die Landesherrn in Bayern also abwartend verhielten, begann sich in anderen mitteleuropäischen Staaten das Blatt nach 1560 zu wenden.[52] Mit dem schottischen „Witchcraft Act" von 1563 findet sich erstmals nicht der Schadenszauber, sondern der Teufelspakt, also der Vertragsschluß zwischen Delinquent(in) und Teufel, als das Wesensmerkmal des Hexereidelikts. 1567 wird auch in der Württembergischen Landesordnung dieses neue Delikt ausformuliert:[53] *Wo aber jemandt sich mit dem Teuffel, zu Nachtheil und Beschädigung der Menschen in Bündnuß eingelassen und damit noch niemandts Schaden gethon hette, der soll gestrafft werden nach Gelegenheit der Sach* ... Während man in Württemberg die Strafhöhe offenließ, belegten wenig später die Kursächsischen Konstitutionen von 1572 den Teufelspakt mit der Todesstrafe. Entsprechende Straftatbestände sind im kurpfälzischen Landrecht von 1582 und im badischen Landrecht von 1588 enthalten.

Im Herzogtum Bayern, sonst das Musterland für Verrechtlichung und Normierung, begannen merkwürdigerweise die Ermittlungen wegen Hexerei und Zauberei („Unholderei") und die ersten Verurteilungen ohne entsprechende landesherrliche Gesetze. Landesherrliche Äußerungen mit Allgemeinverbindlichkeit zum Delikt der Hexerei und Zauberei finden sich erst 1596 in Anweisungen des (damals noch zusammen mit seinem Vater regierenden) Herzogs Maximilian an die Rentmeister: Sie sollten bei ihren Umritten vor allem wegen der *abscheulichen und verdammten Laster der Zauberei und Hexenwerks* ermitteln.[54]

TRACTAT
Von Bekanntnuß der Zauberer vnd Hexen. Ob vnd wie viel denselben zu glauben.
Anfängklich durch den Hochwürdigen Herrn Petrum Binsfeldium, Trierischen Suffraganien/vnd der H. Schrifft Doctorn/kurtz vnd summarischer Weiß in Latein beschrieben.
Jetzt aber der Warheit zu stewr in vnser Teutsche Sprach vertiret/durch den Wolgelerten M. Bernhart Vogel/deß löblichen Stattgerichts in München/Assessorn.
EXOD. XXII. CAP.
Die Zauberer solt du nicht leben lassen.
Gedruckt zu München bey Adam Berg.
ANNO DOMINI M. D. XCII.
Mit Röm: Kay: May: Freyheit/nit nachzudrucken.

TITELBLATT DES 1591 IN MÜNCHEN ERSCHIENENEN BUCHES VON PETER BINSFELD „VON BEKANNTNUSS DER ZAUBERER UND HEXEN“: Peter Binsfeld, Weihbischof und Generalvikar von Trier († 1591), trug mit seinem 1589 in Trier erstmals gedruckten Buch „Tractatus de confessionibus maleficorum et sagarum“ entscheidend zur Förderung des Hexenwahns bei. Binsfeld war für die größten deutschen Hexenverfolgungen des 16. Jh. in Trier verantwortlich, die von 1585–1591 dauerten. Sein auf seinen Erfahrungen als Hexenjäger basierendes Buch war weit einflußreicher als der Hexenhammer, der in der Zeit der hier behandelten Hexenverfolgungen praktisch keine Rolle spielte. Binsfelds Werk wurde durch den Münchner Stadtgerichtsassessor Bernhard Vogel auf Anregung des Verlegers Adam Berg aus der lateinischen Sprache übersetzt und mit Vorwissen des Geistlichen Rats gedruckt. Verleger Berg widmete das Werk Herzog Ferdinand, vielleicht um ihn wegen der Schongauer Hexenprozesse zu ermuntern. In der Vorrede meinte Berg, daß diese Übersetzung gerade jetzt notwendig sei, da man *zu diser zeit etliche Personen finden möchte, die sagen dörfften, man thue den Leuthen unrecht.* Das Buch verfolge also vornehmlich den Zweck, *das diejenigen, so irgent hierinn zweiflen, ein Bericht haben und nit also freventlich die hohe Obrigkeit in Straffung solcher Laster urtheilen und Nachreden.*
Binsfeld war zum Zeitpunkt der Übersetzung einer der meistzitierten Hexenschriftsteller seiner Zeit.

a. Das bayerische Aberglaubenmandat von 1611/12 – das umfangreichste Hexereigesetz in Europa[55]

Zu den erstaunlichsten Gesetzgebungsprodukten der Regierungszeit Maximilians gehört das umfangreiche „Landgebott wider die Aberglauben Zauberey Hexerey und andere sträffliche Teufelskünste“. In ihm finden sich neben dem Hexereidelikt vor allem alle strafbaren Formen des Aberglaubens ausführlichst beschrieben (u. a. Schatzsuche mit Beschwörungen, Wahrsagerei, Horoskope).

Die ersten Nachrichten von Arbeiten an einem Mandat, das sich mit dem Aberglauben befaßte, stammen aus dem Jahre 1608 (12. April).[56] Damals verlas man im Hofrat das Konzept, das die *superstitiones, abergläubische Khünst, Segen und sortilegia, auch die Wahrsagerey* bekämpfen sollte. Die Hofräte sollten es zum Studium mit nach Hause nehmen, der Herzog und die Theologen noch um ihre Meinung gefragt werden. 1611 scheint das Mandat gedruckt worden zu sein; den Beamten wurde es aber erst im März 1612 zugänglich gemacht. Die Unterbeamten erhielten den merkwürdigen Befehl, das Mandat und das Libell zwar verlesen zu lassen, aber nicht aus der Hand zu geben. Wer etwas genaueres wissen oder darin lesen wolle, sollte nach München verwiesen werden. Diese Publikationseinschränkungen waren dem Hofrat wohl vom Geheimen Rat vorgegeben worden. Dieser hatte das schon fertig gedruckte Mandat vom Hofrat eingefordert, korrigiert und mit Dekret vom 21. Januar 1612 wieder zurückgeschickt. Die umfangreichen Korrekturen, besonders in den Passagen, wo es um die Konfiskation von Eigentum ging, mußten die für den offensichtlich voreiligen Druck verantwortlichen Hofräte Dr. Vagh und Dr. Faber als „Strafarbeit“ persönlich in die anderen Exemplare übertragen.[57]

In der Folgezeit scheint dann tatsächlich die Versendung des Mandats erfolgt zu sein. Im Landgericht Friedberg gab es jedoch Probleme: Am 21. Juli 1612 berichtete der dortige Landrichter, daß sich die Priesterschaft in seinem Landgericht der Verlesung widersetze.[58] Dahinter würden wohl die zuständigen Bischöfe stehen. Später wollte der Landrichter noch wissen, ob das Mandat auch in den Hofmarken veröffentlicht werden sollte. Der Geheime Rat erörterte die Angelegenheit erst im November 1612 und untersagte dem Hofrat eine Publikation des Mandats bei den Hofmarken.[59]

Wie wenig trotz dieser Ermahnungen das Hexenmandat von 1612 in den Landgerichten Beachtung fand, zeigt eine Anfrage der Regierung in Landshut aus dem Jahre 1644. Sie bat um die Übersendung von mehreren Exemplaren des Libells für die Landgerichte. Der Hofrat mahnte die Regierung zur Vorsicht. Den Unterbeamten sollte das Libell mit der Anweisung weitergeleitet werden, daß *im Fahl solche Libell dem gemeinen und Paursvolkh offentlich verlesen oder vorgehalten, die in etlichen Artikeln angehenkhte Clauseln, Circumstantien und*

Umbstende, dan daraus die gemaine und Paursleith erst unrechte Sachen fassen oder erlernen mechten, ausgelassen oder umbschnitten werden sollen.[60]

b. Die Verfolgungspraxis im Herzogtum Bayern bis 1611

Genauere Untersuchungen zu den spätmittelalterlichen Hexenprozessen und zu den Prozessen in der ersten Hälfte des 16. Jahrhunderts im Herzogtum Bayern fehlen bisher. Es scheint jedoch so, daß, wie fast überall in Deutschland, der von der Literatur so ausgiebig bemühte Hexenhammer („Malleus maleficarum") von 1487[61] der Dominikaner Institoris und Sprenger keine bemerkenswerten Auswirkungen im Herzogtum Bayern entfalten konnte.

DEr Fürstl. Durchl.
Hertzog Maximilians in Bayern/ꝛc.
vnsers gnädigisten Landtsfürsten vnd Herrens.
Landtgebott wider die Aberglauben Zauberey
Hexerey vnd andere sträffliche Teufels-
künste.
Gedruckt in der Fürstlichen Hauptstatt München/
Bey Anna Bergin Wittib.
ANNO M. DC. XI.

TITELBLATT DES „HERZOGLICH BAYERISCHEN MANDATS GEGEN ABERGLAUBEN, ZAUBEREI, HEXEREI UND ANDERE STRÄFLICHE TEUFELSKÜNSTE" VOM 12. FEBRUAR 1611. Das Mandat umfaßt 22 Seiten und stellt das umfangreichste Gesetz gegen Hexerei, Zauberei und Aberglauben dar, das jemals in Mitteleuropa publiziert worden ist. Es listet 52 strafbare Formen von Aberglauben (z. B. Wahrsagen, Astrologie, Geisterbeschwörung, Ausgraben von Leichen und Alraunen, abergläubisches Schatzsuchen, Ungezieferbeschwörung, Wetter- und Bildzauber, Bannung von Geistern und Krankheiten durch Ansegnen, Mißbrauch von Scharfrichterutensilien) auf und ist daher eine kulturgeschichtliche Quelle ersten Ranges. Als besonders tatverdächtig werden im Bereich des Aberglaubens die Schmiede auf dem Lande, die alten Weiber und die Nachrichter genannt. Erstmals wird für den Bereich des Herzogtums Bayern nun auch der Teufelspakt als Straftat ausformuliert. Er wird ebenso wie der unter Anrufung des Teufels bewirkte Schadenszauber mit dem Tode geahndet.
Große Wirkung hat das Mandat nicht gezeigt. Es war zu kompliziert und überforderte damit die juristisch ungebildeten Landrichter, Pfleger und Pflegsverwalter. Im Einzelfall verzichtete man lieber auf eine Strafverfolgung, bevor man sich mit der komplizierten Rechtsmaterie und den 22 Seiten des Mandats auseinandersetzte. Merkwürdigerweise wurde das Mandat 1665 und sogar noch 1746 erneut nachgedruckt. Wer hinter diesem letzten Nachdruck stand, ist nicht geklärt. Kreittmayr billigt ihm jedenfalls keine rechtliche Wirkung zu.

Der Kriminalfall: Der Schongauer Hexenprozeß 1589/90

Das Landgericht Schongau unterstand als Enklave im Herzogtum Bayern 1589 Herzog Ferdinand I., dem jüngeren Bruder des regierenden Herzogs Wilhelm V., und wurde seit 1588 von dem Richter Hans Friedrich Herwarth verwaltet. Herzog Ferdinand war als zweitgeborener von der großen Politik ausgeschlossen. Eine geplante Heirat mit Maria Stuart, Königin von Schottland, zerschlug sich. Resignierend begnügte er sich mit einer bürgerlichen Schönheit, Maria Pettenbeck, Tochter eines Landrichters, die er 1588 heiratete. Ferdinand führte in seinem kostbar eingerichteten Palast am Rindermarkt ein aufwendiges Leben. Zu aufwendig für die wenigen Gelder, die er aus den ihm zugewiesenen Landgerichten, wie etwa Schongau, erhielt. Bald mußte er Schulden machen.

Ferdinand war daher besonders empfindlich, als ihm im Juli 1589 von seinem Schongauer Landrichter Herwarth über Hagelschläge, Ernteschäden und den damit verbundenen Einnahmeverlusten berichtet wurde. Sein tüchtiger Beamter nannte auch die Verantwortlichen, die Hexen. Im Gebiet des Hochstifts Augsburg hatte man mit entsprechenden Prozessen und Hinrichtungen den Kampf gegen die „Hexensekte" bereits aufgenommen. Die Untertanen hätten ihn schon zu entsprechenden Maßnahmen gedrängt. Am 24. Juli 1589 beantwortete Herzog Ferdinand den Brief: Offensichtlich habe der „böse Feind" Macht über die Untertanen gewonnen. Er befiehlt daher seinem Landrichter, alle „bösen Leute und Unholden", derer er habhaft werden kann, zu verhaften. Ihre Wohnungen soll man nach Salben, Amuletten, wächsernen und durchstochenen Bildern, menschlichen Knochen und ähnlichen Zaubermitteln durchsuchen. Der Landrichter soll den Verhafteten Straferlaß versprechen, wenn sie bereit sind, Mitschuldige zu nennen.

Dieser Brief stellt ein Schlüsseldokument für die Hexenprozesse und Strafrechtspflege dieser Zeit dar, da er die Naturkatastrophen (wie etwa die Unwetter der letzten Jahre und Monate im Landgericht Schongau) in Zusammenhang mit dem sündhaften Leben der Untertanen bringt. Dies sei der letzte Grund, warum Gott dem Teufel und seinen Werkzeugen so freie Hand lasse. Die Pfarrer und Prediger im Landgericht sollten daher vor allem das Volk zur Buße und Besserung ihres Lebens ermahnen. Herwarth sollte auch, wie angeboten, den erfahrenen Nachrichter (Scharfrichter) von Biberach benachrichtigen, damit er die Verdächtigen auf Hexenmale hin untersuche. *Dann wir gesinet, auf alle in Schwung geende und wachsende hochsträfliche Laster, sonderlich das ungeheur Unholdenwerckh ernstliche Inquisition und Straf furzunemmen …*

Herwarth, der als neuer Amtsinhaber offensichtlich unter einem starken Druck seiner Untertanen stand, aber auch seinem Herzog gegenüber seine Qualitäten als Richter zeigen wollte, bediente sich bald des in den schwäbischen Hexenprozessen (Schwabmünchen) bewährten Nachrichters aus Biberach, des Meisters Christoph Hiert. Dieser und vor allem sein Nachfolger (ab 1590) Johann Georg Abriel waren dann in hohem Maße mitbestimmend für den Gang des Verfahrens. Das Gutachten des Scharfrichters über etwa vorhandene Hexenmale war in der Regel entscheidend für die Frage, ob gefoltert wurde. Die Folter war ebenfalls Sache des Scharfrichters und wurde von Johann Georg Abriel in einer Schärfe angewandt, die für das Herzogtum

Bayern neu war. Die Befragung leitete freilich der Richter. Auf Grund der peinlichen Aussagen, die Herwarth mit einer entsprechenden Empfehlung dem Herzog übersandte, erfolgte der Hinrichtungsbefehl; daraufhin verfaßte Herwarth das Urteil und führte das weitere Malefizverfahren ohne sonstige Rückmeldung eigenverantwortlich durch.

Die starke Abhängigkeit von den Gutachten der Scharfrichter, die unkontrollierte und großzügige Anwendung der Tortur, die Nichtbeachtung von Widerrufen und die relative Formlosigkeit des von Herwarth alleinverantwortlich geführten Verfahrens sind charakteristisch für den Schongauer Hexenprozeß. Er kostete schließlich 63 Personen das Leben, sie wurden als Hexen mit dem Schwert hingerichtet, die Leichen wurden verbrannt.

Es sind vor allem die hohen Kosten der Hinrichtungen, insbesondere die überzogenen Aufwendungen für die Scharfrichter und ihre Familien, die zu einem Ende des Prozesses führen. Der Eifer seines Beamten wird dem Herzog Ferdinand in München zu teuer. Noch drei Jahre nach der letzten Hinrichtung streicht Herwarth die Bedeutung des Prozesses heraus: Die 63 Hexen seien *zum großen Ruhm des Herzogs im In- und Ausland* justifiziert worden. Viele der hingerichteten Hexen hätten *unter lautem Dank zu Gott gebetet für eine Obrigkeit, die der geheimen Sünden und Laster so fleißig Nachforsch gehabt.* Seit Beendigung des Prozesses seien im Landgericht Schongau weder Menschen noch Tiere zu Schaden gekommen, auch das Wetter und die Ernten hätten sich merklich gebessert. Deshalb solle der Herzog nach Meinung seines Beamten „der Obrigkeit zu Ruhm eine ewige Merksäule als Denkmal des Prozesses an einem öffentlichen Platz in oder um Schongau" aufrichten lassen. Das Denkmal ist niemals gebaut worden. Hans Friedrich Herwarth wurde jedoch 1596 befördert, vom Landrichter zum Pfleger mit entsprechender Besoldungserhöhung. Zwei Jahre später starb er. Bis zuletzt war er davon überzeugt, das Herzogtum Bayern vor einem schrecklichen Verhängnis bewahrt zu haben.

In München war Herzog Wilhelm V. von den Vorgängen in Schongau aufgeschreckt worden. Im April 1590 holte er sich bei seinem Hofrat und bei seiner Universität Auskunft über das Wesen des Hexereidelikts. Der Hofrat bejahte unbedingt den Verbrechenscharakter der Hexerei, meinte aber, daß keine generellen Grundsätze für den Hexenprozeß aufgestellt werden könnten. Das Ingolstädter Universitätsgutachten schrieb die katholische Position fest: Neben dem Teufelspakt als dem Kern des Hexereidelikts wurden auch die Teufelsbuhlschaft, der Hexenflug, der Hexentanz und der Schadenszauber als real möglich bezeichnet. Nach Meinung der Universität seien zwar Hexen unnachsichtig zu verfolgen, gleichzeitig solle aber mit höchster Vorsicht verfahren werden. Klarheit hatte der Herzog damit nicht gewonnen. Immerhin konnte aber Ende Juli eine Hexenprozeßordnung an die Gerichte versandt werden; damit war die Strafbarkeit des Hexereidelikts im Herzogtum Bayern landesherrlich gebilligt.

Diese „Verrechtlichung" des Hexereitatbestands führte zunächst zum Rückgang der Verfolgungen. Den zuständigen Unterbeamten erschien die Einleitung eines Verfahrens juristisch offensichtlich zu kompliziert und risikoreich. Hemmend hinzu kamen auch die juristisch immer komplizierter verfaßten Gutachten der Universität Ingolstadt. Diese traf beispielsweise im Oktober 1590 gegenüber der hochstiftischen Regierung in Freising in einem Gutachten die wichtige Feststellung, daß den von den Scharfrichtern ermittelten Hexenmalen kein Beweiswert zukam, da sich ein „so gewöhnlicher und verworfener Mensch" wie ein Scharfrichter bei der Erkennung der Hexenzeichen durchaus täuschen könne. Damit war die Nadelprobe, die zum geschätzten Gutachterwissen der Scharfrichter gehörte, für das Verfahren wertlos geworden. Diese Diskussion um das Hexereidelikt im Jahr 1590 signalisierte im Grunde auch schon das Ende der ersten Verfolgungswelle.

Erstaunlich ist, daß weder der Schongauer Hexenprozeß noch der parallel geführte Ingolstädter Hexenprozeß „Breitenwirkung" im Herzogtum Bayern zeigten. Angesichts der Zahl der Opfer und des aufwendigen und teuren Verfahrens waren die Beamten im Herzogtum offensichtlich nicht geneigt, dem Schongauer Vorbild, das mehr und mehr zu einem bösen Vermächtnis wurde, zu folgen. Auch waren wohl Zweifel an der Rechtmäßigkeit des Verfahrens laut geworden.

Flugblatt zum Prozess gegen die Landstreicherfamilie Pämb („Pappenheimer") 1600: Nach der Hinrichtung der Beschuldigten wurde in Augsburg (Michael Manger) ein Flugblatt veröffentlicht, das einzige, das während der Regierungszeit des bayerischen Herzogs und Kurfürsten Maximilian (1598–1651) im Zusammenhang mit einer öffentlichen Hinrichtung gedruckt wurde. Seit dem 17. Jh. wird der Druck solcher Flugblätter mehr und mehr üblich. Das vorliegende beschreibt die Hinrichtung der sechs Familienmitglieder und Komplizen (der junge Michael Pämb wurde geschont) in allen Einzelheiten und listet deren gestandene Taten auf: Zusammen sollen die Delinquenten angeblich 41 Kinder und 85 alte Leute durch Zauberei ums Leben gebracht haben. 54 mal sollen sie den Leuten räuberisch in den Keller (Wein!) gefahren sein; sie sollen 17 Diebstähle begangen, 28 Kirchen beraubt, 7 Leute ermordet, 25 nächtliche Raubüberfälle und 9 normale Straßenräubereien begangen haben. Darüber hinaus haben sie angeblich 26 Brände gelegt, 21 Hagelschauer und unzählige Beschädigungen an Vieh und Feldern verursacht. Die vom Münchner Bannrichter Neuchinger vorgenommene Hinrichtung der Familie wird beschrieben und illustriert. Zu Beginn werden der Mutter die Brüste abgeschnitten, die der Henker den Söhnen „um das Maul" schlägt, um der Öffentlichkeit klarzumachen, daß die Söhne aus diesen Brüsten ihre abscheulichen „Bubenstücke" gesogen hätten. Allen männlichen Delinquenten der Familie und deren Komplizen werden zunächst mit dem Rad die Glieder zerstoßen, dann werden sie jeweils sechsmal mit glühenden Zangen gezwickt. Der Anführer der Bande, der Vater der Pappenheimer-Familie, wird aufgespießt, die Mutter auf einen Sessel gesetzt, die Söhne und Komplizen an eine Säule gebunden. Alle werden danach „unter jämmerlichem Geschrei" verbrannt. (Münchner Stadtmuseum) ▶

Erst um 1600 kam es im Herzogtum Bayern zu ersten Hinrichtungen. 1599 hatte man in Vohburg unter hohen Kosten (über 900 fl.) Hexen hingerichtet, und 1600 wurden in München fünf „hexerische Malefizpersonen“ verbrannt. Vorausgegangen war die spektakuläre Hinrichtung der Landstreicherfamilie Pämb, ein „Schauprozeß“, der ebenfalls Züge eines Hexenprozesses trug.

Kurtze Erzöhlung vnd Fürbildung der vbelthatten/welche von Sechs personen/als einem Mann/seinem Eheweib/zweyen jrer beiden Söhnen/vnd zweyen anderen Jhren Gesellen/begangen/was massen sie auch/an dem 29. Tag deß Monats Julij/in dem 1600. Jar/in der Fürstlichen Hauptstatt München/von dem Leben zum Tod gebracht worden/den Bösen an einem Schröcken/den frommen aber zur Wahrnung/für die Augen gestellt.

Schröcklich vnd Erbärmlich ist es anzuhören/das Sechs so geringe vñ vnanschenliche Personen/so vil junger vnd alter Leüth/abgöttisch verzaubert/erkrümbt/getödtet/vnnd ermordt/ohne andere grosse Sünden vnd Vbelthatten/die sie mit Raub/Diebstal vnd anderen sachen begangen haben/dañ der Vatter Paulus Gämperle sonst Pappenheimer genãt/seines alters 58. Jar/hat allein Hundert junge Kinder/vñ Zehen alte Leüth/mit grewlicher Zauberey erkrümbt/vnd erbärmlich vmbgebracht: Jst auch vilmalen den Wirtten vnd anderen Leüthen in die Keller gefahren/vnd da von Speiß vnd Tranck/was Er bekom̃en/ohne scheuch genom̃en: Zehen Kirchenraub begangen: Viertzig vnd Vier Personen gwaltthätig mit eigner Hand ermordt: Achtmalen den Leüthen Hauß vnnd Städel angezündt: Zu Viertzehenmalen nächtlicher weil in die Häuser gefallen/die Leüth beraubt vnd geblindert: Zum Fünfftenmal die Leuth/auff den Straffen beraubt/vnd Vier andere Diebstäl begangen.

¶ Ebner massen hat sein Weib/Anna Gämperlerin/so 60. Jar alt/ain hundert junger Kinder/vnd Neüntzehen alte Menschen/mit Zauberey angriffen/erkrümbt vnd Gottloser weiß getödtet: Jst Achtmalen in die Keller gefahren/mit eigner Hand einen Mord verbracht: Zweymalen anderer Häuser in Brand gesteckt: Vier Hagel vnd Schaur gemacht/deß Vichs so vil/vñ die Weyd so offt vergifft vñ verderbt/dz sie es nit alles hat zelen könden.

¶ Der älter jr beeder Sohn/Gumprecht genant/von 22. Jaren/hat dreissig Kindern/vnd alten Leüthen/mit Zauberey den Tod verursacht: Jst zu Zwölffmalen in die Keller gefahren: Die Kirchen neünmalen angriffen vnd beraubt: Zweintzig vnd vier Mord begangen: Neün Häuser mit Fewr angesteckt: Sechs malen nächtlicher weyl eingefallen/vnnd die Leüth beraubt: Zum Vierdtenmal Straßrauberey geyebet: Fünff andere Diebställ verbracht: Siben Schaur vnd Hagel gemacht: Vnzählich vil Vich vnd Weyden vergifft vnnd verdörbt: Vnder frommen Eheleüthen/zum Vierdtenmal/böse Ehen angerichtet.

¶ Der ander jr Sohn Jacob von 21. Jaren/hat Fünff vnd sechtzig junge Kinder/vnnd Fünff alte Leüth mit Zauberey hingerichtet: Jst Zehenmal in die Keller gefahren: Fünff Kirchenraub begangen: Drey vnd dreyssig Personen mit eigner Hand/mörderischer weiß vmb jr Leben gebracht: Fünffmalen Fewr eingelegt: Fünff nächtliche Einfäll gethon/Vier andere Diebställ begangen: Zehen Hagel vnnd Schaur gemacht: Sechs vnd zweintzigmal Vich vnd Weyden vergifft.

¶ Die Fünffte Person ist gewesen/Ein Wirtt von Dettenwang/Vlrich Schaltzbawr 68. Jar seines alters/der hat ain vnd Sibentzig Kinder/vnd Dreissig alte Menschen mit Zauberey hingericht: Jst zum Sibendenmal in die Keller gefahrẽ: Drey handthättige Mord begangen: vnd Viertzigmal Vich vnd Weyd verdörbt.

¶ Die Sechste Person ist gewesen ein Schneider/Georg Schmöltzel genant/von Brun/seines alters Füntzig Jar/hat Sechs vnd dreyssig junge Kinder/vñ Fünffzehen alte Leüth mit Zauberey getödtet: Sechs malen in die Keller gefahren: Viermalen Kirchenraub/vnd Zwey Mord gethon: Zweymalen gebrandt: zu Hagel vñ Schaur geholffen/vnd zu Dreymalen die Weyd verderbt.

¶ Haben also dise Sechs Malefitzische Personen/in einer Sum̃a Vier hundert vnd ain Kind/Fünff vñ Achtzig alter Leüth/mit Zauberey hingerichtet: Vier vnd Fünfftzig mal in die Keller gefahren: Acht vnd zweintzig Kirchenraub vnd Ain hundert vnd Siben Mord begangen: Sechs vnd zweintzigmal gebrandt: Fünff vnd zweintzigmal Nächtlicher weil eingefallen: Neünmalen Straßrauberey getriben: Dreyzehenmal Diebstall verbracht: Ain vnd zweintzig Hagel vnd Schaur gemacht: Vnzählich vil malen Vich vnd weyd verderbt/vnd Vier böse Ehen gemacht.

¶ Als nun jetzt ermelte Personẽ lange Zeit gefangẽ gelegen/vñ lang darüber disputiert vnd berathschlagt worden/mit was Tod sie von dem Leben möchten gebracht werden/hat man sie endlich an dem 29. Tag des Monats Julij deß 1600. Jars fürgeführt/Jhr Verbrechen nur Summarischer weiß verlesen/vnnd dannoch vber die zwo Stund damit zugebracht/Volgends der Frawen die Brüst abgeschnitten/mit heissen Eysen/vmb das Blüt zustellen/gebrandt/Jr wie auch den zweyen Söhnen/die Brüst dreymalen vmb das Maul geschlagen/vnd gesagt worden/auß disen Brüsten haben Jr solche abschewliche Bubenstuck gesogen. Am außführen seind Jedem sechs Zwick mit glüenden Zangen gegeben/nachmalen bey der Richtstatt/den Fünff Mañs personen/jedem die beede Armb Zweymal mit dem Raad abgestossen/ferner seind die Söhn/vnd die andere zwen Mann/an Säulen mit eysenin Gürtlen angeschmidt/der Vatter aber gespißt/die Müter in einen Sessel gesetzt/vnnd alle sametlich mit jämerlichem Geschrey/verbrandt worden. Vom Paul Gämperle sonst Pappenheimer genent/ein junger Sohn so noch bey Leben in verhafft ligt/muste also solchem jämmerlichem Geschrey vnd hinrichten gefangen vnd gebunden/auff einem Roß zusehen. Gott wölle alle fromme Leüth vor der gleichen Gesellen bewahren/vnnd die/so mit gleichen vbelthatten behafftet seind/mit disem grewlichẽ Schawspiegel erschröcken/daß sie sich bekehren/Jre schwere Sünden erkennen bekennen/darvon mit warhaffter Büß abstehn/vnnd ein frömmers Leben anfangen.

¶ Getruckt zu Augspurg/bey Michael Manger/in Jacober Vorstatt.

Der Kriminalfall: Raub und Hexerei in über 500 Fällen – Vernehmungsprotokoll im Prozeß gegen die Landstreicherfamilie „Pappenheimer"

Der Prozeß gegen die Landstreicherfamilie Pämb, genannt Pappenheimer (Pappenheimer nennt man das fahrende Volk, das sich mit der Abfallbeseitigung, dem „Häuslausräumen", beschäftigte, was mit der Erbmarschallswürde der Grafen von Pappenheim zusammenhängt) samt Komplizen erregte im Jahre 1600 großes Aufsehen. Es war der einzige größere Hexenprozeß in München während der Regierungszeit des Herzogs und späteren (seit 1623) Kurfürsten Maximilian. Der Verdacht der Hexerei tauchte erst nach der Verhaftung der Familie und ihrer Komplizen im Laufe der Vernehmungen auf, da die Untersuchungsbeamten nicht glauben konnten, daß es angesichts der Unzahl der von den Delinquenten gestandenen Raub- oder Morddelikten mit rechten Dingen zugegangen war. Tatsächlich gestanden fast alle Beteiligte, selbst der minderjährige Michael Pämb, mit dem Teufel im Bunde gestanden zu haben.
Die Verhafteten wurden nach München in den Falkenturm gebraucht, wo sie am 19. April 1600 zunächst „gütlich", dann mit Anwendung der Folter verhört wurden. Die Aussagen wurden protokolliert. Das umfangreiche Protokoll ist uns heute noch erhalten. Im folgenden wird die Aussage des minderjährigen Michael Pämb wiedergegeben, der den Vernehmungsbeamten bereitwilligst erzählte, wie er mit dem Teufel in Kontakt kam und welchen Vertrag er abschloß.

Hierüber Ine der Teifl in der linckhen seitten Plietent
gerissen, das Pluet in ain Pixl aufgefangen, ain
briefel genommen, dasselb auf sein khnie gelegt, Ime
Micheln ein feder in die Handt geben, sich mit seinem
Pluet zu verschreiben. Weil er aber nit schreiben khindte,
hab Ime der Teifl die handt gefiert, bis das er sich
nach seinem willen verschriben. Volgents obgemelt
von sich gegebne sachen in den Zetl gewickhelt und
behalten.

Ime aber dargegen ain stückh gelts, bei ainem halben
Taler, sambt ainer selzamen Plableten Salben in
ainem Pixl geben und vermeldt, wen er mit diser
Salben bestreich, der mueß erkhrumppen.

Hernach er angefangen auszefarn, bißweilen auf
ainer Gabl, Steckhen, wol auch auf Hund und Pöckhen,
die Ime sein Puel gebracht, darauf gesezt und ge-
fiert, gemainelich an Erchtag und Pfinztag Nächten.

Und wie er Zum erstenmal ausgefarn, hab Ine
sein Puel dem oberTeifl zwischen Meißling unnd
Pfätten, aufm Moß fürgestelt, deme er sowol
als seinem Pueln angloben und versprechen müessen,
Gott und aller Heiligen zu verlaugnen, Ime allain
anzehangen und alles beß Ze thuen, der Ime

auch ain stuckh gelts, aines halben Talers wert, sambt
ainer andern Salben geben, mit vermelden, wem
er solche salben anstreichen werde, der müeß sterben.

Die nächsten Hexenhinrichtungen lassen sich im Herzogtum Bayern 1608 in der eben erst von bayerischen Truppen besetzten Reichsstadt Donauwörth nachweisen. Die Donauwörther Hexenverfolgungen bilden wiederum den Auslöser für die großen Verfolgungen in Wemding, das sich in den nächsten Jahrzehnten den zweifelhaften Ruhm eines Hexenstädtchens erwirbt.

Der Kriminalfall: Der erste Wemdinger Hexenprozeß 1609–1613 und die Hinrichtung des Wemdinger Richters Gottfried Sattler

Im März 1609 griff der Donauwörther Hexenprozeß durch Denunziationen auch auf Wemding über. Dort amtierte als Pfleger Konrad Bemelberg d. J., der Sohn des Donauwörther Statthalters, und als Richter ein gewisser Dr. Gottfried Sattler. Der Münchner Hofrat erteilte dem Wemdinger Pfleger, wie schon vorher seinem Vater, eine Blankovollmacht zur Tortur. 1609 fielen dem Eifer des Pflegers und seiner Unterbeamten bereits 9 Frauen und ein Mann zum Opfer. Bemerkenswert ist, daß nach den ersten Todesurteilen im Jahre 1609 keine Hinrichtungen mehr erfolgten, sondern die Verdächtigen entweder entlassen oder des Landes verwiesen wurden. Im Sommer 1611 verdichteten sich in München die Anzeichen, daß bei diesem Hexenprozeß nicht korrekt verfahren worden war.

Der Hofrat befahl daher dem Wemdinger Pfleger, vier der Hexerei Verdächtige nach München zu überführen. In Wemding mußte in der Zwischenzeit der Ingolstädter Rat Dr. Schober vor Ort die Prozeßumstände untersuchen. Er kam dabei zu einem für den Hexenrichter Dr. Sattler niederschmetternden Ergebnis. Daraufhin befahl der Hofrat die Freilassung aller in Wemding Verhafteten: Richter und Gerichtsschreiber mußten die Unkosten der Untersuchungskommission tragen sowie die Kosten für die vier in den Falkenturm gebrachten Personen, die man ebenfalls freiließ.

Noch ahnten die Wemdinger Beamten nicht, welches Gewitter sich über ihren Häuptern zusammenzog. Möglicherweise verließen sie sich wie Sattler auf den Rang und die Reputation ihres vorgesetzten Pflegers Bemelberg. Aber der versuchte, sich aus der Sache herauszuhalten. Eine für die Wemdinger Beamten bedrohliche Dimension gewann die Untersuchung des Hofrats freilich erst dann, als sich bei einer Überprüfung der Amtsrechnungen herausstellte, daß die Abrechnungen Sattlers nicht stimmten. Sattler wurde verhaftet und in den Falkenturm nach München gebracht.

Bei den Vernehmungen kamen immer größere Unterschlagungen ans Tageslicht. Als man bis zum 8. Oktober 1612 insgesamt 1280 fl. an Veruntreuungen festgestellt hatte, beschlossen Hofrat und Hofkammer die Bildung einer gemeinsamen Kommission. Die Unterschlagungen an Gefällen, Holz u. a. summierten sich im folgenden auf das Doppelte. Sattler konnte jetzt auch der Fälschung von Rechnungen überführt werden, was zu dem Beschluß veranlaßte, Sattler solle … *wegen entwendter 2943 fl. 57× gleichwol für Malefiz gestelt werden, doch sol er zuvor … mit der Tortur angegriffen*

> *und wegen … verübten Hexenproceß examiniert werden, was ine hierzue verursachet habe …*
> Zu allem Überfluß gestand Sattler auch noch ein „adulterium“, also eine Unzucht. Die Geduld bei der Mehrheit des Hofrats war nun endgültig zu Ende. Sowohl der Geheime Rat als auch der Herzog billigten die vom Hofrat vorgeschlagene Hinrichtung. Einige Hofräte, die zur Partei der Hexenprozeßbefürworter gehörten, zögerten offensichtlich, den landesherrlichen Beschluß zu vollziehen. Auch scheint Sattler noch mächtige Freunde gehabt zu haben. Überraschend kam ein Mehrheitsbeschluß zustande: Dem Herzog soll ein Gutachten mit dem Inhalt übergeben werden, man möge den Sattler auf ewig des Landes verweisen.
> Zwei Tage später las man im Hofrat noch einmal ein Gutachten der Universität Ingolstadt vor. Daraufhin wurde beschlossen, den Sattler „Gott und dem Malefiz zu befehlen“. Dem Bannrichter trug man auf, die Urgicht zu verfassen und den Verhafteten auf die „bancum juris“ zu führen. Herzog Maximilian machte am 23. Mai 1613 schließlich den Vorschlag, das Urteil außerhalb Münchens zu vollstrecken: Ganz offensichtlich wollte man jedes größere Aufsehen vermeiden. Wenig später wurde Sattler im Markt Schwaben hingerichtet. Es war weniger seine willkürliche Art der Prozeßführung, die Sattler das Leben gekostet hatte, als vielmehr die Unterschlagung, Veruntreuung und Schmälerung der landesherrlichen Einnahmen. Insgesamt standen 3000 fl. zur Diskussion, ein beachtlicher Betrag.

Die Hinrichtung des Hexenrichters Sattler war im übrigen keineswegs ein Einzelfall oder eine bayerische Besonderheit. Die kritische Materie der Hexenprozesse, bei denen erstmals bürgerliche Juristen durch Gesetzesauslegung und freie „Beweiswürdigung“ über Leben und Tod entscheiden konnten, brachte auch noch andere Richter zu Fall, wie etwa den Fuldaer Hexenrichter Balthasar Nuß. Dieser wurde wegen eines Hexenprozesses von 1603 seines Postens enthoben und hingerichtet.

Nach dem Wemdinger Fiasko setzte sich im Hofrat eine vorsichtigere Verfolgungspraxis durch: Die Außenbeamten wurden jetzt sorgfältiger überwacht, voreilige Maßnahmen nun eher gerügt. Die meisten Untersuchungen wegen Zauberei, die in der Folgezeit bezeugt sind, enden mit Entlassungen aus der Haft und „strengen Verweisen“.

c. 1628–1632: Neue Verfolgungswellen: Pfalz-Neuburg, Eichstätt, Öttingen, Wemding, Bamberg, Würzburg

Im Jahr 1628 mit seiner extrem kalten Witterung, den Ernteausfällen und den überall ausbrechenden Pestepidemien erreichten die Hexenverfolgungen in den fränkischen Hochstiften sowie in Pfalz-Neuburg und Öttingen (wo man eigene „Malefizkommissionen“ einrichtete) ihren Höhepunkt. Im Fürstentum Pfalz-Neuburg starben in Reichertshofen zwischen 1628 und 1630 etwa 80 Personen, in Neuburg 22. Im Hochstift Bamberg wurden 1625–1630 unter Fürstbischof

Johann Georg II. Fuchs von Dornheim (1623–1633) 236 Personen verbrannt. In Würzburg starben unter Fürstbischof Philipp Adolf von Ehrenberg allein im Jahre 1629 157 Personen.

Im Kurfürstentum Bayern war Wemding, das als bayerische Enklave inmitten eines Gebietes intensiver Hexenjagd lag, wieder einmal das Zentrum von Hexenverfolgungen. Vor allem wegen der Denunziationen aus der Nachbarschaft und des Ausweichens der Verdächtigen auf bayerisches Gebiet glaubte auch der Richter von Wemding, trotz aller schlechten Erfahrungen, tätig werden zu müssen. So kam es 1629–1631 in Wemding, aber auch in Ingolstadt zu einer neuen Verfolgungswelle, die stark von den pfalz-neuburgischen Hexenverfolgungen in Reichertshofen und den Hexenverfolgungen in der Grafschaft Öttingen (Wallerstein) beeinflußt war. Sie kostete etwa 40 Personen das Leben.

1630 erreichten die Hexenverfolgungen im Kurfürstentum mit den Wemdinger Prozessen ihren letzten Höhepunkt. Die Verfolgungen endeten aber keineswegs in diesem Jahr, weder in Wemding, wo ein Professor Johann Valentin Schmid als Hexenkommissar tätig war, noch anderswo. Hinrichtungen wegen Zauberei und Hexerei sind noch bis kurz vor dem Einmarsch der Schweden in Bayern nachweisbar (1632).

d. Hexenprozesse im süddeutschen Raum nach dem Abzug der Schweden

Auch nach dem Abzug der Schweden kam es zu weiteren Prozessen. Bedeutsam waren vor allem die seit 1641 einsetzenden Ermittlungen wegen des angeblichen Auftauchens von Werwölfen im Bereich des Rentamts Straubing. Man mußte feststellen, daß während des Krieges im Bayerischen Wald *allerhandt zauberische aberglaubische Khünstten und sonderlichen zwar das Paizen (wodurch Vich und Leithen an Leib und Leben khan Schaden zuegefüegt werden) so starkh eingerissen und überhandt genommen, das der gmaine ainfeltige Burger und Baursman in die Gedankhen gleichsamb gerathen, er sich beregter aberglaubischer Khünsten ohne Sindt und befahrende Bestraffung gebrauchen und bedienen khönne.*[62] Die Folgen waren eine eigene Kommission für das „Paiz- und Zauberwesen“ aus München und der Bau eines neuen Gefängnisses für die während der Kommission verhafteten Verdächtigen.

Der letzte größere Hexenprozeß unter Kurfürst Maximilian fand in den Jahren 1643/44 in Rain am Lech statt. Er kostete die stattliche Summe von 3141 fl. Einen Teil davon hoffte man jedoch aus der Hinterlassenschaft der verbrannten Hexen bestreiten zu können.[63] Die immensen Kosten eines größeren Hexenprozesses und der dafür erforderliche große Zeit- und Personalaufwand ließen die Beamten in den Landgerichten, aber ebenso Hofrat und Regierungen in den 40er Jahren des 17. Jahrhunderts Abstand davon nehmen. Angesichts der

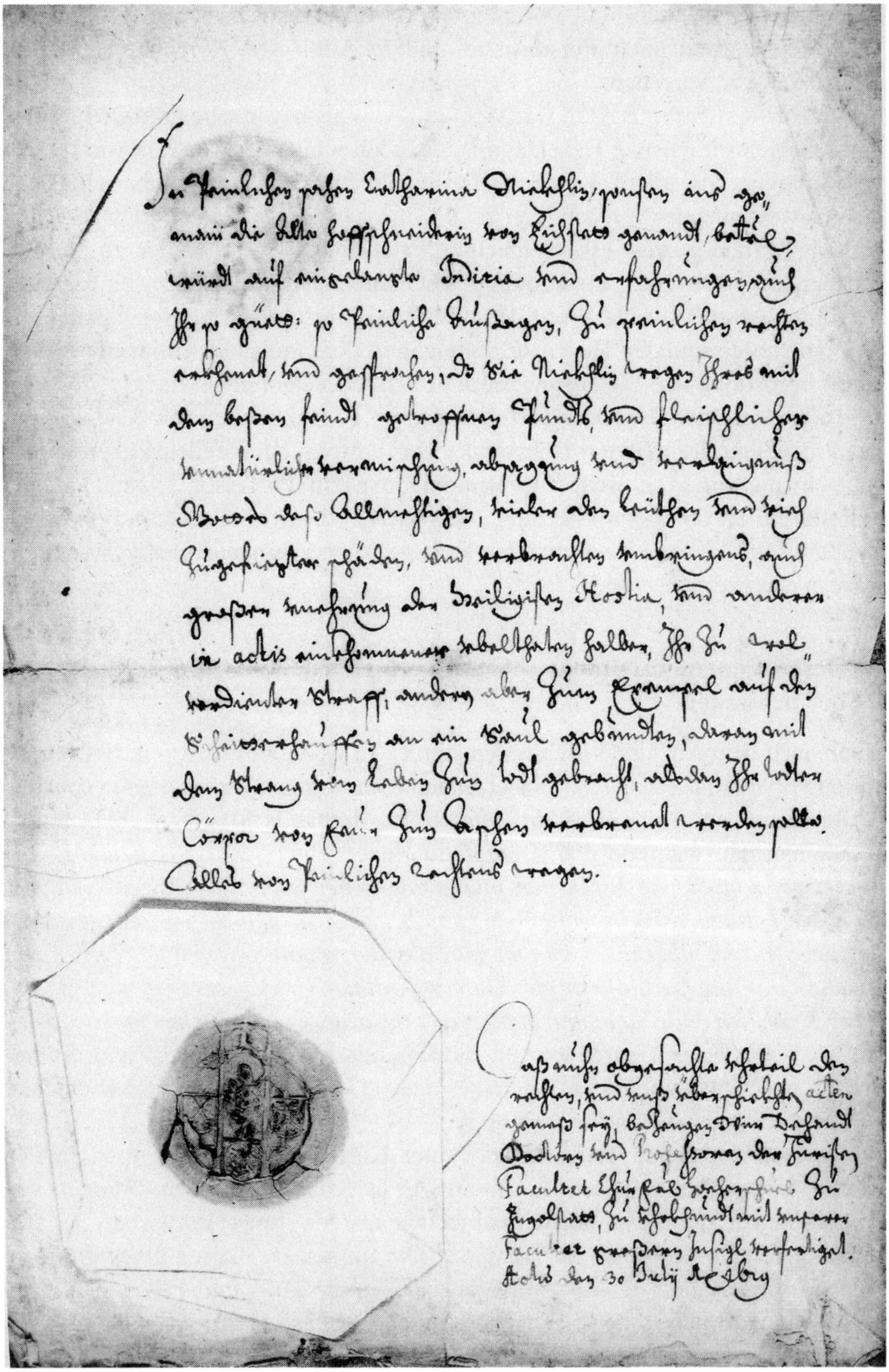

Der peinlichen gefangnen Catharina Diechtlin, sonsten auch genannt die Alte Hefftschneiderin von Eichstett genandt, beklagte wurdt auf eingelangte Indicia und erfahrungen auch Ihr guet- und peinliche Aussagen, zu peinlichem rechten erkhandt und gesprochen, das die Diechtlin wegen Ihres mit den bösen feindt getroffenen Bundts, und fleischlichen unnatürlichen vermischung, abfallung und verlaugnung Gottes des Allmechtigen, wider den leuthen und viech zugefüegten schäden, und verbrachten umbringung auch grossen unehrung der heiligisten Hostia, und anderen in actis eingekhommener übelthaten halber, Ihr zu woll verdienter straff, andern aber zum Exempel auf der Schaidtstatt an ein Säul gebunden, aldort mit dem Strang vom Leben zum todt gebracht, alsdann Ihr todter Cörper von feuer zu äschen verbrandt werden solle. Alles von peinlichen rechtens wegen.

Das auch obgesezte Urthail den rechten, und unß übergeschickhten acten gemeß seye, bekhennen wir Dechant Doctores und Professores der Juristen Facultet Churfürstlicher Universitet zu Ingolstatt, zu Urkhundt mit unserer Facultet grossern Insigl verfertigt. Actum den 30 Julij A° [illegible]

Hexenprozess: Strafurteil der Juristenfakultät der Universität Ingolstadt vom 30. Juli 1629 gegen die Hofschneiderin Catharina Nickhlin mit Papiersiegel der juristischen Fakultät: Die aus Eichstätt stammende Catharina Nickhlin wird wegen Teufelsbündnis, Teufelsvermischung, Absagung Gottes, Schädigung von Mensch und Vieh und wegen Verunehrung der Hostien zum Tode durch Verbrennen verurteilt. (Bayerisches Hauptstaatsarchiv, Hexenakten Fasz. 3)

In Peinlichen Sachen Catharina Nickhlin, sonsten ins ge- / main die alte Hoffschneiderin von Eichstett genandt, betr. / würdt auf eingelangte Inditia und Erfahrungen, auch / Ihr so güett: so peinliche Aussagen, zu peinlichen Rechten / erkhenet und gesprochen, das sie Nickhlin wegen Ihres / mit dem beßen Feindt getroffnen Pundt und fleischlicher / unnatürlicher Vermischung, Absagung und Verlaignuß / Gottes deß Allmechtigen, vieler den Leuten und Vieh / zugefiegter Schäden und verbrachten Umbringens, auch / großer Unehrung der Heiligisten Hostia und anderer / in actis einkhommener Übelthaten halber, Ihr zu wol- / verdienten Straff, andern aber zum Exempel auf den / Scheitterhauffen an ein Saul gebundten, daran mit / dem Strang vom Leben zum Todt gebracht, alsdan Ihr todter / Cörper von Feuer zum Aschen verbrannt werden solle. / Alles von Peinlichen Rechtens wegen.

Daß nuhn obgesachte Uhrteil den / Rechten und unß überschickhten Acten / gemeß sey, bezeugen Wir Dechandt, / Doctorn und Professoren der Juristen / Facultet Churfstl. hocher Schuel zu / Ingolstatt, zu Uhrkundt mit unserer / Facultet greßern Insigl verfertiget. / Actum den 30 Julii anno 1629

Dieses einzige Hexenurteil der Universität Ingolstadt hat eine Vorgeschichte: Catharina Nickhlin war aus Eichstätt nach Ingolstadt geflohen, nachdem sie in Eichstätt aus dem Kreis der 25 dort wegen Hexerei verbrannten Frauen und Männer denunziert worden war. Am 13. Februar 1629 ordnete der Hofrat auf Ersuchen der Eichstätter Behörden ihre Verhaftung an. Einer der bekanntesten Hexenjäger seiner Zeit, ein gewisser Dr. Kolb, mußte die Tortur gegen die verhaftete Nickhlin leiten, nachdem sich die Stadt Ingolstadt sperrte. Der Hofrat in München mußte schließlich die Hinrichtung befehlen und beauftragte am 6. Juli 1629 die juristische Fakultät der Universität Ingolstadt mit der Abfassung eines entsprechenden Urteils. Es ist das einzig bekannte Urteil der Universität Ingolstadt in einem Hexenprozeß. Mit der Exekution des Urteils gegen Catharina Nickhlin beauftragte man „kommissionsweise" die Stadt Ingolstadt. Der Leiter des Ingolstädter Verfahrens, Dr. Kolb, der vorher schon in Eichstätt als Hexenkommissar gedient hatte, hatte schon im Januar 1629 vom Münchner Hofrat die stolze Summe von 60 Reichstalern für die Verfertigung einer (nicht erhaltenen) Instruktion über den Hexenprozeß erhalten. In diesem Jahr 1629 erreichten die Hexenverfolgungen in ganz Franken ihren Höhepunkt. In Wallerstein, also in unmittelbarer Nachbarschaft von Wemding, exekutierte Kolb zwischen 1628 und 1630 20 Hexen. In Wemding fielen Kolb 1929 die ersten neun Delinquenten zum Opfer; insgesamt mußten bei diesem zweiten Wemdinger Hexenprozeß bis 1631 40 Personen sterben! Kolbs „Erfolge" sind wohl nicht zuletzt auf eine neue Foltermethode zurückzuführen: Er wandte zum ersten Mal im Kurfürstentum Bayern die Folterung mit dem „Bock" an.

im Kurfürstentum weitgehend beachteten Beschränkung der Folter erwies sich offensichtlich mehr und mehr auch die Strategie des Widerrufs als erfolgreich.

Zwar finden sich auch noch Ende des 17. Jahrhunderts bis Mitte des 18. Jahrhunderts Verurteilungen, die sich auf den Tatbestand der Hexerei stützen. Freilich genügt dieser nun allein nicht mehr, um ein Todesurteil zu rechtfertigen. Hingerichtet werden „Zauberer" und „Hexen" jetzt nur noch dann, wenn ihnen zudem andere Delikte wie Giftmord, Kindsmord, oder Diebstahl nachgewiesen werden.

Der Kriminalfall: Die Hexe von Mitterfels 1724

Am 12. August 1724 wurde auf einer Landstraße im Pfleggericht Mitterfels im Bayerischen Wald die ledige Margaretha Würthin aus Bumhofen vom Eisenamtmann (Gefängniswärter) Andree Mayr wegen Diebstahls- und Betteleiverdachts angehalten und vernommen. Als die Würthin freiwillig einige Diebereien gestand, wurde sie sofort verhaftet und in die Fronfeste (Gefängnis) von Mitterfels eingeliefert. Zeugenvernehmungen ergaben Anhaltspunkte für weitere Diebstähle. Daraufhin wurde die Landstreicherin vom Pflegskommissar Franz Xaver Clinger zunächst sechsmal gütlich verhört. Dabei gestand sie die ihr angelasteten Diebstähle und auch noch drei Kindsmorde. Auf eine weitere Befragung des Pflegskommissars hin bekannte die geistig zurückgebliebene und seelisch sehr labile Würthin, einen der Kindsmorde auf Anstiftung des Teufels begangen zu haben, der ihr dreimal begegnet sei und Buhlschaft mit ihr getrieben habe. Damit war sie des Teufelsbündnisses überführt und nach dem Aberglaubenmandat von 1611/12 zum Tode zu verurteilen. Am 15. Dezember 1724 wurde ihr vom Straubinger Bannrichter Lic. Wilhelm Petz das von der Regierung Straubing bestätigte 1. und 2. Urteil verkündet: Zwicken der rechten Brust mit einer glühenden Zange, Erdrosselung an einer Säule und Verbrennung. Im Anschluß an die Verlesung dieses Urteils wurde, wie üblich die Begnadigung bzw. Milderung in einem zweiten Urteil verkündet. Die Delinquentin sollte mit dem Schwert hingerichtet und der Leichnam verbrannt werden. Das Urteil wurde noch am gleichen Tag in Mitterfels vom Straubinger Scharfrichter vollstreckt.

Noch in Kreittmayrs Strafgesetzbuch von 1751 wird im 7. Kapitel (Religionsverbrechen) auch die Zauberei, Hexerei und der Aberglauben für strafbar erklärt (§7). Das unmittelbare Teufelsbündnis, aber auch die sonstige Gemeinschaft mit dem Teufel, wenn sie zu entsprechenden Schäden bei Dritten führt, wird mit dem Tode bedroht. Dieser Straftatbestand entspricht der damaligen gesamteuropäischen Rechtslage, auch wenn in der Aufklärungsliteratur bereits der Kampf gegen das Hexereidelikt begonnen hat. Auch diese Bestimmung zeigt, daß Kreittmayr 1751 kein Reformwerk schaffen wollte und konnte, sondern die geltenden Strafrechtsnormen zum Zweck der verbesserten Verbrechensbekämpfung gesammelt hat. Systematisch verbindet Kreittmayr das Hexerei- und Zaubereidelikt unter dem Dach der Religionsdelikte mit der Abtrünnigkeit und notorischen Ketzerei, die ebenfalls mit der Todesstrafe belegt waren. Kreittmayr macht seine

Zweifel an der Existenz des Teufelsbündnisses in den Anmerkungen geltend: *Ob es nun dergleichen Bündnis gebe, ist nicht jezo noch, sondern zu allen Zeiten ein grosser Disput gewesen.* Den interessierten Leser verweist er auf die entsprechende Literatur. Sein geringes Interesse an der ganzen Materie macht er deutlich, indem er eine umfangreiche Schilderung des Hexensabbats als quasiliterarischen Einschub von einem anderen Autor abschreibt: „Der Teufel sitzt auf einem Thron ...". Auch zur fleischlichen Vermischung der Hexen mit dem Teufel äußert er sich in einer Weise, die Zweifel an der Ernsthaftigkeit seines Vorbringens aufkommen lassen. Insbesondere will er die Argumente des berühmten Strafrechtlers Carpzow aus dem 17. Jahrhundert nicht gelten lassen, daß, wenn die Hexen „ab dem teuflischen Beischlaf kalten Samen empfinden" ein wichtiges Indiz für die fleischliche Vermischung gegeben sei.

Trotz dieser kritischen Distanz bleibt die grundsätzliche Anerkennung des Hexendelikts bei Kreittmayr ein trauriges Faktum. In den 50er Jahren werden im Kurfürstentum Bayern in Landshut (1752, 1754 und 1756) sowie Burghausen die letzten vier Hexen hingerichtet und zwar unter ausdrücklichem Bezug auf Kreittmayrs Strafcodex von 1751. Möglicherweise hätte ein Jahrzehnt später sein Werk einen anderen Inhalt erhalten, denn in den 60er und 70er Jahren schlägt die Stimmung im Bezug auf die Hexendelikte entscheidend um.

1766 beginnt in München die Diskussion um den Sinn des Hexereidelikts mit einem Vortrag des Theatinerpaters Don Ferdinand Sterzinger vor der Akademie der Wissenschaften, der sich mit „dem gemeinen Vorurteil der wirkenden und tätigen Hexen" befaßte. Er brach damit ein langwierige Diskussion, den „bayerischen Hexenkrieg" vom Zaun, in deren Verlauf über 28 Streitschriften für und wider gewechselt wurden. Besondere Gegner des freisinnigen Theatinermönchs waren die Benediktiner in Scheyern, deren Kreuzreliquie angeblich gegen Verhexungen wirksam war und die nun bei einer Demontage des Zaubereitatbestandes das Geschäft mit den entsprechenden von ihnen vertriebenen Gegenständen gefährdet sahen. Dank der Stellungnahme der Akademie kam es in Kurbayern nun zu keinen Hexenverbrennungen mehr. Auch in anderen süddeutschen Territorien erlahmte der Verfolgungseifer. 1766 war in Augsburg noch ein Zauberer hingerichtet worden. Bei dem vielzitierten letzten Hexenprozeß im Alten Reich im Fürststift Kempten, der schon 1783 vom klosterfeindlichen Aufklärer J. Pezzl tendenziös dargestellt worden war, handelte es sich wegen der vielen anderen von der Täterin begangenen Delikte nicht um einen Hexenprozeß im klassischen Sinne. Auch eine Hinrichtung fand nicht statt. Die Delinquentin starb, wie wir heute wissen, im Gefängnis an Erschöpfung.

10. Aufruhr, Landfriedensbruch, gartende Knechte und Bettler

a. Aufruhr der Untertanen

Strafbestimmungen, die sich gegen Widerstandshandlungen der Untertanen richten, kennt die bayerische Strafgesetzgebung des 16. Jahrhunderts nicht, doch findet sich eine entsprechende Bestimmung über den Aufruhr in der Carolina 1532, Art. 127: *Item so eyner in aym Land, Statt, oberkeyt oder Gepiet geverliche, fürsetzliche und boßhafftige Auffruren des gemeynen Volks wider die Oberkyt macht und das also auff in erfunden würde, der soll nach Größ und Gelegenheyt seiner Mißhandlung je zu Zeitten mit Abschlahung seines Hauptes gestrafft oder mit Rutten gestrichen und aus dem Land … verweist werden.*

Der Kriminalfall: Tod eines oberpfälzischen Beamten[64]

Tirschenreuth im Fürstentum Oberpfalz im Februar 1592. In Heidelberg war im Januar 1592 Johann Casimir gestorben, der Vormund des Kurfürsten Friedrich IV. (1574–1610), der als Calvinist auch sein Mündel (entgegen dem Testament des Vaters) zum reformierten Glauben bekehrt hatte. Da Friedrich beim Tode Johann Casimirs noch nicht volljährig war, versuchte der protestantische Pfalzgraf Reichard von Simmern in Heidelberg die Vormundschaft zu übernehmen. In der Oberpfalz nutzte man die Streitigkeiten in der Kurpfalz, um die Herrschaft der verhaßten Reformierten abzuschütteln und wieder zum Luthertum zurückzukehren. Die Regierung in Amberg mit dem Viztum Philipp Wambold und die reformierten Beamten aus der Kurpfalz wollten dem zuvorkommen. In Tirschenreuth meldete sich im Februar 1592 der dort höchst unbeliebte ehemalige Tirschenreuther Pfleger Valentin Winsheim an, der es 1591 zum Hauptmann und Oberamtmann in Waldsassen gebracht hatte. Ihm hatte der Viztum Philipp Wambold in Amberg am 12. Januar 1592 den Auftrag gegeben, er solle die Stadt Tirschenreuth mit geworbenen Soldaten besetzen. Begründet wurde diese Maßnahme mit der Gefahr eines Einmarsches aus Böhmen.

Winsheim hatte sich nicht zuletzt deswegen in Tirschenreuth unbeliebt gemacht, weil er als Pfleger einen calvinistischen Prädikanten geschickte hatte, außerdem hatte er die Kirchenbücher des ehemaligen protestantischen Pfarrers im Schloß verbrannt. Er kam am 21. Februar von Waldsassen nach Tirschenreuth, ließ die vier Bürgermeister Rüssel, Lindauer, Weyfried und Fueger sowie den Stadtschreiber Puehler zu sich rufen und gab ihnen bekannt, daß in die Stadt 70 Soldaten verlegt werden würden. Die Bürgermeister meinten, sie könnten die Stadt mit ihren Leuten selbst bewachen. Winsheim fuhr erbost davon und kam am 24. Februar 1592 zurück. Als er das Tor verschlossen fand, beschimpfte er die Wachen, begab sich in das Haus des Stadtrichters Zollitsch und ließ die vier Bürgermeister und den Stadtschreiber zu sich zitieren. Inzwischen hatte der regierende Bürgermeister Rüssel den Viertelmeistern den Befehl gegeben, die Bürger mit den besten Waffen auf dem Marktplatz zusammenzurufen.

Winsheim beschimpfte inzwischen die vier Bürgermeister: „Ihr schreibt euch ehrbar und weise, seid aber ehrvergessene, meineidige Leute, habt trotz des Verbotes eine

Wachtrotte aufgestellt und kennt keinen Gehorsam!“ Die Bürgermeister hielten sich nun nicht mehr zurück und entgegneten Winsheim ziemlich heftig, besonders Bürgermeister Lindauer. Winsheim rief ihnen darauf zu: „Wenn ihr nicht wollt, so müßt ihr! Wenn ich vor jedes Tor 200 Schützen lege und laß den Teich abgraben und die Stadt an 4, 5 oder 6 Orten anzünden, was wollt ihr machten? Geht nur hin, ich werde wissen, was ich zu tun habe, ihr Hundsfott!“ Die Bürgermeister verließen nun völlig erbost das Zimmer, und Lindauer rief: „Da schlage das Blei darein!“

Die Bürgermeister begaben sich auf das Rathaus. Auf dem Marktplatz aber sammelten sich die von den Viertelmeistern verständigten Bürger mit Büchsen und anderen Waffen. Mittlerweile war es finster geworden. Im Hause des Stadtrichters Zollitsch wurde Licht gemacht und der Tisch gedeckt zum Abendessen. Eine Magd schloß die Läden. Da begann auf einmal auf dem Rathause die Sturmglocke zu läuten und ihr folgten die Glocken auf dem Kirchturm und den Tortürmen. Zu den Bürgern gesellte sich nun auch der Pöbel und alles begann zu schimpfen und zu schreien, da die Bürgermeister dafür gesorgt hatten, daß die aufreizende Äußerung Winsheims vom Abgraben des Stadtteiches und vom Anzünden der Stadt unter die Leute gekommen war.

Als Winsheim den Aufruhr bemerkte, fragte er die Diener: „Schwapperment, könnt ihr denn nichts?“ Diese gingen in den oberen Stock und feuerten zwei Schuß ab, wovon der eine an eine Hauswand klatschte, der andere aber den Lederer Klement Sandtner auf den Harnisch traf und zu Boden warf. Da die Menge meinte, Sandtner wäre tot, begann man auf das Haus und durch die Fenster zu schießen. Weder Pfleger noch Stadtrichter konnten die wütende Menge beruhigen. Winsheim versteckte sich im Nachbarhaus, während die Menge ins Haus eindrang, allen voran Christoph Vischer, der einmal von Winsheim schwer mißhandelt worden war. Der Taglöhner Hans Wunderl, vulgo Bursch, fand den Winsheim schließlich im Nachbarhaus und schlug ihm gleich mit der Hacke auf den Kopf. Dann warf man den Unglücklichen, der fortwährend ach und weh schrie und um Schonung bat, die Bodenstiege hinab. Aber der Totengräber Andreas Kraus versetzte ihm Stiche mit seinem Spieß und die andern schlugen mit allerlei Waffen auf ihn ein. Als er so auf den Marktplatz gezerrt wurde, erschienen die beiden Bürgermeister Rüssel und Lindauer, die sich bisher nicht hatten blicken lassen und taten so, als ob sie den Verwundeten aufs Rathaus in Sicherheit bringen wollten. Man schleppte ihn noch weiter, angeblich zum Verbinden und als man den Bürgermeister Lindauer fragte, was zu geschehen habe, sagte er „Schlagt ihn halt gar tot“. Nun fielen alle über Winsheim her. Der tote Winsheim wurde später nach Waldsassen gebracht und dort begraben.

Die Reaktion der Regierung war zunächst vorsichtig zurückhaltend. Der Rat wurde abgesetzt, und 1593 begann man mit den Untersuchungen, zuerst auf Schloß Liebenstein, dann in Waldsassen und schließlich in Tirschenreuth. Zu Verhaftungen kam es erst 1594. Die Haupttäter waren gleich nach dem Mord geflohen. Hans Wunderl, vulgo Bursch, wurde in Karlsbad aufgegriffen, an die Kurpfalz ausgeliefert und 1594 in Heidelberg enthauptet. Der Bürgermeister Lindauer, der wohl der Haupträdelsführer war, starb 1596 in Hersbruck. Wie er ums Leben kam, ist unbekannt. 1596 wurden zahlreiche Zeugen verhört, teilweise wurde die Tortur angewandt. Im September

> wurde auf dem Marktplatz in Tirschenreuth für die Hinrichtung von drei Delinquenten eine Bühne aufgebaut und die Hinrichtung durch das Schwert am 22. September vollzogen. Wenig später starben noch zwei weitere Delinquenten. Sechs Personen wurden unter Konfiskation der Hälfte ihres Vermögens ewig des Landes verwiesen, zahlreiche Personen erhielten Geldstrafen. Auch die Stadt selbst mußte noch büßen. Ihr wurden die wichtigsten Freiheiten entzogen, darüber hinaus mußte sie 2000 fl. Buße zahlen und je 200 fl. für das Heiratsgut der beiden Töchter Winsheims. Um das Geld aufbringen zu können, wurde in Tirschenreuth eine eigene Steuer erhoben, die sogenannte Winsheimer Umlage.

Im Herzogtum Bayern finden sich Strafbestimmungen zu den verschiedenen Formen des Widerstands gegen die Obrigkeit erstmals in der Landespolizeiordnung 1616 (Buch 5, Tit. 6). Der Titel trägt die Überschrift „Von Vergwältigung, Rottierungen, Auffruhrn, unzimblichen Wöhren, Rumorn und Fridbitten“. Er enthält schon bekannte Bestimmungen über das Friedgebot *(Wie man in grossen Versamblungen fridbieten und beruefen soll)* und über das Verbot des Waffentragens bei Hochzeiten, Jahrmärkten, Kirchtagen und Tänzen sowie einen neuen Artikel „Von Auffwiglung, Rottierung und Auffstandt der Underthanen“. Hier begegnet uns eine bemerkenswerte historische Aussage: *Wiewol wir gegen unsern Landen und Leuten bishero die Justici also erthailt und ergehn lassen und noch fürters beschehen sol, daß sich unsere Underthanen wider uns oder unserer nachgesetzte Obrigkaiten aufzulainen, aufzustehn und sich zu rotiern ainich Ursach nicht haben ...* Falls es trotzdem zu einem Aufruhr kommen sollte, muß die Obrigkeit alles tun, um *das auffgebrachte Volck zu der Ruhe zu bringen und daß sie ihre Beschwerden an gebürenden Orten anbringen sollten, ermahnen ...* Im nächsten Artikel folgen sehr ausführliche Bestimmungen über das Versammlungsrecht der Bauern (*Von der Bawrschafft Gemeinhaltung und Zusammenkunfften*). Anlaß dafür war wohl der oberösterreichische Bauernaufstand von 1594/95, der zwar das Herzogtum Bayern nicht unmittelbar betroffen hatte, aber Herzog Wilhelm V. und seinen Sohn Maximilian offensichtlich sehr beeindruckte.

In engem Zusammenhang mit dem oberösterreichischen Bauernkrieg stehen wahrscheinlich die Unruhen von 1596 in der bayerischen Grafschaft Haag.[65] Dort rotteten sich am 2. und 3. Januar die Bauern zusammen, um gegen überhöhte Abgaben und Scharwerksleistungen zu protestieren. Das Unternehmen fand nach dem Eingreifen von landesherrlichen Truppen ein schnelles Ende. Zehn Rädelsführer brachte man in den Falkenturm nach München. Zwei davon verurteilte man zum Tode. Das Urteil wurde dann auf Intervention des Herzogs Ferdinand (der die Grafschaft Haag innehatte) gemildert. Man stutzte den beiden Verurteilten die Finger der linken Hand. Die anderen Gefangenen entließ man gegen Abschwörung der Urfehde.

b. „Rumorhandel“ (Raufhändel), Landfriedensbruch

Wenn man den herzoglich bayerischen Verlautbarungen Anfang des 16. Jahrhunderts Glauben schenken will, so genossen die bayerischen Untertanen auf dem Land in den Jahrzehnten nach dem bayerischen Erbfolgekrieg trotz aller grundherrlichen Abhängigkeiten eine fast schweizerisch anmutende Bewegungsfreiheit. Dies gilt vor allem für den Bereich der Versammlungen und der Bewaffnung. Die Landesordnung von 1516 (Teil 1, Blatt 17) beschreibt, wie die Bauern auf Hochzeiten, Jahrmärkten, Kirchtagen und Tänzen mit Büchse, Armbrust, Spieß und anderen Waffen und im Harnisch erscheinen und wie dadurch „vil Rumor und Gefecht, auch dadurch zuzeytn Todtsleg“ entstehen würden.

Die Rumorhändel mit entsprechenden Folgen waren offensichtlich so häufig geworden, daß man besondere Maßnahmen zu ihrer Eindämmung einleitete. Um sie zu „kriminalisieren“, griff man zum Mittel des „Friedbots“, eines angeordneten Sonderfriedens (mit Sonderstrafrecht) für eine beschränkte Zeit (bei Versammlungen, Hochzeiten, Jahrmärkten, Kirchtagen, Tänzen oder bei konkreter „Zwitracht und Rumor“). Ein für eine Versammlung oder im Einzelfall ergangenes „Fridbot“ hatte die Wirkung, daß alle Gewalttätigkeiten, die nach Ausrufung des Friedens begangen wurden, von Obrigkeit wegen verfolgt und der Täter verhaftet werden konnte. Die Weiterbehaltung des Friedgebots bis ins angehende 16. Jahrhundert hinein zeigt, wie schwierig es war, den hoheitlichen Strafanspruch gegenüber der herkömmlichen Übung privatrechtlicher Streitregelung gerade im dörflichen Bereich durchzusetzen.

Interessant ist, welche Rechtsförmlichkeiten die Obrigkeit[66] für nötig hielt, um der Ausrufung des Sonderfriedens die notwendige Publizität zu verschaffen. Bei allen Versammlungen des Volkes sollte nach dem üblichen Gottesdienst von der Obrigkeit des jeweiligen Ortes *mit gantzem Ernst Frid zehalten gebotn* werden. Gleichzeitig mußte ein *Fendl* aufgesteckt werden, damit sich niemand damit entschuldigen könne, er habe das Friedbot nicht gehört. Diejenigen, die *nit Frid halten, sonder solch Fridpot verachtn und ainicherlay Frävel darüber begeen*, sollten ernstlich bestraft werden.

Die Merkwürdigkeit, daß man für die Abstrafung eines Frevels ein obrigkeitliches „Friedbot“ braucht, wird noch durch eine in die Bayerische Landesordnung 1553 neu eingefügte Bestimmung[67] verstärkt. Danach war bei *Zwitracht und Rumor* nicht nur die ordentliche Obrigkeit, sondern auch jede andere Person befugt, den *Rumorer umb Frid anzeschreyen*. Dies hatte zur Folge, daß ein Unruhestifter, der nach dem Friedgebot weiter den Frieden störte, jederzeit verhaftet werden konnte. Bei Gewalttätigkeiten konnte auch jeder Dritte ohne rechtliche Folgen den Unruhestifter unschädlich machen, zur Not durch *Entleibung*.

Seit der Verkündung des Ewigen Landfriedens auf dem Wormser Reichstag von 1495 gehörte das Delikt des Landfriedensbruchs zu den zentralen Straftatbeständen des neuzeitlichen Territorialstaats. Damit sicherte er die einheitliche Rechtspflege im Land und schnitt die Berufung auf eine (bisher mögliche und beanspruchte) private Streiterledigung ab. Die Normierung und vor allem konsequente Bestrafung des Landfriedensbruchs war Voraussetzung für die Behauptung des Justizmonopols durch den Landesherrn.

Der 1495 verkündete Ewige Landfriede wurde im Herzogtum Bayern in die Landesordnung 1516 und in alle folgenden Gesetze aufgenommen. Eine konkrete Ausgestaltung erhielt das Delikt des Landfriedensbruchs durch das ausführliche Landgebot von 1512: *Straiffende Rotten* müssen organisiert und im Falle eines Landfriedensbruchs die lokalen Kräfte durch Sturm- und Glockenstreiche und Kreideschüsse (Alarmschüsse) aufgeboten werden.

c. Gartende Knechte und „starke Bettler"

Zahllose Mandate des 16., 17. und 18. Jahrhunderts befassen sich mit dem Problem der Ruhe und Sicherheit auf dem Land, mit der Bekämpfung von „Störzern, Landzwingern, stationierendem herrenlosen Gesindel", vor allem aber von „gartenden Knechten" (abgedankten Soldaten). Parallel dazu beschäftigen sich immer auch Reichsgesetze mit diesem Problem. Genannt seien nur der Reichslandfrieden von 1548 (Von den einspännigen Knechten, von den herrenlosen Knechten, so sich unterstehen zu versammeln und die armen Leute zu beschweren) und die Reichsabschiede von 1551 und 1555, die ebenfalls umfangreiche Bestimmungen zum Landfriedensbruch durch herumziehende gartende Knechte und entsprechende Vollmachten für die landesherrlichen Obrigkeiten bringen.

Im einzelnen läßt sich die Gefährdung der öffentlichen Sicherheit durch gartende Knechte im Herzogtum mit den jeweiligen Kriegskonjunkturen in der Nachbarschaft, besonders aber an der ungarischen Front gegen die Osmanen in Verbindung bringen. So hängen etwa die zahlreichen Mandate in den Jahren 1569/70 mit dem zwischen Kaiser Maximilian II. und Sultan Suleiman 1568 geschlossenen Waffenstillstand zusammen, der zur schrittweisen Abdankung des über 50 000 Mann starken Heeres in Ungarn führte. Ähnlich massiert finden sich Mandate gegen gartende Knechte während des Rudolfinischen Türkenkriegs seit 1595. Für „das Garten" werden Strafen von der Zwangsarbeit (Festungsbau in Schärding) bis zur Hinrichtung durch den Strang angedroht.

Die Bekämpfung der gartenden Knechte erforderte neue Mittel der Verbrechensbekämpfung. Die noch im Mandat von 1512 vom Landesherrn erwartete und organisierte Eigeninitiative der Landbewohner bei der Verfolgung von Verbrechern erwies sich bald als nicht mehr ausreichend: Die zahlreichen bewaffneten und bandenweise operierenden „Freybeuter" konnten nur noch durch den Einsatz landesherrlicher Machtmittel im Zaum gehalten werden. Dabei war zunächst keineswegs ausgemacht, ob zur Aburteilung die Reichsgerichte oder die landesherrlichen Gerichte befugt waren.[68] Der Straftatbestand des Landfriedensbruchs war ja durch den Ewigen Landfrieden von 1495 normiert worden. Die Reichsacht als Sanktionsmittel des Kaisers gegen Landfriedensbrecher bleibt dann allerdings in ihrem Anwendungsbereich auf reichsunmittelbare Landfriedensbrecher beschränkt. Eine genauere reichsrechtliche Ausgestaltung erfährt die Reichsacht durch die Reichsgesetzgebung von 1555.

Das Reichsrecht hätte für Landfriedensbrecher, die eine Nötigung oder einen Landfriedensbruch („concussio vel vis publica") ohne zusätzliche Mordtat begangen hatten, Landesverweisung und Güterkonfiskation vorgesehen. Diese Strafe war natürlich bei Personen, die *ohnedas Landtsterzer sein und in irem Vermögen nichts haben, sondern dem Pettl nachlauffen* völlig wirkungslos. Der Hofrat in München befürwortete daher die Todesstrafe. Schon das erste Mandat Herzog Maximilians gegen gartende Soldaten von 1598 hatte mit dem Galgen gedroht. Freilich scheute man sich dann im Einzelfall immer wieder, mit der angedrohten Schärfe vorzugehen. Im Jahre 1608, nach der Reichsexekution gegen Donauwörth, sah man sich im Herzogtum Bayern besonders massiv mit dem Problem der gartenden Knechte konfrontiert. Die Soldaten rissen, wie man dem Hofrat berichtete, die erlassenen und angeschlagenen Mandate gegen das Garten einfach ab.[69] Viele dieser Soldaten sammelten Gruppen von „Gesindel" um sich, die auf dem Lande auf Beutezüge gingen, während der jeweilige „Maister" in Städten und Märkten beim Fressen, Trinken und Spielen „still sitzen bleibt." Die Soldaten ergänzten also ihren Troß durch „allerhand müessiggehende Störzer", die ja vor allem in den Dörfern um München Unterschlupf gefunden hatten. Da die zuständigen Landgerichte zu weit abgelegen waren, mußte nun der Hofoberrichter die Dörfer kontrollieren. Besonderes Augenmerk widmete er in diesem Zusammenhang der Au. Der „schädliche Troß" und dessen Anhang bestand, wie das Mandat vom 13. Juni 1608 vermerkte, nicht nur aus Männern, sondern auch aus Frauen. Es begann sich also um diese Zeit bereits eine Art großfamiliäre Bandenkriminalität zu entwickeln, die dann gegen Ende des 17. Jahrhunderts und im 18. Jahrhundert zum regelmäßigen Erscheinungsbild wird.[70]

Das Mandat vom 13. Juni 1608 macht auch deutlich, wie man das Strafverfahren gegen gartende Knechte quasi unter dem Aspekt des Ausnahme- bzw. Kriegsrechts sah. Die verhafteten Delinquenten sollten von den Gerichten nach vorhergehender Erkenntnis des Hofrats oder der Regierungen *ohn alle Gnad, ohne einigen langen Umbstendt oder Haltung vil Malefitz Rechtens und zwar eben an dem Orth, wo das Verhandlen beschehen, mit dem Strang an den nechsten Baumb oder in andere Weg beharrlich gestrafft … werden.*

Dort wo eine Todesstrafe im Einzelfall zu streng und eine Ausweisung oder Vermögenskonfiskation wirkungslos war, griff man zu abschreckenden und schmerzhaften Leibesstrafen in der Hoffnung, damit die gartenden Soldaten davon abzuhalten, noch einmal das Herzogtum zu betreten. Erstmals wird daher in der Landespolizeiordnung 1553 (Buch 6, Tit. 2, Art. 2) als Strafe das zweimalige „leere“ Aufziehen und „Sprengen“ angedroht, bevor der Delinquent gegen Urfehde aus dem Lande gewiesen wurde. Man bediente sich jetzt also der üblichen Foltermaßnahmen zur Bestrafung der Delinquenten, eine Praxis, die man seit 1610 auch auf ausländische Bettler und Vaganten ausweitete und in die Landespolizeiordnung 1616 (Buch 5, Tit 2, Art. 2) übernahm.[71]

Die meisten gegen „gartende Knechte“ gerichteten Mandate sehen die öffentliche Sicherheit und Ordnung in gleicher Weise auch durch unberechtigte Bettler und ähnliches „müßiggehendes“ und „heilloses“ Gesindel gefährdet. Typisch ist insoweit der Kreis der in einem Mandat vom 16. Dezember 1570 Beschriebenen: *Gartknechte und ausländische, auch andere starke Bettler ... andere mehr unbekannte verdächtige Landfahrer ... als ... Hausierende, Kram- und Gewürztrager, Pfannenflicker, die nit Handwerksgenoß sein, Zanbrecher, Bawr, Artzet, Herrnloß Knecht und Bueben und andere dergleiche Störtzer und Landzwinger mehr ...* Neben den Bettlern werden auch „Jakobsbrüder“ in den Kreis der „argwenig Personen“ eingereiht. Die Maßnahmen gegen Bettler, die meistens noch im polizeilichen Bereich liegen, können hier nicht im einzelnen vorgestellt werden. Es läßt sich jedoch auch in diesem Bereich eine zunehmende Kriminalisierung des Delikts feststellen. Die Ausweisung verhängte man vor allem gegen Bettler, die viel im Land herumzogen (... *weil er ein umbschweiffender Petler und schier das ganze Land durchstrichen*).[72]

Mit genaueren Strafsanktionen sind dann vor allem die Bettelmandate und Bettelordnungen unter Herzog und Kurfürst Maximilian versehen. Besonders scharfe Strafmaßnahmen droht etwa das Mandat vom 10. Dezember 1610 an, das als völlig außergewöhnliche Strafe für ausländische Bettler (Hausierer und Vaganten) das dreimalige leere Aufziehen in der Folterkammer vorsah, also ein sonst nur im Rahmen der Tortur übliches Vorgehen. Begründet wurde diese Strafdrohung mit dem „Ungehorsam“ gegenüber dem Mandatsbefehl, der den Aufenthalt im Herzogtum verbot. Darüber hinaus mußten die ausländischen Bettler gegen Urfehde des Landes verwiesen werden. Erwischte man sie zum dritten Mal im Lande, sollte die volle Meineidsstrafe der Carolina 1532 (Art. 108: Abhauung der Schwurfinger oder der Hand) verhängt werden. Auch alle Bewohner des Herzogtums, die den ausländischen Bettlern, Hausierern und Vaganten Unterschlupf gewährten, sollten durch den Rentmeister oder im Wiederholungsfall durch Ausweisung gestraft werden.

Richtungweisend waren dann die Bettelordnungen vom 28. August 1626, 1627 und 6. Februar 1630, die den Versuch machten, das Betteln erstmals in der bayerischen Geschichte landesweit grundsätzlich für jedermann zu verbieten und gleichzeitig den Bedürftigen durch ein Almosensystem Unterstützung zu gewähren. Das Verbot galt auch für bedürftige Einheimische. Bei einer ersten Zuwiderhandlung sollte eine Verwarnung ausgesprochen werden, für den Wiederholungsfall wurden Gefängnis oder Einschlagung in die Schellen angedroht. Bei mehrfachen Übertretungen drohte die Landesverweisung. Arbeitsfähige Bettler waren wie bisher mit schwereren Sanktionen bedroht: Springer, Halseisen, Zwangsarbeit oder Ausweisung, alles „mit vernunftiger Discretion und Beschaidenhait."

11. Selbstmord[73]

Zu den Delikten, die für die Kriminalisierungstendenzen des frühneuzeitlichen Staates kennzeichnend sind, gehört auch der Selbstmord. Gegen die Bestimmungen der Carolina und in falscher Auslegung des römischen Rechts wurde im Herzogtum Bayern (wie auch in anderen Territorien) der Selbstmord grundsätzlich für strafbar erklärt. Dies ermöglichte den landesherrlichen Zugriff auf das Vermögen des Selbstmörders auch dann, wenn dieser vor seinem Selbstmord keinerlei Straftat begangen hatte. Art. 135 der Carolina („Straff eygner Tödtung") dagegen bestimmte, daß das Vermögen der Selbstmörder (nur) dann der Obrigkeit zufalle, wenn dieser sich aus Furcht vor Strafe getötet hatte, und wenn diese Strafe auch die Vermögenskonfiskation eingeschlossen hätte. In allen anderen Fällen sollte eine Vermögenskonfiskation untersagt sein und *darwider keyn alter Gebrauch, Gewonheyt oder Satzung statt haben, sondern hiemit revocirt, cassirt und abgethan sein …*

Im Herzogtum Bayern war der Selbstmord seit der niederbayerischen Landesordnung von 1474 als Viztumshandel anerkannt und damit vor allem der Niedergerichtsbarkeit in den Hofmarken entzogen worden. Auch die Landesfreiheitserklärungen von 1508/1514/1516 setzten den Selbstmord in die Liste der Viztumshändel, bestimmten aber ausdrücklich, daß eine Konfiskation nur dann zulässig sei, wenn der Selbstmord aus Angst vor Bestrafung geschah. Trotz dieser eindeutigen Aussagen neigte die bayerische Praxis des 16. und 17. Jahrhunderts zu einer extensiven Bestrafung des Selbstmordes und damit zu einer breiten Anwendung der Konfiskation. Der Grund für diese Mißachtung von Reichsrecht und landschaftlichen Bedenken liegt in der Besonderheit des Delikts, das von den landesherrlichen Juristen in den Bereich der Religionsdelikte gezogen, damit strafbar gemacht und als „causa domini" der Zuständigkeit des Landesherren bzw. seiner Zentralbehörden vorbehalten wurde. Nach bayerischer Praxis verfielen die Güter von Selbstmördern grundsätzlich der Konfiskation, außer wenn sich der Selbstmörder nachweisbar aus Angst vor Krankheit oder aus Schwachsinn umgebracht hatte. Diese Praxis wurde natürlich nicht zuletzt aus fiskalischen Gründen geduldet.

12. Ausgewählte sonstige Delikte

a. Übertretung der Fastengebote

Wie kirchliche Gebote mit zusätzlichen weltlichen Begründungen als Strafgesetze der frühneuzeitlichen Landesherrschaft Anwendung fanden, läßt sich besonders eindrucksvoll auch an den unter Herzog Albrecht V. erstmals normierten Verboten zum Fleischessen zeigen (Mandate vom 2. Januar 1560, 16. November 1566, 16. Februar 1579). 1560 begründet der Landesherr sein Verbot, das vorläufig nur für die Gastwirtschaften galt, mit dem kirchlichen Verbot und daneben mit dem Fleischmangel und den Preissteigerungen, die durch das Fleischessen an Fasttagen verursacht würden. 1566 will der Landesherr die Bestrafung der Übertretungen selbst vornehmen, und 1579 werden die Übertretungen zur Abstrafung dem Rentmeister zugewiesen, was eine erhebliche Strafverschärfung bedeutete und von den Landständen auch moniert wurde. Wilhelm V. wiederholte gleich nach seinem Regierungsantritt am 16. Februar 1580 die Bestimmungen seines Vaters zu den Fastengeboten. Das Fleischessen an den Fasttagen wurde nun nicht nur in den Gasthäusern, sondern ganz allgemein mit Strafe bedroht. Erhebliche Verschärfungen brachte das Mandat vom 23. Juli 1604. Angesichts der massiven Strafandrohungen sah sich sogar der Hofrat zur Frage veranlaßt, ob der Landesherr solche Gesetze, Verbote und Gebote ohne Mitwirkung der Landschaft erlassen könne.

Die weltliche Bestrafung der Übertretungen von kirchlichen Fastengeboten brachte wie alle neuen Strafnormen seit der 2. Hälfte des 16. Jahrhunderts zusätzliche Unruhe in die dörflichen und kommunalen Gemeinschaften. Zuerst einmal war das Fleischessen an Fasttagen noch im 16. Jahrhundert offensichtlich eine gängige Praxis, so daß von einer hohen Täterzahl ausgegangen werden muß. Dann war die Strafverfolgung abhängig von einer Denunziation durch Nachbarn oder Ehalten oder von der Mißgunst des jeweiligen Amtmannes und sie betraf darüber hinaus fast immer eine größere Zahl von Delinquenten innerhalb einer Dorf- oder kommunalen Gemeinschaft: Durch Visitationen, die oft von ortsfremden Beamten, insbesondere durch Hofräte aus München, durchgeführt wurden, suchte man besonders in den Städten und Märkten Hinweise auf protestantische Neigungen unter der Bürgerschaft. Als Indiz dafür galt der mangelnde Empfang der Sakramente und die mangelnde Einhaltung der Fastengebote. Bei einer Visitation in Reichenhall hatte man 1609 an Fasttagen bei 10 Personen Fleisch gefunden. Die Betroffenen mußten sich vor dem Rentmeister verantworten.[74] 1610 wurde die Stadt Landsberg das Opfer einer landesherrlichen Untersuchung, bei der es zunächst auch um protestantische Neigungen in der Bürgerschaft ging. Eine große Zahl von prominenten Bürgern wurde dabei des Fleischessens an Fasttagen überführt und verurteilt. Man verzichtete angesichts der Stellung der Betroffenen auf eine Abstrafung durch den Rentmeister und verhängte Geldstrafen, die das Gericht einziehen mußte.[75]

b. Das Regiment der Freudlosigkeit: Spiel-, Tanz- und Versammlungsverbote

Wie sehr im 16. Jahrhundert unter dem Prätext der Verbrechensvorbeugung auf das Alltagsverhalten der Untertanen eingewirkt wurde, zeigt sich auch im „Kampf gegen die Nacht", den die Landesherrschaft mit Hilfe der Polizeigesetzgebung führte. Zahlreiche Maßnahmen zielten darauf ab, den Untertanen eine „unziemliche" oder „leichtfertige" Verwendung ihrer arbeitsfreien Stunden nicht nur an Sonn- und Feiertagen, sondern auch an den Abenden zu erschweren: *Und dieweil auff dem Land an vil Orten bey nächtlicher Weil in den Heusern Rockenrais oder Gunckel angericht werde, daran das jung Paurn und Dienstvolk, Mans- und Weibspersonen uber Veld zusamenkommen, daselbs vil Unzucht und Leichtvertigkeit treiben … so wollen wir … ernstlich verboten haben, das füran solch Rockenraisen und Gunckl nit mer zugelassen … Doch soll den Nachpaurn, die umb Ersparung willen des Holtz und Liechts … mit irer Gspunst oder anderer Arbait zusamen geen, dasselb hiemit unverwert sein.*

Die „freie Entfaltung" der Untertanen ist dem Landesherren aus den verschiedensten Gründen unerwünscht. Zuerst einmal gilt das maßlose Feiern als ein Angriff auf das Gemeinwohl: Die Verschwendung von Geld und Nahrungsmitteln im Lande gefährdete nach Meinung der Obrigkeit angesichts der herrschenden Not die Wohlfahrt des Landes. Diese Argumentation entwickelte sich im Zeichen der Nahrungsmittelknappheit und der Seuchenzüge zu einer gängigen Begründung für Reglementierungen. Die Warnung vor einer Verschwendung von Nahrungsmitteln erhielt dabei zeitweise auch außenpolitische Dimensionen, etwa wenn darauf hingewiesen wurde, daß eine mangelnde Versorgung der Soldaten die Verteidigungsfähigkeit gegen die Türken schwächen würde!

Die „freie Entfaltung" der Persönlichkeit ist dem Landesherrn auch deswegen nicht willkommen, weil sie schwerwiegende „mittelbare" Folgen habe. Unsittliches Verhalten (wie etwa die „Leichtfertigkeit") schädigt zwar nicht Körper oder Eigentum eines Dritten und gefährdet auch nicht die Nahrungsmittelversorgung, es ist aber nach dem Verständnis der Zeit gemeinwohlgefährdend, weil Gott ein solches sündhaftes Verhalten einzelner an der Gesamtheit straft. Eine solche Strafe seien etwa die Angriffe des türkischen Erzfeindes; sie werden das ganze 16. Jahrhundert hindurch als die klassische Rache des beleidigten Gottes für die Sündhaftigkeit der christlichen Untertanen interpretiert. Nur durch einen kollektiven Verzicht und eine kollektive Buße kann nach Meinung der damaligen Obrigkeit der Zorn Gottes über die Sünden der Untertanen besänftigt werden. Strafrechtspflege gewinnt so einen breiten „konfessionellen" Charakter, denn neben der Verfolgung von herkömmlichen Straftatbeständen verordnet nun die weltliche Obrigkeit kollektive Buße (und Freudlosigkeit). Bestraft werden, und das ist die entscheidende Wendung in der Strafrechtspflege im 16. Jahrhundert, nicht mehr nur die unmittelbar schädlichen Delikte wie etwa Mord oder Diebstahl, sondern auch die lediglich mittelbar schädlichen „sündhafte“ Tatbestände (Unsittlichkeit, Gotteslästern); in diesem Rahmen werden auch Tatbestände zum Delikt, die für sich allein auch keine religiös motivierte Unrechtsqualität haben, wie etwa das Trinken, Essen und Musizieren.

Seit etwa 1600 beginnen die entsprechenden strafbewehrten Verbote, die gut in die landesherrliche Wirtschaftspolitik paßten, zu Dauereinrichtungen zu werden. Dies war nur durchsetzbar, wenn es gelang, den Untertanen das Gefühl einer konkreten Kriegs- oder sonstigen Gefahr zu vermitteln. Darüber hinaus war es notwendig, den einmal ausgerufenen „Ausnahmezustand“ durch entsprechende Berichte über die anhaltende Türkengefahr oder die „unruhigen“ Zeiten zu verlängern. So wurde die schlechte Nachricht, der „künstliche“ Ausnahmezustand, die Schaffung eines dauerhaften „schlechten Gewissens“ Teil der landesherrlichen Politik. Typisch ist insoweit etwa ein Mandat vom 15. Juli 1605, in dem der Landesherr seinen Untertanen vorwarf, sie würden trinken, feiern, musizieren, singen, spielen, bankettieren, tanzen und ihr Geld verschwenden und zwar ohne Rücksicht auf Not und Kriegsgefahr. Dabei seien täglich die traurigsten Nachrichten von den Einfällen und Verwüstungen der Türken in den angrenzenden Ländern zu hören!

Tanzen und Spielen wurden im Laufe des 30jährigen Kriegs zu einem allgemein mißbilligten Verhalten, zu einer „Leichtfertigkeit“. Die in Kriegs- oder Notzeiten erlassenen Verbote versuchte man, nachdem man sie zu Beginn des Krieges noch ausdrücklich aufgehoben hatte,[76] nicht zuletzt aus fiskalischen Gründen zu einer Dauereinrichtung werden zu lassen. Dabei stieß man sich natürlich in erheblichem Maße an der bürgerlichen und bäuerlichen Lebenswirklichkeit. Hier wie auch bei anderen Delikten machte der Landesherr dann regelmäßig die „überraschende“ Entdeckung, daß das Laster noch keineswegs ausgerottet war: So mußte er im November 1643 feststellen, daß trotz vieler „heilsamer“ Mandate gegen Tanz und Spiel (besonders an Kirchweih) wegen der Nachlässigkeit der Beamten diese „Leichtfertigkeit“ noch weit verbreitet sei. Der Hofrat wird beauftragt, zwei Räte zu deputieren, die sich um alle einkommenden Berichte zu diesem Punkt kümmern sollen, um dem Hofrat berichten zu können.[77]

c. Verstoß gegen Seuchengesetze[78]

Klimaverschlechterungen, Ernteausfälle und Hungersnöte enden in der Regel im Ausbruch von Epidemien. Auch in diesem Punkt verdienen die letzten Jahre des

16. Jahrhunderts das Prädikat „Krisenjahre". Allein ein Blick auf die im Herzogtum Bayern erlassenen Pest- und Seuchenmandate zeigt die Bedrohlichkeit der Situation. Schon weit vor dem Ausbruch des 30jährigen Krieges gehören daher Epidemien und Seuchenzüge zu den in jeder Generation auftauchenden massiven Bedrohungen des Alltags. Im Laufe des 30jährigen Krieges weiten sich dann die Seuchen zu einer die direkten Kriegseinwirkungen übertreffenden unmittelbaren Bedrohung des gesamten Herzogtums aus. War es seit 1620 vor allem das Fleckfieber, das seinen Tribut forderte, so wütete seit 1630 die Pest in Gestalt der von Flöhen übertragenen Beulenpest.

Für die Obrigkeiten sind Krankheiten und Seuchenzüge nicht nur Anlaß, auf den strafenden Gott zu verweisen, sondern es finden sich auch Versuche, durch konkrete Maßnahmen der akuten Gefahr zu begegnen. Die Pestmandate des 16. Jahrhunderts, von Medizinern verfaßt, bieten in der Regel nicht nur Erklärungsversuche nach dem Stand der damaligen Wissenschaft, sondern auch wirksame Anordnungen zur Eindämmung übertragbarer Krankheiten. Diese Anordnungen versuchte man mit obrigkeitlichen Zwangsmaßnahmen und scharfen Strafandrohungen durchzusetzen. Hohe Strafen drohten besonders den „gartenden Knechten", den „heillosen" Bettlern und Zigeunern, weil dieser Personenkreis wegen seiner Mobilität im besonderen Maße für die Verbreitung der Seuchen verantwortlich gemacht wurde. Beim Bekanntwerden einer Seuche im Ausland oder an bestimmten Orten des Landes verbot die Landesherrschaft die Einreise ins Land oder das Verlassen der „infizierten" Gebiete. Drastische Strafen sahen die Pestmandate für Personen vor, die infizierte Orte verließen oder sich in solche begaben und dann wieder zurückkehren wollten. Falls man eine infizierte Person beim Versuch ertappte, einen nicht infizierten Ort zu betreten, so sollte gegen diese laut Mandat vom 5. September 1613 *die Execution der Strang- und Lebensstraf … gleichsam in frischer That fürgenommen werden …* Die Todesstrafe rechtfertigte man mit dem bedingten Tötungsvorsatz des Infizierten: *Dieweil aber bey so wachsendem Ungehorsam, auch darauß Landt- und Leuthen entstehender Gefahr … die Straffen billich zu scherpffen und es einem Todtschlag nit ungleich ist, wann einer, der alberait inficiert, aut quasi, sich under den gesunden einmischen und einmengen … thuet.* Die Praxis begnügte sich indes in der Regel mit milderen Strafen.

Hingewiesen sei noch darauf, daß gerade im Bereich der Seuchenbekämpfung die Obrigkeiten sehr stark dem Druck der Untertanen ausgesetzt waren und auf ihn auch unmittelbar reagierten. Seit der Mitte des 16. Jahrhunderts wurden von den Untertanen die Maßnahmen des Landesherrn im Bereich der Sicherheits- und Seuchenpolizei mehr und mehr als selbstverständlich eingefordert.

d. Wirtschaftsstrafrecht, Fürkaufverbote

Strafbewehrte Mandate gegen den prinzipiell schon seit dem 15. Jahrhundert in zahllosen Landgeboten, Landesordnungen und Einzelmandaten verbotenen Fürkauf (= Verkauf von landwirtschaftlichen Produkten außerhalb der regulären Märkte; Spekulation mit Lebensmitteln)[79] finden sich gehäuft in der Zeit von Versorgungskrisen, beispielsweise in den Jahren 1570–1572. Ausführlichst war der Fürkauftatbestand in den entsprechenden Bestimmungen der Landes- und Polizeiordnungen geregelt.[80] In der Landespolizeiordnung 1616 wird der Versuch unternommen, auch alle Umgehungsgeschäfte in den Fürkauftatbestand einzubeziehen. Verboten war beispielsweise schon der Spekulationskauf. Bestraft wurde der Fürkauf vor allem mit Konfiskation der Ware und des Kaufgeldes, ersatzweise mit einer sonstigen Strafe.

e. Volltrinken und Zutrinken

Keine deutsche Kulturgeschichte kommt ohne ein Kapitel über die unselige Trunksucht der Deutschen in der frühen Neuzeit aus. Das Trinken galt gerade bei Ausländern als Teil des deutschen Nationalcharakters. Luther schrieb 1541 in seiner Streitschrift „Wider Hans Worst“: *Es ist leider … gantz Deudsch land mit dem Sauffen laster geplagt. Wir predigen und schreien und predigen da wieder. Es hilfft leider wenig.* Reichsgesetzgebung und Landesgesetzgebung wandten sich schon früh mit Strafbestimmungen gegen die Unsitte des Zutrinkens[81], und gegen Ende des 16. Jahrhunderts ging man gegen jede Form der Trunkenheit vor. Nicht zuletzt die zahlreichen unter Alkoholeinfluß begangenen Straftaten gaben eine Begründung für die Bestrafung des übermäßigen Trinkens ab. Typisch sind insoweit die Bestimmungen der Landespolizeiordnung 1553 (Bl. 180): *Nachdem Trunckenhait ain sonder Laster ist, dadurch einem sein Vernunfft entweicht, und deß Guets halb verarmbt, auch Todtschleg und ander Ubel mermals darauß entsteen, darauff ordnen und wollen wir, welcher Mensch in Trunckenhait auff der Gassen mit offenlicher Unzucht betretn oder täglich damit beladen wirdet, das der durch die Schergen und Püttln desselben Orts von Stund an in die Keichen gelegt und nit außgelassen werd, biß er wol nüchter wirdet. Ob er auch in solcher Trunckenheit ainicherley Frevel begieng, darumb soll er weiter nach Gestalt seiner Verhandlung gestrafft werden.*

Dabei ist das übermäßige Trinken, wie es uns im 16. Jahrhundert in den amtlichen Verlautbarungen entgegentritt, offensichtlich nicht die Folge der in der zweiten Hälfte des Jahrhunderts nachweisbaren allgemeinen wirtschaftlichen Depression oder die Reaktion auf Klimaverschlechterung, Hunger und Seuchen. Die Formulierungen der amtlichen Texte und die Aussagen der Strafprotokolle lassen eher eine um sich greifende Wohlstandstrunksucht vermuten oder gar eine zunehmende Alkoholabhängigkeit weiter Bevölkerungsschichten. Eine verheerende Wirkung scheint in diesem Punkt der Branntwein ausgeübt zu haben, der augenscheinlich erst Mitte des 16. Jahrhunderts von einem Heilmittel zu einem allgemein konsumierten Getränk mutierte. Typisch ist die Schilderung der Lage zu Beginn der Branntweinordnung in der Landesordnung 1553 (Buch 4, Tit. 5): Es sei trotz aller Verbote *ain schödlicher großer Mißbrauch entstanden, dardurch nit allain der gmain Man sein Gelt unnutzlich und zu Abbruch sein, seiner Weib und Kinder Narung verschwendet, sonder auch vilen Personen tödtliche Kranckhait und Verkürtzung ires Lebens verursacht wirdet …*

Als eine Hauptursache für die zunehmende Trunksucht der Deutschen hatte man sehr schnell den Branntwein ausgemacht. Im Herzogtum Bayern untersagte man den Branntweinverkauf bereits mit Mandat vom 20. Januar 1530 völlig. Der öffentliche oder heimliche Verkauf wurde mit Konfiskation und Geldstrafe, bei größeren Verstößen mit einer vom Landesherrn zu bestimmenden Strafe belegt. Zulässig blieb nur der Verkauf zu medizinischen Zwecken. Ganz offensichtlich aber war das Verbot des Branntweinverkaufs nicht durchsetzbar. 1542 mußte man es befristen, und bald nutzte man die Sucht fiskalisch: 1543 belegte man die Einfuhr des ausländischen Branntweins mit dem neueingeführten Getränkeaufschlag, der auch den Verzehr anderer berauschender Getränke, insbesondere des besseren Weins, drastisch verteuerte. Während der Versorgungskrise von 1570 erließ man erneut ein vollständiges Branntweinverbot (Mandat vom 3. September 1570), um es später wieder zu lockern.

f. Steuer- und Abgabenbetrug, Schmuggel

Die konstante Steigerung der Steuerlast im gesamten Reich, sowohl bei der direkten als auch bei der indirekten Steuer während des 16. Jahrhunderts, und die Verschärfung der Ausfuhrverbote vermehrte die Zahl der „potentiellen" Straffälligen erheblich. Kein Bereich der Staatsverwaltung hat zwischen dem 16. und 18. Jahrhundert eine größere Fülle von strafbewehrten Anweisungen, Befehlen, Mandaten, Generalien, Instruktionen, Ordnungen etc. im Druck produziert als die landesherrliche und landständische Finanz- und Steuerverwaltung.

Der Abgabenbetrug entwickelte sich zu einem der häufigsten Delikte zwischen dem 16. und 18. Jahrhundert.[82] Im Herzogtum Bayern hatte man vor allem Probleme mit der Einbringung des Aufschlags (Umgeld), einer 1542/43 eingeführten Getränkeumsatzsteuer, die man zuerst auf Bier, Wein und Met, dann auch auf Branntwein erhob und die im Laufe der Zeit zur wichtigsten Finanzquelle des Landes wurde. Als der Aufschlag in den 80er Jahren des 16. Jahrhunderts immer weniger erbrachte, vermutete man dahinter betrügerische Manipulationen der Wirte, die ihre Weinfässer nicht deklariert bzw. falsch geeichte Fässer verwendet hatten, und verhängte schwere Strafen gegen einige, „so in disem Auffschlag gefehrlich verbrochen" (Landschaftliches Aufschlagsmandat vom 26. Mai 1584).

Beliebt war in den Grenzgebieten des Herzogtums auch die Einfuhr von unbesteuertem Wein und Bier aus dem Ausland, etwa aus den Hochstiften Passau, Regensburg und Freising.

Betrogen und bestochen wurde auch bei der Landsteuer, etwa bei der Veranlagung, wie ein herzoglich bayerisches Mandat vom 27. Juni 1600 klagt: *Kommen wir in Erfahrung, daß schir durchgehend der gemeine Bauer ... die Zahl seines Vieh an Rossen, Kühen, Jungrind und anderm nit treu anzeigen und derhalb am Angeben ... der Amtleut ... nit wenig gelegen; sintemal sie vermutlich durch Geschenk oder verhoffenden Genuß willen ... nit wenig verschweigen. Als befehlen wir Dir, solcher Personen durch ernstliche Straf mit Entsetzung ihrer Dienst auch nach Gelegenheit am Leib so beschaffener Drohung und Vollziehung zu exequieren, daß sie hinfür die gründliche Wahrheit anzeigen und darauf die gehörende Steuer-Anlag erfolge ...*[83]

Bei Steuerhinterziehungen („verschlagenen" Steuern) war in den Steuerinstruktionen, so etwa 1612, die Güterkonfiskation als Strafe vorgesehen. Diese drastische Maßnahme entsprach zwar nicht dem Reichsrecht, war aber einträglich. Über ihre Zulässigkeit wurde in den bayerischen Zentralbehörden heftig gestritten. Ähnlich unterschiedlich reagierte man auf das Delikt der Steuerhinterziehung in der Reichsstadt Augsburg, die ja für ihr vorbildliches Steuerwesen bekannt war.[84] Die „poena dupli" (Strafe in Höhe des doppelten Betrags der hinterzogenen Steuer) pflegte man dort nur dann zu verhängen, wenn der Steuerpflichtige mit der Steuerzahlung in Verzug war. War das Geld nicht einbringbar, wies man den Steuerschuldner aus der Stadt. Bei Steuerbetrug schritt man mit der Konfiskation ein. 1610 drohte man allen Steuerbetrügern an, 10% ihres Vermögens zu konfiszieren.

Im 18. Jahrhundert, besonders mit dem rasanten Anwachsen der Aufschläge und sonstigen Abgaben (Mauten, Akzisen, Anlagen), die der Landesherr direkt erhob, sowie mit der Zunahme der landesherrlichen Monopole, vor allem des Tabakmonopols, wurde der Schmuggel zu einem eigenen Erwerbszweig für breite Schichten der Bevölkerung. Das „Einschwärzen" und „Ausschwärzen" von nicht verzollten Waren führte im 18. Jahrhundert im Kurfürstentum Bayern zur Einführung eines Strafregisters für Schmuggler („Schwärzbuch"), zur Anwerbung von geheimen Denunzianten, zur Organisation eines Grenzdienstes (Konfinwächter) und einer Polizeitruppe. Im Kurfürstentum Bayern entwickelte sich so aus den für die Überwachung des Tabakmonopols und für die Bekämpfung des Schmuggels aufgestellten Einheiten die Gendarmerie: 1781 wurden das Sicherheits-Korps und die Konfinwächter in ein militärisches Jäger-Korps zusammengefaßt.

Kapitel IV
Wem wurde wie der Prozess gemacht?
Das Malefizverfahren im Herzogtum und Kurfürstentum Bayern 1500–1800

1. Der Wechsel vom Akkusationsprozeß zum Inquisitionsprozeß

Seit dem Ende des 15. Jahrhunderts vollzog sich im Strafprozeß ein grundlegender Wandel: An die Stelle des Anklageprozesses, der privaten Verbrechensverfolgung (Akkusationsverfahren), trat zunehmend der Inquisitionsprozeß, also die Verbrechensverfolgung von Amts wegen (processus officii).

Ein solcher grundlegender Einschnitt läßt sich vor allem aus den zeitgenössischen Gesetzestexten ableiten, etwa aus einem Vergleich der Constitutio Criminalis Carolina von 1532 mit der bayerischen Malefizprozeßordnung von 1616. Der Text der Carolina behandelt noch weitgehend das Anklageverfahren, obwohl nach Ausweis der Quellen um diese Zeit bereits ein erheblicher Teil der Strafverfahren von Amts wegen abgehandelt wurde. Diese „Antiquiertheit" wird 1616 in der Vorrede zur bayerischen Malefizprozeßordnung angesprochen: Bei der Carolina sei *so vil den Proceß betrifft, auß dem Innhalt derselben zusehen, daß sie, außer deß 6.,7., 8., 9. und 10. Articuls, fast durchgehent auff einen Anklags-Proceß ... gericht.* Es sei aber der Inquisitionsprozeß *nit allein in den beiden Fuerstenthumben Ober- und Nidern Bayrn, sondern auch fast durchgehent in Teutschlandt ... schier allein in Uebung.*

Falsch wäre es nun aber, aus diesen Formulierungen zu schließen, daß der Inquisitionsprozeß als eine Art „Verfahrensneuheit" ein älteres und überholtes Verfahren (das Anklageverfahren) schlichtweg ersetzt hätte. Zuerst einmal ist festzuhalten, daß der Inquisitionsprozeß keineswegs ein „modernes" Verfahren darstellt. Die Amtsermittlung und die Bestrafung von Amts wegen ist vielmehr, wie neuere Forschungen belegen, schon im Mittelalter ein verbreitetes und besonders im städtischen Bereich übliches Verfahren (Rügegerichtsbarkeit, heimliche Rüge) gewesen.[1] Es handelt sich beim Inquisitionsprozeß daher auch nicht, wie man früher meinte,[2] um einen römisch-rechtlichen Verfahrenstyp, der über den kanonischen Prozeß vermittelt[3] oder direkt „rezipiert" worden wäre.

Es scheint vielmehr so, daß im Laufe des 16. Jahrhunderts der „Inquisitionsprozeß“ als ein bekanntes Verfahren unabhängig vom weiterbestehenden „Akkusationsprozeß“ neue Bedeutung gewonnen hat. Diese wuchs dem Inquisitionsprozeß vor allem im Zusammenhang mit der Ausweitung des landesherrlichen Strafanspruchs zu. Der Inquisitionsprozeß eroberte sich also in dem Maße strafrechtliches Neuland, wie die Landesherrschaft ihr „Herrschen durch Strafen“ durchsetzen konnte. Das Anklageverfahren behielt indes im herkömmlichen „klassischen“ Strafrechtsbereich durchaus seine Bedeutung bei, so etwa beim Injurienprozeß, der im 16. Jahrhundert wegen der steigenden Prozeßlust der Untertanen sogar zahlenmäßig zunahm. In der Bayerischen Malefizprozeßordnung 1616 (Tit. 2, Art. 3) wird dann ausdrücklich festgelegt, daß ein Anklageprozeß und ein Inquisitionsprozeß in der gleichen Angelegenheit nebeneinander geführt werden können.

Die Dominanz des Inquisitionsverfahrens seit dem 16. Jahrhundert hängt also vor allem mit der im folgenden zu beschreibenden neuen Qualität des Strafens zusammen. Zu nennen ist hier besonders der immer umfassender werdende Strafanspruch der Obrigkeit bei den klassischen Delikten (etwa beim Totschlag) und die „Verstrafrechtlichung“, also die von seiten der Obrigkeiten betriebene Ausformulierung von neuen Straftatbeständen. Diese neuen Straftatbestände eigneten sich grundsätzlich nicht für Privatklagen: Bei ihnen ging es primär um das öffentliche Interesse und nicht um Ausgleich eines konkreten Körper- oder Sachschadens eines Untertanen (Körperverletzung, Diebstahl). Die Werte und Rechtsgüter, die hinter Straftatbeständen wie Gotteslästern, Zutrinken oder Leichtfertigkeit standen, konnten nur von Amts wegen geschützt, die Delin-

Denunziation von Beamten durch bestellte Spitzel um 1590 (1. Seite): Um die Mandate durchzusetzen, werden seit Herzog Wilhelm V. (1579–1598) zur Überwachung der Beamten auf dem Lande Spitzel und Denunzianten eingesetzt (Aufstecher), die über Versäumnisse der Beamten nach München berichteten:

G(ericht) Rhain
Der ClosterMair Paur zu Winden, sols ferten an S. / Bartholomestag, selbdritt Graimat gemät, / und der Ambtman von Münster disen Handl / bis dato vertuscht haben,

G(ericht) Fridtperg
Der Ambtman zu Sittenpach solt am Krichtag da- / selbst beim Schmit mit des Caplans zu Odlzhausen / Concubin darbey er dann etliche Kinder erzeugt, / geessen und drunckhen haben,

G(ericht) Pfaffenhoven
Wolf Kramer zu Hochenwardt ain eheman, solt ain / ledig umblaufents Mensch geschwengert, und den /

Ambtman bestochen haben, das ers bey Oberkheit nit / angezaigt, welches das Mensch als Sy zu Landt- / sperg gefangen gelegen, selbst bekhent

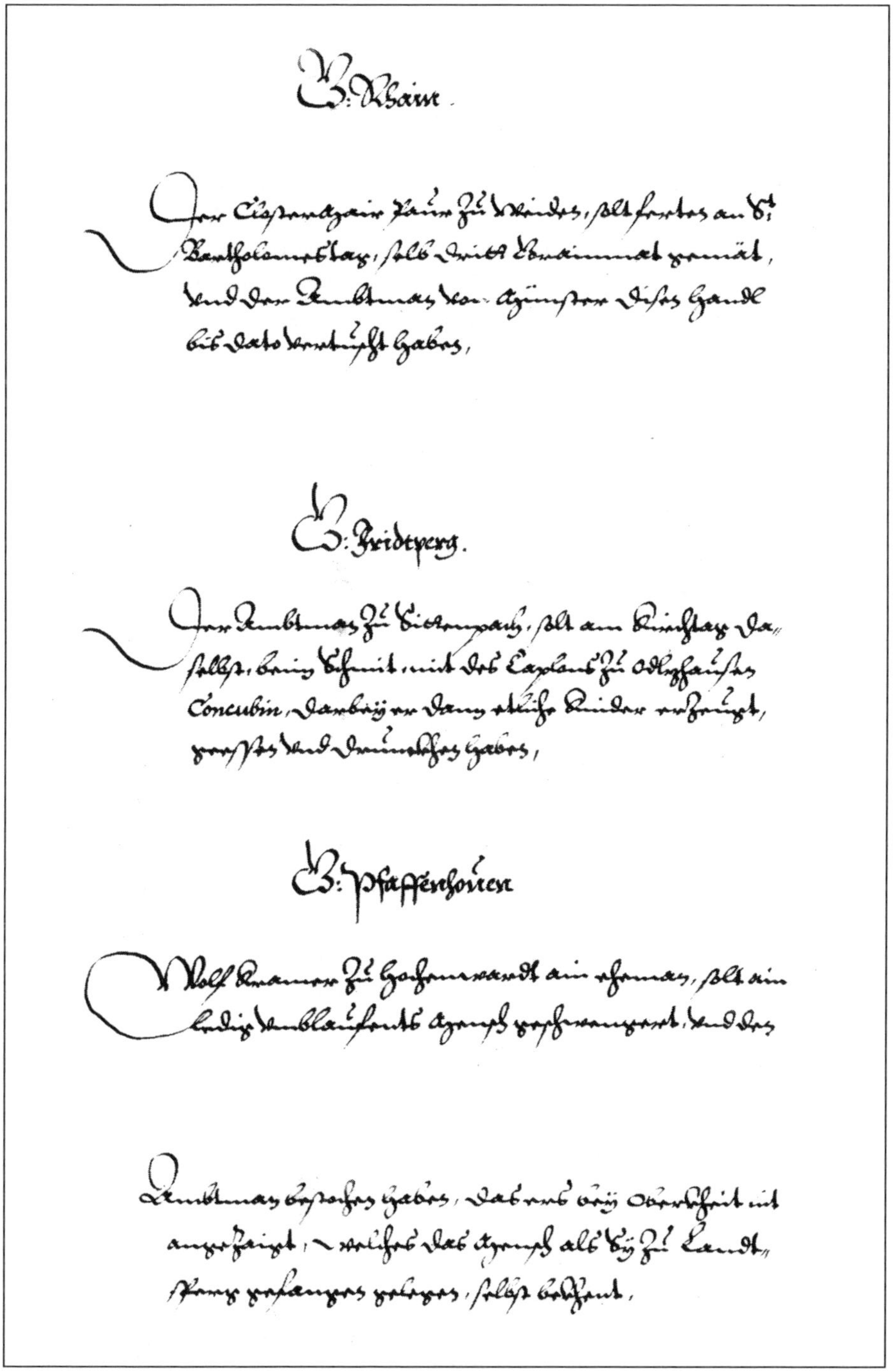

G: Rhain.

Jorg Eisengrain Paur zu [illegible], solle fürter an S: Bartholomes tag, selb dritt [illegible] gemait, und den Amtman von Günsten dises Handl bis dato verschwigen haben,

G: Fridperg.

Der Amtman zu [illegible], solle am Kirchtag da-selbst, beim Schenken, mit des Caplans zu Odlzhausen Concubin, darbey er zway eeliche Kinder erzeugt, gespilt und drunckhen haben,

G: Pfaffenhoven

Wolf Kramer zu Hohenwardt ain Schmid, solle ain ledig [illegible] zwungen [illegible], und den

Amtman bestochen haben, das ers bey Oberkhait nit angezaigt, welches das [illegible] als sy zu Landt-sperg gefangen gelegen, selbst bekhant.

quenten nur von Amts wegen verfolgt werden. Welches Strafbedürfnis, welches Genugtuungs- oder materielles Verlangen hätte ein Privatmann auch haben können, um einen Dritten mittels eines eventuell teuren und riskanten Prozesses – etwa wegen Gotteslästerung – zur Rechenschaft zu ziehen. Ein partielles Interesse, etwa ein Vermögensinteresse, war nicht verletzt, damit entfiel auch ein Klagegrund für den einzelnen. Wollte man dem Nachbarn nur etwas Böses antun, so genügte auch eine (anonyme) Denunziation bei der Obrigkeit.

Es wäre also irreführend, wenn man einen durch die landesherrliche Politik ausgelösten Gegensatz zwischen Akkusations- und Inquisitionsverfahren konstruieren wollte. Das Akkusationsverfahrens ist niemals abgeschafft oder unterdrückt worden; der klagende Untertan war niemals ein Problem für die landesherrliche Strafrechtspflege. Im Gegenteil: Bis ins 17. Jahrhundert hat man sich – freilich vergebens – um eine Förderung der „Privatinitiative" im Strafrecht bemüht. Die Begeisterung über eine „private" Strafverfolgung blieb trotz Prämien und Belohnungen gering. Zu groß war die Zahl der Straftatbestände geworden, die man prinzipiell ahnden konnte, und zu einfach die Möglichkeit der Denunziation. So blieb die Hauptlast der Strafverfolgung doch bei den zuständigen Beamten – und selbst diese bedurften des steten Antriebs und der steten Überwachung.

Grundsätzlich ist es also kein Widerspruch, wenn die Strafgesetze des 16. Jahrhunderts vielfach noch die private Anklage im Strafrecht berücksichtigten. Ihnen ging es vor allem um die Garantie des prinzipiellen Strafverfolgungsrechts des einzelnen, das subsidiär zur Strafverfolgungspflicht der Obrigkeit bestand. Kein Gesetz des 16. und 17. Jahrhunderts stellte das Recht des einzelnen zur Strafverfolgung in Abrede, auch wenn andererseits die Verpflichtung der Obrigkeit zur Strafverfolgung immer mehr betont wurde. Daher finden wir in der Vorrede zur Bayerischen Malefizprozeßordnung 1616 den bezeichnenden Hinweis, daß man derzeit die meisten Straftatbestände von Obrigkeit wegen verfolgen würde. Die Erwähnung der überholten Bestimmungen der Carolina von 1532 macht deutlich, daß der Landesherr das Inquisitionsverfahren als fortschrittlich einstuft. Die Neuregelung des Verfahrens in der Bayerischen Malefizprozeßordnung 1616 sei ein Ergebnis seiner landesherrlichen Fürsorgepflicht – ausdrücklich wird in diesem Zusammenhang auf die bedrohlich wachsende Kriminalität verwiesen. Die Durchführbarkeit der Privatklage bei allen Delikten garantierte die Bayerische Malefizprozeßordnung 1616 durch entsprechende Regelungen: Der Kläger konnte unter bestimmten Voraussetzungen (Tit. 2, Art. 2) den Beklagten verhaften lassen. Er mußte allerdings vor dessen Verhaftung Bürgschaft leisten und dessen Verpflegung im Gefängnis selbst bezahlen.[4]

Durch die Garantie der Privatklage in den Landesfreiheitserklärungen war der Landesherr daran gehindert, das Anklageprinzip einzuschränken oder gar abzuschaffen. Tatsächlich bildete die Zulässigkeit der Privatklage ein wirksames

Regulativ für den Fall der Untätigkeit der Obrigkeiten; doch nicht die übermäßige Lust zur Privatklage war das Problem der Landesherren, sondern im Gegenteil die Tatsache, daß sich kein privater Kläger fand, wo dieser notwendig war – ein Problem, das sich vor allem beim Geleitverfahren stellte.

2. Fahndung und Auslieferung

Die Fahndung nach Verbrechern beschränkte sich im Alten Reich zunächst auf das eigene Territorium. In seltenen Fällen einigten sich benachbarte Territorien auch vertraglich auf eine gemeinsame Verfolgung von bestimmten Delikten und Auslieferung von Delinquenten. So wurde etwa im Regensburger Vertrag von 1524 von den beteiligten Fürsten und Bischöfen vereinbart, die Ketzerei in ihren Ländern gleichmäßig zu verfolgen und Delinquenten auszuliefern, die in das Land eines Vertragspartners geflohen waren. Die bayerischen Herzöge machten ihren Untertanen diese Vereinbarungen in einem Mandat vom 2. Oktober 1524 bekannt.

Besser organisiert waren überterritoriale Fahndungen dann seit dem 18. Jahrhundert im Rahmen der Reichskreise. Besonders im schwäbischen Reichskreis funktionierte die gemeinsame Verbrechensbekämpfung durch die Ausgabe gemeinsamer Steckbriefe. Sonst reagierte man auf entsprechende Ersuchen im Einzelfall.

Zu den interessantesten Entwicklungen in der Strafrechtspflege des 16. und 17. Jahrhunderts gehören die Versuche der Landesherrschaft, ihre Strafgewalt durch rechtliche Fixierung der Auslieferung auszuweiten. Eines der größten Probleme der Strafrechtspflege in dieser Zeit war ja die grundsätzlich einfache Möglichkeit des Täters, sich durch Flucht der Verhaftung zu entziehen. Damit verlor er zwar als „Austreter“ automatisch die Landshuld, er war aber im Ausland vor der Strafverfolgung sicher. Das galt zumindest für alle Delikte, bei denen man ein Inzichtverfahren vom sicheren Ausland aus anstrengen konnte. Das häufigste Delikt, das von „Austretern“ begangen wurde, war der Totschlag.

Bis ins 17. Jahrhundert hatte man bei Totschlägern in der Regel keine Auslieferungsbegehren gestellt. Stillschweigend akzeptierte man das Prinzip, daß man mit dem Totschläger vor allem vertraglich und unter Einbeziehung der betroffenen Familien zu einer Einigung kommen mußte. Tatsächlich trat ja der Geflüchtete in Verhandlungen sowohl mit der Obrigkeit als auch der geschädigten Familie.

Diese täterfreundlichen Relikte eines mittelalterlichen Verfahrensrechts versuchten die Landesherrn seit dem 17. Jahrhundert zu beseitigen. Vorläufiger Endpunkt dieser Entwicklung war ein Dekret des Kurfürsten Maximilian an den Hofrat vom 13. September 1629, das sich mit den von den Beamten zu verant-

Verruf.

Da mißfälligst zu vernehmen gekommen, welch grossen Schaden der Chef der verruchten Schwäbischen Diebs- und Räuberbande, Namens Joseph Loder, vulgo Baierischer Seppl, von einigen auch der Bauern- oder kleine Sepp genannt, von Laimmering aus dem Landgericht Friedberg gebürtig, welcher etwa 36 jährigen Alters, bey 5 bis 5½ Schuhe groß ist, schwarz hinter sich gekämmte Haare, derley Augenbraunen und Augen, ein rothlecht volles Angesicht, einen überhaupts wohl untersetzten Leib, starken Fuß, und grosse Waden hat, und sich bald als ein Kaufmannsdiener mit einem weissen Mantel, seidener Vestie und dunkelblauen Rock, kalblederne Stiefeln, dann in Schuhen silberne Schnallen, seiden- und andere Strümpfe, dann verschiedene seidene Halstücher und einen Stock in der Hand trägt, theils sich auch wie ein Bauern Kerl verkleidet, und die Fähigkeit alle Arten deutscher Sprache meisterlich nachzuahmen weiß, in den Churpfalzbaierischen Landen verursachet;

Als wird anmit auf sonderbar Churfürstl. höchste Anbefehlung für desselben lebendige Beyfang- und Einlieferung ein Recompens von 100 fl. bestimmet. Diese nämliche Belohnung erhalten auch des obgenannten Räubers Kammeraden und Mitthäter, nebst Nachlassung der ansonst verdienten ordentlichen Strafe, wenn sie zu seiner Verhaftnehmung beywirken. Dagegen haben diejenigen, so erwähntem Räuber oder dessen Anhängern Unterschleif und Aufenthalt geben, die bemessene schärfeste Bestrafung unnachläßig zu gewärtigen.

Welch ein so anderes zu jedermanns Wissenschaft und Darnachachtung offentlich kund gemacht wird. München den 30. Junii 1789.

Churfl. Pfalz-Baierische obere Landesregierung.

L.S.

D. J. V. Rainprechter, Sekretär.

wortenden leichten Fluchtmöglichkeiten der Totschläger befaßte. Sobald eine Flucht bekannt wurde, mußten umgehend die Zentralbehörden benachrichtigt werden. Diese hatten ein Auslieferungsbegehren an die jeweilige ausländische Obrigkeit zu stellen.

Reichsrechtlich bestand grundsätzlich kein Anspruch auf Auslieferung. Als man 1621 einen Verbrecher vom Herzogtum in die Herrschaft Waldeck-Maxlrain auslieferte, betonte man gegenüber dem Richter von Maxlrain, daß solche „remissiones“ allein „aus Nachberschafft und guettem Willen“ geschehen. Der Richter von Maxlrain mußte einen Revers unterschreiben, „damit mahn solches in khein Gerechtigkheit zuziehen“, d. h. er mußte bestätigen, daß in diesem Fall der bayerische Landesherr die Auslieferung freiwillig und ohne rechtliche Verpflichtung vorgenommen habe.[5] Die Kosten für die Auslieferung, d. h. vor allem die Verpflegungskosten für den Delinquenten, so betonte der Hofrat in diesem Zusammenhang, hatte der Reichsstand zu tragen, der die Auslieferung begehrte.

3. Verhaftung

Schon in der Landesordnung von 1516 und gleichlautend im Landrecht von 1518 werden die Amtleute vor übereilten Verhaftungen ohne ausreichende Indizien gewarnt. Sie sollten niemand *ausser offner oder wissentlicher warer That oder offenns Wesens, gemainen Rueffs oder gnugsamer indicia und Anzaigung* verhaften. Die gleichen Formulierungen finden sich noch in der Landesordnung 1553. Genauere Regeln stellt dann die Bayerische Malefizprozeßordnung 1616 auf: Um gegen einen Verdächtigen zu ermitteln („Erfahrungen einzuziehen“), reichten „gemaine Vermuetungen“ aus, insbesondere auch sein schlechter Ruf. Um einen Verdächtigen jedoch verhaften zu können, mußten ausreichende Indizien oder wie es im Gesetz heißt „stärkere Anzaigungen“ vorliegen[6]. Dazu gehörten herkömmlicherweise die Existenz eines „realen“ Tatnachweises, eines corpus delicti. Es sei eine allgemeine Regel, *wann gleich jemandt böses Lebens halben in Verdacht, er doch weder gefenklich angenommen, vil weniger peinlich gefragt werden soll, es sey dann Sach, daß warhafftig ein Ubelthat fürüber gangen sey, welches man zu latein corpus delicti nennt.*[7] Ohne corpus delicti durfte selbst bei einem Geständnis niemand verurteilt werden. Notwendig war also ein konkreter Tathinweis, etwa der Körper des Ermordeten, eine geraubte Sache, eine Tatwaffe u. ä.

◀ Fahndung nach dem Chef der „verruchten Schwäbischen Diebs- und Räuberbande“ Joseph Loder (Baierischer Seppl) mit Personenbeschreibung 1789: Schon seit dem 16. Jh. war es üblich, gedruckte Fahndungsplakate an die zuständigen Beamten zu verschicken. Im 18. Jh. häufen sich mit der Zunahme der Bandenkriminalität solche „Verrufe“.

Auch die strengen Voraussetzungen für eine Verhaftung werden entscheidend gelockert. Die Notwendigkeit, ein konkretes Delikt vor einer Verhaftung mittels Augenscheinobjekt (corpus delicti) nachzuweisen (constare de delicto), sollte immer dann entfallen, wenn es sich um Delikte handelte, die *gar haimlich begangen werden und schwerlich zu beweisen sein* oder um landschädliche Delikte.[8] Somit konnten die Obrigkeiten etwa beim Verdacht auf Sittlichkeitsdelikte, Zauberei und Ketzerei, Landfriedensbruch, Straßenraub oder Mord jederzeit verhaften. Den italienischen[9] Vorbildern folgend, gestand man die Verhaftungsfreiheit nicht nur in bezug auf gewisse „schwierige" Delikte, sondern vor allem auch in bezug auf entsprechend „schwierige" Delinquenten zu. Damit war insbesondere der beliebige Zugriff auf potentiell landschädliche, fremde und unerwünschte Personen eröffnet.

Gerade weil die Verhaftung eine empfindliche Ehrminderung bedeutete, wurden die Voraussetzungen für die Verhaftung nicht zuletzt auch nach der sozialen Stellung des Verdächtigen und nach dessen Leumund bemessen. Die Verhaftung von „leichtfertigen und argwöhnischen Personen" war dem Richter daher schon bei geringem Tatverdacht möglich, dagegen durften Personen mit gutem Leumund nur unter engen Voraussetzungen in Haft genommen werden: ... *derhalben ist Unterschid zwischen den sonsten unverleumbten Personen, die von menigklich für ehrliche gehalten worden, dann denjenigen, welche ohnedas leichtfertige und argwöhnische Personen sein, zehalten, daß nemblich die sonsten nit übel beschrayte Personen und bey denen nach Beschaffenheit deß angegebnen Verbrechens, der Flucht halben kein Gefahr, zum Verhafft nit genommen werden ausser offner oder wissentlicher wahrer That oder offens Wesens und gemainen Ruefs, es seyen dann wider dieselb gnuegsame rechtmässige Vermuetungen und Anzaigungen verhanden, wie auch in dem 6. Articul Kayser Carls Halßgerichts-Ordnung thails vorsehen ist.*[10]

Der „böse Leumund" (mala fama) spielte also bereits bei der Verhaftung, wie dann später im gesamten Verfahren eine entscheidende Rolle.

Die Zunahme der Verhaftungen zählt zu den charakteristischen Merkmalen der Strafrechtsentwicklung im 16. Jahrhundert. Während im Mittelalter die obrigkeitliche Gefangennahme eines Täters grundsätzlich nur bei erwiesener „Landschädlichkeit" oder bei der Ergreifung auf frischer Tat üblich war, beginnt nun die „fänkliche Annehmung" durch landesherrliche Amtleute auch in anderen Fällen immer häufiger zu werden.

Gerechtfertigt wird dieser gesteigerte Zugriff der Obrigkeiten auf die körperliche Integrität der Untertanen grundsätzlich mit dem von der Landesherrschaft verfolgten und von den Untertanen in der Regel gebilligten „öffentlichen Interesse" bei der Wahrung von Sicherheit und Ordnung: Dieses erforderte neue Maßnahmen der Verbrechensbekämpfung, vor allem aber die „schnelle Verhaftung" und den „schnellen Prozeß".

Die Zeitgenossen haben diese gefährliche Entwicklung hin zum „Verhaftungsstaat“ durchaus gesehen, und die bayerischen Landstände haben sich seit dem 15. Jahrhundert auf den Landtagen über die häufigen Verhaftungen beschwert,[11] zuletzt noch auf dem Landtag von 1605.

Im gleichen Jahr 1605 hatte auch der Hofoberrichter Sebastian Höhenkircher anläßlich einer Hofratsvisitation die Mißstände bei den Verhaftungen geschildert: Niemand von den Unterbeamten wisse genau, wann er zu einer Verhaftung berechtigt sei.[12]

Die Untertanen selbst waren dagegen machtlos. Die dann in den Gesetzen (1616) normierten Verhaftungsbeschränkungen stellten keine Freiheitsgarantien für die Untertanen, sondern vor allem Anweisungen an die Beamten dar. Ihre Wirksamkeit war auch deswegen relativ, da den Beamten ein großer Ermessensspielraum bei ihrer Anwendung zustand, etwa bei der Beurteilung der für die Verhaftungsbefugnis (bis heute) entscheidenden Frage, ob Fluchtgefahr vorlag. So wurde es immer mehr üblich, schon zu bloßen Ermittlungszwecken zu verhaften, gerade um Verdächtige nach weiteren Straftaten und Tätern befragen zu können. Dies galt auch für unbedeutende Straftaten, wie etwa Leichtfertigkeitsdelikte. Ein gesetzliches Verhaftungsrecht gab es etwa bei Störungen der öffentlichen Ordnung[13] und bei „Rumorhandlungen“.[14]

Die „Verhaftungseuphorie“ führte soweit, daß viele Unterbeamte beim geringsten Verdacht sofort verhafteten, ohne sich die Mühe zu machen, bei Dritten nachzufragen. Sie hofften, durch ein Geständnis des Delinquenten den Fall schnell lösen zu können. Der Hofrat mußte daher öfters die Unterbeamten ermahnen, sich vor einer Verhaftung zunächst einmal über die Indizien Klarheit zu verschaffen: sie sollten bei Dritten den Leumund des Verdächtigen ermitteln und zu diesem Zweck vor allem bei „glaubwürdigen“ Personen und bei Amtspersonen sachdienliche Erkundigungen einziehen. Größten Wert legte man beim Hofrat darauf, daß die Befragungen der Zeugen unter Eid erfolgten (... *weitere Erfahrung uf leiblichen geschwornen Aydt ... einholen*).[15]

Stellte die Oberbehörde fest, daß der jeweilige Richter ohne ausreichende Indizien die Verhaftung angeordnet hatte, mußte dem Betroffenen durch den voreiligen Richter ein Schein ausgestellt werden, daß die Verhaftung zu Unrecht geschehen sei. In der Regel hatte der Richter dann auch noch die Verpflegungskosten selbst zu übernehmen.[16] Die Zunahme der Verhaftungen geschah ungeachtet der Tatsache, daß die Verhaftung und der Aufenthalt in einer Fronveste generell einen Ehrverlust bedeuteten, der nur durch ein besonderes Verfahren, d. h. durch eine entsprechende Bestätigung des Landesherrn, wieder ausgeglichen werden konnte.

4. Verfahrenshindernisse

a. Adelsprivilegien

Schon in der Ottonischen Handfeste von 1311 wurde dem Adel in Zivil- und Strafsachen der Gerichtsstand vor dem Herzog zugesichert. Im Laufe des 16. Jahrhunderts haben jedoch bei weniger schwerwiegenden Delikten, insbesondere bei Mandatsvergehen, die landesherrlichen Kollegialbehörden, Hofrat, Hofkammer und Regierungen auch selbständig Strafen gegen Adelige verhängt, ohne im Einzelfall den Herzog einzuschalten. Dies führte dazu, daß selbst Verhaftungen von Adeligen, die nach der Gesetzeslage durchaus möglich waren,[17] besonders im Bereich der Sittlichkeitspolizei, ohne Vorwissen des Herzogs angeordnet wurden.

Aus gegebenem Anlaß brachte 1606 Herzog Maximilian den landesherrlichen Vorbehalt wenigstens in diesem Punkt wieder zur Geltung. Der Hofrat hatte damals, ohne den Herzog zu fragen, den schon seit längerem wegen seines üblen Lebenswandels auffällig gewordenen Hans Auer von Pullach wegen Beleidigungen und Gotteslästerung verhaften und in den Falkenturm bringen lassen. Als der Herzog davon erfuhr, ordnete er mit Dekret vom 31. Januar 1606[18] an, daß in Zukunft bei der Verhaftung eines Adeligen seine Genehmigung eingeholt werden mußte. Die konkrete Inhaftierung des Hans Auers von Pullach hielt der Herzog angesichts der Geringfügigkeit des Delikts für eine unangemessene Reaktion. Die landesherrliche Zustimmungserfordernis bei der Verhaftung von Adeligen ist seitdem als fester Grundsatz in der bayerischen Strafrechtspflege beachtet worden.[19] Verwahrungsort für adelige Delinquenten war in der Regel das sogenannte Grafenstüberl in der Alten Residenz.

Offensichtlich häuften sich zu Beginn des 17. Jahrhunderts bei Adeligen die Totschlagsdelikte (Duelle!). Den adeligen Delinquenten gelang es meistens zu fliehen. Damit war die Sache in der Regel erledigt. Wenn sich der Adelige mit seinem Kontrahenten einigte, wurde ihm üblicherweise die Landshuld erteilt. Diese Privilegierung des Adels wollte Maximilian angesichts der Zunahme der Totschlagsdelikte nicht gelten lassen. In einem Dekret vom 1. Februar 1610[20] verwies er darauf, daß *es das Ansehen habe, da sich ainer nur in die Flucht gebe, man ihme alles nachsechen misse*. Dem Hofrat wird befohlen, die adeligen Landflüchtigen vor die einheimischen Gerichte zu zitieren und, wenn sie nicht erschienen, gegen sie nach gemeinem Recht zu verfahren, also vor allem mit Konfiskation der Güter.

b. Minderjährigkeit

Nach Art. 164 der Carolina waren „Jugendliche“ ab 7 Jahren generell strafmündig. Dies entsprach den Grundsätzen des römischen Rechts. Auch im Herzogtum und Kurfürstentum Bayern machte man davon keine Ausnahme, doch achtete man darauf, daß Minderjährige (unter 14 Jahren) nicht mit der poena ordinaria belegt wurden. Sie wurden also nicht hingerichtet, konnten aber gefoltert werden. Bei Hinrichtungen ihrer volljährigen Komplizen mußten sie aus erzieherischen Gründen anwesend sein.

Die Bestrafung wie auch die Folter Minderjähriger erfolgte in der Regel durch Rutenzüchtigung. Der Hofrat wies dann etwa den zuständigen Pflegsbeamten an, er soll bei dem verhafteten Buben *ain: oder zwaymahl ein Product biß auf das Bluett abhauen* lassen.[21] Sehr oft wird der Minderjährige zur Erziehung in die Obhut einer vertrauenswürdigen Person gegeben.

Eine bekannte Erscheinung bei den Hexenprozessen war die große Zahl von Minderjährigen, die sich selbst und vor allem ihre Verwandten der Hexerei bezichtigten. Bei den im Bereich des Herzogtums und Kurfürstentums durchgeführten Hexenprozessen pflegte man zwar die Denunziationen von Minderjährigen zu berücksichtigen; Hinrichtungen von Kindern und Minderjährigen selbst sind aber nicht bekannt. Mit dem Zaubereivorwurf belastete Kinder und Jugendliche übergab man in der Regel den lokalen Obrigkeiten oder Privatleuten zur Aufsicht und Erziehung. Als etwa 1618 in Ingolstadt ein Kind (Philipp Maurer) zwei andere Kinder (Helena und Alexander Niklas) der Zauberei beschuldigte, befahl der Hofrat die drei Kinder von zuhause fortzubringen und in ein Spital zu schaffen.[22]

c. Unzurechnungsfähigkeit

Unzurechnungsfähige Täter wurden je nach Gefährlichkeit oder Schwere der Tat entweder amtlich verwahrt oder einem Dritten zur Verwahrung übergeben. Die Frage, ob ein Täter unzurechnungsfähig war, mußte in der Regel durch die zuständigen Beamten selbst geklärt werden, wobei es offenbar besondere Schwierigkeiten machte, zwischen echter Unzurechnungsfähigkeit in Folge einer krankhaften Geistesstörung einerseits und „angeborener" Bosheit und Charakterschwäche andererseits zu unterscheiden. Typisch ist es etwa, wenn der Hofrat in München 1579 die Regierung von Landshut überprüfen läßt, ob der in Frage stehende Delinquent *seiner Vernunft beraubt und nit recht bei Synnen* oder ob das Verhalten des Delinquenten nicht etwa *ain angemaste, trutzige und aigensinige Poshait und Muetwillen sei.*[23] Im letzteren Fall sei er an den Pranger zu stellen, auszupeitschen und auf ewig des Landes zu verweisen. Auch beschränkte Zurechnungsfähigkeit war strafmildernd zu berücksichtigen, also beispielsweise wenn es sich um einen „einfeltigen" Menschen handelte. Dies mußte der Unterbeamte ebenso prüfen und in seinem Bericht an Hofrat oder Regierungen vermerken. 1620 werden dem Pflegsverwalter von Neustadt die Verpflegungskosten für einen Inhaftierten auferlegt, weil er es versäumt hatte, dem Hofrat und der mit dem Gutachten beauftragten Universität rechtzeitig mitzuteilen, daß der Delinquent *ein recht geborener und kein simulierter einfeltiger Mensch* sei.[24]

d. Verfolgungsverjährung

Während die Carolina von 1532 grundsätzlich keine Verfolgungsverjährung kannte, führte die Bayerische Malefizprozeßordnung 1616 (Tit. 2, Art. 5) die im gemeinen Strafrecht des 16. Jahrhunderts üblich gewordene 20jährige Verfolgungsverjährung ein. Ausgenommen davon waren aber gewisse schwere Delikte wie Ehebruch mit Blutschande, Notzucht, Ketzerei, Majestätsbeleidigung, Kindsunterschiebung, Mord an Vater, Mutter, Gatten oder Kind, Mord auf Bestellung, Abtreibung und Falschmünzerei. Mit diesen Ausnahmen von der Verjährung geht die Strafrechtsentwicklung im 16. Jahrhundert in ihrer Rigorosität über das römische Recht hinaus.

Die Praxis scheint indes bei geringeren Delikten die 20jährige Verjährungsfrist nicht beachtet zu haben, etwa bei einfachem Ehebruch. Hier hielt man sich in der Regel an das römische Recht (Lex Julia), das eine fünfjährige Verjährungsfrist vorsah. Konsequenterweise wurde dann in der Oberpfälzischen Malefizprozeßordnung von 1657/59 noch angefügt: ... *ausgenommen den Ehebruch und andere dergleichen Verbrechen, denen vermög der Rechten ein wenigere Zeit zur Verjährung verordnet.*[25]

e. Exemtion der Geistlichen[26]

Geistliche unterstanden der Gerichtsbarkeit ihres jeweiligen Bischofs, doch hatten die landesherrlichen Beamten das Recht, einen straffälligen Geistlichen zu verhaften. Unter welchen Voraussetzungen das geschehen durfte, und wie die Auslieferung an den zuständigen Bischof zu erfolgen hatte, regelte im wesentlichen das Konkordat von 1583 (Kap. 3) sowie die Polizeiordnung von 1578 (Bl. 37). Bei minder schweren Delikten und wenn kein Fluchtverdacht bestand, genügte es, wenn der Geistliche Bürgschaft leistete und versprach, sich bei seinem Ordinarius persönlich einzustellen.[27] In schweren Fällen und bei Fluchtverdacht durfte der Geistliche von den landesherrlichen Amtleuten – unter Vermeidung aller Ausschreitungen! – verhaftet und an den zuständigen Bischof ausgeliefert werden.

Bei Sittlichkeitsvergehen, insbesondere bei Konkubinatsdelikten, sollte nach den Bestimmungen der Polizeiordnung 1578 (Bl. 37) die Verhaftung und Auslieferung die Regel sein: *So ordnen und wollen wir hiemit, do ain Priester in disem Lasster hinfüran ergriffen wurde, das er alßbald zu Fencknuß gebracht, seinem Ordinario uberschickt und demselben beyneben geschriben werde, das wir dergleichen Priester in unserm Fürstenthumb zu gedulden kains weegs gedacht seyen, wie dann auch neben solchem dem Collatori sein beneficium ainem andern tauglichen und erbarn Priester fürderlich zu verleihen, alsbald zugeschriben werden soll.*

Die Bestrafung der Geistlichen durch die Ordinarien vor allem in Konkubinatsfällen wurde von den Zentralbehörden überwacht. Die Unterbeamten mußten dem Hofrat laut Dekret vom 8. April 1617 jeweils mitteilen, ob die Geistlichen von ihrem Ordinariat mit Geldstrafen belegt worden waren. In diesem Falle war nämlich nach den Bestimmungen des Konkordats von 1583 das Geld entweder für den Kirchenbau oder für wohltätige Zwecke im Herzogtum zu verwenden. Bei den anderen Strafen bestand eine Berichtspflicht, wenn zwischen Verbrechen und Strafe ein offensichtliches Mißverhältnis bestand.

Bei Untätigkeit der kirchlichen Gerichte konnte der Landesherr konkurrierend tätig werden. Dieses Eingriffsrecht bei kirchlichem Versagen beanspruchte der Landesherr seit dem Mühldorfer Reformkonvent von 1522. Durch ein päpstliches Indult vom 20. Februar 1581 erhielt der bayerische Herzog ausdrücklich die subsidiäre Strafgewalt über zölibatäre Priester.

5. Asyl und Freiung[28]

Das Asyl ist eine uralte auf das antike Tempelasyl zurückgehende Einrichtung. Ein Delinquent, dem es etwa nach einem Totschlag gelang, in ein kirchliches oder ein weltliches Asyl zu flüchten, konnte nicht mehr als „handhafter" Täter (ohne Möglichkeit des Reinigungseids) im schnellsten Verfahren abgeurteilt werden. Er hatte also in der Regel die Chance, durch das Asyl der sicheren Hinrichtung zu entkommen, Sühneverhandlungen anzubahnen oder anbahnen zu lassen. In den Stadtrechten wird die „Freistatt" vielfach für jedes Haus gewährt. Der Hausherr darf den Delinquenten auf Grund seiner „Hausehre" beschützen. Während die Freistatt im Haus im Laufe der Zeit durch Befristung und Ausnahmeregelungen nur noch eine untergeordnete Rolle spielte, stieg die Bedeutung der kirchlichen Asyle. Seit dem 13. Jahrhundert versuchten die geistlichen Institutionen gerade über die Ausweitung des Asyls Einfluß auf das Strafverfahren zu gewinnen.

Ein berühmtes Asyl stellte bis zum Ende des alten Reichs das Kloster St. Ulrich und Afra in Augsburg dar, das schon im Augsburger Stadtrecht von 1276 erwähnt wird. Das Asyl in diesem Kloster begann an der Stiege (*Grede*) und dauerte nicht länger als drei Tage. Diese Beschränkung finden wir auch im Passauer Stadtrecht von 1225 für das Kirchenasyl. Nicht asylberechtigt war der Geächtete, wird er trotzdem beherbergt, muß die Kirche dem Vogt Schadensersatz zahlen.

Art. XII (Augsburger Stadtrecht 1276)
Welh reht daz closter von sant Ulriche hat ze behalten einen ieglichen schaedlichen man
Daz closter von sant Ulriche hat daz reht: swaz ein man tut der dar geflohen kumt, als er uf die grede kumet, so sol er friede haben, unde hat daz closter in gewalt ze behaltenne dri tage. Unde swenne man hinze dem selben man gerihtet mit der aehte umbe swelhe sache daz ist, unde daz dem apte chunt getan wirt oder samenunge, so suln si in niht furbas gehalten. Behaltent si in daruber langer danne als davor gesprochen ist, su brichet niemen chain reht an in.

Das Asylrecht der in der Stadt gelegenen Klöster führte zu großen Konflikten zwischen den städtischen und kirchlichen Einrichtungen. Einen typischen Fall aus der Zeit um 1300 berichtet uns der bayerische Geschichtsschreiber Aventin in seiner Baierischen Chronik:[29]

Der Kriminalfall: Mißachtung des bischöflichen Asyls in Regensburg

Es geschah sonst auch dieser Zeit zu Regensburg ein großer Auflauf von eines Mordes wegen. Es war dieser Zeit der Brauch zu Regensburg … wenn ein Bäcker zu kleines Brot buk, strafte man ihn, setzte ihn auf einen Schneller und ließ ihn in ein Pfütze oder Kotlache fallen. Ein Bürger zu Regensburg stieß einen Bäcker, den man also gestraft hatte und der wieder aus der Pfütze gehen wollte, wieder in die Lache. Der Bäcker schwieg still und ließ es geschehen. Später als ein Priester mit dem Sakrament einherging, der es zu einem Kranken tragen wollte, und derselbige Bürger niederkniete, ermordete ihn obbemeldeter Bäcker und entrann in des Bischofs Hof an die Freiung. Die Bürger nahmen den Bäcker mit Gewalt heraus und ließen ihm den Kopf abschlagen. Bischof Niklas ward zornig über die Bürger und sagte, sie hätten schwer gefrevelt und die Freiheit der Kirche an ihm gebrochen; er wollte, daß sie ihm den Frevel und die Gewalt abtrügen. Die Bürger verachteten des Bischofs Begehren und meinten, sie hätten wohl und recht getan, kein Mörder (und voraus ein solcher) hätte nirgends keine Freiheit nit. Der Bischof zog aus der Stadt gen Oberaltaich; allda ist er gestorben und liegt auch allda begraben.

Während in anderen Ländern das Asylrecht von den Landesherrn seit dem 16. Jahrhundert weitgehend beseitigt wurde (Frankreich 1539, England 1624), blieb es in den deutschen Territorien und auch im Kurfürstentum Bayern bis ins 18. Jahrhundert bestehen. Man unterschied, wie bereits erwähnt, zwischen einer kirchlichen und einer weltlichen Freiung (Freistätte). Die Voraussetzungen für die Gewährung des Asyls in einer kirchlichen Freiung regelte das Kirchenrecht. Im Einzelfall bestimmte die kirchliche Obrigkeit, ob der jeweilige Delinquent Anrecht auf den Schutz des Asyls hatte. Ausgeschlossen von der Asylgewährung waren zum Beispiel Kapitalverbrechen.

Die weltlichen Bestimmungen, wie etwa die Bayerische Malefizprozeßordnung 1616 (Tit. 2, Art. 10) und später dann der Kriminalcodex 1751 (Teil 2,

Kap. 6, § 15), listen die Versagungsgründe auf. So nennt etwa erstere *Todtschläger, welche jemand mit Vorbedacht und Fürsatz und noch mehr durch haimliche Nachstellung und verrätherisch oder Bestellung der Todtschläger oder durch Gifft vom Leben zum Todt gebracht; offentliche Mord; Brenner; Straßenrauber; nächtliche Verderber der Feldfrüchten; die sich zu jemandts Ertödtung bestellen lassen; beschraite Dieb; rechte Gotteslästerer; die welche das Laster belaidigter Majestät begehen oder ihren Landtsfürsten angreiffen; Ketzer; Juden, die apostiert haben; fürsetzliche betrogne Falliten; auch diejenige, welche in der Kirchen oder anderm gefreyten Ort gewesen mit Schiessen, Werfen oder sonsten beschädigt ...*

Die Entscheidung darüber, ob solch ein „crimen exceptum" vorlag, für das kein Asylschutz beansprucht werden konnte, lag im geistlichen Asyl beim zuständigen Bischof. Dies setzte eine Konstitution Papst Gregors XIV. vom 24. Mai 1591 ausdrücklich fest, in der die einschlägigen Straftaten aufgelistet waren. Bis zur Klärung der Frage konnte der Täter in ein geistliches Gefängnis gebracht und dort gefangen gehalten werden. Die Entscheidung über die Auslieferung hatte in jedem Fall der Bischof oder ein von ihm Beauftragter zu treffen. Die bayerischen Landesherrn einigten sich im 18. Jahrhundert mit dem Freisinger Bischof dahingehend, daß in Zweifelsfällen ein bischöflicher Kommissar die vorläufige Verwahrung in einem landesherrlichen Gefängnis anordnen konnte.[30]

Wem es gelungen war, in eine Freiung zu flüchten, konnte von dort aus ein Inzichtverfahren in Gang setzen oder mit der Obrigkeit über das Strafmaß verhandeln. Die Obrigkeit war befugt, Asylanten als Landesflüchtige zu behandeln, also die Güter zu konfiszieren. Mit Genehmigung des Landesherrn konnte der Flüchtige die Freiung auch zeitweise verlassen, ohne verhaftet zu werden. Die Freiung in Friedberg war wegen ihrer Nähe zu Augsburg und als Grenzort offensichtlich eine der beliebtesten Asylstätten des Herzogtums. 1610 flüchteten sich dorthin zwei Kaufleute, die von der Frankfurter Kaufmannschaft wegen Konkurses gesucht wurden. Der Hofrat ließ nun im Archiv nachprüfen, ob in der Friedberger Freiung auch die Vermögenswerte geschützt waren, oder ob man diese den beiden Kaufleuten wegnehmen konnte.[31] Wenn die Täter nach einer Straftat ins benachbarte Ausland flohen, waren sie keineswegs sicher. Sobald die bayerische Obrigkeit von ihrem Aufenthaltsort erfuhr, mußten sie mit einer Auslieferung rechnen. Daher suchten flüchtige Delinquenten auch im Ausland Freiungen auf. Als etwa im Jahre 1640 bei einem „Rumor" außerhalb von Dasing im Landgericht Friedberg ein gewisser v. Schwendi einen v. Gemmingen erschlug, floh der Täter in die Freiung des Reichsklosters St. Ulrich und Afra in Augsburg.[32]

Strittig war nicht selten, was eigentlich als kirchliche und weltliche Freiung zu gelten hatte. Pfarrhöfen gestand man in Bayern grundsätzlich keine Immunität zu. Dies bestätigte ein Generale von 1726.[33] Geistliche Hospize dagegen genossen das Immunitätsrecht, während bei städtischen Spitälern (wie beim Münchner Heilig-Geist-Spital) der Landesherr trotz eines geistlichen Gründungsaktes die Immunitätseigenschaft in Frage stellte, weil wegen der ausgedehnten Baulichkeiten eine räumliche Fixierung des Asylrechts schwierig war.[34] Die weltlichen Freiungen beruhten auf einer urkundlich oft nicht mehr nachvollziehbaren Sonderstellung und einem alten Herkommen. Eine bedeutende weltliche Freiung befand sich in Friedberg, uralt war auch die Freiung im Schloß (Hofmark) Maxlrain im Bezirk des Landgerichts Aibling. Das Schloß soll der Sage nach von Karl dem Großen erbaut worden sein. Der bayerische Landesherr erkannte das Maxlrainer Asyl jedoch nicht unbeschränkt an, vor allem nicht bei schweren und vorsätzlichen Verbrechen. 1610 machte man eine Umfrage bei den Landgerichten des Rentamts München, welche „Asyla und Freyung" sich im jeweiligen Gerichtsbezirk befinden würden. Dabei stellte sich heraus, daß es in einigen Landgerichten (wie etwa Wasserburg) keinerlei Freiungen gab.[35]

Deutlich ist die seit dem Beginn des 17. Jahrhunderts sichtbare Tendenz, die geistlichen und weltlichen Freiungen einzuschränken. So werden etwa die Insassen des 1682 gegründeten Münchner Zuchthauses, die man ja vor allem aus erzieherischen und ordnungspolitischen Gründen und nicht wegen bestimmter Delikte verhaftet hatte, nicht für asylfähig gehalten: *Weil sich das liederliche und heillose Gesindel, welches zur Arbeit in das Zuchthaus condemnirt wird, zuweilen los macht und in die Freyung begibt, deren sie aber ex defectu alicuius delicti* (wegen Fehlens einer bestimmten Straftat) *nicht fähig seynd, so ist auf solchen Fall die Extradition* (Auslieferung) *zu begehren und in dem Weigerungsfall mit der Herausnehmung vorzugreifen.*[36]

Als besonders problematisch erwies sich immer wieder die Freiung im Münchner Franziskanerkloster. Wohl aus gegebenem Anlaß wurden 1611 die Hofräte Hundt und Vagh vom Landesherrn beauftragt, mit der Stadt München wegen des „Einlauffens" der Totschläger in die Freiung des Münchner Franziskanerklosters zu verhandeln.[37] Insbesondere sollte die Freiung in der Nacht zugesperrt werden. Bürger, in deren Behausung ein Totschlag oder eine gefährliche Beschädigung geschehe, sollten sofort zum Mesner des Klosters laufen, *die Spörr* (Glocke, mit der die Sperrstunde eingeläutet wird) *leutten lassen und auf gehörten Gloggenstraich* sollte man *gewisse bestöllte Wechter für der Franciscaner Freithofporten* aufstellen lassen, um den Delinquenten den Weg zu versperren. Ob der Vorstoß des Hofrats den gewünschten Erfolg hatte, läßt sich aus den Protokollen nicht ersehen. In einem späteren spektakulären Fall aus dem Jahre 1679 – es handelte sich um einen Mordanschlag auf den geheimen Ratskanzler Kaspar von Schmid – konnte der Täter vom Jesuitenkolleg aus unbehelligt durch die Stadt eilen, um im Franziskanerkloster Asyl zu suchen, von wo er dann allerdings umgehend wieder herausgeholt wurde. Der Vorgang führte zu einem entsprechenden Protest des Freisinger Bischofs.[38]

Tatsächlich bedeutete das Asyl im Franziskanerkloster für die Rechtspflege in München eine schwere Beeinträchtigung. Doch hat es selbst der Kurfürst Maximilian nicht gewagt, das Asylrecht der Klöster zu beseitigen, wie das etwa 1645 in Wien für alle Klöster geschah. Auch das Franziskanerkloster in Ingolstadt war eine beliebte Freiung, namentlich für Studenten der Universität. Oft war das Kloster nur die erste Etappe für eine endgültige Flucht bei einem Totschlagsdelikt. Einen solchen Fall schildert ein Bericht der Universität an den Landesherrn vom 8. Februar 1602: Der Jurastudent Hans Philipp Hundt hatte bei Auseinandersetzungen in einem Wirtshaus außerhalb Ingolstadts, bei denen es um eine „Huer“ ging, einen Kommilitonen erstochen und floh dann ins Franziskanerkloster. Hundt wurde dort zwei Tage nach der Tat verhört, entwich aber wenig später unbemerkt aus dem Kloster. Dabei entstand der wohl nicht unbegründete Verdacht, der aus einem alten bayerischen Adelsgeschlecht stammende Täter sei *durch ungebirliche und unveranttwortliche Fürschub geist- und weltlicher Personen nit allain aus der Freyung, sondern gar auß der Statt entronnen.* Diesen schweren Vorwurf erhob der Stiefvater des (bürgerlichen!) Getöteten.

Der Kriminalfall: Die Freiung Hohenberg an der Eger

Eine der bedeutendsten Freiungen auf dem Gebiete des heutigen Bayerns war die Freistatt Hohenberg an der Eger – das „Fichtelbergische Asylum“. Als kaiserliches und fürstliches (brandenburgisches) Asyl unterschied es sich von allen Freistätten dadurch, daß der Asylsuchende innerhalb einer großen räumlichen Ausdehnung eine praktisch unbegrenzte Aufenthaltsmöglichkeit besaß. In Hohenberg zeigten vier Freiungssäulen als Grenzmal den Freistattsbezirk an. Die etwa 2,10 Meter hohen Säulen standen an den jeweiligen Ausfallstraßen. Im 19. Jahrhundert wurden sie in den Burghof gebracht, wo sie sich heute noch befinden.

Die Freiung in Hohenberg geht weit ins Mittelalter zurück. Sie spielte wegen ihrer Lage an der Straße nach Böhmen (Schirnding) eine wichtige Rolle. Jeder, der in Hohenberg Schutz suchte („Geleit begehrte“), bekam zunächst die Freiungsartikel vorgelesen, auf die er mit einem Handgelübde vereidigt wurde. Sie enthielten vor allem die Aufenthaltsbedingungen: An Geleitgebühren waren zunächst ein Gulden und ein Groschen pro Jahr zu zahlen. Bei der Entlassung aus dem Geleitbezirk gab es ein Zeugnis: *Demnach Vorweiser dies … in das Kaiserl. und Fürstl. Brandenburgische Glaidt nacher Hohenberg begeben, auch … an und auffgenommen worden. Weil er aber nunmehro mit seiner Gerichtsherrschaft und dann der Wittib sich gütlichen verglichen und widerum nach Haus zu den Seinigen zu begeben willens, als hat er auch an heut benanntem Dato seinen ehrlichen Abschied aus dem kaiserl. und fürstl. Glaidt genommen und mit gutem Willen und Vorbewußt der Gerichte abgeschiden; sich in während Hiersein, still eingezogen, friedlich und wohlverhalten, wie solches die Glaidts-Articul mit sich bringen …*[39] Die Verwaltung der Freistätte in Hohenberg an der Eger und die Aufsicht über die Asylanten war Aufgabe des dortigen Amtmanns und Burgkommandanten. 1799 wurde das Hohenberger Asyl aufgehoben.

Der Kriminalfall: Das Asylrecht des Domkapitels Freising

Eine strafrechtliche Besonderheit stellte das Asylrecht des Domkapitels in der Stadt Freising dar. Dieses Asylrecht beschränkte sich nicht auf die Häuser der Domherren, sondern umfaßte die ganze Stadt Freising, die *Straßen und Gassen*. Der Ursprung dieses außerordentlichen Privilegs liegt im Dunkeln; eine kaiserliche oder landesherrliche Privilegierung war schon im 16. Jahrhundert nicht mehr auffindbar. Man vermutete, daß das Asyl bei der Verlegung einer Gerichtsschranne in die Stadt Erding vom Landesherrn erworben worden ist.
Beim Asylrecht des Domkapitels handelte es sich also nicht um das übliche geistliche Asyl, wie es in Kirchen und Klöstern gewährt wurde, sondern um ein weltliches Asyl besonderer Art. Gelang es einem Delinquenten – in der Regel handelte es sich um Totschläger – nach Freising zu fliehen, so konnte er beim Domkapitel den sogenannten Freiungsschlüssel beantragen. Ersetzt wurde dieser später durch Ausstellung eines „Freiungszettels", der beim Syndicus des Domkapitels zu beantragen war. Das Asyl durfte dem flüchtigen Delinquenten nur dann verweigert werden, wenn es sich um ein *crimen exceptum* handelte, wie etwa Landesverrat, Mord oder Raubmord.
Im 18. Jahrhundert, als in den Territorien das Asylrecht mehr und mehr beseitigt wurde, bemühte sich auch der fürstbischöfliche Hofrat, das Asylrecht des Domkapitels einzudämmen. Anlaß gab der Fall eines fürstbischöflichen Hofkammerkanzlisten, der in Verdacht stand, seine Frau getötet zu haben und daraufhin vom Domkapitel das Asylrecht erhielt. Als nun der Bischof diesem Delinquenten, der ungestört in der Residenz ein und aus ging, auf der Straße begegnete, schrieb er dem Domkapitel einen erbosten Brief, mit der Folge, daß das Domkapitel den Delinquenten aus dem Asyl entließ.
Nicht nur beim Bischof, sondern auch in der Freisinger Öffentlichkeit erregte es Aufsehen, daß die Asylanten sich frei in der Stadt bewegen konnten: Ein Wilhelm Sutor, der um 1730 wegen eines Totschlags von Landshut nach Freising geflüchtet war, schwängerte in Freising ein Mädchen und heiratete es. Der Freisinger Hofrat bezweifelte, daß ein Delinquent nach zwei Jahren noch asylfähig sei. Das Domkapitel behauptete jedoch, das Asyl sei zeitlich unbegrenzt.
Als in den 40er Jahren des 18. Jahrhunderts besonders häufig desertierte kurbayerische Soldaten in Freising um Asyl suchten, mußte das Domkapitel auf bayerischen Druck hin die Soldaten wieder zurückliefern, allerdings nur gegen Zusicherung, daß gegen die Delinquenten keine Leibes- und Lebensstrafen verhängt würden. Das Ende des Freisinger Domkapitelasyls kam 1747, als der Fürstbischof anordnete, daß die Asylanten nicht mehr außerhalb der Domherrenhöfe geduldet werden. 1761 wurde jedenfalls ein asylsuchender Totschläger aus Kelheim, den man außerhalb eines Domherrenhofs in der Stadt aufgriff, wieder nach Bayern ausgeliefert.

Ende des 18. Jahrhunderts kommt das Ende der geistlichen und weltlichen Freiungen. Sie werden von der staatlichen Obrigkeit aufgehoben – beispielsweise in den fränkischen Fürstentümern am 4. Juni 1799 –: *Die Aufrechterhaltung der sogenannten Freyungen an verschiedenen Orten in den fränkischen Fürsten-*

tümern, als zu Hohenberg im Bayreuthischen und zu Roth, Prichsenstadt, dann Absberg im Anspachischen Fürstentum, ist der dermaligen Staatsverfassung nicht mehr angemessen … Die Verstattung von Freyungen würde überdies eine Quelle von Irrungen mit auswärtigen Gebietsherren sein und den königlichen Untertanen und Eingesessenen können dergleichen Freystäte nach den bestehenden Criminalgesetzen, da wo diese die Verhaftung erforderlich machen, nicht verstattet werden …[40]

6. Verhör

a. Das gütliche Verhör

Die erste Befragung des verhafteten Delinquenten mußte immer „gütlich" sein, d. h. der Pfleger, Landrichter oder Pflegsverwalter hatten das erste Verhör ohne Anwendung von Zwangsmitteln außerhalb der Folterkammer durchzuführen. Alle entscheidenden Befragungen im Strafverfahren selbst durften nicht vom Richter allein vorgenommen werden: Es mußten immer auch geschworene Beisitzer anwesend sein. In der Regel waren das Mitglieder des Stadtrats des jeweiligen Gerichtssitzes. Zur Protokollierung der Aussage benötigte man darüber hinaus noch den jeweiligen Gerichtsschreiber.

Die Befragung war formalisiert:[41] Dem Verdächtigen waren sogenannte „Fragstücke" vorzulegen, die man aus den vorliegenden Indizien gewonnen hatte. Dieses sogenannte „artikulierte" Verfahren war dem Zivilprozeß entnommen und entsprechend schwerfällig. Gestrafft wurde es durch die Bestimmungen der Bayerischen Malefizprozeßordnung 1616: Dem Beschuldigten mußten nun grundsätzlich nicht die Aussagen der Zeugen mitgeteilt werden, und bei dem (schwer einzugrenzenden) Typ des „landschädlichen" Delinquenten bedurfte es nicht einmal vorhergehender Einzelermittlungen („Erfahrungen") für die Abfassung der Fragstücke. Suggestivfragen waren zwar schon auf Grund des Art. 56 der Carolina von 1532 verboten, doch zeigen Beschwerden auf dem Landtag von 1605[42] und die entsprechende Bestimmung in der Bayerischen Malefizprozeßordnung 1616 (Tit. 3, Art. 4), daß die Unterbeamten insoweit gerne den Weg des geringsten Widerstands gingen. Da Hofrat und Regierungen in vielen Fällen aus den vorgetragenen Ermittlungsergebnissen selbst die Fragstücke formulierten bzw. die Protokolle zur Einsicht vorgelegt bekamen, war ein bestimmter Standard gesichert. Grundsätzlich mußten die Antworten zu jedem Punkt schriftlich festgehalten und mit den Fragen an den Hofrat bzw. an die Regierungen eingesandt werden. Sie bildeten die Grundlage für die weiteren Entscheidungen der Zentralbehörden, insbesondere für die Frage, ob die Anwendung der Folter geboten sei.

Mit der „gütlichen" Befragung gab man sich zufrieden, wenn der Täter die ihm vorgeworfene Tat gestand und die Umstände klar waren. Brachte der Täter

Vorführung eines Gefangenen vor den Richter. Holzschnitt aus der Bamberger Halsgerichtsordnung 1507.

strafmildernde oder strafaufhebende Umstände vor, z. B. Notwehr, so traf ihn die Beweislast. Zum Nachweis seiner Unschuld konnte er unter bestimmten Voraussetzungen in angemessener Frist eine Verteidigungsschrift einbringen bzw. einen Advokaten oder Prokuratoren zu seiner Verteidigung beiziehen.[43] Das jeweilige Gericht konnte dem Beschuldigten, wenn er schon verhaftet war, auch von Amts wegen aus den jeweiligen Gerichtsprokuratoren und Advokaten einen Verteidiger bestellen. In der Praxis scheint die Beiziehung von Verteidigern offensichtlich jedoch entgegen der Aussage der Gesetze eher unüblich gewesen zu sein, worauf auch die Beschwerden der Landstände auf dem Landtag von 1605 deuten.[44] Damals beklagten sich die Stände darüber, daß die Richter den Beschuldigten weder die Möglichkeit gaben, Verteidigungsschriften zu verfassen noch Verteidiger zu benennen.

Nicht untersagt war es, die Verhafteten im Zuge der Vernehmung auf die

FOLTERUNG EINES GEFANGENEN IN DER FOLTERKAMMER. Holzschnitt aus der Bamberger Halsgerichtsordnung 1507.

Möglichkeit der peinlichen Befragung hinzuweisen bzw. sie anzudrohen. Grundsätzlich mußte jedoch mit der tatsächlichen Bedrohung (durch „Besichtigung" der Folterkammer und Vorzeigen der Instrumente) gewartet werden, bis die übergeordnete Behörde auf der Grundlage des Protokolls der gütlichen Befragung einen entsprechenden Beschluß faßte.

b. Die Tortur[45]

Die Folter findet erst seit dem 14. Jahrhundert ihren Weg in das Strafverfahren. Ihre zunehmende Bedeutung als Teil des Strafprozesses steht wohl im Zusammenhang mit der Verdrängung der Gottesurteile und des Zweikampfes aus dem gerichtlichen Verfahren. Dabei wies die Folter durchaus Ähnlichkeiten mit dem Gottesurteil auf, denn das Durchstehen der Tortur bedeutete ja für den Delinquenten eine Art Gottesurteil zu seinen Gunsten: er durfte wegen des ihm angelasteten Delikts nicht mehr verfolgt werden.

Nach der Rentmeisterinstruktion von 1512, mit der die Kompetenz des Rentmeisters für Niederbayern und Oberbayern einheitlich geregelt wurde, müssen die Richter *alle Vizedomhändel, sobald sich einer begiebt, zu Stund an, mit Anzeigung der Ursachen des Verbrechens* sofort *gen Hof oder an anderes unser Regiment berichten und weiteres Geschäft darauf gewarten.*[46] Die Richter werden angewiesen, *keinen mit strenge Frage fürzunehmen und gichtigen, noch einen zu der Frage führen noch die fürhalten, sie haben dann dessen von uns oder unsern obersten Amtleuten, die es macht haben, sonderen Befehl. Es wäre dann ein Übeltäter an wahrer Tat begriffen oder daß genugsame offentliche und wissentliche auch rechtmässige und wahrhafte Ursachen und Bewegungen vor Augen wären, dadurch ein solcher Übeltäter der Notdurft nach sollte oder müßte in der Eile, ehe die Sachen gen Hof oder an unser Regiment gebracht, gefragt werden.* Der Beamte durfte also nur dann selbständig foltern, wenn der Delinquent auf frischer Tat (in flagranti crimine) ertappt worden war.[47] Das Prinzip, daß der Richter vor Ort nur in begründeten Ausnahmefällen selbst die Folter anordnen durfte, galt im Herzogtum und Kurfürstentum Bayern bis zur Aufhebung der Folter; es wird wiederholt im Bayerischen Landrecht von 1518, in der Bayerischen Landes- und Polizeiordnung von 1553, in der Bayerischen Malefizprozeßordnung 1616 und schließlich im Kriminalcodex 1751.

Bei einigen Deliktgruppen erhielten die Richter allerdings eine Pauschalermächtigung zur selbständigen Torturanwendung. Dies galt vor allem für Maßnahmen gegen gartende Knechte, Landstreicher und anderes „müßiggehendes Gesindel". Bei diesem Personenkreis mußten keine konkreten Indizien vorliegen, wollte man zur Folter schreiten. Gemäß Tit. 3 Art. 6 der Bayerischen Malefizprozeßordnung 1616 konnte der genannte Personenkreis wegen jeder beliebigen Tat peinlich befragt werden. Diese Befreiungen bei der Folteranwendung widersprachen eindeutig den Regelungen der Carolina von 1532 und des gemeinen Rechts, sie waren aber bezeichnend für die Entwicklung des Strafverfahrens seit der 2. Hälfte des 16. Jahrhunderts: Juristische Vorbilder für diese Entwicklung waren die italienischen Juristen wie Clarus und Farinacius. Wichtig erschien nun allein die „Effektivität" bei der Bewahrung von Sicherheit und Ordnung. Das sich in der Polizeigesetzgebung manifestierende Ordnungsdenken löste sich mehr und mehr vom Prozeßdenken des alten Strafprozesses. Als nach dem Ende des 30jährigen Krieges Räuberbanden und abgedankte Soldaten das Land unsicher machten, ermächtigte der Hofrat die Beamten in den Landgerichten *zu mehrer Abschreckung und Vertreibung dergleichen haillosen Gesindls gegen denjenigen, so davon zu Verhafft gebracht werden khönne,* zur selbständigen *Vornemmung der Tortur* als auch zur selbständigen Verhängung und Exekution der Strafe (Hängen oder Rädern).[48]

Die Folter durfte dann angewandt werden, wenn der Täter nicht schon anderweitig überführt war (durch Zeugen, Tatwerkzeuge u. ä.), selbst wenn kein Geständnis vorlag. Die Torturanordnung durch Hofrat oder Regierungen erfolgte erst, wenn der Tatverdacht ausreichend war: Dies hing von den Indizien und subsidiär vom Leumund des Verdächtigen ab. Von zentraler Bedeutung war gemäß Art. 45 der Carolina von 1532 dabei, daß der Verdacht durch ein corpus delicti ausreichend gesichert sei. Darüber hinausgehende normative Bestimmungen, welche Indizien für eine Tortur ausreichend waren, bringt für das Herzogtum Bayern die Bayerische Malefizprozeßordnung 1616 (Tit. 3, Art. 1). Sie verweist grundsätzlich auf die Art. 18–44 der Carolina, erläutert aber deren 23. und 30. Artikel genauer: Die vernommenen Zeugen durften nicht „singulares" sein, d. h. ihre Aussagen mußten zusammenstimmen. Bevorzugt sei den Aussagen „ansehentlicher" und „wolgeachter" Leute zu trauen. Eine Unschuldsvermutung zugunsten des Gefangenen gemäß Art. 30 der Carolina sei nicht möglich bei solchen Missetaten, welche von Haus aus „heimlich und schwer zu beweisen" waren oder wenn der Gefangene eine „leichtfertige Person und eines bösen Wandels ist". Mit dieser Erleichterung der Folteranwendung gerade bei kritischen Delikten wie Hexerei und Zauberei schlug man eine gefährliche Richtung ein, denn durch das Außerkraftsetzen der bisher geübten Indizienlehre machte man den Weg frei für die ungezügelte Anwendung der Tortur. Im Herzogtum Bayern entbrannte besonders im Zusammenhang mit den Hexenprozessen über diese Frage im Hofrat ein heftiger Streit.

Insgesamt kann man für die letzten Jahre des 16. Jahrhunderts von einer de-facto-Freigabe der Folter sprechen, ein Zustand, der auch durch die ungenauen Bestimmungen der Bayerische Malefizprozeßordnung 1616 nicht besser wurde, die im wesentlichen die Anwendung der Folter in das Ermessen der Richter stellte. Ein schlechter Charakter und ein schlechter Leumund konnten sich mit entsprechenden Denunziationen sehr schnell zu einem folterrelevanten Maß an Indizien zusammenfügen. Dabei legte man nicht selten sehr einfache Maßstäbe an: Als 1638 bei einem Raufhandel auf dem Kirchweihfest zu Marienberg (Landgericht Rosenheim) jemand zu Tode kam und mehrere Verdächtige verhaftet worden waren, wies der Hofrat den zuständigen Pflegsverwalter an, zum Zwecke einer gezielten peinlichen Befragung festzustellen, welcher der verhafteten „Rumoranten" möglicherweise als „hitzig, poldrisch" gelte und „zenckhischer Natur" sei.[49]

Nach dem Gesetz mußte der allgemeine Leumund (fama, „Geschray") in einem geregelten Verfahren festgestellt werden, insbesondere durch die beeidigten Aussagen von Zeugen und Bekannten. Diese Aussagen hatten eidlich zu erfolgen,[50] eine Sicherheitsmaßnahme, die von den Unterbeamten oft nicht beachtet wurde und vom Hofrat angemahnt werden mußte.[51] Der schlechte Leumund und sein Nachweis waren Voraussetzung für Verhaftung[52] und Tortur, wenn die „Anzaigungen" (indicia) für sich allein nicht ausreichten. Einen Verhafteten, dem man seinen schlechten Leumund nicht nachweisen konnte und gegen den die Indizien allein nicht ausreichten, konnte man zwar mit der Tortur bedrohen, foltern durfte man ihn nicht. Solche Fälle, in denen der Täter verhaftet, aber nicht unmittelbar gefoltert, sondern nur mit der Folter bedroht und schließlich entlassen wurde, sind außerordentlich häufig.

Auch der Umfang der Tortur hing davon ab, ob der Verhaftete einen mehr oder weniger guten Leumund hatte. Aus den schlechten Erfahrungen mit Denunzianten bei Hexenprozessen zog man sehr spät die Lehre, daß man sich bei den Ermittlungen des Leumunds sehr genau die Personen anschauen mußte, die sich über die Verdächtigen äußerten. Vor allem verließ man sich seit den 30er Jahren des 17. Jahrhunderts nicht mehr nur auf die Aussagen der Denunzianten. Daher hatten die meisten Hexereiverdächtigungen, die aus den Landgerichten nach München gemeldet wurden, keine weiteren Konsequenzen. Der Hofrat bestand nun regelmäßig auf einer strengen Überprüfung der jeweiligen Denunzianten. Als 1639 aus Wemding, dem berüchtigten „Hexennest", wieder einmal ein Hexereiverdacht gemeldet wurde, mußte der dortige Richter nachprüfen, ob die Verdächtige *der Hexerey halber beschrait: wie lang und wer diser Beschraiung Ursach und Anfänge gewesen seye …*[53]

Grundsätzlich konnte jeder Delinquent die gegen ihn sprechenden Indizien vor Anwendung der Tortur entkräften. Dabei durfte er sich auch des Beistands eines Advokaten bedienen. In der Praxis hören wir jedoch nur ganz selten davon, daß ein Advokat das Verfahren zugunsten des Verhafteten beeinflussen konnte. In der Regel sind es Interzessionen einflußreicher Personen, die einen Verhafteten möglicherweise vor der Tortur retten konnten.

Von der Tortur befreit waren gemäß Tit. 3, Art. 9 der Bayerischen Malefizprozeßordnung 1616 entsprechend dem gemeinen Recht in der Regel Adelige, Doktoren, Patrizier der größeren Städten und sonstige Würdenträger, sowie schwangere Frauen, Wöchnerinnen, Taube, Stumme und andere Kranke. Bei „schweren Lastern" konnte allerdings auch gegen die privilegierten Personen mit der Folter vorgegangen werden.

c. Wer führte die Tortur durch?

Bei der Tortur, die laut Bayerischer Malefizprozeßordnung 1616 generell vormittags durchzuführen war, mußte eine beschränkte Öffentlichkeit gewährleistet sein, d. h. die Anwesenheit einer Mindestanzahl von Personen war Voraussetzung für die Rechtmäßigkeit der Tortur. Die Bayerische Landes- und Polizeiordnung von 1553[54] forderte für eine in den Landgerichten durchgeführte Tortur die Anwesenheit des Pflegers bzw. des Richters, dann des Gerichtsschreibers (als Protokollführer) und einiger „Rechtssitzer", die in den Städten und Märkten (wo ja in aller Regel der Gerichtssitz war) aus den jeweiligen Räten genommen wurden. Die Bayerische Malefizprozeßordnung 1616[55] präzisiert: Der Richter soll zwei aus dem Rat als Beisitzer verpflichten und sie zur Verschwiegenheit ermahnen. Sitzt der Richter nicht in einer Stadt, so soll er zwei oder drei sonstige verständige Leute verpflichten.

Beisitzer und Gerichtsschreiber waren zur Geheimhaltung verpflichtet. Das Protokoll mit den Aussagen mußte dem Richter, den Beisitzern und dann dem Delinquenten vorgelesen werden. In Ausnahmefällen, etwa bei besonders geheimhaltungsbedürftigen Untersuchungen, hob man auch die durch die Teilnahme der Beisitzer hergestellte „beschränkte Öffentlichkeit" auf. So ordnete etwa der Hofrat 1641 bei einer größeren Untersuchung wegen Hexerei im Rentamt Straubing an, daß in Zukunft kein Ratsmitglied oder sonstiger Beisitzer dem Malefizexamen beiwohnen sollen, weil *dises aber ein solcher Proceß, welcher in möglichster Stille und Enge ze halten.*[56]

Die Durchführung der Tortur selbst war grundsätzlich Sache des Gerichtsdieners (Schergen). Unerwünscht war nach bayerischer Rechtspraxis also die Mitwirkung des Scharfrichters an der Tortur. Dieser sollte allein für die Exekution zuständig sein. Doch besonders bei Hexenprozessen und immer dort, wo die Durchführung der Tortur Probleme machte, bediente man sich sehr wohl des Scharfrichters: Eine berüchtigte Rolle spielten die Scharfrichter bei den Schongauer Hexenprozessen in den Jahren 1589–1592 und noch bei den Hexereiuntersuchungen im Bayerischen Wald ab 1641 waren Scharfrichter auf Befehl von Hofrat und Regierungen im Einsatz.[57] 1649 erbat sich der Pfleger von Wasserburg die Hilfe des Scharfrichters, als ihm der Hofrat die Tortur eines Delinquenten mit dem im Kurfürstentum noch neuen Foltermittel der Beinschraube befohlen hatte.[58] Grundsätzlich hielt man aber den Scharfrichter von der peinlichen Befragung fern. 1599 weigerte sich die Stadt München, ihren Scharfrichter an andere Gerichte auszuleihen, um dort bei der Tortur zu helfen. Der Scharfrichter, meinten die Münchner, sei allein für Exekutionen zuständig.[59]

d. Torturgrade – Maßstäbe für die Durchführung der Tortur

Bestimmender Maßstab bei der Anwendung der Tortur war es, unter Berücksichtigung der gesetzlichen Vorgaben das bestmögliche Ergebnis zu erzielen, d. h. die Wahrheit zu ermitteln. Dabei ging es eigentlich nie um die Aufklärung eines zur Anzeige gebrachten Falles, sondern um die Ermittlung gegen Personen, die man allgemein verdächtigte oder die man in flagranti ergriffen hatte. Man klärte Vergehen und Verbrechen nicht durch fallbezogene Ermittlungen auf – dafür gab es nicht genügend Amtleute und Geldmittel –, sondern durch die Aussagen von mehr oder weniger zufällig verhafteten Verdächtigen. Daher war die Aussage der Verhafteten von außerordentlicher Wichtigkeit und die Tortur fast das einzige Mittel, um bei der Verfolgung von Straftaten zu Ergebnissen zu kommen.

Da der ungehinderten Anwendung der Tortur wegen der strengen Anforderungen an die Indizien gesetzliche Schranken gesetzt waren, war es das stete Bemühen der Zentralbehörden, neben der Entwicklung „unschädlicher" Torturmittel die Vernehmungen von der psychologischen Seite her zu verfeinern. Die entsprechenden Versuche zeugen fast schon von kriminalistischem Scharfsinn, etwa wenn der Hofrat die Anweisung gab, bei der peinlichen Befragung von größeren Gruppen oder Banden mit den Personen zu beginnen, die der Tortur am wenigsten Widerstand entgegensetzen konnten. Das waren nach Meinung des Hofrats vor allem die Frauen. Als man zum Beispiel im Landgericht Schwaben 1643 eine Gruppe Zigeuner verhaftete, ordnete der Hofrat an, daß man „mit dem examine a sexu debiliori", also beim schwachen Geschlecht, den Anfang machen sollte.[60]

Bei der Tortur mußte eine gewisse Reihenfolge eingehalten werden, d. h. man hatte zwingend vom leichteren zum schwereren „Torturgrad" fortzuschreiten. Die Bayerische Malefizprozeßordnung 1616 (Tit. 3, Art. 10) kennt drei Torturgrade. Wieviele man anwandte, war von der Schwere des Verdachts, der körperlichen Konstitution und anderen Umständen abhängig. Personen höheren Standes durften nicht mit dem dritten Torturgrad angegriffen werden.

Begonnen wurde die Tortur in der Regel durch eine Befragung in der Folterkammer („in loco torturae"; „Ort der strengen Frag"; „strenge Fragstatt"). Zweck dieser Befragung, die bereits als erster Grad der Tortur gewertet wurde,[61] war es, dem Delinquenten augenfällig zu demonstrieren, daß man angesichts des vorliegenden Verdachts gewillt war, die Tortur durchzuführen. Diese Bedrohung konnte man noch dadurch verstärken, daß man „den Haken einschlug", indem man die Hände des Delinquenten hinter seinem Rücken zusammenband und den am Seil befindlichen Haken des Aufziehmechanismus an den Fesseln festmachte. Der Delinquent konnte nun – falls erforderlich – sofort aufgezogen werden. Auch schon für diese erste Vernehmung in der Folterkammer bedurften die zuständigen Beamten in den Landgerichten der Genehmigung des Hofrats bzw. der Regierungen.

Der nächste Grad der Tortur war dann das leere Aufziehen, das besonders bei Frauen, immer aber bei schwangeren Frauen, durch die Tortur mit dem Daumenstock ersetzt wurde.[62] Als dritter und schwerster Grad der Tortur folgte das Aufziehen mit Gewicht; der dem Delinquenten dabei angebundene Stein wog beim ersten Mal 40 Pfund, beim zweiten Mal 80 Pfund. Diese Differenzierung setzte sich offensichtlich erst Anfang des 17. Jahrhunderts durch. Als dritter Torturgrad galt auch das Aufziehen und die Erschütterung des Seils durch entsprechende Schläge.[63] Die dadurch verursachte Vibration des Seils verursachte ähnlich große Schmerzen wie das Anhängen eines Gewichts.

Bei weniger schwerwiegenden Delikten begnügte man sich mit der Befragung in der Folterkammer, ansonsten ging man nur dann an die Grenze des Möglichen, wenn sehr starke Indizien vorhanden waren. Entscheidender Maßstab war, ob durch die Tortur die Indizien „purgiert", verbraucht worden waren. Bei der Abwägung waren auch die Körperkonstitution des Delinquenten bzw. seine Schmerzempfindlichkeit mit zu berücksichtigen. Die Tortur konnte nach Meinung Perneders immer dann fortgesetzt werden, wenn die Tat und die Indizien schwerwiegend *und vormals die peynliche Frag gegen ihn nicht genugsamlich und mit gebürendem Ernst gebraucht worden were …*

Aus den Berichten der Unterbeamten an den Hofrat und die Regierungen über den Verlauf der Tortur konnten sich die jeweiligen Kollegien ein Bild über den „Verbrauch" der Indizien machen und entsprechende Anweisungen geben. Die Unterbeamten mußten daher mitteilen, wie oft, mit welchem Gewicht und wie lange sie jeweils die Tortur durchgeführt hatten.[64] 1631 wird der Weilheimer Pflegsverwalter angewiesen, eine wegen Mordverdachts Verhaftete noch einmal zu torquieren, *weiln dann dises auf sie gesunkhnen Verdachts halben so starkhe indicia vorhanden, das wol zu schliessen, sie sey noch zur Zeit zu Genügen nit torquirt worden …*[65]

e. Torturarten: Aufziehen und Daumenschrauben

Die Vollziehung der Folter, d. h. ihre technische Durchführung, unterlag seit dem 16. Jahrhundert im Herzogtum Bayern einer immer detaillierteren gesetzlichen Regelung. Die Instrumente, mit denen die Folter durchgeführt wurde, waren vorgegeben: eine „Folterfreiheit" bzw. eine „Foltererfindungsfreiheit" der Unterbeamten gab es demnach nicht.

Die Bayerische Landes- und Polizeiordnung von 1553 und die Bayerische Malefizprozeßordnung 1616 äußern sich nicht zur Art der angewandten Tortur, jedoch wird das Foltern durch „Aufziehen" als selbstverständlich vorausgesetzt. Zeitgenössische Illustrationen, etwa in der Bamberger Halsgerichtsordnung von 1507, zeigen uns die im 16. Jahrhundert gebräuchlichen Torturarten: Es sind dies bei männlichen (und manchmal auch weiblichen) Delinquenten vor allem das Aufziehen mit Seil oder Kette und bei Delinquentinnen das Zudrücken der Daumenschraube. Diese beiden Folterarten sind auch im Herzogtum Bayern die einzig gebräuchlichen. Nicht üblich war in Bayern die in Tirol angewandte Frauentortur durch 24stündiges Wachhalten.

Eine dem Aufziehen ähnliche Torturart stellt das Strecken auf der Torturleiter dar. Diese Folterart wird, wohl von Österreich ausgehend, in der 2. Hälfte des 17. Jahrhunderts auch im Kurfürstentum Bayern heimisch.[66]

f. Die Tortur mit den Beinschrauben („spanische Stiefel")

Die Tortur mit den Beinschrauben („spanische Stiefel")[67] ist im Kurfürstentum Bayern als Folterart nur etwas mehr als 100 Jahre in Gebrauch gewesen. Sie bürgerte sich, soweit ersichtlich, nach 1600[68] im Verfahren ein. 1616 besitzt beispielsweise das Landgericht Rosenheim noch keine Beinschrauben und wird daher vom Hofrat in München angewiesen, ... *für dißmahls bey dem nechsten Gerichten umb einen Painschrauffen und Ambtmann, welcher darmit wayst umzugeen, bewerben oder gar den Nachrichter abholen: hinfüro aber dergleichen nottwendige Instrumenta torturae bey Gericht bestellen und verfüegen lassen.*[69] 1620 erwähnt der Hofrat ausdrücklich die Beinschrauben in einer Folteranweisung für den Pflegsverwalter von Reichenhall[70]. Häufiger genannt werden sie in den Hofratsprotokollen erst seit den 30er Jahren des 17. Jahrhunderts.[71]

So beauftragte etwa 1636 der Hofrat den Scharfrichter von München, in Kranzberg eine Tortur mit Beinschrauben durchzuführen, weil dort diese Art der Folter noch nicht bekannt war.[72] 1642 werden dem Weilheimer Pflegsverwalter Beinschrauben aus dem Hofoberrichteramt übersandt, damit er sie nachmachen lassen kann.[73] In der Folgezeit werden die Beinschrauben neben dem Aufziehen, dem Daumenstock und der Spitzrute zum häufigsten Marterinstrument.[74] Obwohl die „Spanischen Stiefel" eigentlich für die peinliche Vernehmung von männlichen Delinquenten gedacht waren, finden sich auch Fälle, wo sie bei Frauen angewandt werden, und zwar immer dort, wo die Verhaftete nach Meinung der Vernehmenden unempfindlich gegen die Folter mit dem Daumenstock war.[75]

Wie lange eine solche Tortur mit den Beinschrauben dauern sollte, erfahren wir aus einer Anweisung des Hofrats an den Pflegsverwalter von Wolfratshausen im Jahre 1649: „Zway oder drey Vatterunser lang." Um den Schmerz spürbarer zu machen, mußten während der Tortur die Beinschrauben öfters gelockert und wieder angezogen werden.[76]

Nachdem schon der Kriminalcodex 1751 die „Spanischen Stiefel" nicht mehr anführt, werden sie 1752 noch ausdrücklich durch eine Resolution des Geheimen Rats abgeschafft.[77]

g. Die Tortur durch Rutenzüchtigung („das Aushauen")

Seit der Mitte des 17. Jahrhunderts findet neben der Tortur mit den Beinschrauben auch die Tortur durch Rutenzüchtigung ergänzend Eingang in die Strafverfahrenspraxis im Kurfürstentum Bayern. Angewandt wurde diese Tortur vor allem als Zwischenstufe zwischen der Befragung in der Folterkammer (mit Vorzeigen der Folterwerkzeuge) und der tatsächlichen Anwendung. Auch hier wurde die neue Praxis durch die entsprechenden Anordnungen des Hofrats an die Landgerichtsbeamten bestimmt: *Er soll den Verhafften ... ain: oder 2mal mit Ruetten*

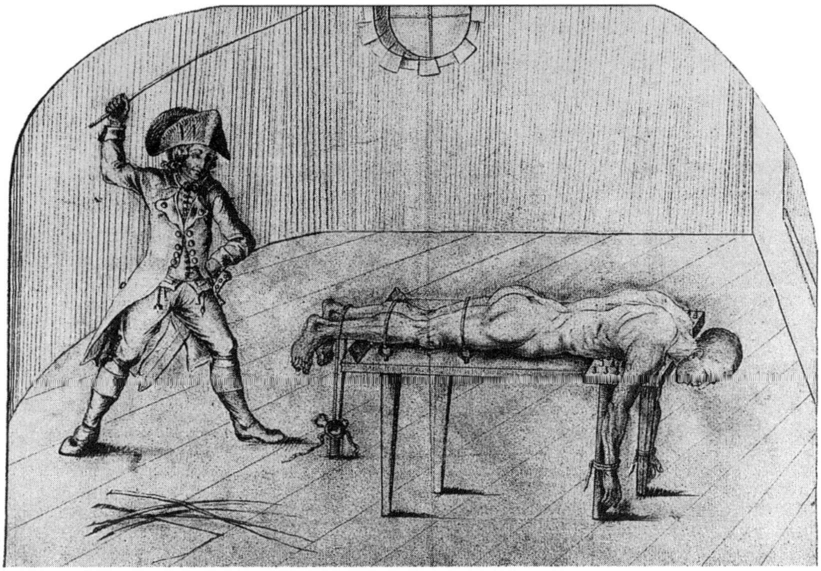

Der zweite und dritte Grad der Spitzrutentortur: Im kurbayerischen Kriminalcodex von 1751 heißt es über die Tortur: *Die landesgebräuchige Tortur bestehet teils in dem Daumstock, teils in dem Aufziehen, teils in den Spitzruthen … und soll demnach dieselbe nicht mehr um den Leib, sondern auf der Bank über den Rücken appliciret … werden.* Der erste Grad der Tortur erfolgte durch das Aufbinden des Inquisiten auf die Folterbank, der zweite Grad durch Versetzung der Spitzrutenstreiche, der dritte (verschärfte) Grad, indem diese über zwei- oder dreimal am Tag wiederholt wurden und zwar das erste Mal 15–20, das zweite Mal 20–25, das dritte Mal aber 25–30 Streiche. (Staatsarchiv München)

hauen lassen und auf allerlai vorkommenen Verdacht nochmal ordentlich besprachen und ihm Fahl er nichts bekennt, denselben mit ainmal lähr Aufziehn examiniren …[78]

Da die Rutenzüchtigung zwar schmerzhaft war, aber weniger körperliche Schäden als das Aufziehen verursachte, wurde sie vorzugsweise auch bei minderjährigen, älteren, kranken oder körperlich labilen Delinquenten angewandt. Gemäß Tit. 3, Art. 9 Bayerische Malefizprozeßordnung 1616 durften Kinder unter 14 Jahren sowie Delinquenten von 60 bis 70 Jahren nur mittels Rutenzüchtigung befragt werden. Auch bei Frauen findet sich die Tortur durch Rutenzüchtigung (das „Aushauen“) seit dem 17. Jahrhundert. Häufig wird sie bei Zauberei- und Hexereidelikten als Ersatz für das Aufziehen angewandt, das man in

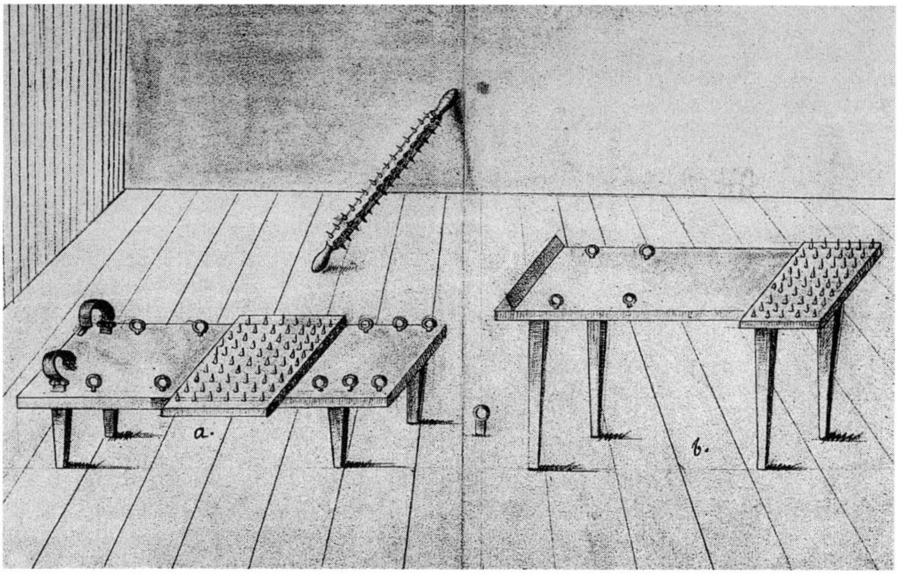

Folterbank und Bock nach den Torturvorschriften des kurbayerischen Kriminalkodex von 1751: Nach Kreittmayr ist die Tortur schon vor 1000 Jahren in Bayern üblich gewesen. *Kan auch der Nutz, welchen der gute Gebrauch dieses rechtlichen Mittels hat, aus der Erfahrung nicht widersprochen werden.* Neben dem Aufziehen, der „klassischen" Tortur, wurde seit dem 17. Jh. im Kurfürstentum Bayern vor allem die Spitzrutentortur üblich, da sie am wenigsten aufwendig zu handhaben und die Verletzungsgefahr am geringsten war. Durch Mandat vom 2. Juni 1747 war die Spitzrutenfolter vereinheitlicht und zur Norm erklärt worden. (Staatsarchiv München)

solchen Fällen für wenig wirkungsvoll erachtete. Die Ruten wurden bei der Vernehmung von Delinquentinnen, die der Zauberei und Hexerei verdächtig waren, in Weihwasser eingetaucht, damit sich die vermeintliche Hexe nicht durch einen Zauber vor dem Schmerz schützen konnte.[79]

Bei der Rutentortur stand der Delinquent aufrecht bzw. man schnallte ihn auf eine Bank, so daß nur sein Rücken getroffen werden konnte. Im 18. Jahrhundert schrieb man dann zwingend vor, daß der mit dem Kopf nach unten festgeschnallte Delinquent nur noch auf den Rücken geschlagen werden durfte.[80] Statt Ruten verwandte man nicht selten auch Karbatschen (Riemenpeitschen). So wird etwa 1630 der Pfleger von Wasserburg vom Hofrat angewiesen, einen wegen „bösen Verdachts" Verhafteten „carwätschen" zu lassen. Falls der Verdächtige

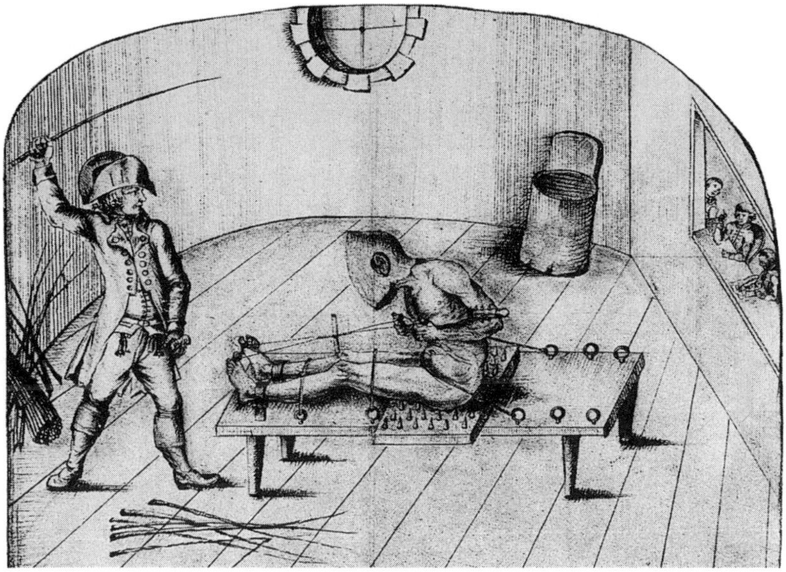

Der höchste Grad der Spitzrutentortur auf dem Bock: Der höchste und schärfste Grad der Spitzrutentortur besteht nach Auskunft des kurbayerischen Kriminalcodex von 1751 darin, wenn nebst *der Spitzruthen auch die Leibgürtel oder bei der letztern Reiteration gar der Bock gebrauchet wird.* In den Anmerkungen erläutert Kreittmayr den Bock: *Ist ein Brett mit spitzigen Nägeln von Holz, worauf der Delinquent mit bloßem Leib sitzen muß. Dabei ziehet man ihm zwischen beeden Armen und dem Rucken einen ebenfalls mit hölzernen Nägeln zugespitzten Prügel durch, die Daumen von beeden Händen und Füssen werden mittels Bindschnüren in die Länge und Quer so stark zusammen gezogen, als ohne Beschädigung der Gliedmassen nur möglich ist. Darunter versetzt man dem Delinquenten 25 bis 30 Spitzruthen-Streich und wird der Prügel zwischen dem Arm und Rucken öfters umgedreht.* (Staatsarchiv München)

nicht bekenne, solle er entlassen werden, und ihm das Gefängnis und die „Castigation" als Strafe angerechnet werden.[81] Für die Züchtigung mit Ruten und Karbatschen bürgerte sich der Begriff „Bambergsche Folter" ein.[82] Gegen Ende des 17. Jahrhunderts verdrängte diese Art der Folterung mehr und mehr das Aufziehen ohne oder mit Gewicht. Im Kurfürstentum Bayern wird dann im 18. Jahrhundert die Spitzrutentortur dominierend.

h. Die Tortur mit dem „Bock"

Die Tortur mit Hilfe eines „Bocks" beschreibt uns Kreittmayr:[83] Der Bock sei ein *Brett mit spitzigen Nägeln von Holz, worauf der Delinquent mit blossen Leib sitzen muß. Dabei zieht man ihm zwischen beeden Armen und dem Rucken einen ebenfalls mit hölzernen Nägeln zugespitzten Prügel durch, die Daumen von beeden Händen und Füssen werden mittels Bindschnüren in die Länge und Quer so stark zusammengezogen, als ohne Beschädigung der Gliedmassen nur möglich ist. Darunter aber versetzt man dem Delinquenten 25 bis 30 Spitzruthen-Streich und wird der Prügel zwischen dem Arm und Rucken öfters umgedrehet.*

Der Bock war in Bayern bis in die 30er Jahre des 17. Jahrhunderts unbekannt. Zum ersten Mal wird er beim Wemdinger Hexenprozeß im Jahre 1629 durch den Hexenkommissar Dr. Wolfgang Kolb, der vorher in Eichstätt und Wallerstein tätig war, angewandt. Zehn Jahre nach dieser Premiere erinnerte man sich im Hofrat wieder an dieses offenbar sehr wirksame Folterinstrument. Am 23. Januar 1641 schrieb der Hofrat an den Richter zu Wemding: *Demnach wir uns gdst. erinnern, daß vor geraumer Zeit, bey aldort gefihrtem Hexenprocess ein Instrumentum torturae, so man den Pockh genent, durch Mitl des dir zugeordneten Rechtsgelehrten Dr. Kolbens zuegerichtet und gebraucht worden. Wann wür dann derglichen Tortur auß gewisen Ursachen alhie auch vonnöthen haben und auf begebenden Fahl gegen den Maleficanten gebrauchen lassen wollten, als ist unser Befelch, daß unß du dasselb oder hievon ein Muster und Abriß gdst. überschickhest und zuegleich berichtest, wie und waßgestalt es applicirt und gebraucht werden solle oder gar jemanden, der sich darauf verstehet, mit alher ordnest.*[84]

Der Bock gehört seit der Mitte des 17. Jahrhunderts zur gängigen Folterpraxis im Kurfürstentum und ist wie die Spitzrutentortur und die Tortur mit den „spanischen Stiefeln" Ausdruck des Bemühens, die Folter zwar wirksam zu gestalten, aber bleibende Körperschäden bei den Delinquenten zu vermeiden.

i. Die Dauer der Tortur

Entsprechend der Bayerischen Malefizprozeßordnung 1616 (Tit. 3, Art. 13) durfte der Delinquent nur einmal gefoltert werden. Dabei unterschied man aber zwischen der Tortur und der mehrmaligen Anwendung von Foltermitteln.[85] So zählte etwa im Herzogtum und Kurfürstentum Bayern das dreimalige Aufziehen mit oder ohne Gewicht als eine einheitliche Tortur. Das galt freilich auch nur bedingt, denn eine einheitliche Tortur bzw. eine „Erstreckung der Tortur" lag auch vor, *wann einer nur gering were torquiert worden und daß man gehofft, er werde die Warheit sagen, er aber solche nit bekennen wolte.* In einem solchen Fall konnte es geschehen, daß ein Delinquent auch mehr als dreimal „aufgezogen" wurde: ... *dieweilen man auß seinem Bericht soviel vernommen, das der Veit Dobler die ausgestandene 3mahlige lehre Tortur ziemlich wol ertragen khönnen, derselbige auch mit vilen starkhen indiciis, das er mehrere Diebstähl begangen haben werde, gravirt worden, also befelche man ime hiermit, das er erwehnten*

Veiten Dobler über mehr andere verübte furta und Unthäten mit oder ohne Gewicht seiner Discretion und seiner Leibscräfften Beschaffenheit nach, noch weiteres examinieren …[86]

Wann eine ausreichende Tortur im Einzelfall vorlag, lag natürlich weitgehend im Ermessen des zuständigen Richters bzw. der jeweiligen Oberbehörde. Der Spielraum des Richters war bei Delikten wie Hexerei und Zauberei, wo man die Einwirkung teuflischer Kräfte auf die Aussagen der Delinquenten zu berücksichtigen hatte, natürlich sehr groß. Man machte in der Regel die Länge der Tortur von der Stärke der Indizien und dem schlechten Leumund abhängig, wie etwa 1644, als ein Täter wegen Kirchendiebstahls und anderer „hochschädlicher Laster“, nämlich Hexerei in Donauwörth, verhaftet und gefoltert wurde. Auf den Bericht des Pflegers von Donauwörth meinte der Hofrat in München: *Alldieweilen er aber mit der Sprach nit allerdings heraus gehen will und die vorkhommenen delicta also beschaffen, das er solche durch die vorausgangne schlechte Tortur nit gnuegsamb purgirt und dahero ein mehrere Schörpfe vonnöthen sein werde …*[87] Einen nach Maßgabe der Indizien noch nicht ausreichenden Einsatz der Tortur konstatierte der Hofrat auch 1641 bei der Vernehmung von zwei wegen Sodomie verhafteten Männern und war damit anderer Meinung als der dortige Pfleger. Dieser mußte die Tortur fortsetzen, denn der Hofrat konnte die Delinquenten *nach gestaltsame der wider sie vorkhommenen Indicien für sufficienter torquirt nit halten.*[88]

Wie lange das jeweilige Aufziehen dauerte, sollte auch von der Körperkonstitution und Schmerzempfindlichkeit des Delinquenten abhängen. Dabei war natürlich zu unterscheiden, ob mit oder ohne Gewicht aufgezogen wurde. Den Normalfall für einen ohne Gewicht aufgezogenen Delinquenten schildert wohl 1641 der Dachauer Richter, der dem Hofrat berichtet, daß er seinen Gefangenen drei Vaterunser lang habe hängen lassen.[89] Nach dem Kommentar des Ingolstädter Juristen Caspar Manz zur Carolina von 1532 war eine zeitliche Dauer zwischen einem Ave Maria bis zu einer Stunde zulässig, je nach Verbrechen, Indizien und Konstitution des Delinquenten.[90]

Die körperliche Verfassung des Delinquenten mußte dem Hofrat bzw. den Regierungen in den Berichten über die jeweils angewandte Tortur immer mitgeteilt werden.[91] Auch Mitteilungen über die Zeitdauer des jeweiligen Aufziehens und über die Fähigkeit des Delinquenten, Schmerz zu empfinden, waren für die Zentralbehörden von Interesse. So ließ der Hofrat 1616 die Landgerichte des Rentamts München wissen: *Sonnsten soll an alle Beambte dises Rentambts geschriben werden, wan die Tortur ihrer Discretion haimbgesetzt wirdt, sollen sy yederzeit in ihren Berichten herkhommen lassen, wie offt sy gegen den Verhafften die Tortur fürgenommen und wie lang sy dieselben hangen lassen.*[92] Auf diese Weise versuchte man die Landgerichtsbeamten in allen Einzelheiten der Folteranwendung auf einer gleichmäßigen Linie zu halten.

Wie stark die vermutete Schmerzempfindlichkeit von Delinquenten bei der Bemessung der Tortur eine Rolle spielte, zeigte eine Anweisung des Hofrats an den Pflegsverwalter von Schwaben, der eine Frau wegen Verdachts des Kindsmords verhaftet und mit dem Daumenstock peinlich befragt hatte: ... *dieweiln dann gedachte Barbara Schmidin sich von der wider sie vorkhomnen Kindesverthueung zue Geniegen umb sovil dessto weniger purgirt, dieweiln dann dieselbige die Tortur des Daumenstockhs ohne Bezaigung sonderbaren Schmerzens übertragen haben sollen, die Zeit der Khindpett erstreckht, sollest du sie mit ain: oder zwaymaliger lährer Aufziechung deiner Discretion und ihrer Leibsbeschaffenheit nach ... noch ferners besprachen ...*[93]

Vor allem bei Hexenprozessen hatten die Beamten ein eventuelles „maleficium taciturnitatis" zu beachten, also die Möglichkeit, daß der Delinquent sich mit Hilfe von Zauberkünsten schmerzunempfindlich machte und daher während der Tortur völlig schwieg. Selbst noch Kreittmayr rät den Richtern, sie sollen, wo *ein maleficium taciturnitatis anscheint, teils durch Visir- und Rasirung des ganzen Leibs, theils durch Veränderung der Kleider und Gefängnissen, wie auch mit Anschlagung der Leibgürtel und Vorkehrung geistlicher Mitteln, die nöthige Vorsorge gebrauchen.*[94] Wie solche geistlichen Mittel anzuwenden waren, geht aus einer Anweisung des Hofrats hervor (1649): ... *weilln er ... villeicht mit maleficio taciturnitatis behafftet sein mechte, ihme ein Tag wie auch immediate vor der Tortur in Essen und Drinckhen Weichwasser eingeben und ander dergleichen Mitl mit geweihten Sachen als Agnus Dei etc. brauchen ...*[95]

k. Die Aussagen; Bestätigung und Widerruf des Geständnisses

Sowohl gütliche als auch peinliche Verhöre wurden im artikulierten Verfahren durchgeführt, d. h. der Delinquent mußte auf artikelweise geordnete Fragen (Fragstücke) einzeln antworten.[96] Die Aussagen des Delinquenten durften erst nach Beendigung der Tortur protokolliert werden und mußten spätestens nach drei Tagen zunächst den bei der „Examinierung" anwesenden Personen vorgelesen und von diesen gebilligt werden. Schließlich wurden sie – einen Tag nach der Protokollierung – auch noch dem Delinquenten zur Bestätigung vorgelesen.[97] Diese Verlesung der „Urgicht" durfte aber keinesfalls in der Folterkammer selbst geschehen. Der Delinquent wurde vielmehr „ad bancum juris" geführt, d. h. an einen Ort, wo er die Folterinstrumente nicht mehr sah. Die Bayerische Malefizprozeßordnung 1616 legte ausdrücklich fest, daß dieser wichtige Verfahrensabschnitt in der „Schergenstube", also in der Amtsstube des jeweiligen Gefängnisses oder in einer sonstigen Amtsstube stattzufinden hatte. Das „constitutum ad bancum juris" war natürlich nur notwendig, wenn die Aussagen als Folgen der Folter gemacht wurden, nicht aber etwa bei „gütlichen" Aussagen.

Wenn der Täter die „Urgicht" in Anwesenheit von Richter und Beisitzern

Artikel für Artikel bestätigt hatte, wurden die protokollierten Aussagen von den Landgerichten wieder an den Hofrat bzw. an die Regierungen gesandt. Widerrief der Täter seine Aussagen, konnte auf Anordnung von Hofrat oder Regierungen mit der Tortur fortgefahren werden, soweit diese nicht schon „verbraucht“ war (wenn etwa der Täter schon dreimal aufgezogen worden war), oder wenn sich inzwischen neue Indizien ergeben hatten. Auch dann, wenn der Täter behauptete, er hätte sich bei seinen Aussagen geirrt, es ihm aber nicht gelang, seinen Irrtum zu beweisen, konnte mit der Tortur weitergemacht werden.

Der Widerruf eines Delinquenten stellte, wie die Quellen zeigen, die Richter vor große Probleme. Das galt natürlich besonders bei Hexenprozessen, wo ja alles von einem „festen“ Geständnis abhing. Wie häufig ein Widerruf bei Hexenprozessen war und wie man sich im Verfahren schon darauf einstellte, zeigt ein Befehl des Hofrats von 1630 an die mit mehreren Hexereidelikten befaßte Malefizkommission zu Ingolstadt. Dort war ein gewisser Wagner geständig und sollte nun seine Aussagen bestätigen. *Wann er,* so meinte der Hofrat, *ein der Hexerey halben vor disem gethone Bekhandtnus in banco juris besteten würdet, hats bey deme underm dato ... an Euch abgangnemm Bevelch ... sein Verbleiben ... in Fahl aber er Wagner sein Bekhandnus in banco juris nit besteten, sondern widerruefen wurde, ihr ihne alsdann, doch allain guetlich, auch extra locum torturae, ohne ainige Bethroung weitter examinirn und die Ursach seines Widerrueffens, wie auch, ob und welcher Gestalt er errorem confessionis ime zuerweisen gethraun.*[98]

Gerade bei Hexenprozessen, wo der Widerruf häufig war, stellte sich die Frage, ob auch nach dreimaligem Aufziehen eine weitere Torturmaßnahme möglich war, wenn der Delinquent widerrief. Die Diskussion über diesen Punkt hatte den Hofrat schon vor dem Jahre 1616 sehr intensiv beschäftigt. Die Mehrheit sprach sich dafür aus, die Beschränkung der Tortur auch für Hexenprozesse gelten zu lassen. Bei der Hofratsvisitation von 1608 war dieser Punkt Anlaß für heftige gegenseitige Anschuldigungen.[99] Der für eine rigorose Hexenverfolgung eintretende Hofrat Vagh beschuldigte damals seine Kollegen, bei einem Hexenverdacht mit der Torturanwendung viel zu zaghaft zu sein. Nach seiner Meinung widersprach die Beschränkung der Tortur bei Hexenprozessen der herrschenden Juristenauffassung. Eine solche Beschränkung könne nur für gemeine und nicht für außergewöhnliche Delikte gelten. Die gemäßigte Meinung setzte sich jedoch schließlich durch.

Nach der Bestätigung des Bekenntnisses durch den Delinquenten „in banco juris“ war ein Widerruf unbeachtlich. Spektakuläre Unschuldsbeteuerungen auf dem Platz des Hochgerichts verhinderten nun die Hinrichtung nicht mehr. Dies betonte der Hofrat schon 1629 anläßlich der Wemdinger Hexenprozesse unter Verweis auf Tit. 6, Art. 5 der Bayerischen Malefizprozeßordnung 1616. Nur wenn der Delinquent einen „errorem per evidentiam facti“ nachweisen könne, sei die Exekution vorerst zu suspendieren.[100] Ein solcher Nachweis war in Hexenprozessen natürlich nicht zu erbringen.

l. Tortur und Hexenprozesse

Da seit dem 16. Jahrhundert der Teufelspakt statt des Schadenszaubers als der juristisch entscheidende Kern des Hexerei- und Zaubereidelikts bei der Mehrheit der Juristen Anerkennung fand und auch in den landesherrlichen Strafgesetzen entsprechend ausformuliert wurde (Kursächsische Konstitutionen von 1572), erlangte die Tortur für die Hexenprozesse eine entscheidende Bedeutung. Weil also das Vorhandensein eines heimlichen Konsenses zwischen Teufel und Hexe für die Vollendung des Delikts genügte, war ein Geständnis ausreichend und erforderlich. Damit war die Tortur bei jedem Strafverfahren wegen Hexerei die Regel. Da nun die Hexerei als „crimen exceptum", als besonders schweres Verbrechen galt, wurden hier die sonst geltenden einschränkenden Regeln, insbesondere was die zulässige Wiederholung der Folter betraf, weitgehend außer Kraft gesetzt. Auch belastende Aussagen von Komplizen/innen wurden – anders als bei sonstigen Strafverfahren – als verwertbar erachtet, was natürlich zu Massenverhaftungen und Massenverurteilungen führte. Vor allem hat man bei Hexen, die nicht gestehen wollten, in der Regel einen Schmerz- und Schweigezauber vorausgesetzt, der durch eine verschärfte Folter überwunden werden mußte. Schon Friedrich von Spee hat in seiner Cautio Criminalis auf die Absurdität hingewiesen, daß die Ermittlungen umso schlampiger geführt und die Urteile um so schneller gefällt wurden, je schwerer der Verbrechensvorwurf war.[101]

m. Weitere Entwicklung der Torturanwendung im Kurfürstentum Bayern

Bis zur Mitte des 18. Jahrhundert war die Tortur im Kurfürstentum Bayern ein nie in Frage gestellter Teil des Strafverfahrens. Gerade im Rahmen der Bekämpfung der Bandenkriminalität wird sie im großen Umfang angewandt. Ein Mandat vom 19. April 1702, das sich gegen die im Lande herumstreifenden Zigeuner wandte, ordnete beispielsweise an, daß alle aufgegriffenen Zigeuner auch ohne speziellen Tatverdacht mit der Tortur befragt werden mußten. 1751 übernimmt Kreittmayr die bisher üblichen Torturregeln in aller Ausführlichkeit in seinen Strafkodex und verteidigt in seinen Anmerkungen die Beibehaltung.[102] Freilich vertrat hier Kreittmayr nur eine von der Mehrheit der Juristen und Schriftsteller gebilligte Meinung.

Schon wenig später beginnt im Kurfürstentum Bayern die offizielle Diskussion über Sinn und Unsinn der Tortur. Zu deren Gegnern gehört vor allem Andreas Zaupser, Mitglied der 1759 gegründeten Bayerischen Akademie der Wissenschaften. In seiner Schrift „Gedanken über einige Punkte des Criminalrechts" von 1781 handelt er im ersten Teil über den „Gebrauch der Folter" und wendet sich gegen Kreittmayrs Rechtfertigung der Tortur als tausendjähriges Rechtsinstitut.

Offiziell hielt man jedoch auch noch in den 70er und 80er Jahren des 18. Jahrhunderts im Kurfürstentum Bayern konsequent am Gebrauch der Folter fest. Freilich mußte man sich trotz der zahlreichen hingerichteten Schwerverbrecher, die das Gefühl einer bedrohlich steigenden Kriminalität vermittelten, dem Zeitgeist beugen: In der Strafverfahrensverordnung des Kurfürsten Karl Theodor vom 16. August 1779 heißt es daher, daß zur Verminderung der Tortur *und hierauf gemeiniglich folgender Todesstrafen* besser Zwangsarbeit (opera publica) verhängt werden sollte. Bei der Anwendung der Tortur und Erforschung der Wahrheit soll man mehr auf die seelische (tortura animi) als auf die körperliche Tortur (tortura corporis) achten. Überhaupt sei die Tortur *als ein remedium mere subsidiarium* (subsidiäres Hilfsmittel) *nur in dem äußersten Falle der enormitatis delicti* (Schwere des Delikts), *oder inemendabilitatis Inquisiti* (Uneinsichtigkeit des Delinquenten) zu verhängen.

Zu einer Aufhebung der Tortur kam es allerdings erst unter König Max I. Joseph mit Dekret vom 7. Juli 1806. Ein Entwurf Franz Joseph v. Stichaners von 1804 zu einem solchen Dekret war nicht vollzogen worden. Das Verdienst, beim König die entsprechende gesetzliche Maßnahme erwirkt zu haben, kam dann schließlich Paul Johann Anselm von Feuerbach zu.[103]

7. Beweismittel

a. Der Tatbeweis durch Zeugen

Das Strafverfahren der frühen Neuzeit kennt eine Überführung des Täters („justificiren des corpus delicti") entweder durch Geständnis oder durch Zeugenbeweis. Letzterer konnte durch den Ankläger beigebracht werden (... *durch eines Anclagers gefirte Kundschafft*) oder von Amts wegen erhoben werden (... *durch eine von Ambts wegen eingezogne Erfarung*).

Der Zeugenbeweis ist nach dem Vorbild der Carolina von 1532 in Tit. 4, Art. 1–4 Bayerische Malefizprozeßordnung 1616 geregelt. Ein wirksamer Zeugenbeweis konnte nur mit mindestens zwei Zeugen geführt werden, wobei diese gewisse Voraussetzungen erfüllen mußten. Insbesondere sollte als Zeuge kein Verbrecher und kein Freund, Verwandter oder Feind des Delinquenten zugelassen werden.[104] Belastungszeugen konnten auch Mitbeschuldigte sein. Grundsätzlich sollte der Delinquent seinen Belastungszeugen gegenübergestellt werden.

Die Mindestzahl von zwei Zeugen wurde seit der zweiten Hälfte des 16. Jahrhunderts wohl nirgends mehr kanonisch gehandhabt. Fehlende oder mangelnde

Zeugenaussagen konnten durch sonstige Beweismittel (insbesondere Urkundenbeweise, Flucht des Täters[105] oder Sühneverhandlungen des Täters) ergänzt werden. Dies betont ausdrücklich die Bayerische Malefizprozeßordnung 1616. Damit wird dem Beurteilungsspielraum des Richters eine enorme Bedeutung zugemessen. Diese Abweichung von der strengen gemeinrechtlichen Beweislehre war schon in der Literatur der Zeit vorgezeichnet.[106]

Sehr vereinfacht wurde der Zeugenbeweis dann in Anlehnung an die italienische Rechtsliteratur durch die Zulassung der Folter auch gegen Zeugen insbesondere in der Bayerischen Malefizprozeßordnung 1616 (Tit. 3, Art. 15). Zwar war dort die Tortur von Zeugen nur bei *laibeigne Knecht oder Sclaven* bzw. bei Majestätsverbrechen erlaubt, aber das Tor war jetzt aufgestoßen zur unbeschränkten Zeugentortur, wie sie dann der Kriminalcodex 1751 als selbstverständlich voraussetzt (8,23: *Man pfleget aber nicht nur die Übeltäter, sondern auch die Gezeugen zu dem Ende zu torquieren, damit man die reine Wahrheit von ihnen erhalte …*).

Konnte man keinen Zeugen- oder sonstigen Beweis führen und kein Geständnis erhalten, weil die Folter wegen der Person des Täters, wegen der Geringfügigkeit der Tat oder wegen eines Inzichtverfahrens (Geleitsverfahrens) nicht möglich war, oder der Täter trotz Folter nicht gestand, bestanden drei Möglichkeiten, das Verfahren zu beenden oder fortzusetzen: Man konnte das Verfahren vorläufig beenden, indem man den Täter von der Instanz entband (absolvierte)[107], oder eine poena extraordinaria (Verdachtsstrafe) verhängte und schließlich konnte man das Verfahren fortsetzen, indem man dem Verdächtigen einen Reinigungseid (iuramentum purgationis) auferlegte.

b. Der Reinigungseid

Im mittelalterlichen Strafverfahren gehört der Alleineid des Beklagten als Unschulds- oder Reinigungseid zu den Grundlagen des strafrechtlichen Beweises. Gegenüber Klagevorwürfen konnte sich der Beklagte grundsätzlich durch einen Unschuldseid befreien. Der Kläger mußte dann diesen Eid durch seinen eigenen Eid und durch Zeugen „überzeugen“, also überbieten. Nach dem Landrecht 1346 kann etwa ein Verletzter den Nachweis für die schuldhafte Körperverletzung oder für eine Heimsuchung durch einen Dritten zusammen mit zwei ehrbaren Zeugen führen (Art. 176, 180). Wurden ihm blutende Wunden (eine „Bogwunde“) beigebracht, genügt sein eigener Eid als Beweis, daß der Schaden allein vom Beklagten herrührt (Art. 164). Wichtig ist der Reinigungseid nach dem Bestimmungen des Landrechts 1346 bei einem Notzuchtsverbrechen. Wenn der Beklagte freiwillig vor Gericht erscheint und den Reinigungseid schwört, muß er von der Notzuchtsklage freigesprochen werden, außer die Frau führt den Kampfbeweis durch ein Gottesurteil (Art. 56).

Obwohl der Reinigungseid in der Carolina von 1532 nicht mehr genannt wird, nahm er auch noch im 16. Jahrhundert in der bayerischen Rechtswirklichkeit einen breiten Raum ein. Besondere Bedeutung erlangte er im Inzichtverfahren (Geleitsverfahren). Erst nachdem im Rahmen des Inzichtverfahrens seit 1551 ein öffentlicher Ankläger eingeführt wurde, nahm die Bedeutung des Reinigungseids für dieses Verfahren ab. Doch fand der Reinigungseid auch im regulären Strafverfahren als subsidiäres Beweismittel weiterhin regelmäßig Anwendung.

Der Reinigungseid fristete sein Dasein bis zum Kriminalcodex 1751 (2, 9, 11). Hier wurde er subsidiär angewandt, wenn die *Wahrheit der begangenen Missetat noch die Unschuld des Inquisiten oder Beklagten ... nicht genugsam dargetan ist.* Wenn aber schon ein halber Beweis vorlag oder ein Indicium Proximum (ein schwerwiegendes Indiz) vorlag, mußte entweder die Tortur oder gleich die ordentliche Strafe ausgesprochen werden.

8. Urteilsfindung

a. Gutachtertätigkeit der Universitäten

Grundsätzlich konnten die Pfleger, Landrichter, Pflegsverwalter oder Bannrichter, wenn sie ein Malefizurteil zu fällen hatten, das Gutachten einer Universität einholen, wenn ihnen der Fall „zu schwer" war. Die Kosten für die „Konsultierung" zahlte die Hofkammer, wenn das Vermögen des Delinquenten nicht ausreichte, doch mußte im Hinrichtungsbefehl des Hofrats oder der Regierungen eine entsprechende Ermächtigung enthalten sein (... *und wofer dir der Fahl zu schwer, hastu solchen gehöriger Orthen consulieren zu lassen*).

Den zuständigen Beamten wurde von den Oberbehörden in der Regel keine bestimmte Universität vorgeschrieben. Freilich bevorzugten sie – wohl vor allem wegen der kurzen Wege – die Universität Ingolstadt, doch finden sich auch Altdorf und Tübingen[108] mit „responsa" bzw. Konsultivurteilen. Im Herzogtum und Kurfürstentum Bayern kommt es jedoch im 17. Jahrhundert zur fast vollständigen Verdrängung der juristischen Fakultäten aus dem Zivil- und Strafverfahren. Diese Vernachlässigung der gelehrten Gutachtertätigkeit begründet später Kreittmayr damit, daß *die kurfürstlichen Justiz-Dikasterien ... mit lauter gelehrten, erfahrnen und rechtsverständigen Räthen in solcher Anzal besezt (sind), daß man die oracula in- oder auswärtiger Rechtsgelehrten weiter zu konsultiren oder den Ausspruch von ihnen zu erholen, mithin auch das Geld deswegen aus dem Lande zu schicken, gar nicht nöthig hat.*[109]

Obwohl die Gerichtsordnung von 1616 (Tit. 8, Art. 5) eine Aktenversendung an eine Universität grundsätzlich vorsah, wurde sie zuerst im Zivilverfahren abgeschafft. Mit Dekret des Kurfürsten Maximilian I. vom 20. August 1626 wurde die Einholung von Gutachten verboten, da nach Meinung des Landesherrn die obersten zivilrechtlichen Instanzen des Kurfürstentums (Hofrat und Regierungen) mit ausreichend qualifizierten Juristen besetzt waren. Im Strafverfahren jedoch blieb weiterhin die Möglichkeit bestehen, ein „responsum" bzw. „Konsultivurteil" bei einer Universität einzuholen, doch man verschärfte die Kontrollen der Universitätsgutachten und Universitätsurteile. Die Stellungnahmen der Universitäten mußte der Bannrichter bzw. der Landgerichtsbeamte nun dem Hofrat überschicken: *... jedoch was das Consultivurteil geben würdt, vor Anstellung deß Malefiztags alhero in unsern Hoffrath zu überschickhen ...*[110]

Seit 1642 wurde durch Kurfürst Maximilian schließlich auch im Strafrecht die Konsultierung eingeschränkt. Insbesondere stand ja nun mit dem seit dem 16. Jh. in den Rentämtern aufgestellten Bannrichter ein Fachmann für das Strafverfahren zur Verfügung. Wenn dieser nicht weiterwüßte, sollten Hofrat und Regierungen, die ja mit qualifizierten Juristen besetzt seien, in Zukunft aus Zeit- und Kostenersparnis genauere Hinweise geben. Sie mußten nun den Richter, Bannrichter oder die Recht- und Urteilsprecher *auf das genus mortis und die Stell in der Peinlichen Halsgerichtsordnung oder gemainen Rechten* hinweisen. Dabei war natürlich darauf zu achten, daß man nicht allzusehr in die Kompetenz der Recht- und Urteilsprecher in Städten und Märkten eingriff. Die Räte sollten daher nur im allgemeinen *zu verstehen geben, wo die Urtlsprecher den Sachen zuvil oder zuwenig thuen möchten, damit auf solche Weis der Stätt und Märkhten an irem hergebrachtem Recht gleichwol nit benommen, dem Panrichter aber zu dem gebürendten Fleiß und Nachschlagen Ursach geben.*[111] Wollten Bannrichter und/oder Recht- und Urteilsprecher den jeweiligen Fall an einer Universität begutachten lassen, mußten sie nun die Kosten selber tragen.

Die Richter verfuhren mit dem „Konsultivurteil" der Universität sehr unterschiedlich. Vielfach behandelten sie es wie ihr eigenes Urteil und ließen es (oft ungelesen) am endlichen Rechtstag eröffnen und als Urteil verlesen.[112] Waren Recht- und Urteilsprecher beteiligt, so wurde das Universitätsgutachten in der Regel zuerst in ihrem Kreis im sogenannten „Stillrecht" verlesen, beraten, gebilligt oder verworfen; erst dann verfaßte man (auf der Grundlage des Gutachtens) ein eigenes Urteil.

Infolge der geringen Inanspruchnahme durch die landesherrlichen Behörden war auch die Konsilientätigkeit der juristischen Fakultät der Universität Ingolstadt vergleichsweise unbedeutend. Die Konsilienliteratur, die an anderen Universitäten blühte, hatte in Ingolstadt keinen geeigneten Nährboden. Unter den Juraprofessoren der Universität Ingolstadt veröffentlichten zwischen 1550 und 1650 Konsiliensammlungen nur Andreas Fachinaeus (1600)[113], die Gebrüder Nikolaus und Georg Everhard (1603 bzw. 1618)[114] sowie Christoph Besold (1636). Die von Besold publizierten Konsilien stammen bezeichnenderweise aus dessen Gutachtertätigkeit an der Universität Tübingen.[115] Typisch ist, daß in

Bayern nicht die Konsilien der juristischen Fakultäten Beachtung finden oder gar praktische Bedeutung gewinnen, sondern vor allem die Entscheidungen der obersten Behörden. Der Ingolstädter Universitätsprofessor Caspar Manz berücksichtigt daher in seiner „Summa processus criminalis“ (1645) weniger die Konsilien seiner Kollegen, sondern die „Praxis“ der bayerischen Gerichte.

b. Mitwirkung von Beisitzern

Ein mit der Rücksendung der Akten verbundener „Hinrichtungsbefehl“ des Hofrats bzw. der Regierungen an den jeweiligen Unterbeamten war de facto ein Befehl, das Todesurteil abzufassen. Dies war Aufgabe des Pflegers bzw. Landrichters, soweit er im Besitze des Blutbannes war. Die „Schöpfung“ des Urteils, bei dem es im wesentlichen nur um die Zusammenfassung der Aussagen (Urgicht) und um die Formulierung des Strafausspruchs ging, geschah in einem eigenen Verfahrensabschnitt („Stillrecht“, „haimlich Malefiz Recht“). Dabei konnte der Richter entweder allein tätig sein oder er formulierte das Urteil in Anwesenheit bzw. unter Mitwirkung von Beisitzern.

Nach der Einführung des Bannrichteramts stellte der jeweilige Richter, sobald er den „Hinrichtungsbefehl“ erhalten hatte, die Prozeßakten dem zuständigen Bannrichter zu, damit dieser auf der Grundlage der Akten (mit oder ohne Beisitzer) sein Urteil „schöpfen“ konnte.

Während in Oberbayern in der Regel die Richter das Urteil allein schöpften, war in weiten Teilen Niederbayerns die Mitwirkung von Beisitzern üblich. Beide Formen der Urteilsschöpfung werden in der Bayerischen Malefizprozeßordnung 1616 genannt, wobei offenbleibt, welche Form die Regel ist. Erwünscht war freilich für den Landesherrn die Urteilsschöpfung ohne Beteiligung durch Beisitzer: *Die Beisitzer werden nit als Richter, sondern nur als Zeugen dessen, was gehandlet wuerdet, gebraucht, dahero sein sie nit schuldig, ihre vota und Stimmen zegeben, noch dem Richter helffen, ain oder ander Urthel zeschöpfen ... An welchen Orten aber der Statt- oder Marckt Rath, oder andere Beysitzer bißhero, ihre Stimmen gegeben haben, an selbigen Orten sol es fürterhin noch also gehalten werden.*[116]

Eine vollberechtigte Beteiligung von Beisitzern am Malefizprozeß, wie sie noch die Bayerische Malefizprozeßordnung 1616 kennt, war in einer Strafrechtspflege, bei der die wichtigsten Verfahren zentral geleitet wurden, prinzipiell unerwünscht. Eine solche vollberechtigte Beteiligung behauptete sich indes teilweise im niederbayerischen Rechtsgebiet, also in den Rentämtern Landshut, Straubing und Burghausen. Die dort übliche Mitwirkung von Recht- und Urteilsprechern verlief bis zum Ende des 16. Jahrhunderts noch weitgehend außerhalb der durch die Carolina von 1532 vorgegebenen Regeln. Erst Ende des 16. Jahrhunderts und endgültig dann durch die Bayerische Malefizprozeßordnung 1616

Vereidigung (Blutbannverleihung) des Schergen (mit Schwert), Schreibers (mit Schreibzeug), Beisitzers und Richters (mit Stab). Holzschnitt aus der Bamberger Halsgerichtsordnung 1507.

erreichte man eine Angleichung an die Vorschriften der Carolina. So berichtete 1618 der Bannrichter des Rentamts Landshut, daß man erst seit wenigen Jahren die gem. Art. 100 und 218 Carolina von 1532[117] verbotenen mißbräuchlichen Fragen und sonstigen Mißbräuche in seinem Rentamtsbezirk abgeschafft und die strikte Anwendung der Carolina angeordnet hätte.[118] Auch hier haben wir also die für andere Territorien ebenfalls nachgewiesene Erscheinung, daß die Carolina das 16. Jahrhundert hindurch nicht zur Anwendung kam.

Wie die Urteilsfassung durch den Bannrichter zusammen mit den Recht- und Urteilsprechern etwa in der zum niederbayerischen Rechtskreis gehörenden Stadt Erding ablief, schilderte die Regierung in Landshut 1618 wie folgt:[119] Sobald beim Landgericht oder beim Bannrichter der Hinrichtungsbefehl der Regierung eintraf, wurden der Stadt die Aussagen des Delinquenten und die „Erfahrungen" (sonstige Ermittlungsergebnisse bzw. Zeugenaussagen) in Abschrift zugestellt.

Daraufhin mußten sich die Beisitzer erklären, wer den Fall entscheiden sollte. Wenn sie den Fall selbst zu entscheiden wünschten, wurde sofort ein sogenannter „Rechtstag" angesetzt. Falls den Beisitzern der Fall zu schwer war, konnten sie ihn von einer Universität begutachten lassen. Das bedeutete, daß die Universität (meistens Ingolstadt) den Urteilsentwurf lieferte. Der Rechtstag wurde erst angesetzt, sobald das Urteil von Ingolstadt zurück war. Der Bannrichter (bzw. der Pfleger) traf sich dann mit den Recht- und Urteilsprechern in der Ratsstube. Dort wurden die Akten und eventuell das Gutachten der Universität verlesen und der Bannrichter bzw. der Pfleger erläuterte die Rechtslage. Darauf hielt der Bannrichter bzw. der Pfleger die Umfrage und jeder der Beisitzer gab unter Eid sein Votum ab. Entschieden wurde nach dem Mehrheitsprinzip. Den Mehrheitsbeschluß der Beisitzer stellte der Bannrichter bzw. Pfleger förmlich fest (er „colligiert die vota"), um ihn „haimlich" durch den Gerichtsschreiber protokollieren zu lassen. Das so geschöpfte Urteil wurde nun durch Bannrichter bzw. Pfleger gemäß Art. 92 und 94 Carolina von 1532 verschlossen. Im endlichen Rechtstag (offenen Recht) wurde dann (gemäß Bayerischer Malefizprozeßordnung 1616 ohne weitere Feierlichkeiten) durch den Gerichtsschreiber zuerst die Urgicht, das summarisch verfaßte peinliche Bekenntnis verlesen, darauf der Umschlag mit dem Urteil geöffnet, dieses gleichfalls verlesen und vom Bannrichter der Stab gebrochen. Schließlich erhielt der Scharfrichter den Befehl zur Exekution.[120]

Die auch in anderen niederbayerischen Städten und Märkten[121] sehr beachtliche Beteiligung der Ratsmitglieder am Malefizverfahren hatte zur Folge, daß die Pfleger oder Bannrichter in solchen Städten und Märkten den Versuch machten, die Kosten des Malefizprozesses, insbesondere die Kosten für die Gutachten der Universitäten, den Städten und Märkten aufzubürden (so etwa in Erding, Landau und Braunau). Durch ein Generale an die Regierungen Landshut, Straubing und Burghausen vom 2. April 1618 wurde den Pflegern und Bannrichtern verboten, die Städte insoweit zu belasten.[122] Als nicht ganz korrekte Begründung für diese Maßnahme wurde angegeben, daß die betroffenen Städte und Märkte keine Kompetenzen im Strafverfahren hätten und daher auch nicht dafür bezahlen müßten. Dahinter steckt freilich das Bemühen, den Städten und Märkten auch noch die letzten Reste an selbständiger Mitwirkung im Strafverfahren „abzukaufen". Ganz ist das jedoch nicht gelungen, da selbst noch in Kreittmayrs Kriminalcodex 1751 (2, 1, 6) von Urteilsprechern die Rede ist.

Das „Verschließen" der geschöpften Urteile im „heimlichen" Malefizrecht durch den Bannrichter (mit oder ohne Beisitzer) war freilich nicht ganz wörtlich gemeint, denn Hofrat und Regierungen behielten sich auch die Überprüfung der von den Bannrichtern verfaßten Urteile vor, ein Kontrollmechanismus, der in der Bayerischen Malefizprozeßordnung 1616 nicht normiert war. Wenn nötig, gab man das Urteil zur Umarbeitung an den Urheber wieder zurück, etwa wenn es

„den Rechten nit gemes“ war. 1643 schickte beispielsweise der Hofrat dem Bannrichter des Rentamts München sein Urteil mit der Bemerkung zurück, er solle sich zunächst in der Carolina von 1532 etwas kundiger machen und dann sein Urteil neu verfassen.[123] Seit den 40er Jahren war der Spielraum der Bannrichter, die nun auch ihre Urteile nicht mehr an Universitäten konsulieren lassen durften, äußerst beschränkt: Freilich erhielten sie nun von Hofrat und Regierungen genauere Vorgaben.

c. Der Hinrichtungsbefehl

Wenn sich der Hofrat oder die zuständige Regierung auf Grund der vom Landgericht eingesandten Berichte und Vernehmungsprotokolle über die Todeswürdigkeit des jeweiligen Verbrechens schlüssig geworden waren, so gaben sie dem zuständigen Beamten des Landgerichts (Pfleger, Pflegsverwalter oder Landrichter) bzw. dem Bannrichter den Befehl, das Todesurteil zu fällen und das Malefizverfahren durchzuführen. Der Delinquent wurde vom Hofrat bzw. der jeweiligen Regierung „Gott und dem Malefiz befohlen“ (*Hastu ihn seiner verübten Verbrechen halber Gott und dem Malefitz zu befelchen und ime ergehen ze lassen, was Malefizrechtens Recht ist* ...). Die Beamten des Landgerichts bzw. der Bannrichter erhielten dabei auch die Akten des Falles übersandt (*Soll diser Ziegler Gott und dem Malefiz bevolchen und dem Panrichter dise letztere Aussag überschickht werden, der wirdt darnach das Urtheil zue schöpfen wissen.*)[124]

Handelte es sich um einen besonders komplizierten Fall, so ergänzte man die Formel noch durch den Hinweis, daß der Pfleger, Pflegsverwalter oder Landrichter vor seinem Urteil das Gutachten einholen könne (... *und wofer dir der Fahl zu schwer, hastu solchen gehöriger Orthen consultieren zu lassen*). Wenn dem zuständigen Landgerichtsbeamten der Blutbann nicht verliehen war, und der Bannrichter das Urteil zu fällen hatte, unterblieb der Hinweis auf eine Begutachtung.

9. Neue Entwicklungen: Das Geständnis wird entbehrlich – die Verdachtsstrafe

Die Carolina von 1532 kennt zwei Arten von Delikten. Die Regel sind Delikte mit eindeutiger Strafandrohung („benannte“ Strafe, poena ordinaria), bei denen der Richter grundsätzlich keine Wahlmöglichkeit hatte. Daneben gibt es eine Reihe von sogenannten „unbenannten peinlichen Fellen und Straffen“. Bei diesen konnte der Richter die Strafe (poena extraordinaria, Arbiträrstrafe, Willkürstrafe) nach seinem Ermessen festlegen, nämlich „nach Gelegenheit und Gestalt der Personen und Sachen.“[125]

Während nun bei den Delikten, die mit der poena ordinaria bedroht waren, nur dann eine Strafe verhängt werden konnte, wenn der Beweis vollständig erbracht worden war, setzte sich bei den von einer poena extraordinaria bedrohten Delikten die Praxis durch, auch bei nicht vollständig erbrachtem Beweis zu strafen und zwar etwas milder. Außerdem berücksichtigte man in diesem Rahmen Vorsatz, Fahrlässigkeit sowie Milderungsgründe.

Im Laufe der Zeit wurde nun diese Praxis der Strafmilderung auch bei solchen Delikten angewandt, die mit einer Regelstrafe (poena ordinaria) belegt waren. Und zwar zunächst einmal in solchen Fällen, wo etwa die Todesstrafe offensichtlich unangebracht war, etwa wenn kein Vorsatz (dolus) vorlag[126]. Schließlich griff man auch zur Strafmilderung, wenn der nach dem Gesetz notwendige Beweis nicht vollständig erbracht werden konnte, der Täter aber nach der Überzeugung der Richter schuldhaft gehandelt hatte (Verdachtsstrafe). Dieses Abgehen von den starren Beweisregeln zugunsten einer „freien Beweiswürdigung" bürgerte sich im 16. Jahrhundert nach italienischem Vorbild in der gesamten mitteleuropäischen Strafpraxis ein. Es barg für den Verdächtigen natürlich die Gefahr der willkürlichen Bestrafung; spätere Schriftsteller haben daher die Verdachtsstrafe zu einseitig als ein typisches Produkt des absolutistischen Staates gekennzeichnet. Für die Obrigkeiten bot dieses neue Verfahren jedoch mehrere Vorteile: Man vermied das Risiko, wegen einer vollständig „verbrauchten" Folter den Täter trotz dringendsten Tatverdachts wieder laufen lassen zu müssen; man konnte sogar auf die Anwendung der Folter weitgehend verzichten, was eine erhebliche Beschleunigung des Verfahrens zur Folge hatte, ebenso wie auf eine zeitraubende Vernehmung aller verfügbaren Zeugen. Von weitreichender Bedeutung wurde in diesem Zusammenhang, daß nun auch die Verhaftung als unbedenklicher angesehen wurde, denn Haft und die eventuell angewandte Folter ließen sich als Strafe anrechnen!

Ein erstes und weites Anwendungsfeld hat die Verdachtsstrafe im Bereich der Polizeigesetzgebung gefunden. Gerade dort, wo sich der Täter einer Bestrafung mangels Beweise leicht entziehen konnte, wie bei den Sittlichkeitsdelikten (etwa Leichtfertigkeit und Ehebruch), ging man bedenkenlos von den alten Beweisregeln ab und ließ einen „genuegsamen Verdacht" zur Bestrafung genügen: *Nachdem mancher durch vermessenes Läugnen ungestraft durchzukommen glaubet, soll auch derjenige, welcher genugsamen Verdacht des Ehebruches und der Leichtfertigkeit auf sich geladen, nach Verhältnis seines Verbrechens, der Umstände und des Standes, mit Ausstellung an der Schandsäule, Schanzarbeit, Geldstrafe, Dienstentsetzung und Hinwegweisung aus dem Orte, in welchem sich die Person aufhält, mit welcher die fleischliche Vermischung vorgieng, gestraft werden.*

Die allgemeine Zulässigkeit von Verdachtsstrafen findet sich dann in der Bayerischen Malefizprozeßordnung 1616 (Tit. 6, Art. 6) normiert: ... *Da er aber nit allerdings unschuldig, sondern dannoch straffbar erfunden, soll nach Be-*

schaffenheit seines Verbrechens, eintweders ihme die Gefängnuß und Tortur für die Straff gerechnet, oder da das Verbrechen dannoch groß, das Gericht oder das Landt auff gewisse Zeit oder ewig verbotten oder nach Ermessung deß Richters sonsten gestrafft werden.

Besonders mißlich hatte sich die Anwendung der Regelstrafe beim Totschlag erwiesen, und es ist bezeichnend, daß die Auflösung des strengen Beweisprinzips (das ja nicht zuletzt auch Schutzfunktionen hatte) parallel zur strengeren Verfolgung des Totschlagsdelikts durch die Landesherrschaft lief. Wenn sich bei einem Totschlag (etwa im Rahmen von Massenraufereien) die Tatbeteiligung des einzelnen oder eine eventuelle Notwehrsituation nur schwer rekonstruieren ließ, war die Anwendung der Regelstrafe wie die Entlassung des potentiellen Täters für die Obrigkeiten gleich unangebracht. Typisch ist insoweit eine Anweisung des Hofrats vom 16. Oktober 1630 an den Richter von Kranzberg: ... *Dieweil man dann nach Beschaffenheit deß fürgangnen Rumors und dessen Verlauffs nit sehen khann, das der verhaffte ... poena ordinaria homicidii gestrafft werden khönne, also wolle man denselben noch der Zeit hiervon absolvirt und ihme anbevolchen haben, das er besagten befenkhnusten solches seines Verbrechens halben der Curfürstenthum und Landen zu Bayrn uf ain Jahr lang verweisen, ihme dabeneben bedeutten, das er ehender nit widerumb solle darein gelasen werden, er habe dann glaubwürdige Urkhunden eines anderer Ortten gethonen unerweislichen Wolverhaltens halben vor- und ufzuweisen.*[127]

Mit einer poena extraordinaria (Landesverweisung) bestrafte man 1610 auch einen Amtmann, der betrunken einen Totschlag begangen hatte, weil er sich fälschlicherweise angegriffen fühlte.[128] Schwierig gestaltete sich die Beweislage in manchen Kindsmordfällen. 1637 wird eine Frau ewig des Landes verwiesen, nachdem die Leiche ihres Kindes vergraben aufgefunden worden war. Die Tötung des Kindes konnte man der Mutter trotz dringenden Tatverdachts nicht nachweisen.[129]

Die zunehmend größer werdende Zahl von teilweise komplizierten Straftatbeständen, mit denen sich die Untertanen konfrontiert sahen, zwangen die Obrigkeiten zur Auseinandersetzung mit dem Phänomen der „Gesetzesunkenntnis" bzw. der „fahrlässigen" Begehung. Generell wurde jede fahrlässige Begehungsart als strafbar angesehen: Eine Verletzung von Kleiderordnungen wurde auch dann geahndet, wenn man von deren Existenz nichts wußte, und eine Verletzung der Fastengebote lag auch dann vor, wenn man den betreffenden Tag nicht als Fasttag erkannt hatte. Die fahrlässige Begehungsform wurde zwar milder bestraft als die vorsätzliche, auf ihre Bestrafung verzichtete man aber keineswegs. Der landesherrliche Disziplinierungsanspruch wurde also ohne Berücksichtigung der subjektiven Seite durchgesetzt: Es galt, eine objektive Ordnung zu verwirklichen, und die Bestrafung auch des nach unseren Begriffen Unschuldigen (anderen zum „Exempl") machte dieses objektive Ordnungsstreben sinnfällig.

Abschließend sei noch darauf hingewiesen, daß die auf Effektivität abzielende Strafrechtspflege des frühneuzeitlichen Staates, verglichen mit der bisherigen Rechtspraxis, eine erhebliche Verschlechterung der Rechte des betroffenen Untertanen bedeutete. Während man früher in der Regel nur den überlieferten Kreis der wenigen schweren Verbrechen abstrafte und sich die Strafrechtspflege in seltenen, umständlich zelebrierten Strafverfahren und Hinrichtungen erschöpfte, so änderte sich dies mit der neuen Alltäglichkeit der Strafrechtspflege. Das Strafen wird zur obrigkeitlichen Routine. Da ohne das Hindernis der alten Beweisregeln nun auch bei Kapitaldelikten eine Bestrafung bei einer entsprechenden Überzeugung des Richters möglich war, stieg die Bestrafungsquote selbst im Bereich der überlieferten Tatbestände erheblich. Auch der Zugriff auf den Verdächtigen geschah nun wahlloser: Verhaftungen werden in einem vorher unbekannten Maße alltäglicher und beliebiger.

10. Interzessionen

Häufigster Grund für Strafmilderungen und Begnadigungen waren Interzessionen (Fürsprachen) dritter Personen. Aber es gab auch Interzessionen in bezug auf die Hinrichtungsart. Besonders bei Dieben, die zur Hinrichtung mit dem Strang verurteilt worden waren, wurde oftmals die „ehrenvollere“ Hinrichtung mit dem Schwert erbeten. Die meisten Interzessionen kamen von Verwandten, Mitbürgern oder Dorfnachbarn. Wenn sie massiv genug und plausibel waren, hatten sie Aussicht auf Erfolg. So begnadigte 1555 Herzog Albrecht V. einen in Ingolstadt zum Tode verurteilten Wilderer: Gegen eine Kaution von 150 Talern und der Bürgschaft von 9 Bauern wurde der Delinquent entlassen und in seinem Dorf unter Polizeiaufsicht gestellt.[130]

11. Rechtsbeistand und geistlicher Beistand

Nach den meisten Strafgesetzbüchern des 16. bis 18. Jahrhunderts sollte dem Verhafteten auf Wunsch ein Rechtsbeistand bestellt werden, damit er sich „ex carcere“ purgieren konnte. Dies geschah in einer Phase des Verfahrens, in der vom Hofrat oder den Regierungen bereits der Hinrichtungsbefehl gegeben wurde und der Richter, in der Regel der Bannrichter, das Urteil abzufassen hatte. Der Rechtsbeistand, ein Advokat oder Prokurator, mußte mit dem Beschuldigten sprechen, *ob derselb villeicht noch etwas in der Geschicht beweisen und ausführen oder im Rechten sonsten einen Behelff haben möchte, welches ihme dienstlich sein kundte.* Der Rechtsbeistand sollte vor allem darauf sehen, *ob nit vielleicht der Gefangne etwas seiner Entschuldigung oder Ringerung der Straff dienstlich anzuzeigen underlassen hette ... das soll er ... in ein Schrifft verfassen und dem Richter uberantworten.* Ein solches Schreiben durfte der Rechtsbeistand freilich nur einreichen, wenn sich neue Aussagen zum Sachverhalt machen ließen. Bei Strafe war dem Rechtsbeistand jeder Versuch untersagt, das Verfahren zu verlängern.

Diese Zulassung des Rechtsbeistands kurz vor der endgültigen Urteilsschöpfung war typisch für den Inquisitionsprozeß, in dem ja die Richter von Amts wegen auch die Entschuldigungsgründe zu prüfen und zu berücksichtigen hatten.[131] Grundsätzlich wurde also ein Rechtsbeistand als überflüssig und hinderlich betrachtet. Soweit man ihn aber zuließ, wurde er als eine Art Organ der Untersuchungsbehörden betrachtet und mit fest umrissenen Aufgaben betraut. Er mußte etwa im konkreten Fall Beweise erbringen, daß sein beispielsweise wegen Totschlags verhafteter Mandant weder mit der Absicht zu verletzen noch zu töten, sondern in Notwehr seinen Schwertstreich getan hatte.[132] Vielfach scheint man einen Rechtsbeistand auch bestellt zu haben, wenn man dem Urteil des Bannrichters nicht recht traute, beispielsweise wenn der Hofrat dem Pflegsverwalter zu Straubing am 29. April 1643 dekretierte, daß vor der Vollziehung des vom Bannrichter abgefaßten Urteils ... *die Notturfft erfordert, daß ime Rambsler ain procurator zugeordnet werde ...* Die Einlassungen des Procurators sollten an den Hofrat geschickt werden.[133]

Die Erwähnung des Rechtsbeistands in der Bayerischen Malefizprozeßordnung 1616 geht auf eine Intervention der Landstände auf dem Landtag 1605 zurück. Im 16. gemeinsamen Gravamen[134] hatten sie sich allgemein über die „unordentliche Inquisition“ beschwert und darüber, daß die Verteidigungsmöglichkeiten nach Art. 47, 151, 156 Carolina von 1532 in der Praxis der Gerichte nicht genügend berücksichtigt würden. Dazu gehöre auch, daß den Delinquenten erst auf dem letzten Rechtstag pro forma ein Verteidiger zugewiesen wurde. Diese formale öffentliche „Defendierung“ wurde nun durch Tit. 6, Art. 4 Bayerische Malefizprozeßordnung 1616 abgeschafft.

Nicht weniger wichtig als der Rechtsbeistand war für die Delinquenten der geistliche Beistand. Die Ordens- und Weltgeistlichen, die Zutritt zu den Strafgefangenen erhielten, konnten auch das Strafverfahren durchaus beeinflussen, insbesondere dann, wenn sie versuchten, dem Delinquenten durch „Rechtsberatung“ zu helfen.

In den häufigen Besuchen von Geistlichen bei Strafgefangenen sah Herzog Maximilian allerdings eine Gefahr für den ordentlichen Verlauf des Strafprozesses. 1615 dekretierte er dem Hofrat, daß ein unkontrolliertes Ein- und Auslaufen von Geistlichen nicht selten dazu führe, daß die Verbrecher nicht mit der Wahrheit heraus wollten oder ihr Geständnis widerrufen würden. Der Hofoberrichterinstruktion mußte die Bestimmung angefügt werden, daß in Zukunft ohne Bewilligung des Hofoberrichters außer dem ordentlichen Beichtvater niemand mehr

Zugang zu den Gefangenen hatte. Das sollte nicht nur für Geistliche, sondern auch für andere Personen, insbesondere Verwandte, gelten, die nach Ankündigung des Malefizrechtstages den Todeskandidaten aufsuchen wollten. Diese Besucher durften erst dann zugelassen werden, wenn der Delinquent aus dem Falkenturm zum Malefizrecht geführt wurde.[135] Die schriftliche Korrespondenz mit Dritten war jedoch dem Delinquenten jederzeit gestattet.

Ein für den Landesherrn besonders unangenehmer Fall von kombiniertem geistlichem und rechtlichem Beistand wird für den in Rain am Lech 1643/44 durchgeführten Hexenprozeß überliefert.[136] Damals fiel ein Kapuziner auf, der die Delinquentinnen zum Widerruf ihres Geständnisses ermunterte und damit das Verfahren erheblich behinderte. Unter dem Vorwand, daß durch die Tätigkeit des Kapuziners die „Heimlichkeit" des Verfahrens nicht mehr gewahrt sei, löste man den Geistlichen ab. Der Hofrat meinte, daß in Zukunft kein Geistlicher zu einer gefangenen Person zu lassen sei, bevor diese nicht zu einem „beständigen" Geständnis gebracht worden sei.

12. Der endliche Rechtstag

Bis ins 16./17. Jahrhundert bildete der endliche Rechtstag im gesamten deutschen Reich den feierlichen und öffentlichen Abschluß des Strafverfahrens. Er gehört als Kernstück des Verfahrens zum Anklageprozeß, da sich hier traditionell das *Beschreien der Übeltheter* und die öffentliche Anklage zu vollziehen hat. In der weiteren Entwicklung des Inquisitionsprozesses wird der endliche Rechtstag überflüssig und schließlich abgeschafft.

Der Rechtstag mußte nach der Carolina (Art. 79 ff.) dem Beklagten und der Öffentlichkeit angekündigt werden. Am Gerichtstag soll das peinliche Gericht mit Glocken eingeläutet werden *und soll der Richter die Urthayler heyssen nidersitzen und er auch sitzen, seinen Stabe oder bloß Schwert, nach lendlichem Herkommen eyns jeden Ort in den Henden haben und ehrsamlich sitzen bleiben bisß zu Ende der Sachen* (Art. 82). Dann muß der Richter die Schöffen fragen, ob das Gericht (zahlenmäßig) richtig, d. h. mit mindestens sieben Schöffen besetzt ist.

In allen Territorien, in denen die Strafrechtspflege (in der Regel seit dem Ende des 15. Jahrhunderts) zentralisiert wurde, erfolgte die Anberaumung des endlichen Rechtstags durch den Hinrichtungsbefehl des zuständigen Kollegiums (Bamberger Malefizamt, im Hochstift Augsburg durch den Hofrat in Dillingen, im Herzogtum und Kurfürstentum Bayern durch den Hofrat in München oder die Regierungen). Daraufhin hatte der jeweils mit dem Malefizrecht betraute Beamte (Vogt, Pfleger, Pflegsverwalter, Landrichter oder Bannrichter) den sogenannten endlichen Rechtstag vorzubereiten.

Der endliche Rechtstag ist der rechtshistorisch interessanteste Teil des Strafverfahrens. Als Relikt der mittelalterlichen Strafrechtspflege zeigt er noch die ganze lokale Vielfalt der Strafrechtspflege. Daher galt er den Landesherrn im 16. Jahrhundert als eine unzeitgemäße Einrichtung. Was war der endliche Rechtstag? In einem abschließenden Verfahrensabschnitt, in dem sachlich im wesentlichen schon alles entschieden war, wurde das bisher geheime Malefizverfahren in ein öffentliches Verfahren übergeleitet.

Auf dem endlichen Rechtstag wurde vor allem Theater gespielt. Er begann mit der Simulation einer „Schöpfung“ des Urteils, das im Prinzip schon festgelegt war. Zuständig für diese „fiktive“ Schöpfung waren der jeweilige mit dem Malefiz betraute Beamte (Pfleger, Pflegsverwalter/kommissar, Landrichter oder Bannrichter) sowie dessen Beisitzer (Rechtsprecher, Urteilsprecher). Die Beisitzer kamen, wie schon ausgeführt, aus dem inneren Rat der jeweiligen Stadt bzw. des jeweiligen Markts, in dem das landesherrliche Landgericht seinen Sitz hatte.

Diese Urteilsschöpfung, die im Grunde nur eine Bestätigung des Hinrichtungsbefehls der übergeordneten Behörde war, hieß auch das „Stillrecht“ (heimliches Recht), da sie unter Ausschluß der Öffentlichkeit geschah. In manchen Gerichten waren an dieser Urteilsfindung auch die geschworenen Gerichtsprokuratoren beteiligt, die dann der landesherrliche Beamte als erste nach ihrem Urteilsvotum befragte. Gegen 1590 beseitigte man im Herzogtum Bayern die Beteiligung der Gerichtsprokuratoren in all denjenigen Landgerichten, wo sie noch üblich war. Nachdem das im „Stillrecht“ gefundene Urteil vom Gerichtschreiber protokolliert war, begann der öffentliche Teil des „endlichen Rechtstags“, das sogenannte „offen Malefitz Recht“. In diesem öffentlichen Teil des Verfahrens erstand der altdeutsche Akkusationsprozeß mit Anklage und Verteidi-

◀ Blutbannverleihungen durch die Würzburger Bischöfe Melchior Zobel von Giebelstadt (1544–1558) und Friedrich von Wirsberg (1558–1573): Die Ausübung der Blutgerichtsbarkeit durch die Richter in den fränkischen Zentgerichten erforderte die Verleihung des Blutbannes durch den Inhaber der hohen Gerichtsbarkeit. Im Hochstift Würzburg besaß der Bischof seit 1168 in seiner Eigenschaft als Herzog von Franken die hohe Gerichtsbarkeit und Banngewalt. Symbol dieser Banngewalt ist das fränkische Herzogsschwert, auf das der Bischof während der Verleihungszeremonie seine linke Hand legt. Die Verleihung durch den Bischof erfolgte mit dem Gerichtsstab und bei Bischof Melchior Zobel in der weltlichen (schwarzen) Fürstentracht. Dem beliehenen Richter (Zentgraf) wird in Gegenwart des Gerichtsschreibers der Zent Würzburg (Obergericht für die hochstiftischen Zenten auf dem Lande) der Wortlaut des Amtseides, den er an den Gerichtsstab zu schwören hat, aus dem Zentgrafenbuch vorgelesen.
Der Nachfolger des 1558 ermordeten Melchior Zobel, Bischof Friedrich von Wirsberg, ist mit einer herzoglichen Rüstung bekleidet. Das Herzogsschwert hält er senkrecht nach oben.

gung als inszeniertes Theaterstück wieder zum Leben bzw. er wurde an dieser Stelle nachgeholt. Bis zu den einschränkenden Bestimmungen der herzoglich-bayerischen Malefizprozeßordnung von 1616 (Tit. 6, Art. 4) waren an den Landgerichten die unterschiedlichsten Rituale in Gebrauch.

Der Kriminalfall: Der endliche Rechtstag in München vor 1616

In München wurde nach einem Eintrag in das 1574 begonnene Blutbannbuch der endliche Rechtstag wie folgt gestaltet:[137]

Drey Tag vor dem Malefizrechtstag zu Morgens umb siben Uhr gehen beede Herrn Burgermaister, Ober- und Underrichter in Fronvest, da würd bevolchen, das man die Gefangene, die in der Stuben liegen, in ander Verwahrung füeret und anleget, und den armen Gefangnen, dem ain Malefitz verkhündiget soll werden, aus seiner Verwahrung in die Stuben bringet, und vor den Khetten aus schlecht unnd auf frey ledigen Fues stellt.

Und spricht Herr Richter oder Innere Herr Burgermaister zu dene Armen: N., Du hast vergangner Zeit aine Urgicht und Bekhantnuß an Orten gestrenger Frag mit deinem Mundt vor dir geben, welliche aufgeschrieben ist worden, die würd man dir yetzo vorlesen zuvernemen.

Wann nun die Urgicht dem Gefangnen nacheinander Articuls weis vorgelesen, und er khainen Articul vernainth oder ändert und allso der Tadt oder Verprechens wie ime die verlesen worden, noch gesteet, so verkhündiget und ansetzt Herr Richter dem armen Gefangenen den Peinlichen Malefizrechtstag mit disen oder dergleichen Worten:

N: Auf Verlesung deiner aignen Urgicht unnd Bekhanndtnus, welliche du yetzo widerumb bestendigelich gesteest, so ernenne und ansetze ich aus Bevelch aines edlen fürsichten, ersamen unnd weisen Raths der Stat München alls ordentlichen Obrigkhait, Dir N. ainen endtlichen peinlichen Malefizrechtstag auf negst khunfftigen N. tag, der da würd der N. tag Monats N., das Du, wenn man die gewöndlich Malefiz Gloggen würd leitten zu Morgens Zeit, auf dem Rathhauß alhie vor dem Malefiz Gericht erscheinest, die Anclag wieder dich anherest und was Urthail und Recht, geben unnd erkhennen würd, gewartet.

Nach sollicher Ansetzung ermanth man den armen Gefangnen, dieweil die geschriebnen Recht, gestrennge und scharpff das Übel zustraffen von Gott und weltlicher Obrigkhheit geordnet seyen, so solle er sich allain zu Gott, dem allmechtigen kehren, in des Handt unnd Gewalt aller Menschen Leben steet, seine Müssetadt bereuhen, sein zeitliches Leben und Sterben gehorsamblich in den Willen des Allmechtigen setzen, umb das ewige Leben mit starrkhem Glauben, Hoffnung und Verthrauen auf des Verdienst unsers lieben Herrn Jhesu Christi unzweifflich bitten.

Dann werde ime auch ain Peichtvatter, vor deme er sich seiner Sündt christlich beclage unnd peichte, zueordnen, der ime auch das hochwürdige Sacrament werde raichen.

Nach sollicher Ermanung schlegt man den armen wider in Eisen unnd lesst ine in der Stuben.

Herr Richter und die Herrn geben ime umb Gottes Willen zu ainem Wein Laabung nach irem Willen.

Ordnung des Malefitz Rechtens.
Wenn der Arme aus der Gefengkhnus an Ort und Stadt, das Malefitzrechten gehallten soll werden, gebracht und ausserhalb der Gerichtsschrannen ist nidergesetzt worden, so setzt sich Herr Richter und neben ime der Underrichter an den Tisch, sain der Gerichtsschrannen zuberaith und die Gerichtspüecher und Halsgerichtsordnung, auch der Gerichtsstab ligen.
Nachdem der Richter niedergesessen, so gehen ain ersamer Burgermaister unnd Rath aus der Ratsstueben in die Gerichtsschrannen und setzen sich auf den Pennkchen, so ringsweis zu beeden Seiten darzue gesetzt sein, erstlich der Burgermaister nieder.
Und wenn allso die Herrn, alle nacheinander niedergesessen sein, so nimbt Herr Richter den Gerichtsstaab, wellichen er hinnach auf verlesne Articul prechen würdt, in die Hanndt und haist den Ambtmann ein Stille machen unnd das Malefitzrecht berueffen.
So schreit allsdann der Ambtmann: Stille, Stille und spricht, wer vor Malefizrecht zuclagen hat, der mag clagen, wie Malefitzrechtens Recht ist.
So solliches geschechen, allsdann hebe anclagender Procurator anstadt seiner Herrn Principäl an unnd spricht, ain Übelthätter mit Namen U. und N. von N. begangner Missethadt halber in Fronvestt oder Gefengkhnus allhie sey einkhummen. Bitt er, das derselbe sein Malefiz Gericht berueft werde.
Darauf bevilcht der Richter, den Armen gebunden für Malefiz Gericht zuberueffen und zu erfordern.
Wenn nun der arme Mensch für Gericht gestellt worden, so legt der Anclager, so verrn er ain Anwaldt ist, aintweders von fürstlicher hocher oder nachgesetzter bürgerlicher Obrigkhait aine schrifftlichen Gewallt für, begert denselben zuverlesen, welcher also lautt, wie volgt … .
Nach verlesnem Gewallt, begert Clager ime Rechtens zuvergunnen.
Darauf spricht Herr Richter, ich vergunne euch ine Malefizrechten zuclagen wie Malefitzrechtens Recht ist.
Darauf begert Anclager, den Articul vom Verzickhen zuverlesen, welliches der 10. Articul, 19. Titul Bayerischer Reformation am 72. Plat zufinden …
Wenn der verlesen worden, begert er des Armen Urgicht und Bekhanntnuß zuverlesen.
Wann die auch verlesen, so thuet Clager sein Clag.
So der arme Beclagte an die Sprach mit den Herrn des Raths begert, erlaubt ime Richter solliches und so steen die Herrn des Raths auf und gehen aus der Schrannen zu dem Armen.
Nota: Wellicher Gebrauch aber bey wenig Jaren abkhumen und durch des Armen Procurator verrner nit mehr begert würdt.
Und wenn die Herrn des Raths wider in die Schrannen khumen und wider gessessen sindt nach geherter Anchlag, so begert des Armen Mans Redner, dem Armen Anclagten auch Rechtens zu vergunen.
Und wenn ime Herr Richter, was Malefitz Rechtens Rechts ist, vergunt hat, so gibt des Armen Mans Procurator seine Verantworttung, repplicíern allso gegeneinander.
Wenn beeder Thail zu Erkanntnus beschlossen, so spricht Herr Richter, er wolle sich

auf Clag und Anntwortt unnd beederseits gethann Beschlus gleichfalls ainer Urtls entschliessen.
Darauf unnderredt sich Herr Richter mit dem Underrichter und zaigt ime an, zu was peinlichen Strafen er den Armen verurthaillen will.
Und wenn nun der Unnderrichter in die Urtl, deren Einganng vorhin geschriben ist, die Peinliche Straff auch hinzue gesetzt hat, gibt er die zu Enndt geschribne Urtl dem Herrn Richter in seine Hanndt zu verlesen.
Und so der Richter die Urtl mit ime selbst uberlesen hat, bevilcht er dem Unnderrichter, das er die selb Urtl offenlich verlese,
Und sopaldt die Urtl verlesen worden, bricht der Richter den Staab unnd gibt dem Zichtiger, so in der Gerichtsschranne auf ainer besonderen Pannckh sützt, Bevelch, die Urtl zu volziehen und spricht, Zichtiger, ich bevelch dir bey dem Aidt, damit du ainen fürsichtigen ersamen und weisen Rath der Stat München zum Gericht geschworn hast, das du den armen gefangenen Mann allso gebunden, auf die gewonndlich Gerichtsstat fürest, daselbst meiner gesprochnen Urtl, wie Urtl und Recht geben hat, Volziehung thuest. Als dann sitzt sich das Gericht zu Pferdt und reithet vor dem Maleficanten daher.
Ausrueffung auf der Hauptstat:
Die ordenliche Obrigkhait der Stat N. läst bey Leib und Guet gebietten, dem Nachrichter khainerlay Verhinderung zethuen, auch ob ime mießgelungen, nit Hanndt anzelegen, darvor sich menigcklichen wuerdet zuhueten wissen.

Die Bayerische Malefizprozeßordnung 1616 brachte dann das gesetzliche Ende des bisher üblichen öffentlichen Rechtstages mit seinem „gespielten" Anklageverfahren:
Wiewol bißhero bey dem offentlichen Malefitz Rechten an underschidlichen Orten underschidliche Gebräuch, fürnemblich aber diß in Übung gewesen, daß vor offentlicher Gerichts Schrannen, der arme Gefangne durch Mittel eines Redners von dem Kerckermaister, Schergen oder auch dem Rathknecht angeklagt und dagegen auch durch einen bestellte Redner defendiert und verthädigt worden; inmassen auch in Kayser Carls Peinlichen Gerichts Ordnung in den 88. und etlich nachfolgenden Articulen geordnet ist: So ist aber solcher Prozeß, insonderheit, wenn man dem Gefangnen vor Schöpffung der Urthel einen Advocaten zulast, zu anders nichts dienstlich, weder, daß die Zeit verzehrt … Zudeme auch an vilen Orten im Römischen Reich solche offentliche Anklag nie in Gebrauch kommen. Als soll man fürterhin bey dem offnen Malefitz Rechten anders nichts thuen, weder, daß durch den Gerichtsschreiber deß gefangnen Ubelthaten und Verbrechen und darauff das geschöpffte Urthel abgelesen, von dem Richter der Stab gebrochen und dem Scharpffrichter die Urthel zu vollziehen anbevolchen werde. (Tit. 6, Art. 4)

13. Das Geleitverfahren[138]

Eine besondere Form des Strafprozesses bildete das Geleitverfahren. Nicht zu verwechseln ist damit das landesherrliche Geleitregal, z. B. das Judengeleit. Das Geleitverfahren, das in seinen Wurzeln auf das germanische Inzichtverfahren zurückgeht[139], sollte einem Beschuldigten, der sich außerhalb des Landes befand bzw. dorthin geflüchtet war, die Möglichkeit geben, sich einem Gericht im eigenen Lande zu stellen, um sich gegenüber den erhobenen Vorwürfen zu verteidigen. Geleitgewährung bedeutete, daß der Begünstigte freies sicheres Geleit[140] genoß, also nicht verhaftet werden durfte. Dabei wurde zwischen dem Geleit „zum Rechten" und dem Geleit „von und zum Rechten" unterschieden, je nachdem ob das Geleit vollständig oder nur für den Weg zum Gericht gelten sollte. Geleiterteilung zum Rechten sah schon die Landshuter Landesordnung von 1474 vor.[141] Auch in anderen Territorien gehört der Inzichtprozeß zum festen Bestandteil des Strafverfahrensrechts.[142]

Im Herzogtum Bayern durfte bis zum Jahre 1616 allein ein Geleit zum Rechten gewährt werden. Die Geleitbriefe stellten ausschließlich der Hofrat in München oder die Regierungen aus. Mit diesem Geleitbrief hatte sich der Beklagte beim zuständigen Rentmeister und Richter anzumelden. Dieser mußte alle benachrichtigen und laden, die gegen den Beschuldigten etwas vorzubringen hatten. Falls es dem Beschuldigten vor Gericht nicht gelang, seine Unschuld nachzuweisen, mußte er verhaftet und die Strafe vollstreckt werden. Freilich konnte sich der „Inzichter" vor Gericht auch vertreten lassen und ging so dem Risiko einer Verhaftung aus dem Weg. Erst wenn er im Laufe des Verfahrens schließlich zum Reinigungseid zugelassen war, konnte er ohne Gefahr persönlich erscheinen.

Das Geleit von und zum Rechten, im Herzogtum Bayern zum ersten Mal in der Bayerischen Landes- und Polizeiordnung von 1616 (Buch 5, Tit. 12, Art. 1) eingeführt, schützte den Beschuldigten vor jeder Verhaftung für die Dauer des Prozesses: Er konnte also auch dann ungefährdet das Land verlassen, wenn die Rechtfertigung mißlang, d. h. er galt als Landesverwiesener. Nur wenn er das Land nicht auf dem schnellsten Weg verließ, ging er des Geleits verlustig.

Streng formalisiert waren die Voraussetzungen der Geleitgewährung. Es mußte ein Geleitbrief ausgestellt werden, und zwar, auch wenn Geleit vom Recht gewährt worden war, ausschließlich mit dieser Formel: „Und vom Rechten, für Gewalt und Unrecht, auch fenglicher Verhafftung … " Sobald der Betroffene den Geleitbrief erhalten hatte, mußte er sich unverzüglich an das zuständige Landgericht wenden und die Anberaumung eines Rechtstags verlangen.[143] Der Richter setzte dem Inzichter dann einen peremtorischen Termin für die Einbringung der sogenannten Purgatorialartikel. Wenn sich der Delinquent säumig zeigte, setzte ihm der Richter eine Frist zum Verlassen des Landes. Nach Ablauf dieser Frist

BITTE EINES GEFLOHENEN TÄTERS UM EINEN GELEITBRIEF. Holzschnitt aus der Bamberger Halsgerichtsordnung 1507.

konnte der Delinquent verhaftet werden. Wenn einer nur das Geleit zum Recht bekommen hatte und sich dem Richter stellte, konnte dieser ihn verhaften und eine Bürgschaft verlangen, wenn der Verdacht bestand, der Delinquent würde sich nicht mehr um den Nachweis seiner Unschuld kümmern, oder wenn offenbar war, daß ihm der Nachweis nicht gelingen würde.[144] Eine solche Bürgschaftssumme belief sich 1649 bei einem Totschlag beispielsweise auf 300 fl.[145]

Seit der Bayerischen Landes- und Polizeiordnung von 1553 (Buch 6, Tit. 11, Art. 4) wird in Ermangelung eines Privatklägers ein öffentlicher Ankläger eingesetzt. Ein solcher Ankläger war notwendig geworden, nachdem sich *bisher zu vilmaln begeben, wann die Todtschleger und ander Ublthäter so ir begangen*

Missethat halben landreumig werden, Glayt zu Recht außgebracht unnd sich solcher irer Missethat oder derselben Intzicht zu purgieren oder zu entschlahen für Gericht gestanden seind, das sie niemand beklagt hat und sie demnach zum dritten Rechtn ledig erkennt worden, darauß dann ervolgt, das ir vil auff solche Vertröstung des nit Anklagens Glayt zu Recht angenommen und für Recht gestanden, auch dardurch auß Mangl gebürlicher Anklag der verschuldten Straff entgangen seind. So ist hiemit unser Bevelch und Wöllen, das füran in ainem jeden unsern Rentambt ain erbare verständige Person verordnet und bestelt werde, die auff gute Erfarung der begangen Missethat, wie sie dann dieselb Erfarung bey unsern Hofräten und in unsern Rentambten bei Vitzdomben, Haubtmann und Räten oder durch derselben Verordnung gehaben mag nach Gestalt der Sachen, den zu Recht verlaiten, wann er sich erstmals für das Gericht stelt, anklag und gegen ime, wie sich gebürt, mit peinlicher Rechtvertigung procedier, auff das ain solcher umb sein begangne Mißhandlung sein verdiente Straff empfahe. Doch das in solchem und dergleichen Fällen Herkomen der Geschicht und alle Umbständ auch Underschaid der Personen, Zeit und Stat, darzu die erklärt Landßfreyheit, wie sich gebürt, wol erwegen unnd bedacht werden sollen.

Bis zum Jahre 1553, also bis zur Neuregelung des Inzichtverfahrens, erhielt der Inzichter drei Termine, bei denen jedermann gegen ihn klagen konnte. Kam bis zum dritten Termin niemand, so sollte der Richter mit Urteil erkennen, daß der Inzichter drei Rechte erstanden habe und daß er deshalb zum Reinigungseid zuzulassen sei.[146] Dieses öffentliche Gerichtsverfahren (öffentliches Schrannenrecht) bewährte sich nicht und wurde daher abgeschafft.

Durch die Einführung des öffentlichen Anklägers entfiel vor allem der Reinigungseid. Der Inzichter mußte nun zu jedem Punkt der (öffentlichen) Anklage Stellung nehmen und Beweise für seine Unschuld vorbringen. Die Tortur durfte im Rahmen des Geleitverfahrens nicht angewandt werden, insoweit hielt man sich noch streng an das Anklageprinzip.

Das Geleitverfahren glich in mehreren Punkten einem Zivilverfahren (Provocations- oder Diffamationsprozeß) und war damit im Ergebnis für den Betroffenen weit vorteilhafter als ein regulärer Malefizprozeß. Es bot vor allem auch die Möglichkeit eines günstigen Vergleichs. Das Urteil, in dem dann der Inzichter „von aller peinlichen Straf ledig“ erkannt wurde, besagte freilich nichts über die „bürgerlichen Rechte“, d. h. die zivilrechtlichen Ansprüche des Klägers. Doch konnte der Richter durchaus auch „Kosten und Schäden“ kompensieren und vergleichen.

Wegen der günstigen Position des geflüchteten Verbrechers waren die bayerischen Landesherrn seit der 2. Hälfte des 16. Jahrhunderts bemüht, den juristischen und faktischen Einflußbereich dieses Verfahrens einzuschränken. Es häufen sich die Versuche, flüchtige Täter, die sich in einem benachbarten Land aufhielten, durch Auslieferung wieder gewaltsam in das Land zurückzubringen.

Außerdem sprach man einem immer größeren Täterkreis das Recht ab, ein Geleitverfahren anzustrengen. Nach der Bayerischen Malefizprozeßordnung 1616 und der Bayerischen Landes- und Polizeiordnung desselben Jahres durften in Zukunft keine Mörder, Totschläger, Räuber, Austreter und „Enthalter" solcher Verbrecher „ohne mercklich beweglich Ursach" ein freies Geleit erhalten. Auch ein Täter, der vorsätzlich („wissentlich") eine Tat begangen hatte, sollte nicht zur Purgation zugelassen werden.

Das Geleitverfahren war ein durch die Landesfreiheitserklärung gesichertes Rechtsinstitut. Es konnte von den Landesherrn in seiner Bedeutung zwar gemindert, aber nicht abgeschafft werden (Landesfreiheitserklärung 1616, Teil 4, Art. 9: *Jedoch, wo solcher entwichner Thäter umb Glait anhalten, soll ihme dasselb von: und zu Verhör von unserwegen gegeben und nit abgeschlagen werden. Es were dann die That gar offenbarlich muetwillig, alßdann soll der Thäter allein zu Recht und nit weiter verglait werden*). Da das Geleitverfahren nicht sehr häufig war, kannten die Richter auf dem Land daher oft die einfachsten Verfahrensregeln nicht. So kam es mehrfach vor, daß die Bestellung des Anklägers (procurator) vergessen wurde.[147] In solchen Fällen konnte der Hofrat den Prozeß kassieren.

Das Geleit von und zum Recht wurde in der Bayerischen Malefizprozeßordnung 1616 normiert. Diese Neuregelung ist um so erstaunlicher, als der mit der Vorbereitung der Bayerischen Malefizprozeßordnung betraute Polizeirat die bisher allzu großzügige Praxis der Geleiterteilung rügte und eher Einschränkungen vorschlug. Warum dann in der Endfassung auch noch das Geleit von und zum Recht Eingang fand, bedarf der Klärung. Freilich gab es Fallgestaltungen, bei denen ein Geleit von und zum Recht (das in der Praxis nach 1616 offensichtlich nur sehr selten gewährt wurde) durchaus am Platz war, so wenn ein flüchtiger Verdächtigter in der Lage war, die Unschuld eines Verhafteten zu beweisen. Ein solcher Fall ereignete sich etwa 1621, als bei einem „Rumorhandel" ein Beteiligter seiner Frau (fahrlässig?) einen Messerstich beibrachte, an dem diese dann drei Wochen später verstarb. Nachdem der Täter geflüchtet war, wurde ein anderer Beteiligter als Mittäter verhaftet. Um dessen Unschuld nachzuweisen, gewährte man nun dem Täter Geleit von und zum Recht.[148] Auch bei hochrangigen Interzessionen war ein Geleit von und zum Recht möglich. Typisch ist insoweit der Fall des Caspar Pöll, der 1639 wegen eines Totschlags in die Freiung nach Freising geflüchtet war.[149] Bischof Adam von Freising, der Propst, Dechant und das gesamte Freisinger Domkapitel baten für den Landesflüchtigen um ein Geleit von und zum Recht, worauf dann der Hofrat in München den gewünschten Geleitbrief ausstellte.

Kapitel V
Zwischen Galgen und Geld
Die Kriminalstrafen vom 16. bis zum 18. Jahrhundert

1. Die öffentlichen Schauplätze des Schreckens: Köpfstätte und Galgen

Alte Pläne und Kupferstiche, etwa die Stadtansichten Merians aus der Zeit des 30jährigen Krieges, zeigen uns sehr deutlich die Bedeutung des Hochgerichts, des Orts, an dem die Todesstrafen vollstreckt wurden.

Das Hochgericht war der wichtigste Ort zur Vollstreckung von Todesstrafen. Zu einem ordentlichen Hochgericht, dem sinnfälligsten Zeichen für die Blutgerichtsbarkeit, gehörten vor allem der Galgen, die Köpfstätte, die Säule zum Verbrennen sowie die Räder. In der Regel war das Hochgericht zweigeteilt: Der Galgen stand meistens an einer wichtigen Zufahrtsstraße vor den Toren des jeweiligen Gerichtssitzes, während sich die Köpfstätte für die Hinrichtungen mit dem Schwert näher an oder sogar in der Stadt befand. Typisch ist insoweit die Münchner Situation, wo sich die Köpfstätte, die sogenannte „Hauptstatt", wie auf Volkmers Plan von München (1613) zu sehen, noch innerhalb des Burgfriedens an der Straße nach Augsburg befand. Der „Galgenberg" dagegen lag außerhalb des Burgfriedens nordwestlich der heutigen Theresienwiese. Hier fanden die Hinrichtungen mit Strang, Rad und Feuer statt.

Die Hinrichtungen wurden überall im unmittelbaren Anschluß an den „endlichen Rechtstag" vollzogen. Der Delinquent wurde nach dem Urteil und dem Stabbrechen zum Hochgericht gebracht. Den Zug dorthin führten der Pfleger, Landrichter oder Bannrichter an, je nachdem, wer im konkreten Fall den Blutbann besaß. Den Richter begleiteten die Beisitzer. Geistliche betreuten den Delinquenten, der Eisenmeister hatte ihn zu bewachen. In München mußten während des Zuges zum Hochgericht die Bettelrichter die Malefizglocke läuten. Auch an den anderen Hinrichtungsorten pflegte man während des Zugs zum Hochgericht die „Armesünderglocke" zu läuten.

a. Die Köpfstätte: Die Hinrichtung mit dem Schwert

Das Aussehen einer Köpfstätte (Rabenstein) ist uns aus den Illustrationen zur Bamberger Halsgerichtsordnung, aus den gedruckten „Urgichten" des 18. Jahrhunderts und aus sonstigen Abbildungen bekannt. Dabei handelt es sich in der Regel um eine gemauerte Plattform, die nur durch eine verschließbare Tür betreten werden konnte. Auf der Plattform befand sich in der Regel ein Bildstock mit Kreuzigungsszene. Durch diese Konstruktion der Köpfstätte war gewährleistet, daß die Hinrichtung für die Öffentlichkeit gut einsehbar war und daß niemand den Henker angreifen konnte.

Die Lage der Köpfstätte im jeweiligen Gemeindegebiet läßt sich heute fast nur noch durch Flurnamen nachweisen, da nach 1800 fast alle Hinrichtungsplätze demoliert oder überbaut wurden. Als Bezeichnungen für diese auf Hinrichtungen durch das Schwert beschränkten Richtplätze sind statt „Köpfstätte" und „Rabenstein" auch Namen wie „Hauptstatt", „Hauptgrube", „Köpferbuckel" oder „Köpflindlein" üblich.

Die Hinrichtung durch das Schwert wurde vom Scharfrichter an dem frei knieenden oder auf einem Stuhl sitzenden Delinquenten vollzogen. Dessen Hände waren in der Regel gefesselt, die Augen konnten verbunden werden. Für eine solche Hinrichtung berechnete der Scharfrichter 4 fl. sowie 1 fl. für Strick und Handschuhe. Der Henker exekutierte also mit Handschuhen, wohl um sich vor der Macht des Toten zu schützen, ein auch anderswo geübtes Verfahren.

b. Der Galgen: Die Hinrichtung durch Hängen

Die Strafe des Hängens war seit dem Mittelalter, möglicherweise schon seit germanischer Zeit, die spezifische Diebstahlsstrafe. Im hohen Mittelalter war sie wohl die Todesstrafe schlechthin, bis dann seit den Zeiten der Gottesfrieden und dann wieder seit dem 16. Jahrhundert auch andere Formen der Todesstrafe neben die Hinrichtung durch das Hängen traten. Die Hinrichtung am Galgen scheint also die einzige und ursprüngliche Todesstrafe gewesen zu sein, während die Hinrichtung durch das Schwert einer jüngeren Strafrechtsentwicklung zuzuordnen wäre.

Als Strafe für Straßenraub scheint die Galgenstrafe erst seit dem 16. Jahrhundert regelmäßig verhängt worden zu sein, um der Landplage der „gartenden Knechte" Herr zu werden. Ursprünglich aber ist die „unehrenhafte" Galgenstrafe wohl nur für schweren Diebstahl verhängt worden. Sie war grundsätzlich als

Hinrichtung eines Einbrechers auf dem Münchner Hochgericht. Urgicht aus dem Jahre 1769. ▶

Dein Diederich, mein Freund! erbrach die besten Schlösser;
Doch meiner, den du siehst, ist zwanzigmal noch besser:
Er öfnet unvermerkt das Thor der Ewigkeit,
Er schließt die Riegel auf der Zukunft, oder Zeit.
Die übrigen, die hier an meinen Knochen hängen
Sind die, nach denen nur die rohen Diebe langen.
Der feinste ist die Zung', durch die ein Ehrendieb
Das Räuberhandwerk oft zu Trotz dem deinen trieb.
Wenn einst für die der Mensch wird einen Galgen bauen,
Wie viele würde man an deiner Seite schauen!'

Hinrichtung durch Verbrennen am Münchner Hochgericht 1770: Das Münchner Hochgericht mit dem Galgen befand sich in einiger Entfernung westlich vor der Stadt im Bereich der heutigen Arnulfstraße. Dort wurden auch die Hinrichtungen durch Verbrennen und Rädern vollzogen. Als Strafschärfung galt es, wenn nach der Hinrichtung durch den Strang die Köpfe der Erhängten abgeschlagen und auf Rädern oder Galgen aufgesteckt wurden. (Staatsarchiv München)

Abschreckungsstrafe gedacht, das Vergeltungsmoment trat demgegenüber in den Hintergrund. Daher scheute man sich noch im 16. Jahrhundert vor einer Anwendung der Galgenstrafe: In München hat etwa Herzog Wilhelm V. (1579–1597) sehr häufig die Stadt als Inhaberin der Blutgerichtsbarkeit um gnadenweise Umwandlung der Galgenstrafe in eine Hinrichtung mit dem Schwert gebeten. Seit dem 17. Jahrhundert wurde dann die Galgenstrafe als Regelstrafe für Diebstahl und Raub zur häufigsten Hinrichtungsstrafe.

Wegen seines Abschreckungscharakters mußte der Galgen, der aus zwei oder drei gemauerten oder hölzernen Säulen mit darübergelegten Balken bestand, immer an gut einsehbarer Stelle errichtet sein. In der Regel befand er sich an den wichtigsten Zufahrtsstraßen, manchmal auch an Grenzen von Territorien oder Blutgerichtsbezirken. Er durfte nicht zu nahe bei menschlichen Ansiedlungen stehen, da die Hingerichteten zur Erhöhung der Abschreckung längere Zeit am Galgen hängen blieben und der Verwesungsgestank daher mit der Zeit unerträglich wurde. Der Galgen konnte auch ad hoc errichtet werden, und nach einem Mandat vom 24. Oktober 1567 sollten Wilderer, die man auf frischer Tat er-

Der Galgen der Reichsstadt Nürnberg 1640: Der Ausschnitt aus dem Kupferstich des Matthäus Merian zeigt (links) den Galgenhof vor dem Frauentor.

tappte, einfach am nächsten Baum aufgehängt werden. Für desertierte Soldaten errichtete man eigene „Soldatengalgen“. Galgen stellte man auch zur bloßen Warnung an gebannten Orten oder an den Landesgrenzen auf. Um den Perlendiebstahl in den Perlbächen des Bayerischen Waldes einzudämmen, ließ Kurfürst Maximilian um 1624 an den Perlbächen *zu mäniglich mehrer Nachricht und Warnung offentliche Perltäfl und Hochgericht* aufrichten. Im 17. und 18. Jahrhundert wurden dann an den Landesgrenzen Galgen aufgestellt und mit der Aufschrift versehen: „Strafe der gartenden Knechte“ oder „Strafe der Zigeuner“.

Bei der Hinrichtung auf dem Galgenplatz lehnte der Scharfrichter zunächst die Leiter an den Galgen, begleitete den mit Eisenketten gefesselten Delinquenten die Leiter hinauf und legte ihm dann den Strick bzw. die Kette an. Dabei trug der Scharfrichter immer Handschuhe, die in den Scharfrichterabrechnungen gesondert aufgeführt werden. Dann kletterte der Scharfrichter von der Leiter herab und stieß sie um. In München waren bei landesherrlichen Hinrichtungen neben dem Bannrichter immer auch die städtischen Richter (Stadtoberrichter, Mühlrichter, Unterrichter) und eine Ratsperson anwesend.

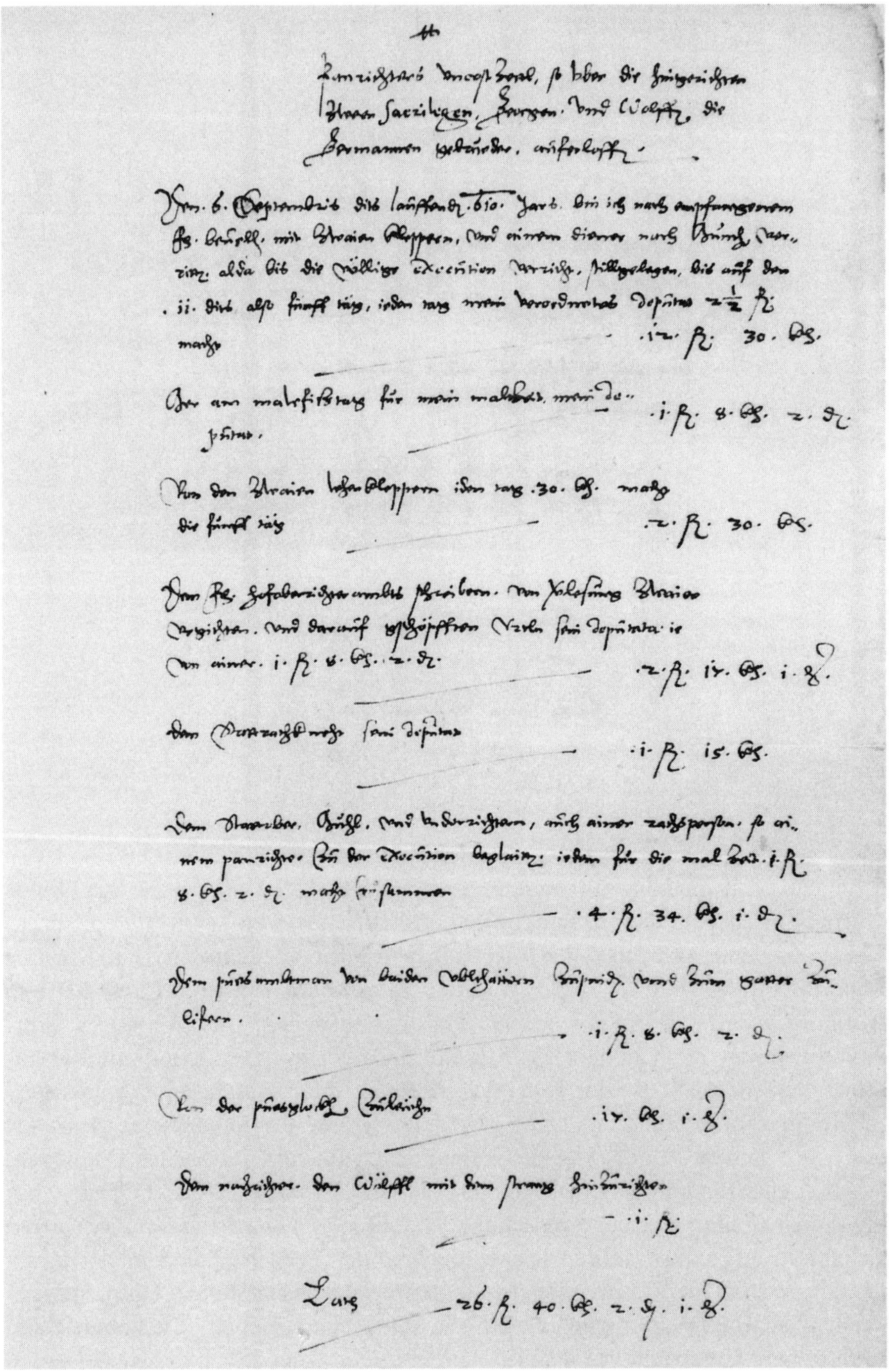

◀ Abrechnung (Vorderseite) des Bannrichters für eine Hinrichtung 1610: Der für das Rentamt München zuständige Bannrichter übersendet der Hofkammer eine Gesamtrechung in Höhe von 36 Gulden für die am 6. September 1610 durchgeführte Hinrichtung zweier wegen Kirchendiebstahls verurteilten Brüder, von denen der eine gehängt, der andere verbrannt wurde. Das Amt des Bannrichters wurde nach österreichischem Vorbild 1584 für jedes herzoglich bayerische Rentamt eingerichtet. Er war für die Durchführung von Malefizprozessen zuständig. Bis dahin mußten die adeligen Pfleger und Landrichter, die vom Hofrat in München den Blutbann empfingen, die Blutgerichtsbarkeit ausüben. Hauptaufgabe des Bannrichters war es, in dem bis ins 17. Jh. abgehaltenen feierlichen öffentlichen Rechtstag, die Geständnisse (Urgichten) und das von ihm „geschöpfte" Urteil zu verlesen. Das Urteil war freilich durch einen entsprechenden Hinrichtungsbefehl des Hofrats oder einer Regierung grundsätzlich schon vorgegeben. Nur die Modalitäten der Hinrichtung waren Sache des Bannrichters, der dann den Stab brach und die Hinrichtung durch den Nachrichter (Henker) überwachte.
(Bayerisches Hauptstaatsarchiv)

Panrichters uncostzettl, so uber die hingerichten / zween Sacrilegen Georgen und Wolffen, die / Germannen gebrueder, auferloffen.

Den 6. Septembris dis lauffenden 1610. Jahrs bin ich nach empfangenem / F(ürstlichen) bevelh mit zwaien Kleppern und ainem Diener nach Munchen ver- / ritten, alda bis die völlige execution verricht, stillgelegen, bis auf den / 11. dis, also fünff täg, ieden tag mein verordnetetes deputat 2 ½ fl. / macht 12 fl. 30 kr.

Mer am malefitztag für mein malzeit mein de- / putat 1 fl. 8 kr. 2 d.

Von den zwaien lehenkleppern ieden tag 30 kr. macht / die funff täg 2 fl. 30 kr.

Dem F(ürstlichen) Hofoberrichterambts schreibern von Verlesung zwaier / urgichten und darauf gschöpfften Urtln sein deputata ie / von ainer 1 fl. 8 kr. 2 d. 2 fl. 17 kr. 1 d.

dem Stattrathknecht sein deputat 1 fl. 15 kr.

Dem Stattober-. Muhl- und underrichtern, auch ainer rathsperson, so ai- / nem panrichter zu der execution beglaitten, iedem fur die malzeit 1 fl. / 8 kr. 2 d. macht zusammen 4 fl. 34 kr. 1 d.

Dem puesambtman von baiden ublthättern zu pinden und zum gatter zu / lifern 1 fl. 8 kr. 2 d.

Von der puesglocken zuleuthen 17 kr. 1 d.

Dem Nachrichter den Wölffl mit dem strang hinzurichten 1 fl.

Latus 26 fl. 40 kr. 2 d. 1 h.

(Rückseite der Abrechnung, ohne Abb.)
Für die khetten 1 fl.
Von der Laitter auf- und abzulainen 30 kr.
Fur strickh und handtschuech 12 kr.
Von dem Georgen mit dem feur hinzurichten 3 fl.
Umb stro weil er solchs khaufft 1 fl.
Strickh und handschuech 12 kr.
Dem abdekher holz und andre notturfft / zu der richtstatt zu fhueren 1 fl. 8 kr. 2 d.
Die zwo personen aus dem Falckenthurn / zu der richtstatt zu fhuren, fur iede 1 fl. 8 kr. 2 d thuet zusammen 2 fl. 17 kr. 3 d.

c. Der Unterhalt des Hochgerichts (Galgens)

Für Altbayern noch ungeklärt ist die Frage, wer im einzelnen und aus welchen Gründen für den Unterhalt der jeweiligen Hochgerichtsplätze zuständig war. Ursprünglich lag die Verpflichtung zum Unterhalt des Galgens offenbar stets als Reallast auf gewissen Grundstücken. Darauf weisen etwa Flurnamen wie Galgenacker oder Galgenmüller hin. Gerade bei den Müllern scheint in vielen Fällen eine an einem Grundstück oder an der Berufsgruppe hängende Verpflichtung zum Unterhalt des Hochgerichts vorzuliegen. Dies mag mit der Lage der Mühlen außerhalb des Burgfriedens zusammenhängen. Eine ähnliche, aber weit weniger erklärbare Verpflichtung zum Unterhalt des Hochgerichts finden wir bei den Webern. Typisch sind insoweit die Eintragungen im landesherrlichen Scharwerksbuch des Landgerichts Kösching. Dort hatten die sechs Müller das für die Aufrichtung oder Erneuerung des Galgens benötigte Holz zu schlagen und an den Schrannenplatz zu schaffen. Dabei mußte ihnen von einem Viertel der Einwohnerschaft des Marktes sowie von den Webern des Landgerichts geholfen werden.

Weber und Müller empfanden diese Verpflichtungen naturgemäß als ehrmindernd und versuchten, sie abzulösen. Im Landgericht Aibling taten dies die Weber 1620 durch eine einmalige Zahlung von 170 fl., im Landgericht Tölz 1630 durch eine einmalige Zahlung von 70 fl. Aus den Zinsen dieses Kapitals wurde dann der Unterhalt des Hochgerichts bestritten. Anscheinend haben im 17. Jahrhundert, als die „Ehrempfindlichkeit" der Handwerker und die Verrechtlichung des Ehrbegriffs ihren Höhepunkt erreichten, fast alle Weber und Müller ihre diesbezüglichen Verpflichtungen abgelöst. Daraufhin wandten sich die Pfleger, Pflegsverwalter und Landrichter an alle für die Errichtung eines Hochgerichts brauchbaren Handwerker, nämlich Maurer, Zimmerleute, Schmiede und Wagner. Diese mußten gemeinsam den Aufbau bewerkstelligen und beim Abschluß der Arbeiten mit ihren Werkzeugen an die Galgen klopfen, „damit einer dem anderen nichts vorzuwerfen habe".

Die Angst vor Infamierung beim Bau oder der Wiederherstellung eines Hochgerichts ist offensichtlich alt. Schon die Carolina 1532 verlangte daher den Schutz der am Galgenbau beteiligten Meister (Art. 215). Im Herzogtum und Kurfürstentum Bayern hat man bis ins 18. Jahrhundert hinein den beteiligten Handwerkern vergeblich einzureden versucht, daß ein Ehrverlust ganz ausgeschlossen sei, wenn die Arbeit am Hochgericht auf landesherrlichen Befehl hin erfolge.

d. Hinrichtung durch Verbrennen

Die Todesstrafe des Verbrennens wurde im 16. Jahrhundert bei Ketzerei, Zauberei, Münzverbrechen, widernatürlicher Unzucht (Sodomie), Brandstiftung und schwerem Kirchendiebstahl angedroht.[1] Im Herzogtum Bayern sah das Landrecht 1518 die Todesstrafe durch Verbrennen für „Kirchenbrecher" und Sodomisten vor.[2] In der Regel wurden die zum Tode durch das Feuer verurteilten Straftäter vor dem Verbrennen durch Erdrosselung oder durch den Strang getötet. Die Bayerische Malefizprozeßordnung 1616[3] machte dies zum Grundsatz. Lediglich in schwerwiegenden Fällen sollte der Delinquent ohne vorherige Tötung verbrannt werden, etwa im schwersten Fall der Zauberei, wenn man den Teufel *als wie Gott außtrucklich anruffet.*[4]

Bei besonders qualifizierten Begehungsformen, insbesondere bei Tatmehrheit, konnte die Verbrennungsstrafe auch verschärft werden. Das Zwicken mit glühenden Zangen vor dem Verbrennen war nach dem Aberglaubenmandat 1611/12 (Art. XXXVII) für solche Zauberer vorgesehen, die nicht nur den Teufel wie Gott angebetet, sondern auch noch den Menschen Schaden zugefügt hatten.

Die Todesstrafe durch Verbrennen behielt auch noch Kreittmayr im Kriminalcodex 1751 bei. Das Verbrennen bei lebendigem Leib war für den Fall angedroht, daß der Delinquent bei einem Monstranzen- und Ziboriendiebstahl auch noch die Hostie mit entwendet hatte. Bei qualifizierter Ketzerei sollte der Delinquent mit dem Schwert hingerichtet und der tote Körper verbrannt werden.[5] Diese Ketzereistrafe stand freilich damals nur noch auf dem Papier.

e. Hinrichtung durch Rädern und Vierteilen

Die Hinrichtung durch Rädern war eine reine Männerstrafe, die überwiegend bei Mord und Raubmord verhängt wurde.[6] Das Vierteilen entwickelte sich seit dem 15. Jahrhundert als Strafe für Verrat, insbesondere Hochverrat (crimen perduellonis = Anschlag auf den Landesherren). In seiner strengsten Form wird das Vierteilen durch Schleifen zur Richtstatt und Zerhacken bei lebendigem Leib vollzogen.[7]

Beide Hinrichtungsformen haben zu Überlegungen über die Herkunft dieser Strafen angeregt. Ihre Deutung als ursprünglich sakrale Opferhandlungen germanischen Ursprungs kann nicht überzeugen.

Die Hinrichtung durch Rädern erfolgte in der Regel durch die Zerstoßung der Glieder durch ein Rad. Sobald der Tod eingetreten war, band man die Leiche auf das Rad und befestigte dieses auf einer Säule, die entweder gemauert oder aus Holz war. Meist befand sich auf dem Rad eine Spitze, auf die man den Kopf des Hingerichteten aufsteckte. Die schwerste Form der Räderung stellte das Zerstoßen der Glieder bei lebendigem Leib von unten nach oben dar. Die mildeste Form war die Räderung mit „Gnadenstoß". In diesem Fall begann man mit einem Stoß gegen den Hals, so daß sofort der Tod eintrat. In einem Hofratsbefehl von 1644 ist in einem solchen Fall die Rede vom „Herz- oder Gesöllen Stoß" („zur Abkürzung der peinlichen Marter").

„URGICHT" ZUR HINRICHTUNG DES KIRCHENRÄUBERS JOHANN GEORG GABLER AM 5. MAI 1770: Gedruckte und mit Kupferstichen versehene „Urgichten" (Geständnisse) wurden vor allem im 18. Jh. während der öffentlichen Hinrichtung verkauft. Sie schildern die Verbrechen des Delinquenten (S. 213–214) und fügen in der Regel noch eine erbauliche Moralpredigt (meist in Versen) hinzu. (S. 215–216.)

Wohlverdientes Todesurtheil

nebst einer

Moralrede

des

Johann Georg Gablers,

vulgò

Heilig-Geist Bubens,

welcher

auf gnädigste Anbefehlung eines Churfürstl. Hochlöbl. Hofraths allhier in München, wegen seines ausgeübten Kirchenraubs heut den 5ten May 1770. an einer Saulen gedrosselt, auf einem Scheiderhauffen verbrennet, und dessen Aschen unter das Hochgericht vergraben worden.

Urgicht.

Gegenwärtig vor dem strengen Malefizgericht offentlich vorgestellter Maleficant hat in denen mit ihme gütlich vorgenommenen Examinibus einbekennet, und quoad generalia ausgesaget:

Erstens, daß er Johann Georg Gabler heiße, vulgò Heilig-Geistbub, 23jährigen Alters von Riedberg Churfürstl. Pfleggerichts Aybling gebürtig, woselbst sich dessen annoch im Leben befindende Elteren als landfahrende Spielleut die meiste Zeit aufhalten, seye annoch ledigen Standes, und seiner Profeßion ein Spielmann, dermalens aber unter dem allhiesig Löbl. Leib-Regiment als Fusilier gestanden, woselbst er fertigen Jahrs auf einige Zeit nacher Haus beurlaubet; indessen aber in dem Herrschafts Gericht Falley gefänglichen ein-

)(ge-

gezogen, von dortaus aber in dem allhiesigen Taschenthurn überliefert: und endlichen in die Fronfeste des Falckenthurns extradiret worden.

Zweytens aber, und nach fruchtlos vorgekehrter Confrontation, dann wirklich angefangener Tortur gestunde Maleficant in der Hauptsach, und quoad specialia, daß er fertigen Jahrs an dem Vorabend des Rosenkranzfest in einen in dem Pfleggericht Aybling ohnweit Gozing entlegenen Holz den Franz Steinbacher einen ebenmäßig mit ihme beurlaubten Fusilier von bemeldt Löbl. Leib-Regiment nebst dessen Anhang der Theresia Kemmederin, und noch einen andern Cammerathen angetroffen, allwo sie bis Abends nach Bethleuten beyeinander verblieben, und da es ziemlich dunckel geworden, so haben sie 3. Mannspersonen sich von besagten Holz weck, und Gozing zu begeben, wo unter Wegs sie sich anerst unterredet, das alldortige Gottshaus zu berauben, die Theresia Kemmederin aber haben sie in dem Holz bey dem Feur (ohne ihr zu sagen, wohin sie gehen) zuruck gelassen, unter Wegs aber, und ehe und bevor sie zu bemeldtem Gottshaus gelanget seynd, haben sie aus einer ohnweit davon entfernten, und seiner Aussag nach offen gestandenen Holzschupfen eine Holzart, eine Pflugseg, und ein oder zwey Stemmeisen diebischer Weis entwendet, und sich sodann mit diesen Instrumenten zu mehr gehörten Gottshaus Gozing verfüget, allwo Maleficant das vor dem Fenster geweßte trädene Gütter seines Erinnern nach mit der Hand hinweck gewogen, und sodann mit seinen anderen Cammerathen durch das damals schon offen gestandene Fenster (wo indessen der Franz Steinbacher bey dem Freudhof auf der Spech stehend verblieben) in die Kirchen hinein gestiegen, allwo jeder die in der ohnversperrt geweßten Sacristen heraussen gelegene 2. Wachskerzen dey denen Amplen angezunden, sich mehrmalens in die Sacristen begeben, und aus denen theils offen: theils mit Schlißlen versehen gewesten Kästen die hierinnen erfundene, ohnwissend, mehr in wieviel bestandenen Alben, dann Korröck nebst übrigen Tüchlein, und sammentlichen Leinwathsachen, dann aus deren auf denen Kästen gestandenen kleinen Kästln, woran die Schlüßlen gestecket, 3. oder 4. Kelch, sammt denen darzugehörigen Auflegplätlein heraus genommen, und in einen Pack zusammen gemacht, und nachdeme sie in dem letzteren Kästl die Tabernaklschlüßl gefunden, so seyen sie wiederumen in die Kirchen hinaus gegangen, allwo sein Kammerath mit denen erfundenen Schlüßlen den Tabernakul auf dem Koraltar eröffnet, und habe Maleficant wohl gesehen, wie derselbe die Monstranzen herausgenommen, nicht aber beobachtet, obe damahls das höchste Gut darinnen gewesen, oder nicht: massen er indessen ein, so anders Altartuch herabgenommen, endlichen aber, und nachdeme sie nichts Brauchbares mehr gefunden, so habe sein Kammerrath mit denen bey sich gehabten Stemeisen und Pflugseg die in der Kirchen gestandene 2. oder 3. Opferstöck gewaltthätiger Weis aufgesprengt, und aus selbem das ohngefähr in 26. Kr. bestandene Geld herausgenommen. Endlichen aber, und nach einer guten halben Stund, da sie von dem auf der Spech bey dem Freydhof gestandenen Steinbacher einer Pfiff gehört, so seye Maleficant mit seinem Pack zu dem nämlichen Fenster herausgestiegen, und damit sein Kammerrath ebenfalls desto leichter herauskommen können, so habe derselbe ihme die in einem Tuch eingemachte Monstranzen, und den größeren Kelch, worein die kleinere heilige Hostien gehören, herausgegeben, und endlichen ebenfalls heraus-

gestiegen, wo sie 3. dann die hierin erfundene Kirchensachen miteinander in das vor angezeigte Holz (allwo die Kemmederin ihrer allschon bey dem Feuer gewartet) getragen, und alldorten alles Ueberkommene in 4. gleiche Theil getheilet, und da sich unter andern Kirchensachen auch ein rothsammeten Beutl, welchen die Herrn um den Hals haͤngen, und hierinnen ein silberes Pichsel, worinn das heilige Oel gewesen, sich befunden, und dieses der Theresia Kemmederin in ihren Theil getroffen, so habe er derselben solches vor 6. oder 8. Kr. abgehandlet, jedoch hiervor das Geld zu geben vergessen, und wie er dasselbe sowohl in dem ober – als unteren Theil aufgemacht, so habe er nach seiner Aussag hierin ein sehr weiches Ding beobachtet, und weilen er dieses vor eine sehr heilig und geweyhte Sach gehalten, so habe er selbes in das außer dem Holz vorbey gerunnene kleine Baͤchl ausgeschittet, und das Pichsel sauber ausgewaschen: selbes aber hinnach 3. oder 4. Tag nach dem beschehenen Kirchenraub in einem unbekannten Baurnhaus zu Rockerstorf mit einem Hammer zerschlagen, und solches seinem Anhang zum Verkauf nach er Muͤnchen zu tragen gegeben, er habe aber hiervon keinen Haͤller uͤberkommen, massen dieses Pichsl von einem Goldschmied als eine entwendete Kirchensach anerkennet, und nicht mehr zuruͤck gegeben worden, so sich auch in der That also bezeiget hat.

Und da dann sowohl der Steinbacher, als die Kemmederin die ihnen in der Theilung zugekommene 2. Kelch nicht gleich zu gebrauchen, oder zu versilbern gewußt, so haben sie diese bey dem Feuer zuruͤck gegeben, und sich sodann nebst den andern Kammerathen mit denen uͤbrig uͤberkommenen Sachen fort, jedoch unwissend wohin begeben.

Maleficant hat aber sowohl diese beede Kelch, als auch die Monstranz, und das Ciborium nebst dem ihme in der Theilung getroffen, und in einem kleinen Monstranzl gefaßten Sanct Jakobs Partikul zusamm gebacket, und solch sammentliche Stuͤcklin dem Holz bey dem Zaun naͤchtlicher Weil vergraben, welch alles sich auch, wie man ihne an das angezeigte Ort von hier aus geliefert, richtig vorgefunden, jedoch ware die Monstranzen, wobey sich auch die Lunula befunden, gaͤnzlichen zertrimmeret, und ein Kelch auseinander geschraufet.

Die uͤber dieses sacrilegische Verbrechen eingehollt eydliche Erfahrung bezeiget nicht nur allein die beschehene Entfremdung der 3. Kelchen, nebst dem Ciborio und Monstranzen, dann alle saͤmmtl. oben schon angefuͤhrten Stuͤcken, sondern auch anbey, daß so wohl in der Monstranzen die große, als auch in dem Ciborio 35. kleine consecrirte Hostien, welche in dem Tabernakl eingesetzt gewesen, sich befunden, und mit entwendet, auch der Chrysam auf dem Freudhof ausgeschuͤtter andern Tags vorgefunden worden, wessentwegen aber Maleficant nicht zur Bekanntniß gebracht werden koͤnnen.

In diesen dann mit eydlicher Erfahrung belegt – überschweren Verbrechen bestehet des Maleficantens gethannene Aussag, worüber von einem Churfürstl. Hochloͤblichen Hof-Rath Eingangs bemeldtes Endurtheil an ihme exequiren zu lassen gnaͤdigst anbefohlen worden.

Moralrede.

Domus mea est Domus orationis, vos autem fecistis speluncam latronum.
Mein Haus ist ein Bethhaus, ihr aber habt es gemacht zu einer Mördergrube.

GOtt! Langmuth voller GOtt! der du die Menschen liebst,
Und ihnen dich zur Speiß, und Seelen-Nahrung giebst,
Ist deine Freude noch zu seyn bey Menschen-Kindern,
Die Menschen, ja so gar selbst deine Wohnung plündern?
Und in dein Heiligthum mit frechen Schritten gehn?
Kannst du, Gerechtigkeit! dergleichen Frevel sehn,
Und greifst nicht alsobald zu deines Donners Waffen,
Die tolle Laster-Brut nach Schärfe zu bestraffen?
Allein du willst, o HErr! den Tod des Sünders nicht,
So häßlich er auch stinkt vor deinem Angesicht,
Du giebst ihm Zeit zur Buß, damit er sich bekehre,
Und die Gewissens-Stimm, den Seelen-Donner, höre.
Der lasterhafte Mensch mißbraucht zwar oft die Zeit,
Und treibet bloß ein Spiel mit der Gerechtigkeit,
Wird, wenn er einmal tief im Sünden-Wuste stecket,
Durch keine Warnungen zu Besserung erwecket,
Bekommt, wie Pharao, ein steinernes Gemüth,
Daß keiner Plagen Zahl auf bessre Wege zieht,
Hält alles für gering, versäumt die Zeit der Gnaden,
Da schon das Rachschwerd hangt an einem schwachen Faden.
O letzte Raserey! ein toller Mensch, ein Christ,
Der durch den Tauf ein Glied der wahren Kirchen ist,
Der GOttes Gegenwart im Sacramente glaubet,
Erzittert nicht, wenn er das Heiligthum beraubet,
Streckt die verruchte Faust nach GOttes Wohnung aus,
Vergräbt den theuren Schatz, und geht verstockt nach Haus:
Das Bethhaus wird gemacht zu einer Mördergrube,
O gehe, gehe nur verschämter Lolterbube,
Der Strafe, die dir folgt, wirst du doch nicht entgehn,
Wie! oder glaubest du, GOtt habe nicht gesehn,
Das Aug, so alles sieht, sey ohne Licht gewesen?
Du bist ein Mann des Tods, dein Urtheil ward verlesen,
Im himmlischen Senat gleich nach vollbrachten Raub,
GOtt, der erzörnte GOtt ist weder blind noch taub,
Er kennt dich, Frevler wohl, er weis dich auch zu fassen,
Er hat dich wirklich schon der Rache überlassen.
O welch ein Schrecken wird in deine Seele gehn,
Wie werden dir vor Angst die Haar zu Berge stehn,
Wenn du von ferne noch den Holzstoß wirst erblicken,
Der durch ein feurig Grab dich wird gen Himmel schicken?

Verblendeter! nun siehst du deines Lasters Frucht,
Der findet Schand und Tod, wer also Schätze sucht.
Du unterfiengest dich mit räuberischen Händen
Aus einem GOtteshaus Gefäße zu entwenden,
Die Strafe folgt darauf, der Frevel kommt dir theur,
Der Richter bricht den Stab, dein Urtheil ist das Feur.
Der Samstag muß bey dir zum Aschermittwoch werden,
Dein Staub vermenget sich nun wieder mit der Erden,
Aus der ihn GOtt erhob, das Ende rückt herbey,
Fürwahr ein heißer Tag, und nicht ein kühler May!
Der Baum, den dir die Hand des Henkers aufgestecket,
Ist ein verfluchter Baum, der Furcht und Angst erwecket,
Ist ein verdorrter Baum ganz ohne Frucht und Laub,
Und wird in kurzer Zeit, wie du, der Flammen Raub,
O daß die Seele nur nach einem starken Siegen
Mögt' einem Phönix gleich zu ihren Schöpfer flügen!
O so versöhne dich, versöhne dich mit GOtt,
Und leide mit Geduld den jämmerlichsten Tod,
Sprich mit Mauritio: Hier schneide, seng, und brenne,
Daß meine Seele sich nur dort nicht von dir trenne,
In diesem letzten Kampf erfrische mich dein Muth,
O JEsu spritze du dein rosenfarbes Blut
Auf meinen Glieder-Brand, damit ich sicher wandre,
Und stürze mich ja nicht von einem Feur ins andre!
Ich suche Hilf und Trost in deiner Vater-Schooß,
Ach mache doch den Geist der schweren Bande loß,
Ich fleh, wie dazumal der Schächer an der Seite,
Ach! Herr gedenk an mich, und sprich doch auch nur heute,
Ja heute wirst du noch in meinem Reiche seyn.
O schlüsse, schlüsse mich in deine Wunden ein!
Nun sätigt eure Wuth ihr Flammen, werdet größer,
Im Herze brennt die Reu noch unvergleichlich besser.

Auch wenn das Rädern als Regelstrafe bei Mord angedroht wird, ist es in der Strafpraxis sehr selten zur Anwendung gekommen. Das liegt vor allem am immensen Aufwand. Entsprechend hoch sind auch die Gebühren der Scharfrichter für diese Hinrichtungsart. In der bayerischen Strafpraxis ist deshalb seit dem 16. Jh. in einfachen Mordfällen (als Folge landesherrlicher Begnadigung) mehr und mehr die Hinrichtung durch Enthaupten mit anschließender Auflegung auf das Rad üblich geworden. Diese Praxis macht dann Kreittmayr in seinem Kriminalcodex von 1751 für Mord obligatorisch. Das Rädern läßt er nur noch bei Raubmord und bei bestelltem Mord zu.[8]

Das Rädern war schon zu Beginn des 17. Jh. weitgehend außer Gebrauch gekommen. Als aber dann gegen Ende des 30jährigen Krieges und in den Jahren danach das Räuberunwesen zu einer allgemeinen Landplage wurde, sah sich Kurfürst Maximilian veranlaßt, das Rädern für besonders qualifizierte Fälle von Raub, insbesondere Raubmord, wieder einzuführen. Je nach Schwere des Verbrechens sollten die toten Körper zur Abschreckung entweder auf das Rad gelegt oder *die Leiber in Viertl verthailt und an den Straßen öffentlich aufgehengt …* werden.

Schon wenig später praktizierte der Hofrat in München das neue Abschrekkungsverfahren. Als in Markt Schwaben im August 1650 eine Räuberbande exekutiert wurde, befahl der Hofrat, den Rädelsführer nach der Hinrichtung durch das Schwert zu vierteilen. Die vier Teile sollten an extra dafür aufgerichteten „Schnellgalgen“ aufgehängt werden und zwar an jeweils gut sichtbarer Stelle in den vier Landgerichten, in denen die Räuber ihr Unwesen getrieben hatten. Kreittmayr hat dann schließlich im Kriminalcodex von 1751 (1,1,5 und 6) die Vierteilung und das „Aushenken“ an offener Straße ausdrücklich abgeschafft.

f. Lebendigbegraben und Ertränken

Das Ertränken in einem Sack, das „Säcken“, war eine typische Frauenstrafe, die an die Stelle des Erhängens trat.[9] In der Praxis wurde sie vor allem bei Kindsmord verhängt, Männern wurde sie im Landrecht 1518[10] bei Bigamie angedroht. Das Ertränken ersetzte im 16. Jahrhundert auch das seit dem 14. Jahrhundert nachweisbare Lebendigbegraben mit Pfählung. Diese „Milderung“ empfahl vor allem die Carolina.[11]

Das Lebendigbegraben wurde im 14. Jahrhundert als Männerstrafe für Notzucht an einer Jungfrau angedroht, falls der Täter im Zweikampf unterlag (Freisinger Rechtsbuch 1328).

Im Laufe des 16. und 17. Jahrhunderts wird die Strafe des „Säckens“ in den meisten Territorien abgeschafft. In der Reichsstadt Nürnberg ist es das Verdienst des Scharfrichters Meister Franz und der Geistlichkeit, daß seit 1580 Kindsmörderinnen enthauptet und nicht mehr ertränkt wurden. Am 26. Januar 1580 berichtet Meister Franz in seinem Tagebuch über die Hinrichtung von drei Kindsmörderinnen und bemerkt dabei:[12] *alle drey als Mörderin mit dem Schwerdt gricht, die Häupter auff das Hochgericht genagelt, dann vor niemahls kein Weibsbild zu Nürnberg mit dem Schwerdt gericht worden, welches ich und die zween Priester ... zuwegen bracht, dann die Bruckhen schon aufgemacht, das man sie alle 3 hatt ertränkhen sollen.*

Im Herzogtum Bayern wird das Säcken durch Dekret vom 26. September 1590 *als ein uberscharpfte Straff, (die) bei uns Christen nit khan gebraucht werden* abgeschafft. Neben dem „türkischen" Charakter dieser Strafe dürften dafür jedoch auch die hohen Kosten für diese Art der Hinrichtung verantwortlich gewesen sein, da hierfür vielfach aufwendige Stege und Brücken gebaut werden mußten.

Im Fürstbistum Bamberg, wo das Säcken noch in Art. 157 der Halsgerichtsordnung von 1580 angedroht ist, wandelte man diese Strafe in der Regel in eine Hinrichtung mit dem Schwert um. Die Oberpfälzer Malefizordnung 1606 drohte noch an verschiedenen Stellen die Strafe des Ertränkens an, im Oberpfälzer Landrecht von 1657/59 fiel sie dann ersatzlos weg. Eine völlig andere Entwicklung findet sich in Preußen. Dort führte 1720 König Friedrich Wilhelm I. die Strafe des Säckens wieder ein. Auch in Sachsen war diese „türkische" Strafe im 18. Jahrhundert noch üblich.

Der „Rang" einer Hinrichtungsart zeigte sich auch daran, wo der Hingerichtete **beerdigt** wurde. Bei den mit dem Strang sowie durch Rädern und Vierteilen hingerichteten Personen, sowie bei Frauen, die statt des Lebendigbegrabens und Ertränkens hingerichtet wurden, blieb zunächst der Körper am Galgen hängen bzw. auf dem Rad liegen. Bei Hinrichtungen am Galgenplatz wurde der Kopf in der Regel auch aufgespießt. Nach einer gewissen Zeit wurden die Leichen, Leichenteile, bzw. das, was noch übriggeblieben war, unmittelbar auf dem Galgenplatz verscharrt.

> Aus dem Tagebuch des Nürnberger Scharfrichters 1580: *Margaretha Bökhin, ein Bürgerin zu Nürnberg, der auch eine Bürgerin, die Zahlmeisterin genannt, Leus suchen wollen, mit einen Haklein hinterwerts an Kopff geschlagen. Auff einen Wagen ausgeführt, 3 Griff mit einer Zangen in Leib gegeben, darnach stehend mit dem Schwerdt gericht, den Kopff an einer Stangen über sich gestekt, den Cörper unter den Galgen begraben.*

Malefizamt-Tax des Hochstifts Würzburg vom 15. Januar 1776 (Ausschnitt): Aus den Tarifen für die Hinrichtung ist erkennbar, daß Mitte des 18. Jh. im Hochstift Würzburg noch zahlreiche Hinrichtungsarten üblich waren.

	fl.	kr.	pf.
Dem Zentgrafen, so vorreitet	5	1	3
Dem Ankläger des Delinquenten	1		
Dem Wortsprecher des Delinquenten	1		
Den 7 auswärtigen Schöpfen, jedem		1	24
Dem Kutscher, die deputirten Gerichtspersonen zum Richtplatz zu führen		4	14
Dem Stadtgerichts-Diener		2	24
Dem Stockmeister, dem Delinquenten das Leben abzusagen	1		
Den 3 Stadtknechten, in dem Stockhaus die letztern 3 Nächte vor der Execution zu wachen, jedem		3	
Dem Stadtknecht, welcher dem Todtengräber ansaget, bey Ausführung des Delinquenten das Kreuz vorzutragen			12
Dem Todtengräber, um das Kreuz vorzutragen		2	24
Den Stadtknechten, um die Stäbe, so bey dem peinlichen Gericht zerbrochen werden, herbeyzuschaffen		1	
Für die Todtenladen	1		11
Den Todtengräbern für die Begräbniß		2	7
Den Nachtarbeitern von einer Person im Saal zu züchtigen		2	24
Diese aus der Stadt zu verweisen		2	24
Dem Scharfrichter, den armen Sünder auf den Richtplatz zu führen	1		
Den Uebelthäter auf dem peinlichen Rechtstag zu beschreyen	1		
Einen Delinquenten mit dem Schwerdt hinzurichten	5		
Den Kopf auf das hohe Gericht zu stecken	1		
Einen Missethäter mit dem Strang hinzurichten	2		
Die Leiter hinauszuführen	1		
Für das Radbrechen	3		
Die Brechen oder Pfähle zu schlagen	1		
Den Körper und Kopf auf das Rad zu flechten und zu stecken	1		
Einen vom Galgen herabzuthun	2		
Einen vom Galgen gefallenen Körper zu begraben	1		
Einen Scheiterhaufen zu schlichten dahier	3		
Auf dem Land	5		
Das hiezu erforderliche Holz und Stroh zahlet die gnädigste Herrschaft, oder, wo es herkommlich ist, die Zentunterthanen.			
Den Delinquenten auf die Richtstatt zu schleifen	1		
Für die dazu erforderliche Haut	3		
Einen Delinquenten zu viertheilen	5		
Wann die Viertheile auf offenen Straßen an den Pfahl geheftet werden, für jeden Pfahl	1		
Die Viertheile ohne Ketten und Nägel an die Pfähle zu hangen	2		
Die Ketten und Nägel hiezu werden besonders bezahlet.			
Für Brandmarken und Auspeitschen in dahiesiger Residenzstadt, Nichts.			
Weil jedoch der Scharfrichter die Kohlen zu dem Brandmarken, auch dem Delinquenten etwas an Salben zu dessen Heilung geben muß, als wird ihm dafür jedesmal bezahlet		1	3
Einen Delinquenten mit glühenden Zangen zu zwicken, dem Scharfricher für jeden Brand		2	12
Gleichergestalten für Salben oder Pflaster, so einer torquirten Person gegeben wird, für einen Fuß		1	3
Für Ohren-Abschneiden		2	6
Den Namen an den Galgen zu schlagen		2	6
Für die Leiter dazu beyzuführen und aufzurichten	1		
Wann Delinquenten ad Triremes geführet werden, demjenigen, welchem die Bestellung der Wacht oblieget, täglich		2	6
Den Wächtern und dem Steckenknecht, jedem täglich		1	14

mmmmmmmmm 2 Bey

Alle anderen „ordentlich“ mit dem Schwert (auf der Köpfstatt) Hingerichteten wurden im „geweicht Erdreich“ begraben. In katholischen Territorien versuchte man Protestanten vor der Hinrichtung noch zu bekehren. 1616 gibt beispielsweise der Münchner Hofrat aus Anlaß einer Hinrichtung in Dachau den Befehl, der zuständige Pfarrer möge *möglichsten Vleis und Eyffer ankehren, ob er den Maleficanten … auf gueten Weeg bringen möchte.* Der Landrichter von Dachau sollte den Delinquenten, … *da er also zur wharen catholischen Religion gebracht wirdet, denselbigen volgents ins gweicht Erdreich vergraben, wo aber er sich nit bekheren thette, undter der Haubtstatt oder Hochgericht vergraben lassen.*

g. Die Öffentlichkeit der Hinrichtung

Die öffentliche Hinrichtung, das „Theater des Schreckens“, wurde ganz bewußt zum Zweck der Abschreckung inszeniert. Selbst in der Zeit der Aufklärung war der Abschreckungsgedanke so vorherrschend, daß der bayerische Kurfürst Karl Theodor am 16. August 1779 anordnete, daß die Delinquenten nicht mehr vorwiegend in München, sondern an dem Ort, wo sie verhaftet worden sind, hingerichtet werden sollten, weil *durch die öffentliche Hinrichtung der Maleficanten viele Leute einen Abscheu bekommen und von Unternehmung dergleichen Missetaten abgehalten werden …*

Eine Kriminalstatistik: Hinrichtungen im Rentamt München 1610–1650

Von den insgesamt 406 hingerichteten Personen (78,3% = 318 Männer, 21,7% = 88 Frauen) konnte bei etwa 260 Personen das der Hinrichtung zugrundeliegende Delikt bzw. (bei Tatmehrheit) die Delikte ermittelt werden.

Diebstahl (darunter 6 Kirchendiebstähle): 103 (38,6%)
Mord und Totschlag (auch Versuche): 49 (18,6%)
Kindsmord und Abtreibung (4): 30 (11,2%)
Zauberei und Hexerei: 41 (15,4%)
Sodomie: 14 (5,2%)
Münzverbrechen: 11 (4,1%)
Blutschande: 4 (1,5%)
Ehebruch: 4 (1,5%)
Brandstiftung: 3 (1,1 %)
Bigamie: 2 (0,7%)
Notzucht: 2 (0,7%)
Unterschlagung: 2 (0,7%)
Entführung: 2 (0,7%)

2. Leibesstrafen

a. Verstümmelungsstrafen

Die Verstümmelungsstrafen traten im Gesamtgefüge der Strafen im 16. Jahrhundert immer mehr in den Hintergrund. Durch die von den Obrigkeiten betriebene „Verstrafrechtlichung" auf breiter Front und die damit verbundene Intensivierung und „Verallgemeinerung" des Strafvollzugs ließ die Aufmerksamkeit und Akkuratesse, mit der man noch in der ersten Hälfte des 16. Jahrhunderts Straftäter und Straftaten behandelte, merklich nach: Bei dem zur Routine werdenden Strafvollzug erwiesen sich aufwendige Rituale zunehmend als hinderlich.

Freilich standen die Verstümmelungsstrafen auch noch in der 2. Hälfte des 16. Jahrhunderts im Repertoire der Strafrichter, und manche von ihnen, wie etwa das Brandmarken, erlebten dann Ende des 17. Jahrhunderts wieder eine traurige Renaissance. Auch das Abhacken von Fingern und Hand blieb weiterhin wegen der gesteigerten Bedeutung der Urfehde und des Urfehdebruchs und wegen der Neubewertung der Meineidsstrafe von Bedeutung: Meineidige pflegte man zuerst an den Pranger zu stellen, um ihnen dann die zwei Schwurfinger abzuhacken.

Das Ausreißen der Zunge, das Ausstechen der Augen, das Abschneiden oder Aufschlitzen der Ohren, das Durchbrennen der Backen und die Brandmarkung scheinen zwar gegen 1600 an Bedeutung verloren zu haben, waren aber durchaus noch üblich: Ein herzoglich bayerisches Mandat vom 1. September 1561 bestimmte, daß man gartenden Knechten, die verdächtig erscheinen, vor ihrer Entlassung nicht nur die Waffen wegnehmen, sondern auch die Ohren aufschlitzen sollte. 1579 drohte man Konkubinen, die trotz Ausweisung wieder im Lande auftauchten, daß man sie im Wiederholungsfall durch die Backen brennen werde. 1589 wurde eine Delinquentin in München an den Pranger gestellt und „an die Stirn geprennt".

Das Zwicken mit glühenden Zangen und das Brennen mit Fackeln finden wir in der Regel nur noch zur Verschärfung einer Hinrichtungsstrafe. So war es üblich, mehrfache Mörder vor ihrer Hinrichtung für jede einzelne Tat mit glühenden Zangen zu malträtieren.

Gegen Mitte des 17. Jahrhunderts wird die Brandmarkung offensichtlich wieder häufiger. Nicht sicher ist, auf welchem Körperteil sie (ein „B" für Bayern) angebracht wurde. Wahrscheinlich galt auch damals schon, was Kreittmayr in seiner Anmerkung c zum Kriminalcodex 1751 (1, 1, 8) betonte: Die Brandmarkung durfte nicht auf die Stirn erfolgen – dies verbiete schon das Römische Recht! Das bedeutet, daß man das „B" in der Regel auf den Händen oder auf dem Rücken anbrachte.

Besonders betroffen von der Brandmarkung waren Wilderer. So hören wir

1646 von einem in München „mit dem Brandt gezeichneten" Wildpretschützen. Ob die bayerischen Wilderer wie in anderen Territorien mit einem Hirschgeweih gebrandmarkt wurden, bedarf noch der Untersuchung.

b. Prügelstrafen – Züchtigung

Die häufigste Malefizstrafe stellte im 16. und 17. Jahrhundert in Süddeutschland die Rutenzüchtigung am Pranger mit anschließender Ausweisung dar. Die Auspeitschung wurde durch den Scharfrichter (Züchtiger!) vorgenommen. Sie hatte infamierenden, also entehrenden Charakter.

Eine besondere Art der Prügelstrafe stellte die Züchtigung mit einer Karbatsche („Karavatsch"), einer aus geflochtenen Lederriemen bestehenden Peitsche dar, die vorzüglich zur nichtöffentlichen Züchtigung diente und bis ins 19. Jahrhundert hinein in Gebrauch war. Vor allem diente die Karbatsche als Zuchtmittel im Gefängnis. In den späteren Zuchthäusern wird sie als „Willkomm und Abschied" verabreicht.

Das „Ausstreichen" mit Ruten oder Karbatschen sowie das „Abhauen von Produkten" erscheint aber auch als selbständige Strafe. Das „Ausstreichen" mit Ruten ist eine besonders bei Jugendlichen häufig angewandte Strafe. Das Züchtigen mit der Karbatsche wird – wie überhaupt das Ausstreichen mit der Rute (Spitzrutentortur) – auch bei der Folter verwandt und verdrängt dann im 17. Jahrhundert die Folter durch Aufziehen.

Umgekehrt werden seit dem 16. Jahrhundert Praktiken, die herkömmlicherweise der Folter vorbehalten waren, auch für Strafmaßnahmen verwendet. Das „Leer Aufziehen", also das bei der Folter übliche Hochziehen an den Händen, die hinter dem Rücken zusammengebunden waren, sollte nach den Anweisungen der Bayerischen Landes- und Polizeiordnung 1553[13] auch gegen gartende Knechte und seit dem Mandat vom 10. Dezember 1610 auch gegen ausländische Bettler verhängt werden, bevor man die Delinquenten gegen Urfehde des Landes verwies.

◀ Abbildung der Strafarten aus Ulrich Tenglers Laienspiegel 1509/1512: Tenglers Laienspiegel zeichnet sich vor anderen Rechtsbüchern durch seine reiche Illustrierung aus. Die zweite Auflage von 1512 bringt einen realistischen Holzschnitt mit dem Vollzug der Todes- und Leibesstrafen. Man begnügt sich nun nicht mehr mit der Abbildung der Strafinstrumente wie bei der Bamberger Halsgerichtsordnung von 1507. Gezeigt werden das Verbrennen, Erhängen, Ertränken, Blenden, Entdärmen, Rädern, Ohrenabschneiden, Handabhacken, Enthaupten und die Ausweisung mit Rutenzüchtigung.

3. Pranger- und Schandstrafen der Hoch- und Niedergerichtsbarkeit

a. Die Prangerstrafe

Neben der Hinrichtungsstätte verkörperte seit dem Mittelalter der Pranger die hohe Gerichtsbarkeit. Die Prangersäule bestand aus Stein oder aus Holz (meistens Eichenholz) und wurde in der Regel an einem zentralen Platz des jeweiligen Gerichtssitzes aufgestellt. So stand etwa der (hölzerne) Münchner Pranger spätestens seit 1637 unmittelbar vor dem Rathaus.

Die Ausstellung, „Einschlagung" des Delinquenten am Pranger, war in aller Regel mit einer Rutenzüchtigung (Staupe, Staupenschlag) und der daran anschließenden Ausweisung verbunden. Während Prangerstrafe und Ausweisung notwendigerweise zusammengehören, konnte die Rutenzüchtigung ausfallen: In minder schweren Fällen mußte der Delinquent eine Rute halten oder man steckte ihm eine Rute in den Nacken, um zu demonstrieren, daß er die Rutenzüchtigung verdient hätte.

Die Prangerstrafe als infamierende Strafe war vom Gesetz für „unehrliche" Delikte angedroht.[14] Insoweit entspricht sie der Strafe durch den Strang. Als ehrmindernde Strafe mußte sie vom Scharfrichter oder von dessen Gehilfen vollstreckt werden. Dabei scheint sich die juristisch relevante Infamierung bei der Prangerstrafe definitiv erst im Laufe des 16. Jahrhunderts durchgesetzt zu haben. Noch zu Beginn des Jahrhunderts war es offensichtlich üblich, Delinquenten auch durch Amtleute an den Pranger stellen zu lassen.

Hundert Jahre später finden wir die umgekehrte Konstellation: Jetzt achtet man darauf, daß der Scharfrichter und nicht der Amtmann die Prangerstrafe vollzieht. Inzwischen hatte sich durch die Einführung neuer bzw. Wiederbelebung anderer nicht infamierender Schandstrafen (Schandsäule, Brechen, Schrägen, Schneller) der Unterschied zwischen infamierender und nicht infamierender Bestrafung im Bewußtsein der Untertanen bereits verwischt: Es wurde zuviel bestraft! Für den Landesherrn war es nun doppelt wichtig, den Unterschied nach außen deutlich zu machen, insbesondere nachdem auch die Beamten offensichtlich den Unterschied zwischen infamierenden und nicht infamierenden Strafen nicht mehr so genau nahmen: Als sich etwa 1613 die Stadt München wegen einer Kontroverse weigerte, ihren Scharfrichter nach Dachau zu schicken, ließ der dortige Landrichter den Delinquenten von seinem Amtmann an den Pranger stellen. Dies verwies ihm der Hofrat in München mit dem Hinweis, er hätte doch *wol versteen und so discret sein sollen, das es ein grosser Unterschied seie, ainen auff dem Pranger und auff die Schregen zu stellen.*

b. Steintragen – Lasterstein (Schandstein)

Eine den Frauen vorbehaltene infamierende Malefizstrafe war das Tragen des Lastersteins. Diese Strafe findet sich schon im Mittelalter, vorwiegend im städtischen Bereich, so etwa im Memminger Stadtrecht von 1396. Die Lastersteine (oder Schandsteine) wogen in der Regel einen halben Zentner, waren meist oval geformt und mit karikierenden Andeutungen von Gesichtszügen versehen. Mit den umgehängten Lastersteinen ließ man die Delinquentinnen in der Stadt herumgehen. In ihrer schärfsten Form war die Strafe des Lastersteintragens mit der Prangerstrafe oder/und mit einer Landes- oder Stadtverweisung verbunden. Als Regelstrafe war das Tragen (die „Anhängung") des Lastersteins bei Kuppelei angedroht.[15] So mußte beispielsweise auf Befehl des Hofrats 1620 einer Kupplerin in Donauwörth der Lasterstein öffentlich angehängt werden. Anschließend wurde sie damit in der Stadt herumgeführt und dabei zusätzlich gezüchtigt.

Möglich war die „Anhängung" des Schandsteins auch bei schweren Injurien. So mußte 1643 die wegen schwerer Beleidigung von drei Frauen verhaftete Anna Pöckh aus Geisenfeld vor der gesamten Marktbevölkerung ihre Diffamierungen widerrufen und noch dazu an drei Sonn- und Feiertagen mit angehängtem Lasterstein beim Gottesdienst vor die Kirche gestellt werden. Welche Bedeutung man dem Lasterstein beimaß, zeigt die Geschichte eines 1607 in Ingolstadt übermäßig streng bestraften Studentenulks. Man hatte dem Juraprofessor und Reichshofrat Paulus Gartzweiler in der Nacht den Lasterstein vom Ingolstädter Pranger vor die Haustüre gelegt. Als man den Täter in Wemding faßte, ließ man ihn auf einen Wagen schmieden und nach Ingolstadt zurückbringen, damit ihn der Oberrichter aburteilen konnte.

c. Der Brechen (Prechen, Halseisen) – das „Ausstellen" vor der Kirche

Erstmals ist im Herzogtum Bayern von der Brechenstrafe als weltlicher Strafnorm in einem Mandat vom 16. November 1566 die Rede. Darin geht es um den Kirchenbesuch und das Herumlungern während des Gottesdienstes. Für Zuwiderhandlungen wird dort neben einer Geldstrafe auch noch die Brechenstrafe angedroht: *... oder aber mit dem Prechen, so wir hievor solcher Leut halber bey allen Kirchen auffzurichten bevolhen ...* Ob diese Anweisung Herzog Albrechts V. befolgt wurde, läßt sich vorerst nicht ermitteln. Fest steht aber, daß der Brechen bereits in der 1. Hälfte des 16. Jahrhunderts bei Ehebruchsdelikten Anwendung fand und zwar sowohl in katholischen als auch in protestantischen Territorien. Seit der 2. Hälfte des 16. Jahrhunderts gewinnt dieses Strafinstrument im ganzen deutschen Sprachraum erheblich an Bedeutung und zwar vor allem in den Territorien und bei den Obrigkeiten, die – wie die bayerischen Landesherren – die Bestrafung des Ehebruchs, der Leichtfertigkeit und des Konkubinats mit besonderer Energie betrieben.

Beim Brechen handelt es sich um ein Eisen, das um den Hals geschlossen werden konnte, und das direkt an der Kirchenwand oder an einer entsprechenden Säule an der Kirche befestigt war. In dieses Eisen „schlug" man die Delinquenten „ein". Sehr oft war der Brechen auf einer Steinkonsole oder einer Holzkonstruktion in erhöhter Lage angebracht.

Über die Einzelheiten der Verhängung einer solchen Brechenstrafe bzw. „Ausstellung" vor der Kirche unterrichtet uns die Bayerische Landesordnung 1578 (Bl. XXXII). Dort wird die Brechenstrafe für Gotteslästerung und für Ehebruch der Bauern und sonstiger „geringer Personen" angedroht und zwar als Verschärfung der Springer- und Schellenstrafe. Wenn nämlich diese Strafen nicht ausreichten, *sollten die Obrigkaiten die Verprecher mit halb entplößtem Leib offentlich für die Kirchen stellen, denselben in ain Hannd ain prunnend Liecht und in die ander ain Ruetten, zu Bedeuttung, das er offentlichen Außstreichens wol würdig were, geben, und also drey Sontag nacheinandern vor der menig Volcks, andern zum Abscheuchen, puessen lassen.* Ehebrechern drohte zusätzlich zu einer vierwöchigen Gefängnisstrafe ebenfalls das dreimalige Ausstellen *in den Eysen für die Kirchenthür* (ebd., Bl. XXXIV); doch sollten bei ihnen nur die Arme entblößt werden. Eine Erklärung für diese unterschiedliche Bestrafung von Gotteslästerung (entblößter Oberkörper, freies Stehen vor der Kirche) und Ehebruch (entblößte Arme, Einschließen in das Halseisen), die auch in der Folgezeit beibehalten wird,[16] läßt sich nicht finden.

Die Einschließung in das Halseisen bzw. das Ausstellen vor der Kirche geschah in der Regel für die Dauer der Sonntagsmesse. Im Jahre 1629 weist deshalb der Hofrat die Stadt München an, die Ehebrecher nicht nur während der Predigt, sondern – wie im übrigen Herzogtum üblich – während der gesamten Dauer der Messe vor die Kirche zu stellen. Das legt die Vermutung nahe, daß die „ausgestellten" Delinquenten während der Predigt auch mit Namen genannt wurden.

Gemäß dem herzoglich bayerischen Aberglaubenmandat von 1611/12 (Fol. XXXIV), in dem das Ausstellen vor der Kirche allen Personen angedroht wurde, die sich von einem Dritten wahrsagen ließen, mußten die Delinquenten ausdrücklich während der ganzen Messe vor der Kirche stehen *(... in Angesicht der gantzen Pfarrmenig, als lang dieselb von und zu Kirchen gehen ...).* Der Delinquent hatte darüber hinaus ein „Schandtklaidt" zu tragen, die Kerze selber zu bezahlen und in der anderen Hand statt einer Rute einen Zettel oder eine Tafel zu halten, auf dem sein Verbrechen in großer und lesbarer Schrift angeschrieben war.

Obwohl der Brechen offenbar seit der Mitte des 16. Jahrhunderts ein übliches Strafmittel war, kommt es erst zu Beginn des 17. Jahrhunderts zu einer „flächendeckenden" Errichtung von Brechen an den Kirchen. 1616 werden beispielsweise auf Anweisung des Hofrats in der Au bei München vor den Kirchen Brechen für die dort abgestraften Ehebrecher aufgestellt (… *in Ansehung solches ein mehrers Exempel und Abscheich geberen, auch vil Uncossten dardurch erspart würdt*). Die Au war 1612 vor allem wegen der dortigen hohen Kriminalitätsrate vom Landgericht Wolfratshausen jurisdiktionell abgetrennt und dem Hofrat in München direkt unterstellt worden.

Wiewohl die Brechenstrafe keine infamierende Strafe wie etwa die Prangerstrafe war, so bedeutete sie für die Betroffenen doch einen faktischen Ehrverlust. Viele der Verurteilten bemühten sich daher, die fällige Brechenstrafe in eine Geldstrafe umzuwandeln. Das galt natürlich vor allem für angesehene und vermögende Bürger, die wegen Ehebruchs vor der Kirche hätten ausgestellt werden müssen. Die endgültige Entscheidung über eine solche Umwandlung traf oft der Geheime Rat bzw. der Landesherr selbst. Ehebruchsdelikte waren „causae domini", die in München der Hofrat dem Landesherrn zu berichten hatte, insbesondere dann, wenn es sich um einen schweren Fall oder um eine gnadenweise Strafmilderung handelte. So legte etwa der Hofrat in München 1614 die von ihm beschlossene Umwandlung einer Brechenstrafe in eine Geldstrafe zu 50 Pfund Pfennigen dem Geheimen Rat vor *(… wover im geheimen Rath die Gelltstraff approbiert wirdet, solche der fstl. Hofcammer zu notificieren)*. Die Brechenstrafe konnte auch – besonders bei Personen höheren Standes – in eine Wallfahrt umgewandelt werden. Einem Rosenheimer Gerichtsprokurator aus der Münchner Patrizierfamilie Ligsalz, der 1638 wegen eines Ehebruchs verurteilt worden war, sollte der zuständige Beamte *an statt der Vorstellung für die Khürchen ain Walfahrt nach Alten Öttingen zu verrichten auferladen und noch darzu 14 Tag in Fencknus mit geringer Atzung abbiessen …*

Zu Beginn des 17. Jahrhunderts verhängte man die Brechenstrafe bzw. das Ausstellen vor der Kirche in der Regel bei Ehebruch; spätestens seit dem Aberglaubenmandat 1611/12 wird die Brechenstrafe auch bei Aberglaubensdelikten verhängt. So wird etwa 1644 in Markt Schwaben eine wegen Zaubereiverdachts verhaftete Frau in den Brechen gestellt, weil sie den Leuten versprochen hatte, verlorene Sachen zu beschaffen und dabei abergläubische Mittel anwandte. Auch als Hellseherin hatte sich die Delinquentin betätigt und Auskunft erteilt, ob sich gewisse Personen (insbesondere Soldaten) noch am Leben befanden. Zwei Jahre später stellte man in Vohburg eine Delinquentin auf Befehl des Hofrats in Münchens wegen abergläubischer Praktiken vor die Kirche und verwies sie dann des Landes. Ihre Verbrechen mußten, wie im Aberglaubenmandat vorgesehen, zur Unterrichtung der Kirchgänger auf eine hölzerne Tafel geschrieben werden.

Da die Abstrafung des Ehebruchs und der Leichtfertigkeit noch in die Kompetenz der Hofmarksgerichte fiel, waren auch die Hofmarksherren befugt, an den Pfarrkirchen in der Hofmark Brechen aufzurichten. Probleme gab es in diesem Punkt allerdings dort, wo der Landesherr das Patronatsrecht an einer Kirche innerhalb einer Hofmark besaß. Hier scheinen manche eifrige landesherrliche

Beamte Brechen eingerichtet und das Abstrafungsrecht in Anspruch genommen zu haben. Dies geht aus den Beschwerden des Adels (15. Gravamen) auf dem Landtag von 1605 hervor. Das Verhalten der landesherrlichen Beamten, das der Landesherr abstellen ließ, zeigt, daß man allgemein die Brechenstrafe als weltliche Fortsetzung einer geistlichen Strafe ansah.

d. Die Schandsäule

Die Schandsäule ist ein Strafinstrument der Niedergerichtsbarkeit und darf keinesfalls mit dem Pranger verwechselt werden, wie das leider häufig geschieht. Die Schandsäule, die in ihrer Form dem Pranger ähnelte, war in der Regel aus Holz, beweglich und stand an belebten Plätzen. In München pflegte man die Schandsäule wahlweise vor dem Rathaus, bei der unteren Fleischbank oder am Anger aufzustellen.

Erstmals wird die Schandsäule im Kurfürstentum Bayern offiziell im Sittenmandat vom 20. September 1635 erwähnt. Sie war damals fast ausschließlich der Abstrafung der Gotteslästerung vorbehalten. Gotteslästerer sollten durch die *Gerichts-Obrigkeiten in ain darzu verordnete Schandsäul (dergleichen man jedes Orts, wann solche nit vorhanden, zurichten solle) etliche Stund, wol auch nachdem das Verbrechen schwer und vermessenlich, ainen gantzen oder mehr Täg offentlich eingeschlossen …* werden. Spätestens also mit diesem Mandat war die Obrigkeit zur Aufstellung einer Schandsäule verpflichtet.

Bald scheint sich der Anwendungsbereich der Schandsäule erweitert zu haben. Neben der Bestrafung der Gotteslästerung diente sie vor allem auch zur Reglementierung unruhiger und streitsüchtiger Untertanen. In solchen Fällen ergänzte man die Schandsäulenstrafe vielfach noch durch eine Urfehde. 1638 mußte ein Delinquent *seines Schwörens, Fluchens und ausgestoßner Throungen halber zwaimal in die Schandseiln* geschlagen werden und eine Urfehde schwören, *gegen jedermenig Fried und Sicherheit* zu halten. In Haidhausen bei München wurde 1639 ein Handwerker, der sich *widersessig* gegen die Obrigkeit gezeigt hatte und *deren Bevelch verächtlicher Weis in Windt* geschlagen hatte, für eine Stunde in die Schandsäule eingeschlagen und zwar an einem Samstagabend, *wann die Leith am maisten aus- und eingehen.*

e. Der (die) Schrägen (Schragen)

Das Strafinstrument Schrägen bestand in der Regel aus einem bühnenartigen Holzgestell mit zwei oder mehreren schräggestellten Balken. Von diesen Balken leitet sich möglicherweise die Bezeichnung dieses Holzgestells ab, das offensichtlich regional unterschiedlich gestaltet war.

Das Aufstellen auf den Schrägen gehörte wie das Ausstellen vor der Kirche, die Brechenstrafe, die Schandsäule u. ä. zum Bereich der nicht infamierenden

Schandstrafen. Es war grundsätzlich ein Strafinstrumentarium der Niedergerichtsbarkeit, fand allerdings auch im Zusammenhang mit Ausweisungen Anwendung. Anders als die Schandsäule fanden die Schrägen, soweit feststellbar, nur in ausgewählten Niedergerichtsbezirken Anwendung, und zwar vor allem dort, wo genügend Publikum dem Aufstellen beiwohnen konnte, wie in Städten und Märkten. Tatsächlich scheint der Ursprung der Schrägenstrafe im kommunalen Bereich zu liegen. Eine gezielte landesherrliche Einführung und Förderung wie bei der Brechenstrafe, bei der Schandsäule und beim Schneller läßt sich für die Schrägenstrafe nicht nachweisen; man greift vielmehr auf eine schon bestehende Strafpraxis zurück. In einem Generale Herzog Wilhelms V. von 1591 heißt es etwa, daß die notorischen Trinker *mit Fürstellung auf die Schrägen, wo die in Gebrauch sein*, bestraft werden sollen.

In einigen Städten und Märkten wurde der Schrägen wohl für jeden einzelnen Anlaß neu gezimmert, so etwa in München. Der Aufbau durfte nur von Amtleuten und keinesfalls vom Scharfrichter durchgeführt werden. Damit blieb der nicht infamierende Charakter des Schrägen gewährleistet. Auch beim Vorführen und Aufstellen des Delinquenten durfte der Scharfrichter nicht beteiligt werden. In München war dafür der Bußamtmann zuständig.

Das Aufstellen des Delinquenten wurde in der Regel mit der Verlesung der Straftat verbunden. Im Anschluß daran verhängte man nicht selten weitere Strafen, etwa die Schellenstrafe. So etwa 1623, als vier Personen aus Kissing und Lechhausen, die während herrschender Teuerung und Ausfuhrverboten Brot, Fleisch und Schmalz über den Lech aus Bayern herausgeschmuggelt hatten, für ihre Vergehen auf die Schrägen gestellt und drei davon als Wiederholungstäter anschließend für vier Wochen die Schellen angeschlagen erhielten. Diese Strafkombination findet sich häufig. Als man 1648 einen Metzger dabei erwischte, wie er das von plündernden Soldaten erbeutete Vieh aufkaufte, stellte man ihn eine halbe Stunde auf den Schrägen. Danach mußte er noch drei Tage bei den Münchner Schanzbauten „in den Schellen … arbeiten“.

Die Schrägenstrafe bot sich wegen ihrer großen Publizität immer dann an, wenn man wegen des Standes des Delinquenten und wegen der Besonderheit der Straftat die infamierende Aufstellung am Pranger vermeiden wollte. So stellte man etwa Hofbedienstete, die man ausweisen mußte, in der Regel nicht an den Pranger, sondern auf den Schrägen, wie 1614 beispielsweise zwei Hofdiener, die sich geprügelt hatten. Sie wurden vor der Schrägenstrafe unter Ausschluß der Öffentlichkeit noch mit 12 Karbatschenstreichen auf den Rücken bedacht und anschließend für ein halbes Jahr des Landes verwiesen. Im gleichen Jahr waren zwei weitere Diener aus dem Hofumkreis wegen Gewalttätigkeiten nach der Aufstellung auf dem Schrägen gegen geschworene Urfehde auf ewig des Landes verwiesen worden.

Auch bei „Amtsvergehen“ wurde gerne von der Schrägenstrafe Gebrauch gemacht. So mußte 1616 der in der Au vor München tätige Amtmann Simon Hueber wegen seiner Amtsführung, seines trotzigen Wesens und seiner Neigung zum Alkohol *andern seinesgleichen trutzigen nichtigen Gesellen zu einem Exempel* unter Verlesung seiner Verbrechen auf den Schrägen (in der Au) gestellt und anschließend aus dem Rentamt München verwiesen werden. Hueber freilich konnte sich der Verurteilung durch die Flucht und unter Hinterlassung einer geschwängerten Freundin entziehen. 1623 wurde ein Zollwächter aus Lechhausen, der Schmuggler über den Lech gelassen hatte, für 14 Tage in Eisen geschlagen, dann auf den Schrägen gestellt und schließlich aus dem Dienst entlassen.

Anwendung fand die Schrägenstrafe auch bei Eigentumsdelikten, die „allgemeinschädlich" waren oder die landesherrlichen Einnahmen gefährdeten. Wegen Diebstahls von Büchern in der landesherrlichen Bibliothek wurde 1612 ein gewisser Georg Hueber auf den Schrägen gestellt und nach Verlesung seiner Taten des Landes verwiesen. Einen Goldschmied, der sich 1623 auf dem Höhepunkt der „Kipper- und Wipperzeit" wegen verbotenen Geldwechselns verantworten mußte, traf die gleiche Strafe. Auch Zigeuner, die man 1613 in München erwischte, wurden auf den Schrägen gestellt und sodann durch den Schergen den „geraden Weg durchs Land begleitet".

Die Schrägenstrafe diente auch zur Wiederherstellung der öffentlichen Ruhe und Ordnung. Sie wurde daher gerne bei Delikten verhängt, die in der Öffentlichkeit begangen wurden oder bei Personen angewandt, die das öffentliche Zusammenleben störten oder destabilisierten. Dazu gehörten u. a. hartnäckige Supplikanten und Querulanten. Damit der gestörte öffentliche Rechtsfriede auch wirksam wiederhergestellt werden konnte, sorgte man dafür, daß genügend Publikum vom Aufstellen auf dem Schrägen Kenntnis nehmen konnte. 1641 ließ beispielsweise der Hofrat in München einen Münchner Bürger, der entgegen der bestehenden Ausfuhrverbote Pferde ins Ausland geschmuggelt hatte, auf den Schrägen stellen und zwar an *einem Tag, daran Wein- oder Wochenmarkt gehalten würdet.* Im 30jährigen Krieg verhängte man die Schrägenstrafe auch bei leichteren Fällen der Desertion. So mußte der Münchner Bußamtmann im Jahre 1647 sieben Landschützen, die sich unerlaubterweise aus der Festung Ingolstadt entfernt hatten, auf „die" Schrägen stellen.

Trotz ihres an sich nicht entehrenden (infamierenden) Charakters gewann die Schrägenstrafe in Verbindung mit der Ausweisung und anderen Malefizstrafen mit der Zeit das Ansehen einer infamierenden Strafe. Entsprechend häufig sind die Bitten und Interzessionen der Delinquenten, ihnen die Schrägenstrafe zu erlassen bzw. in eine Geldstrafe umzuwandeln. 1614 bittet beispielsweise der Magistrat der Stadt München den Hofrat, dem Apotheker Schmidt das Aufstellen auf dem Schrägen zu erlassen, da dieser eine Kopfverletzung habe und *mecht vielleicht, da er auf die Schrägen sollte gestellt werden … gar von Sinnen khommen.* Der Münchner Magistrat schien die Schrägenstrafe nicht sehr zu schätzen, da ihn der Hofrat 1614 ermahnen mußte, sie gegen „verbrechende“ Bürger wirklich vorzunehmen und sich nicht von dem falschen Wahne irre machen zu lassen, als ob diese infamierend wirken würde. 1644 mußte man bei einem Handwerker, der in Tölz wegen zahlreicher übler Nachreden auf den Schrägen gestellt wurde, ausdrücklich vermerken, daß ihm diese Schrägenstrafe (und die damit verbundene öffentliche Abbitte) *an seinen Ehren und Handtwerck unschädlich sein solle.*

Erstaunlicherweise scheint sich nach 1650 im Kurfürstentum Bayern die Meinung vom entehrenden Charakter der Schrägenstrafe immer mehr durchgesetzt zu haben. Bei dem juristischen Schriftsteller Ertl können wir 1694 in seiner Praxis Aurea lesen, daß die Schrägenstrafe in Österreich eine Niedergerichtsstrafe, in Bayern dagegen eine Malefizstrafe sei.

f. Der Schneller (Bäckerwippe)

Als weiteres Strafinstrument der Niedergerichtsbarkeit fand der Schneller, ein aus dem Mittelalter stammendes Gerät, eine neue Verwendung bei der Bestrafung der Gotteslästerungsdelikte. Beim Schneller handelte es sich um einen Wippgalgen, mit dessen Hilfe herkömmlicherweise unredliche Bäcker in einem Korb ins Wasser getaucht wurden. In München befand sich der Schneller an der Roßschwemme am Nordrand des heutigen Viktualienmarktes. Noch im 17. Jahrhundert diente er seiner ursprünglichen Bestimmung: 1611 fordert beispielsweise der Hofrat die Stadt München auf, die Schnellerstrafe bei Bäckern anzuwenden, die wiederholt zu kleines Brotgebäck verkauft hatten.

Einen neuen und breiteren Anwendungsbereich erhält der Schneller durch die Sittlichkeitsgesetzgebung seit dem 16. Jahrhundert. In der Bayerischen Landesordnung 1578[17] wird die Obrigkeit angewiesen, Gotteslästerer *inn Körben, wölche zu Bestrafung anderer Übel zue Herabfellung ins Wasser etlicher Orten auffgericht seind und wo die bißheer nit in Gebrauch gewest, noch auffgerichtet werden mügen, setzen und herabsprengen lassen.* Wie bei der Schandsäule und dem Brechen wird also vom Landesherrn die Errichtung neuer Strafinstrumente angeordnet, ganz offenbar, um durch deren sichtbare zahlreiche Präsenz Sittlichkeit durch Abschreckung zu erzwingen. Die Schnellerstrafe war dabei, trotz des gewiß nicht kleinen Spektakels bei ihrer Anwendung, als mildestes Mittel unter den verschiedenen nicht infamierenden Schandstrafen gedacht. Das legt zumindest die Bayerische Landesordnung 1578 nahe, bei der als Verschärfung der Schnellerstrafe das Ausstellen vor der Kirche angedroht wird. In der Folgezeit wird die Schnellerstrafe dort, wo geeignete Vorrichtungen bestanden, zur Regelstrafe für Gotteslästerung, wie etwa laut einem Mandat des bayerischen Herzogs Wilhelms V. vom 21. Januar 1589, das sich ausführlichst mit der Bestrafung der Gotteslästerer befaßt. Auch in der Folgezeit finden wir die Schnellerstrafe („corda oder Schneller“) vor allem im Zusammenhang mit der Gotteslästerung genannt, zum Beispiel in der Bayerischen Landes- und Polizeiordnung von 1616[18], doch wird die Schnellerstrafe im Ehebruchsmandat vom 20. September 1635 auch für Ehebruch angedroht.

Der Schneller findet sich als Strafinstrument in fast allen deutschen Territorien des 16. und 17. Jahrhunderts. Dabei entwickelte sich wie im Herzogtum Bayern aus der „Bäckerschnelle“ ein universales Strafinstrument der neuzeitlichen Polizeigesetzgebung, ein Instrument, das recht unterschiedliche Bezeichnungen hatte, wie etwa Schnell-, Schnapp-, Wipp- oder Soldatengalgen, Strapicorde, Strape di corde.

g. Die Springer-, Schellen- und Eisenstrafe

Unter Springer, Schelle, Eisen verstand man im 16. und 17. Jahrhundert verschiedene Formen von eisernen Fußfesseln. Beim Springer war die Kette zwischen den Beinen so kurz, daß sich der Delinquent nur in Sprüngen vorwärts bewegen konnte. Die Schelle stellte die mildere Art der Fesselung dar, die mehr Bewegungsfreiheit gewährte. Vielfach handelte es sich nur um eine Kette, die man an einem Bein befestigte. In einigen Fällen waren an der Schelle auch „Schellen“, also Glöckchen, angebracht, die das Herumgehen bzw. das Herumgeführtwerden des Delinquenten in der Stadt besonders auffällig machten.

Das Gemeinsame an den Verurteilungen zur Springer-, Schellen- und Eisenstrafe ist die gewollte Publizität des Strafvollzugs. Die Springerstrafe taucht in den offiziellen Texten erstmals in der Landesordnung von 1578 auf. Um die gleiche Zeit wird sie auch in anderen Territorien und Reichsstädten, wie etwa Nürnberg und Ulm, üblich. Im Herzogtum Bayern sind es wieder einmal die Gotteslästerer, für die man diese Strafe für besonders geeignet hält: Überführte Gotteslästerer sollen jetzt *in eisernen Springern ain Zeitlang herumbgeen*, da der *gemain Mann an vencklicher Enthaltung kain Abscheuchen, Sorg, Forcht noch Entsetzen mer haben wil.* Der Landesherr will nun also vor allem durch eine größere Öffentlichkeit des Strafvollzugs das „Entsetzen“ wecken, d. h. die Abschreckungswirkung erhöhen. Vor allem solche Straftaten, die öffentlich begangen wurden, sollten nun in der Öffentlichkeit gesühnt werden. Deshalb war es nur konsequent, wenn dann die Schellenstrafe auch gegen notorische Trinker zur Anwendung kam: 1591 heißt es in einem Generale für die Städte und Märkte, daß Trinker *mit Anschlagung ainer Schellen oder Khetten an die Fieß auf 1, 2, 3, 4, weniger oder mehr Monat, halb oder ganz Jar … offenlich zu Spott …* verurteilt werden sollten. Auch in der Bayerischen Landes- und Polizeiordnung 1616 wird die Einschlagung in die eisernen Springer genannt.[19]

Größte Verbreitung fand die Springer- und Schellenstrafe, als man sie in der 1. Hälfte des 17. Jahrhunderts zusammen mit der Zwangsarbeitsstrafe (Festungen München, Braunau und Schärding) verhängte. Dabei wurden in der Regel nur

Delinquenten, bei denen Fluchtgefahr bestand, oder Ausländer in das Eisen, den Springer oder in die Schellen geschlagen, wie etwa 1638 die fremden Erntehelfer, die sich im Landgericht Schrobenhausen weigerten, für die in den Mandaten fixierten Tageslöhne zu arbeiten. Sie mußten auf Befehl des Hofrats in die Schellen geschlagen werden und zu den *allhiesigen Schanzgrebeu* geschickt werden.

Besonderer Abschreckung bedurften alle tätlichen Angriffe auf Amtleute: Auch hier bediente man sich wegen der hohen Publizität gerne der Schellenstrafe zusammen mit der Aufstellung auf die Schrägen. So wurde etwa 1620 Veit Wassermeir aus der Au wegen Angriff auf den Amtmann nach einer Gefängnisstrafe auf die Schrägen (mit Verlesung seiner Untaten) gestellt und mußte dann noch acht Wochen *in zimblich schweren Schellen umziehen.*

Für kleinere Delikte, bei denen man keine Gefängnisstrafe verhängen oder diese ergänzen wollte und andererseits eine Geldstrafe zu milde oder nicht einzubringen war, wurde die Springer- und Schellenstrafe zur oft angewandten Alternative. Sie wird bei kleinen Veruntreuungen, bei abergläubischen Praktiken, bei denen sich keine Zauberei nachweisen ließ, leichten Formen der Wilderei, fahrlässiger Brandstiftung, Spielen und Wetten, und bei Leichtfertigkeitsstrafen (vgl. das Mandat vom 20. September 1635) verhängt. Verwendung findet die „Anschlagung der Schellen“ auch dann, wenn man von der offenbar gefürchteten Schandsäulenstrafe absolvierte: 1636 milderte der Hofrat in München eine verhängte Schandsäulenstrafe in ein dreitägiges Schellentragen ab.

Sehr häufig verhängte man Schellenstrafen als Verdachtsstrafen, also immer dann, wenn ein dringender Tatverdacht, aber nicht letzte Gewißheit bestand. Auch beim Erlaß oder bei der Verkürzung einer Landesverweisung durch die Gewährung einer „Landshuld“ wird dem ins Land Zurückkehrenden nicht selten noch eine Schellenstrafe zudiktiert, meist verbunden mit einer Gefängnisstrafe oder einer Wallfahrt.

Die mildeste Verhängungsform der Schellenstrafe war die Abstrafung zuhause, wenn also dem Delinquenten *zur Straff auf 14 Tag lang die eisernen Panden* angeschlagen wurden und er mit diesen *zu Hauß umbgehen solle.*

In ihrer schwersten Ausformung wird die Springerstrafe mit der Zwangsarbeit verbunden. Dabei gab es mehr oder weniger belastende Varianten: Auf mittelalterliche städtische Strafformen verweist die Verurteilung zum Straßenkehren: 1623 wurde ein Delinquent aus der Au bei München zuerst auf den Schrägen gestellt und dann „in die Eisen geschlagen“, um drei Wochen lang den Münchner Markt zu kehren. Schwerwiegender war dann schon der Einsatz bei Baumaßnahmen. So wurde beispielsweise der Hofoberrichter vom Hofrat in München im November 1619 angewiesen, vier verhaftete „Pueben“ wegen ihrer Verbrechen in Eisen zu schlagen und sie bis Weihnachten bei den Baumaßnahmen an der Isar einzusetzen.

h. Die Geigenstrafe

Die Geigenstrafe, die als typische Niedergerichtsstrafe für Frauen zuerst im städtischen Bereich auftaucht, wird seit dem 16. Jahrhundert im Herzogtum Bayern zu einer der am häufigsten angewandten nichtinfamierenden Schandstrafen. Die „Geige“, ein geigenförmig gestaltetes Holzinstrument, in das Hände und Kopf der Delinquentin eingeschlossen wurden, wurde meist zusätzlich zu einer kurzfristigen Gefängnisstrafe verhängt. Im 17. Jahrhundert gewinnt die Geigenstrafe zusätzlich durch die konsequente Verfolgung der Leichtfertigkeitsdelikte an Bedeutung.

Das Ehebruchs- und Leichtfertigkeitsmandat vom 20. September 1635 sah etwa für ein einfaches Leichtfertigkeitsdelikt vor, daß die Frauen neben einer Geldstrafe auf vier oder fünf Tage in die Geigen geschlagen werden sollten und *also zu ihrer Arbeit zu Hauß darinnen gelassen werden.* Im Wiederholungsfall sollte die Geigenstrafe verdoppelt werden. Statt der Geldstrafe wurde – etwa bei Vermögenslosigkeit der Delinquentin – in der Regel eine kurzfristige Gefängnisstrafe verhängt; auch legte man auf eine gewisse Öffentlichkeit der Geigenstrafe (durch Herumführung der Delinquentin) Wert: So wies etwa der Hofrat in München 1637 die Stadt Wasserburg an, eine Frau wegen Leichtfertigkeit *noch 8 Tag in der Gefenckhnuß mit geringer Atzung abzubuessen, solche jedoch alle Tag ain Stundt lang in der Geigen in der Statt herumb führen zu lassen* ... Ein Jahr später ging ebenfalls in einer Leichtfertigkeitssache an die Stadt Wasserburg der Befehl, die Spitalpfründnerin Maria Schneidermayer *ainen Tag lang mit der Geigen in der Statt herumbzufiehren und ihr dieselbige 8 Tag lang sollet angeschlagen verbleiben* ...

Der Hofrat in München achtete sehr darauf, daß bei der Verhängung der Geigenstrafe die Höchstdauer von 8 bzw. 16 Tagen eingehalten wurde. Schwere Vorwürfe bekam deshalb 1639 der Pflegsverwalter von Traunstein vom Hofrat in München zu hören, weil er eine Delinquentin wegen eines Leichtfertigkeitsdelikts drei Wochen in die Geigen schlagen ließ.

Die Geige fand jedoch nicht nur bei Leichtfertigkeitsdelikten Anwendung. Auch andere Frauendelikte wurden im 16. und 17. Jahrhundert damit abgestraft. In den Niedergerichtsbezirken finden wir die Geigenstrafe besonders häufig bei Beleidigungsdelikten und Tätlichkeiten unter Frauen. Das Herumführen in der Geige, was ja immer mit der Bekanntgabe des jeweiligen Vergehens verbunden war, bot der Obrigkeit die Möglichkeit, auf Delikte zu reagieren, die ihr als im Augenblick besonders bekämpfungswürdig erschienen. 1644 mußte beispielsweise der Statthalter in Donauwörth eine Delinquentin wegen *irer aberglaubig gebrauchten Sachen in die Geigen schlagen, 8 Tage lang darinnen enthalten, volgents andern zum Exempel und Abscheich in der Statt herumbfiehren* ... lassen.

i. Sonstige Niedergerichtsstrafen

Im Rahmen der Niedergerichtsbarkeit gab es keinen festen Katalog der Strafen und Strafgeräte. Unzulässig war nur der Übergriff in die Kompetenz des Hochgerichts: Das „Straferfindungsrecht" der Niedergerichte mußte sich daher innerhalb der zeitlichen Grenzen bei der Freiheitsstrafe halten und durfte nicht „an den Leib" und nicht an die Ehre gehen.

In den Städten und Märkten war als gemäßigte Schandstrafe das Einschließen in das sogenannte „Narrenhäusl" verbreitet. Dabei handelte es sich um eine für die Öffentlichkeit einsehbare Zelle oder um einen Holzkäfig. Vorrangiger Verwendungszweck eines solchen „Narrenhäusls" oder „Narrenstübls" war die Abstrafung von Trunkenheitsdelikten oder die Ahndung jugendlichen Unfugs.

Auch der Stock, der ursprünglich zum Inventar von Malefizgefängnissen gehörte und der verschärften Einschließung von Delinquenten diente, fand im 17. Jahrhundert als öffentliches Strafinstrument der Niedergerichtsbarkeit Verwendung: Als man 1627 in der Au bei München einen gartenden Maurer aufgriff, mußte der für die Verwaltung der Au zuständige Hofrat Wilhelm Hofer den Übeltäter *in den Stockh ob der Pruckhen negst bey dem Eingang in obermelte Au stehend, einschlagen …*

Zu den Niedergerichtsstrafen gehörte auch das Aushauen mit Ruten (Schlagen mit Gerten und Ruten), das vor allem bei kleineren Diebstählen angedroht war. Ebenso diente es zur Disziplinierung von Jugendlichen.

4. Die Ausweisung

a. Das Verfahren

Ausweisungen, Landesverweisungen bzw. Verbannungen („relegationes") gehören seit dem Beginn der europäischen Strafrechtsgeschichte zu den am häufigsten angewandten Strafen. Im Mittelalter war die Verbannung ein bevorzugtes Strafmittel besonders der städtischen Gerichtsbarkeit, da sie im überschaubaren städtischen Bereich leicht durchzuführen und zu überwachen war. Die Landesherrschaften bedienten sich der Landesverweisung in größerem Umfang erst seit dem 15. Jahrhundert, nachdem einerseits durch einen entsprechenden Ausbau des Beamtenapparats und damit der Überwachungsmöglichkeiten der technische Vollzug der Ausweisung ermöglicht wurde und andererseits durch die Ausbildung einer durch Symbole, Dynastie und Grenzen markierten Landeshoheit und Landeseinheit der Verlust der „Landshuld", den die Ausweisung rechtlich mit sich brachte, ihren tieferen Sinn erhielt.

Die Landesverweisung stellte die häufigste Hochgerichtsstrafe (Malefizstrafe) im Herzogtum und Kurfürstentum Bayern zwischen 1550 und 1650 dar.

In anderen Territorien des Alten Reichs war dies ähnlich. Neben der Verweisung aus dem Lande war auch diejenige aus dem jeweiligen Burgfrieden, Gerichtsbezirk oder aus dem näheren Umkreis (6 Meilen bei Konkubinen) üblich. In abgeschwächter Form findet sich die Relegation auch als Niedergerichts- oder Polizeistrafe.

Als Malefizstrafe wurde die Landesverweisung durch das jeweilige Landgericht auf Grund einer Anordnung des Hofrats in München oder der zuständigen Regierung vollstreckt. Man unterschied mehr oder minder strenge Varianten, nämlich Landesverweisungen *mit offentlicher Schand* und *ohne offentliche Schand*, lebenslängliche und zeitlich begrenzte Landesverweisungen, und schließlich unterschied man, wie angeführt, auch hinsichtlich des Gebiets, aus dem man ausgewiesen wurde. Man konnte lediglich aus dem Dorf, aber auch noch über das Herzogtum hinaus ausgewiesen werden.

In ihrer schärfsten Vollzugsform galt die Landesverweisung als härteste Malefizstrafe nach der Hinrichtung: Der Delinquent wurde vom Scharfrichter an den Pranger gestellt, ausgepeitscht und nach Beschwörung einer Urfehde auf ewig des Landes verwiesen. Diese Vollzugsform nannte man *Landesverweisung mit offentlicher Schand.* Meist begleitete der Scharfrichter den Delinquenten an die Stadtgrenze; zur Landesgrenze mußte sich der Delinquent dann selbst begeben. Statt des Scharfrichters konnte an der Ausweisung ein Amtmann mitwirken. Hier scheint sich eine von Landgericht zu Landgericht verschiedene Übung ausgebildet zu haben. Eine erhebliche Strafmilderung war es, wenn statt der Auspeitschung dem Delinquenten die Rute auf die entblößte Schulter gebunden oder in den Nacken gesteckt wurde, bevor man ihn aus der Stadt führte.

Bei einer *Landesverweisung ohne Schand* wurde der Delinquent auf einem Marktplatz, auf einem Schrägen, auf der Rathausstiege oder sonst öffentlich ausgestellt und dann nach Verlesung des Urteils vom Amtmann aus der Stadt geführt. Da bei dieser milderen Form der Ausweisung der Scharfrichter nicht beteiligt war, der Delinquent nicht mit dem Pranger in Berührung kam und nicht ausgepeitscht wurde, trat zumindest de jure keine Ehrminderung ein. Diese Variante der Ausweisung war zeitlich und oft auch räumlich beschränkt, und der Delinquent mußte in der Regel auch keine Urfehde schwören. Ab und zu kam es vor, daß die Delinquenten, die man ja nicht an die Landesgrenze brachte, gar nicht so recht verstanden, was geschah: 1650 gab ein Bauer, den man des Landes verwiesen hatte, zu Protokoll, daß der zuständige Pflegsverwalter etwas vorgelesen und ihm bedeutet hätte, er solle fortgehen, *wisse aber nit und habe nit verstanden, das ihme das Land verbotten worden.*

Grundsätzlich konnte ein Delinquent nur aus dem Herzogtum bzw. Kurfürstentum ausgewiesen werden. Wenn in den Nachbarterritorien eine entsprechende Bereitschaft bestand, konnte aber dem Delinquenten über das Heimatterritorium hinaus noch ein anderes Land „verboten" werden: 1524 einigten sich die in Regensburg versammelten weltlichen und geistlichen Fürsten dahingehend, daß die wegen Ketzerei bestraften und ausgewiesenen Delinquenten in keinem Territorium der Vertragschließenden Unterschlupf finden sollten. Auch um die Rückkehr in die Heimatgemeinde zu erschweren, verlangte man von dem Landesverwiesenen, daß er sich während seiner Verbannung nicht in einem benachbarten oder gar in einem innerhalb des Herzogtums liegenden ausländischen Territorium aufhielt. So bestimmte etwa das Mandat gegen Leichtfertigkeit und Ehebruch vom 20. September 1635, daß sich der Landesverwiesene die fünf Jahre seiner Verbannung weder zu Freising, Regensburg, Passau, Augsburg, Mühldorf oder anderen an das Kurfürstentum grenzenden *Orten aufzuhalten, sondern wenigist fünff Meill Weegs von dannen zu begeben* hatte. Der Landesverwiesene durfte nur dann wieder ins Kurfürstentum zurückkehren, wenn er einen entsprechenden Nachweis über seinen Aufenthaltsort vorgelegt hatte.

Eine Erweiterung der gewöhnlichen Landesverweisung stellte auch die Landesverweisung „über die vier Wälder" dar. Gemeint war damit die Verbannung hinter Böhmerwald, Alpen („Scharnitz"), Schwarzwald und Thüringer Wald. Diese aus altem bayerischen Rechtsbestand stammende Formel findet sich noch häufig in Urfehdebriefen des 16. Jahrhunderts und wird auch noch im 17. Jahrhundert in außerordentlichen Fällen verwendet. Als 1645 ein wegen Sodomie verurteilter Junge zur ewigen Verbannung über die vier Wälder begnadigt wird, befiehlt der Hofrat in München dem Bannrichter, diese Formel ausdrücklich im Urteil zu gebrauchen und sie dem Delinquenten zu erläutern.

Immer häufiger werden im Rahmen der Sittlichkeitsgesetzgebung seit dem 17. Jahrhundert die beschränkten Verweisungen, also die Verweisung innerhalb des Landes, wie etwa aus dem Rentamt, dem Landgericht, dem Burgfrieden oder der Hofmark. Eine Verweisung über 6 Meilen Entfernung war bei Konkubinen üblich.

Die Landesverweisung als Malefizstrafe durfte nur vom Landesherrn ausgesprochen werden. Landstände, die im Besitz der Blutgerichtsbarkeit waren, konnten ihre Delinquenten nur aus ihrer Herrschaft, Städte mit Blutgerichtsbarkeit nur aus ihrem Burgfrieden weisen. Die Delinquenten, denen man die Ausweisung verkündet hatte, mußten ihr auch innerhalb einer angemessenen Frist nachkommen; vielfach wurden sie, wie bereits erwähnt, von den Amtleuten oder Scharfrichtern bis zur Stadtgrenze (Burgfrieden) geleitet. In Ausnahmefällen eskortierte man die Täter aber auch bis zur Grenze, wenn dies aus Sicherheitsgründen opportun erschien. Für Begleitung bis an die Grenze sorgte man etwa bei „gartenden Knechten", die in Gruppen auftraten, oder bei Zigeunern, da man befürchtete, diese könnten auf ihrem Weg durchs Land Unheil anrichten. Auch Delinquenten, von denen bekannt war, daß sie die Landesverweisung mißachten würden, oder Wilderer, denen man eine besondere Fähigkeit zutraute, sich im Lande zu verstecken, ließ man zur Landesgrenze bringen: So wurde beispielsweise 1626 der Bettler und Wilderer Hans Gaulrapp, der bereits zum zweiten Mal des Landes verwiesen worden war, in München auf den Schrägen gestellt und danach von Amtleuten durch die Gerichte Dachau und Schrobenhausen bis an die Grenze zum Fürstentum Pfalz-Neuburg geführt.

Bei der großen Zahl der Landesverweisungen stellt sich natürlich die Frage, wohin alle die Straftäter ausgewiesen wurden und welche Haltung die Nachbarterritorien angesichts der wachsenden Zahl bayerischer Delinquenten einnahmen. Offensichtlich hat man es letzteren in den meisten Fällen freigestellt, in welcher Richtung sie das Land verlassen wollten. Lediglich Zigeuner, „gartende Knechte“ oder sonstige landfremde Personen versuchte man dorthin zurückzuschicken, woher sie gekommen waren. Aus den wenigen Hinweisen ist zu entnehmen, daß sich die Ausgewiesenen in der Regel in das dem Landgericht benachbarte Territorium begeben haben. Im Rentamt München dürften vor allem das Fürstentum Pfalz-Neuburg, das Hochstift und die Reichsstadt Augsburg, die Grafschaft Tirol und das Fürstbistum Freising bevorzugtes Ziel gewesen sein. Nur vermögende Delinquenten konnten im Ausland ein bequemes Leben führen, andere ernährten sich durch Betteln. Ein 1605 im Herzogtum wieder aufgegriffener Landesverwiesener berichtete, *als er vor 3 Jahren hie ausgestrichen worden, sey er nach Augsburg zogen, alda verbliben 14 Tag, da haben ime die Soldaten sein Soldaten Claidt und Rappier genommen … mit Vermelden, es gezimen ime solche Claider nit …, hab sich nacher mit Petlen ernert …*

Da sich im 17. Jahrhundert die Landesverweisungen wegen Leichtfertigkeit, Ehebruch und sonstigen Sittlichkeitsdelikten häuften, kam es sehr oft zu der den Strafzweck gründlich vereitelnden Situation, daß die beiden verurteilten Partner in ihrer Verbannung wieder zusammenzogen. Um zu vermeiden, daß Delinquenten ihr lasterhaftes Treiben im Ausland fortsetzten, versuchte man sie deshalb in verschiedene Länder oder zumindest zeitlich versetzt auszuweisen. Zwei wegen Inzests auf ewig des Landes verwiesene Delinquenten mußten 1640 nach dem Willen des Hofrats so aus dem Gefängnis entlassen werden, *das ain umb des andern Entlassung nit wissen möge …*

b. Die Urfehde

Bei der Beschränktheit der Überwachungsmöglichkeiten war eine Landesverweisung nur dann sinnvoll, wenn sich eine möglichst hohe Zahl der Verurteilten dem Urteilsspruch beugte und das Herzogtum und das Kurfürstentum Bayern für die im Urteil vorgesehene Zeit verließ. Dies konnte nicht durch unmittelbaren Zwang, sondern nur durch die Furcht vor einer drohenden Leib- und Lebensstrafe erreicht werden. Daher mußte zumindest bei einer jeden ewigen Landesverweisung der Delinquent eine sogenannte Urfehde schwören: In dieser bekennt er seine Schuld, erkennt die an sich verwirkte Todesstrafe oder eine sonstige

Malefizstrafe an und schwört, sich weder für die Inhaftierung noch für die Leibesstrafe (Auspeitschung, „Ausstreichung" mit Ruten) zu rächen und darüber hinaus niemals wieder ohne Erlaubnis („Landshuld") in das Herzogtum bzw. Kurfürstentum zurückzukehren. Über die Urfehde wurde zu Beweiszwecken immer eine Urkunde errichtet. Gemäß Bayerischer Landesordnung 1553[20] durften die Urfehdebriefe nicht vom zuständigen Pfleger oder Richter ausgestellt werden, da dieser ja Adressat und Begünstigter des Urfehdebriefs war. Die Errichtung des Urfehdebriefs (Besiegelung) hatte vielmehr eine andere (unbeteiligte) siegelmäßige Person vorzunehmen. Der Urfehdebrief, der sorgfältig in den Registraturen und Archiven verwahrt wurde, bildete die Grundlage für die Bestrafung, wenn der Täter unbefugterweise ins Land zurückkehren sollte. Dann lag ein Urfehdebruch vor, der als Meineid abgeurteilt wurde.

Der Urfehdebruch war ein Delikt, das seit jeher von weltlichen Gerichten abgeurteilt wurde (Carolina 1532, Art. 108), obwohl der Meineid noch lange Zeit in die Strafgewalt der geistlichen Gewalt fiel. Ursprünglich war die Urfehde ein Mittel zur Fehdebeendigung; mit der Zunahme der Landesverweisungen wird sie zu einem wichtigen Instrument zur Sicherung der Strafvollstreckung.

Spätestens seit 1629 war das Schwören der Urfehde bei ewiger Landesverweisung obligatorisch. Bei zeitlicher Landesverweisung lag es im Ermessen des Hofrats oder der Regierung, ob der Delinquent eine Urfehde zu schwören hatte. Ergänzend dazu konnte auch noch eine Kaution verlangt werden.

Wurde ein Landesverwiesener im Lande aufgegriffen, hätte er nach dem strengen Wortlaut des Gesetzes wegen Meineids hingerichtet, zumindest mit Verstümmelung des Schwurfingers bestraft werden müssen. Die Strafpraxis war jedoch fast immer um vieles nachsichtiger. Erst nach mehrmaligem Urfehdebruch griff man zu Verstümmelungsstrafen, zum Abhacken der Finger oder zum Brandmarken. Als man 1638 den auf ewig des Landes verwiesenen Peter Kholler aus Abensberg wieder im Lande erwischte, wies man den Pflegsverwalter zu Abensberg an, er *solle diesen verhafften Peter Kholler offentlich auf den Pranger stellen, die Ruetten in die Nackhen steckhen, dergestalt durch unsere Statt Abensberg hinausführen und ihme das Lanndt auf eine neue geschworene Urphede zu ewigen Zeitten verweisen mit dieser austruckenlichen Comination und Betrohung, dafern sich ersagter Kholler ohne obrigkaitlicher Erlaubnus weitter darinnen thue betretten lassen, das ihm als ainen Mainaidigen die Finger unmitlbar sollen abgehauen werden.* Erst im 18. Jahrhundert wird die Vorgehensweise gegen Urfehdebrecher rigoroser: Sehr schnell ist man jetzt mit dem Aufbrennen des Buchstabens B (für Bayern) zur Hand.

Die Effektivität der Landesverweisung läßt sich naturgemäß aus dem überlieferten amtlichen Schriftgut nur schwer ermitteln. Aus den wiederholten Ermahnungen an die Beamten, dafür zu sorgen, daß die Landesverwiesenen nicht im Lande bleiben (Generalmandat vom 13. März 1598), und aus den häufigen Nach-

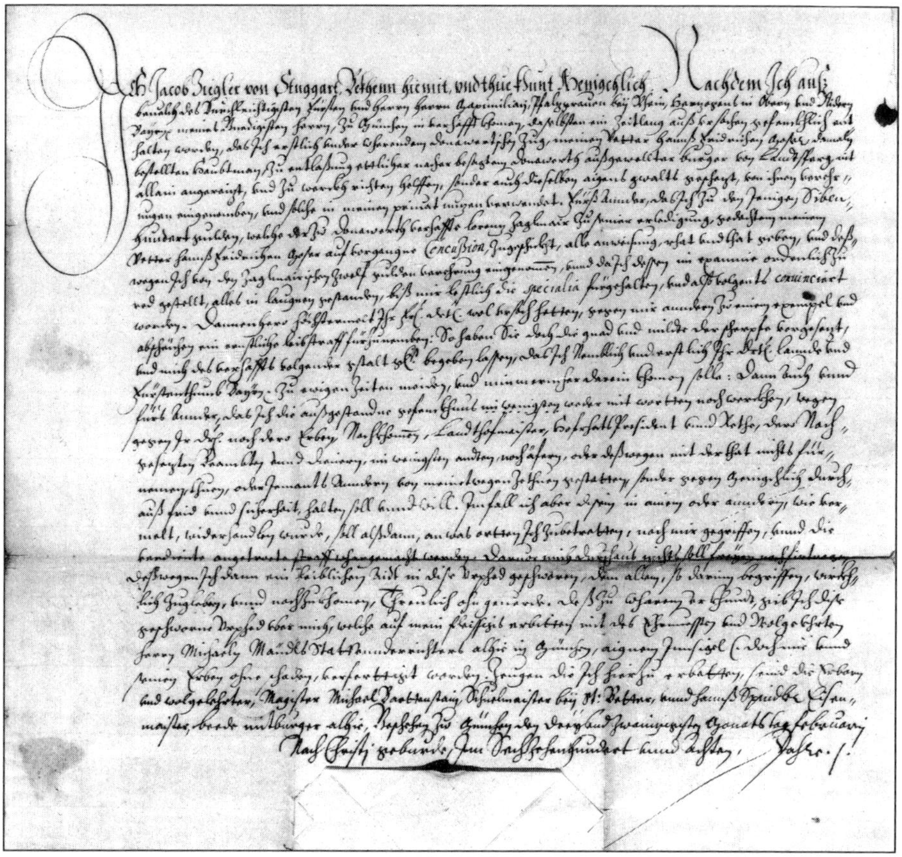

Urfehdebrief des aus München am 23. Februar 1608 ausgewiesenen Jacob Ziegler aus Stuttgart: Ein aus dem Falkenturm entlassener Stuttgarter schwört, das Herzogtum Bayern in Zukunft ohne Erlaubnis des Landesherrn bei Strafe des Meineids nie mehr zu betreten. Diese „Urfehde“ hatte den Zweck, eine Ausweisung wirksam zu machen. Im Falle einer unerlaubten Rückkehr des Schwörenden drohte ihm der Verlust der Schwurhand bzw. der Schwurfinger. (Bayerisches Haupstaatsarchiv, Urkunden 5625)

richten über im Lande aufgegriffene Landesverwiesene läßt sich jedoch der vorsichtige Schluß ziehen, daß das Schicksal der Landesverwiesenen sehr davon abhängig war, wie sich die Amtleute verhielten. „Wohnsitzlose“ oder landeskundige Delinquenten, wie etwa Wilderer, scheinen sich von Haus aus mit großer Beharrlichkeit der Landesverweisung entzogen zu haben. Die geringe Durchsetzbarkeit der Landesverweisung und ihre Sozialschädlichkeit gerade bei Ansässigen führte dann nach und nach zum breiten Einsatz der Zwangsarbeitsstrafe, der Kriegsdienstverschickung oder der Galeerenstrafe.

Ich Jacob Ziegler von Stuttgart, bekhenn hiemit und thue khunt menigehlich. Nachdem Ich auß bevelch des Durchleichtigisten Fürsten und Herrn Herrn Maximilian, Pfalzgraven bey Rhein, Herzogens in Obern und Nidern Bayrn etc meines Gnedigisten Herrn, zu München in Verhafft khomen, daselbsten ein Zeitlang auß Ursachen gefenckhlich enthalten worden, das Ich erstlich under wherendem donauwertischen Zug, meinem Vetter Hanns Fridrich Moser, damaln bestellten Hauptman, zu Entlasung ettlicher nach besagtem Donawerth ausgewellten Burger von Landtsperg nit allain angeraizt, und zu Werkh richten helffen, sonder auch … von ihnen Verehrungen eingenomben, und solche in meinem privat Nutz verwendet … unnd da Ich dessen im examine ordentlich zu Red gestellt, alles in laugnen gestanden, bis mir lestlich die specialia fürgehalten und also volgents convinciert worden. Dannenhero höchstermelt Ihr Frstl. Durchlaucht wol ursach hett gegen mir, anndern zu einem Exempel und Abscheichen, ein ernstlich Leibstraff fürzunemben: So haben Sie doch die Gnad und Mildte der Scherpfe vorgesezt und mich des Verhaffts volgender Gstalt gnedigist begeben lassen, das Ich nemblich und erstlich Ihr Durchlaucht Lannde und Fürstenthumb Bayrn etc zu ewigen Zeiten meiden, und nimmermehr darain khomen solle: dann auch unnd fürs annder, das Ich die ausgestandne Gefenckhnus (im wenigsten) weder mit Wortten noch Werkhen … gegen Ir Durchlaucht noch dero Erben, Nachkhommen, Landthofmaister, Hofrhats President unnd Rethe, dero nachgesezten Beambten unnd Dienern, im wenigsten andten … oder deswegen mit der That nichts fürnemen … sondern gegen meniglich durchaus Frid und Sicherhait, halten soll und will. Im fall ich aber disem … widerhandlen wurde, soll … die verdient angetroete Straff wahrgemacht werden … deswegen ich dann ein leiblichen Aidt in dise Urphed geschworen, dem allem, so darinn begriffen, wirkhlich zugleben unnd nachzukhomen, threu ohn Geverde. Des zu wharem Urkhundt gib Ich dise geschworne Urphed uber mich, welche auf mein fleissigs Erbitten mit des Richter alhie in München aignem Innsigel (doch ime unnd seinen Erben ohne Schaden) verferttigt worden. Zeugen, die ich dazu erbetten, seind die erbarn und wolgelehrten, Magister Michael Barttenstain, Schuelmaister bei St. Better unnd Hanns Spindler Eisenmaister, beede Mitburger alhie. Beschehen zu München, den dreyundzwainzigisten Monathstag februarii nach Christi Geburde, im sechsehenhundert unnd achten Jahre.

Urfehdeformular um 1770: Delinquenten, die zum ersten oder zum zweiten Mal (mit Brandmarkung) ausgewiesen wurden, erhielten dieses Formular (S. 242–244).
(Bayerisches Hauptstaatsarchiv)

Urpheds-Formular

bey Landsverweisung.

Wo hinnach secundum Codicem Crim. P. 1. C. 9. §. 4. per gradus verfahren wird.

Nachdem Ich N. N. = = jährigen Alters, katholischer Religion, von = = aus = = gebürtig, mich in den Churbajrischen Ländereyen als einen ausländischen Vaganten betreten lassen, und dieserhalben bey dem Churfürstl. Land, oder Pfleggericht N. gefänglichen eingezohen, und proceßiret, dann von einem churfürstl. hochlöbl. Hofrath, oder Regierung, die gnädigste Anbefehlung erlassen worden, daß ich besagt Churbajerischer Landereyen, dann der obern Pfalz, und allen, auch außerhalb den bajrischen Kreis entlegen churfürstl. Herrschaften auf ewig verwiesen, ehevor aber schuldig, und gehalten seyn solle, die Urphed behörig abzuschwören, als

ich.

Schwöre ich N. N. zu Gott den Allmächtigen einen körperlichen Eid, daß ich von Tag, und Stund meiner Auslieferung auf das nächste Gränitz = Ort sammentliche Ländereyen zu Bajern, dann obern Pfalz, und alle auch außer halb des bajerischen Kreis entlegene Herrschaften, hinführo Zeitlebens meiden, auch mich hierinn nicht mehr betreten lassen wolle, und zwar, will ich mich mittels dieses körperlichen Eids dahin verbinden, daß, falls ich mich in obbesagt churbajrischen Landereyen mehrmalens betreten lassen wurde, mit mir nach denen Churbajrischen im Druck stehend gnädigsten Criminal = Gesätzen (wovon mir die hierinn gesetzte Strafen auf dem fernern Betretungsfall wohl deutlich vorgelesen worden) ohne weiters verfahren werden sollte;

Zu

Zu wahrer Urkund dessen dann stets, und ohnunterbrochner Darobhaltungs-Willen, solle diese meine gegenwärtig abgeschworne Urphet zu meiner jedmaligen Ueberweisung dienen. Act. .. den .. ao. ..

Urpheds-Formular
bey Landsverweisung.

Cum cominatione imediatæ Mortis auf dem bloßen Wiederbetretungsfall.

Nachdeme ich N. N. .. jährigen alters katholischer Religion, von .. aus .. gebürtig, ohngeachtet deren mir ao. .. den .. dann ao. .. den .. auf ewig verwiesen sammentlichen Churbajerisch, und ober Pfalzischen, dann aller auch außer den bajrischen Kreis liegenden Herrschaften, dann der darüberhin von mir zu zweymalen abgeschwornen Urphed, auch bereits schon das letztemal erlittenen Aushauung mich in diesen mir verbothenen Landen abermals betreten, und mir sothan doppelte Bestrafung zu keiner Gewahrnung seyn lassen, dieserwegen dann auch von einem churfürstl. hochlobl. Hofrath, oder Regierung die gnädigste Anbefehlung ergangen, daß wegen dieser mehrmals freventlich gebrochenen Urphed, und verbothener Landesbetretung zu meiner wohlverdienten Strafe öffentlich auf den Pranger gestellt, und gebrandmarkt, ehevor aber mittels Abschwörung einer weitern Urphed sammentlichen Churbajrischen, und Oberfalzischen, dann aller dahin gehörigen, auch außerhalb dem bajrischen Kreis liegenden Herrschaften auf ewig verwiesen werden solle, auch mir in Gegenwart der zugegen stehenden beeden Gezeugen, benanntl. z.E. Kaspar N. und Joseph N, die sonderheitliche Bedrohung gemacht worden, daß, wenn ich mehrmalens die berührt Churbairisch, oberpfälzisch, und alle dahin gehörig auch außer dem bajrischen Kreis entlegene Landen betreten sollte, es mir auf den bloßen Betretungsfall (ich möge etwas anders verbrochen haben oder nicht) ohnmittelbar an das Leben gehen würde, als

Eid

Eid

Schwöre ich N. N. zu Gott dem Allmächtigen einen körperlichen Eid, daß ich von Tag und Stund meiner Auslieferung auf das nächste Granitzort, sammentliche Ländereyen zu Bajrn, dann der obern Pfalz, und alle auch außer dem bajrischen Kreis entlegene Herrschaften Zeitlebens meiden und mich hierinn nicht mehr betreten lassen wolle, und zwar, will ich mich mittels dieses körperlichen Eids dahin verbinden, daß, falls ich mich in obbemelt Churbajrisch, und Oberpfalzisch, dann allen dahin gehörigen Landen mehrmalens betreten lassen wurde, es mir sodann auf den bloßen Wiederbetretungsfall (ich möge etwas anders verbrochen haben oder nicht) imediate, und ohnmittelbar an das Leben gehen sollte.

Dessen zu wahrer Urkund, dann stets, und ununterbrochner Darobhaltungs-Willen solle gegenwärtig diese Urphed, und die bey dessen Abschwörung zugegen seyenden Gezeugen zu meiner jedmaligen Ueberweisung dienen. Act. . . den . . ao. . .

c. Die Erteilung der Landshuld

Jeder Landesverwiesene – ganz gleich ob er auf ewig oder nur auf Zeit des Landes verwiesen worden war –, der wieder in seine Heimat zurückkehren wollte, mußte sich um die Genehmigung seines Landesherren bemühen: um die sogenannte „Landshuld“, durch die ihm das Land wieder „eröffnet“ wurde. Dies war notwendig, weil sich der Delinquent durch die zwangsweise Entfernung bzw. Verbannung (praescriptio) aus dem Hoheitsbereich seines Herrn Friedlosigkeit bzw. Huldverlust zugezogen hatte. Huldverlust trat darüber hinaus nach mittelalterlicher Vorstellung allgemein bei jedem Treuebruch ein; daher verlor auch der Flüchtige, der sich der Gerichtsbarkeit seines Herrn entzog, automatisch die Landshuld und mußte für ein eventuelles Inzichtsverfahren wieder um Landshuld bitten.

Die Erteilung der Landshuld erfolgte in der Regel durch den Hofrat in München oder die Regierungen. Dem zuständigen Landgericht wurde ein „Landshuldbrief“ zugesandt, den dieses an die Bittsteller, meistens Verwandte des

Delinquenten, weitergab. Unter Herzog und Kurfürst Maximilian begann man zwischen denjenigen Landshulden, die gnadenweise (also vorzeitig), und denjenigen, die rechtmäßig (nach Ablauf der Verbannungszeit) erteilt wurden, zu unterscheiden. In der Hofratsordnung von 1624 (und bereits vorher in einem Dekret vom 14. Oktober 1605) heißt es: *Mit Ertheilung der Landtshulden soll ein Underschaidt inter causas justitiae et gratiae gehalten werden, also do der Hofrhat in causis gratiae ausser unser Vorwissen und Bewilligung durchaus niemandt hat zu belandshuldigen.* Der Landesherr bzw. der Geheime Rat behielt sich also die Entscheidung in Gnadensachen vor. Darüber hinaus durfte über Landshulderteilungen nur im gesamten Rat (und nicht im abgeteilten Rat oder gar vom Hofratskanzler allein) entschieden werden. Offensichtlich war bei Landshulderteilungen angesichts der zahlreichen Interzessionen der Verwandten immer die Gefahr gegeben, daß Beziehungen oder Bestechungen die Entscheidung beeinflußten.

Die Erteilung der Landshuld war in der Regel an Bedingungen geknüpft. Man konnte etwa dem Zurückkehrenden eine Kaution auferlegen, die sicherstellen sollte, daß er sich nicht wegen der erlittenen Strafe rächte. Üblicherweise verlangte man auch eine Bescheinigung der jeweiligen Obrigkeit, daß sich der Landesverwiesene im Ausland „ehrlich, fromm und katholisch" verhalten hatte.

Üblich war bei einer vorzeitigen Landshulderteilung auch die Verhängung einer zusätzlichen Geld- oder Schandstrafe. 1637 schrieb beispielsweise der Hofrat in München an das Landgericht Aibling, nachdem dort die Ehefrau eines Verbannten um die Landshuld für die Rückkehr ihres Mannes gebeten hatte: *Dieweiln man sovil vernommen, das sich die Supplicantin mit des abgeleibten Erben des Uncosten und anders halben berait verglichen, solchmnach und bei so beschaffnen Sachen, wolle man beregter Supplicantin Eheman gnedigst widerumb belandshuldiget haben; Wissen jedoch denselbigen zu seiner Widereinkhonfft mit Anschlagung der Schellen und geringer Atzung noch ein Tag oder 8 abzubüessen …* Meist wird dem zuständigen Beamten schon zusammen mit dem Landesverweisungsurteil die Ersatzstrafe für den Fall einer Landshulderteilung genannt: *Wann beede verbrechende Personen in ein oder zwei Monaten umb Landshuld sich anmelden, sollen dieselbigen ein oder zwaymal für die Khirchen gestelt und noch darzu in 5 Wochen lang in das alhiesige Schanzgrebeu condemnirt werden.*

Bei auswärtigen Kaufleuten und bei Juden, die man des Landes verwiesen hatte, konnte die Landshuld auch unter der Bedingung erteilt werden, daß sich der Betreffende nicht im Lande niederließ. Als man im Jahre 1610 einem Juden (Martinus) die „offene" Landshuld erteilte, ließ man seinem Anwalt mitteilen, daß sich sein Klient nicht ohne zusätzliche Genehmigung des Landesherrn längere Zeit im Lande aufhalten oder gar im Lande niederlassen dürfe.

d. Die Abschaffung der Landesverweisung im Kurfürstentum Bayern für „Landeskinder" 1641

Die Umwandlung der Landesverweisung in andere Strafen aus sozialen Gründen (Armut der Familie, Kinderreichtum, Wiedergutmachung des Schadens) wird seit dem beginnenden 17. Jahrhundert immer häufiger. 1610 schlug der Hofrat in München auf Anfrage der Regierung Burghausen vor, einen wegen Fundunterschlagung zu drei Jahren Landesverweisung verurteilten Delinquenten zu begnadigen: *Dieweil der landtsverwiesene Schäbinger das gefundene Gelt alberait restituirt, also mechte er in Ansechung seiner grossen Armuth und vil habenden Khindl dergestalt widerumb begnadet, das er das erst Jar für den Rentmaister gestellt und die andere zway Jar mit Fennkhnus abgestrafft werden.*

Im 30jährigen Krieg, als der Bedarf an Arbeitskräften und an Soldaten gewaltig wuchs, wurde die Strafe der Landesverweisung immer problematischer und unsinniger. Erst spät jedoch, im Februar 1639, als man für den kommenden Feldzug Fuhrknechte und Handlanger suchte, erließ man eine allgemeine Amnestie für Landesverwiesene. Diese sollten sich bei ihren Landgerichten oder bei ihren Hofmarksobrigkeiten melden und dann zuhause warten, bis sie eine entsprechende Einberufung zum Kriegsdienst erhielten. Die Unterbeamten mußten alle 8 Tage berichten, wer von den Landesverwiesenen sich eingefunden habe, wie lang er und weswegen er des Landes verwiesen worden war. Aber die Aktion war kein großer Erfolg: Als die Regierung Amberg berichtete, daß sich in ihrem Bereich nur ein Dieb zurückgemeldet hatte, der auf ewig des Landes verwiesen worden war, winkte man in München beim Hofrat ab. Die Amnestie sollte nicht für diejenigen Verbannten gelten, die durch den Scharfrichter ausgepeitscht und aus dem Land geschafft worden waren.

Inzwischen hatte man erkannt, daß gerade die zahlreichen Landesverweisungen, die auf Grund des Mandats gegen Ehebruch und Leichtfertigkeit vom 20. September 1635 ausgesprochen wurden, verheerende Folgen hatten: Angesichts eines entvölkerten Landes und der überall vorhandenen Nachfrage nach Arbeitskräften war die Landesverweisung zu einem Luxus geworden, den sich der Landesherr nicht mehr leisten konnte. Hinzu kam auch noch ein soziales Moment: Betroffen von der Landesverweisung bei Ehebrechern waren ja vor allem die Familien. So schaffte man durch Dekret vom 10. Mai 1641 die Landesverweisung bei Ehebruch mit einer bemerkenswerten Begründung ab: Durch die Landesverweisung würden bei den verehelichten *Mannspersohnen, bevorab under dem gemainen Paursvolk (welche iren Underhaldt bey deme ohne das annoch erscheinendten Mangl und Abgang an Leuthen duerch ir Handtarbaith allerorten gewünnen khönnen), … bisweilen ir unschuldige Weib und Künder mehrers als eben die Delinquenten selber gestrafft, wo auch hierdurch in entliches Verderben gestierzt werden …* Ergänzend führt ein Generale vom 27. Mai

1643 dann auch noch die nachteiligen Folgen der Landesverweisung für die Ehebrecherinnen aus, die im Ausland nur noch verdorbener würden.

Endgültig – und zwar nicht nur für Ehebruch, sondern für alle Delikte – wurde dann die Landesverweisung für Landeskinder zugunsten der Zwangsarbeitsstrafe mit Dekret vom 1. Juli 1650 abgeschafft. In Zukunft sollte die Landesverweisung nur noch gegen Ausländer verhängt werden. Interessant ist, daß als Begründung für die Abschaffung auch Motive der „Resozialisierung" anklingen. Man will auf keinen Fall, daß der Delinquent durch die Strafe noch mehr auf die schiefe Bahn kommt, in ein *lassterhaftigeres Leben* gerät, wie sich das Dekret ausdrückt. Ziel der Strafrechtspflege sollte sein, *daß durch dergleichen Bestraffung die Verbrecher und Üblthetter selbst zur Emendation gebracht, andre aber durch das Exempel der Straff von den Lastern abgehalten werden mechten.* Man wollte also in Zukunft die negative Wirkung einer allzu strengen Strafe, die den Täter ein für alle Mal von der Gesellschaft ausschloß, vermeiden. Daher schaffte man auch die öffentliche Rutenzüchtigung ab. Falls eine Züchtigung nach dem Ermessen des Gerichts zur Besserung des Delinquenten erforderlich sein sollte, hatte sie (mit Ruten oder Karbatschen) unter Ausschluß der Öffentlichkeit im Gefängnis stattzufinden. Bei der nun obligatorischen Verhängung der Zwangsarbeit mußten die häuslichen Verhältnisse berücksichtigt werden: Besaß ein Delinquent Frau und Kinder, so sollte die Strafe zeitlich so aufgeteilt werden, daß der Familienvater nicht mehr als ein bis zwei Monate an einem Stück von zuhause abwesend war. Die Hofkammer erhielt den Auftrag, geeignete Arbeiten für die Zwangsarbeiter zu ermitteln. Der Hofrat in München mußte sich um das notwendige Aufsichtspersonal kümmern.

Das Verbot, Landeskinder des Landes zu verweisen, blieb von da an ein Grundprinzip der bayerischen Strafrechtspflege und wurde in der Folgezeit von den Strafrechtskommentatoren als eine Besonderheit hervorgehoben. Kreittmayr erläutert dieses auch im Kriminalcodex 1751 niedergelegte Prinzip in Anlehnung an das Dekret vom 1. Juli 1650. Die Relegation von Landeskindern sei nicht deswegen unzulässig, weil diese, *wie Baron Schmid ad Bavar. tit. 21 art. 16 n. 13 angiebt, denen baierischen Landsleuten Nudl und Knödl halber unverschmerzlich fallt, sondern weil die Erfahrung giebt, daß Relegati mehr dadurch verschlimmert als gebessert worden.*

5. Kriegsdienst, Galeeren, Zwangsarbeit

a. Kriegsdienst als Strafe

Im 16. Jahrhundert war die Verurteilung zum Kriegsdienst (fast immer gegen die Türken) nur bei adeligen Delinquenten üblich, für die sie an die Stelle der Landesverweisung trat. So wird etwa in der Bayerischen Landes- und Polizeiordnung 1578 den Adeligen für den ersten Ehebruch als Strafe ein Zug gegen die Türken bzw. bei Landesnot gegen den jeweiligen Landesfeind angedroht. Sehr häufig findet sich die Verurteilung zum Kriegsdienst auch bei Totschlägen des Adels. Landshulderteilungen für Adelige, die nach einem Totschlag geflüchtet („ausgetreten") waren, machte man ebenfalls davon abhängig, daß der Delinquent an einem Ungarnzug teilnehme. Doch nicht nur Adelige wurden nach Ungarn geschickt, sondern auch vermögende Bürgerliche, wie beispielsweise 1600 der Bierbrauer Wolff Huebl aus Vilsbiburg, der wegen eines Ehebruchs geflüchtet war und nun die Landshuld gegen die Ableistung eines Ungarnzugs erhielt.

Als Einsatzort für die Delinquenten bot sich Ungarn besonders an. Herzog Maximilian I. unterstützte die Habsburger militärisch vor allem im fünfzehnjährigen Türkenkrieg (1591–1606), wobei natürlich auch die Lage des Herzogtums eine Rolle spielte: In zahlreichen Mandaten wird das Schreckgespenst eines Türkeneinfalls in Bayern an die Wand gemalt. Ziel der Verschickung war in der Regel eine Grenzfestung („Grenzhaus") an der ungarischen Front. Aber auch außerhalb Ungarns konnte man im Dienste des Kaisers gegen die Türken zu Felde ziehen: 1617 verurteilte der Hofrat in München den „liederlichen" und verarmten Adeligen Johann Wilhelm Neuchinger, mißratenen Sohn des verstorbenen Bannrichters Christoph Neuchinger, wegen eines Ehebruchs mit einer Ledigen zum Kriegsdienst im Friaul, wo er dem König Ferdinand fünf Monate zu Fuß dienen sollte. Selbst mitten im 30jährigen Krieg (1629) pflegte man Delinquenten in die ungarischen Grenzbefestigungen zu schicken.

Wie kostspielig und riskant ein solcher Türkenzug für einen Adeligen war, zeigte die Höhe der alternativ verhängten Geldstrafe. 1599 forderte beispielsweise der Hofrat in München den verurteilten Christian Köck auf, sich zu entscheiden, ob er nach Ungarn ziehen oder eine Strafe von 2000 fl. (!) zahlen wolle.

Die Landshuld, also die Rückkehr ins Land, genehmigte man den Delinquenten nur gegen den Nachweis, daß der angeordnete Kriegsdienst tatsächlich geleistet worden war. Dieser Nachweis mußte durch entsprechende Bescheinigungen („Paßporten") geführt werden. Unwilligen Delinquenten kam man freilich in der Regel nur dann auf die Spur, wenn sie sich weiterhin im Lande oder allzu auffällig in einem benachbarten Territorium aufhielten.

Im 30jährigen Krieg (1618–1648) wird die Verurteilung zum Kriegsdienst eine Strafe für Delinquenten jeglichen Stands. Schon während des böhmischen Feldzuges 1620 wird Straftätern freigestellt, entweder gegen den Erbfeind oder gegen die sonstigen Feinde des Kaisers in „offenem Feldzug“ zu kämpfen. In auffälliger Weise nahm dann die Verurteilung zum Kriegsdienst in den Monaten vor dem Einmarsch der Schweden zu (1631/32). Selbst zum Tode durch den Strang verurteilte Diebe kamen mit dem Leben davon und wurden in den Kriegsdienst geschickt. Dann häuften sich die Verurteilungen zum Kriegsdienst wieder seit Mitte der 30er Jahre. Einfache Leute mußten vor allem in der Artillerie dienen; die von ihnen abgeleistete Zeit hatten sie durch entsprechende Bescheinigungen nachzuweisen. Zuständig für die Verschickung der Verurteilten war der Kriegsrat in München, bei dem diese sich melden mußten. 1639 bot man allen Landesverwiesenen die Rückkehr in die Heimat an, wenn sie sich dafür zum Kriegsdienst melden würden. Nach dem Waffenstillstand von Ulm am 14. März 1647 hatte man aber dann bei der Artillerie keinen Bedarf mehr an diesen Sträflingen und man ging dazu über, einen Teil der Kriegsdienstleistenden wieder des Landes zu verweisen oder aber – und das sollte Zukunft haben – man schickte sie zum Festungsbau nach München.

b. Die Galeerenstrafe

Zu den vielen neuen, erst im 16. Jahrhundert im Herzogtum Bayern praktizierten Strafen gehörte vor allem auch die Galeerenstrafe, die in seefahrenden Staaten wie Holland, Frankreich, Spanien und Portugal schon seit dem 15. Jahrhundert verhängt wurde. Im Herzogtum Bayern wird die Galeerenstrafe erstmals unter Herzog Albrecht V. (1550–1579) eingeführt. In der Reichsstadt Augsburg, die ja traditionell gute Beziehungen zu den Mittelmeerstaaten hatte, ist 1566 die erste Galeerenstrafe nachweisbar.

Voraussetzung für die Verhängung dieser Strafe in Süddeutschland war der steigende Bedarf an Galeerenruderern bei den christlichen Mittelmeerseemächten, vor allem Spanien, Venedig und Genua. Entsprechende Anfragen von dort fielen angesichts der das 16. Jahrhundert beherrschenden Türkenangst bei den Landesherren auf fruchtbaren Boden, da man so den Kampf gegen den Erbfeind (wie bei den Verurteilungen zum Türkenzug) ohne allzu großen (finanziellen) Aufwand unterstützen konnte und gleichzeitig eine neue Strafe zur Hand hatte, die knapp unter der Todesstrafe lag und sich daher vorzüglich für Begnadigungen von Todeskandidaten eignete. Der Kampf um Zypern und die Schlacht von Lepanto 1571 waren in den katholischen Territorien natürlich mit größter Aufmerksamkeit verfolgt worden. Die Türkengefahr wurde den Untertanen durch die landesherrlichen Mandate vor Augen gestellt. Dabei wird ein dramatischer Ton angeschlagen wie etwa am 17. April 1566, wo angesichts der türkischen Rüstungen und angesichts eines drohenden Angriffs auf Ungarn, Österreich und Malta die Untertanen zu Umkehr und Besserung, zu wöchentlichen Prozessionen und

Kreuzgängen, zum Türkengebet und zum Läuten der Türkenglocken aufgefordert werden. Die Legitimation für die bisher unübliche Galeerenstrafe lag daher nahe: Wenn die Türkeneinfälle als Strafe Gottes für die Sünden der Untertanen interpretiert werden konnten, so war der Einsatz „sündhafter" Untertanen gegen den Erbfeind gleichzeitig das Sinnbild kollektiver Buße.

In einem Mandat vom 22. April 1569, das sich gegen „gartende Knechte" richtet, wird die Verschickung auf die Galeeren angedroht. Damals werden in München 22 Galeerensträflinge aus den verschiedenen Landgerichten zusammengeführt. Der Amtmann von Perlach, der den Transport der Galeerensträflinge zu bewerkstelligen hat, erhält für den Transport und die Verpflegung von Galeerensträflingen 1570 die enorme Summe von 300 fl. Es waren vor allem gartende Knechte und Wilderer, die man damals zur Galeerenstrafe verurteilte. Gegen erstere waren bereits in den Jahren 1567–69 mehrere Mandate ergangen; sie schildern die unmittelbare Bedrohung der Bevölkerung und indirekt die Ohnmacht der Obrigkeit sehr glaubhaft. Auch gegen die Wilderer hatte Herzog Albrecht V. am 24. Oktober 1567 ein außerordentlich scharfes Mandat erlassen. Es mußte jedes Jahr zweimal verlesen werden.

Die erstmals im Mandat vom 22. April 1569 normierte Drohung mit der Galeerenstrafe wird ein Jahr später, am 7. April 1570 wiederholt. Nun ist auch die Rede von der Belästigung der Untertanen durch Zigeuner, die mit den gartenden Knechten durchs Land ziehen. Neu ist in diesem Mandat aber vor allem der scharfe Ton gegen die Beamten: Auch sie sollen auf die Galeeren geschickt werden, wenn sie nicht energischer gegen gartende Knechte und Zigeuner vorgehen. 1572 werden laut Hofzahlamtsrechnungen für die Galeerensträflinge bereits 92 fl. ausgegeben.

Die Galeerenstrafe gehört nun in der Folgezeit, trotz ihrer hohen Kosten und trotz der großen Zahl von Sträflingen, die während des Transportes nach Süden „ausreißen", für etwa 150 Jahre zur gängigen Strafpraxis im Herzogtum Bayern. Dies gilt in ähnlicher Weise auch für andere Reichsstände. Dabei stehen die Drohungen nicht nur auf dem Papier, wenn auch die Nachweise für größere Transporte unter Albrecht V. fehlen. Einige spektakuläre Einzelfälle lassen sich indes belegen, wobei deutlich wird, daß die verhängte Galeerenstrafe das Ergebnis eines „Ringens" um einen geeigneten Ersatz für die als Regelstrafe (poena ordinaria) angedrohte Todesstrafe ist. Die Galeerenstrafe war stets eine „poena extraordinaria", eine typische Verdachtsstrafe. Bezeichnenderweise wird die Galeerenstrafe vor allem gegen gartende Knechte und Wilderer verhängt, bei denen der Typus des rückfälligen Täters und des Gewohnheitstäters, der ein allgemeines Sicherheitsrisiko darstellt, auftaucht. Da allerdings vielfach nicht der Nachweis geführt werden konnte, ob der Täter schon mehrfach bestraft worden war, insbesondere, ob er schon eine oder mehrere Urfehden geschworen hatte, konnte man die vorgesehene Regelstrafe, nämlich die Todesstrafe, nicht verhängen. Wegen der vorliegenden Indizien blieb allerdings ein starker Verdacht zurück. Die mit der Galeerenstrafe gewährleistete Verhinderung der Rückkehr war daher die ideale Verdachtsstrafe für Vaganten, gartende Knechte und Wilderer.

Sind es unter Herzog Albrecht V. noch Einzelfälle, so läßt sich nach dem Regierungsantritt Herzog Wilhelms V. eine deutliche Zunahme von Verurteilungen zur Galeerenstrafe beobachten. Auch bedient man sich nun ohne Scheu der Galeerenstrafe, um lästige Leute aus dem Herzogtum wegzuschaffen: Mit Mandat vom 6. Mai 1581 gibt der Herzog seinen Beamten bekannt, daß er durch einen *fürnemen christenlichen Potentaten* um Galeerensträflinge für den Kampf gegen die Türken gebeten worden sei. Die Beamten sollen daher in ihren Amtsverwaltungen die *Störtzer, herrnlose Knecht und andere starckhe verdechtige Personen* verhaften lassen, sie vernehmen und die Einzelheiten an Hofrat und Regierungen berichten. Tatsächlich kam es 1581 zu größeren Verschickungen. Unter den Sträflingen befanden sich ein Graf und mehrere Buchdruckergesellen aus Ingolstadt. Das Unternehmen, das die beträchtliche Summe von 300 fl. kostete, ging keineswegs reibungslos vor sich: Im ersten Protokoll des 1581 neu installierten Geheimen Rats ist bereits von fünf wieder entsprungenen Galeerensträflingen („Galeotten") die Rede. 1583 lesen wir, daß der Kammermeister angewiesen wird, den Italienern, welche die *condemnierten Personen* nach Italien führen, einen Vorschuß („Fürlehen") auszuzahlen. 1584 verurteilte der Münchner Rat den ehemaligen Weinschenken Leonhard Soyer zu drei Jahren Galeerenstrafe; im gleichen Jahr scheint München zu einem Zentrum für die Verschickung von Galeerensträflingen nach Venedig zu werden. Für den Vorzug, die Delinquenten möglicherweise für immer aus dem Lande zu haben, mußte Herzog Wilhelm V. tief in die Tasche greifen: Die Italienreisen der „Galeottenpersonen" kosteten ihn allein für das Jahr 1584 die immense Summe von über 1500 fl. und zwar deswegen, weil die meisten Sträflinge in Tirol bereits wieder ausgerissen waren und nun mit großem Aufwand zurückgeholt und in ihre Landgerichte zurückgeschickt werden mußten. Andere Häftlinge scheinen sich einfach geweigert zu haben, als Galeerensträflinge nach Italien zu gehen, was offenbar eine gewisse Mitwirkungsbereitschaft voraussetzte. Der Herzog mußte die Verweigerer von den zuständigen Gerichten noch einmal aburteilen lassen. Ungeachtet dieser Mißlichkeiten wird 1586 eine Gruppe von 27 Galeerensträflingen über Mittenwald nach Süden geführt.

Trotz offensichtlicher Schwierigkeiten beim Transport der Sträflinge und trotz der damit verbundenen großen Kosten griffen die Landesherren gerne dann auf die Galeerenstrafe zurück, wenn es sich bei den Delinquenten um Problemfälle handelte. Die Galeerenstrafe schien offensichtlich für diejenigen besonders geeignet, für die wegen ihres unruhigen Lebenswandels eine Landesverweisung wenig abschreckend gewesen wäre. Dazu gehörten vor allem die Wilderer. Auch in Tirol wurde unter Erzherzog Ferdinand, dem Zeitgenossen Wilhelms V., die

Galeerenstrafe als besonders geeignetes Mittel gegen die Wildererplage angesehen. Da die Republik Venedig an Tirol angrenzte, war dort der Transport der „Galeotten" natürlich kein so großes Problem wie in Bayern. Auch hatte man in Tirol mehr Erfahrung mit dieser Strafart: Schon in der 1. Hälfte des 16. Jahrhunderts hatte man in Tirol Wiedertäufer auf die Galeeren geschickt.

In Frage gestellt wurde die Galeerenstrafe vom Landesherrn und einem Teil seiner Räte nach 1600. Das lag wohl vor allem an den Schwierigkeiten, die der Transport nach Italien machte. Als man etwa erfuhr, daß der Malteserritter Albrecht von Muggenthal Erfahrungen mit Galeerensträflingen hatte, wurde er von dem offensichtlich ratlosen Hofrat sofort gefragt, welche Mittel er wisse, Galeerensträflinge nach Italien zu bringen. Muggenthal versprach, in Malta nachzufragen. Ob es tatsächlich zum Transport von Galeerensträflingen aus Bayern nach Malta kam, läßt sich den Quellen nicht entnehmen.

1614 sprach sich der Geheime Rat grundsätzlich gegen die Galeerenstrafe aus, als ihm der Hofrat in München in einem Verfahren gegen einen Wilderer einen entsprechenden Vorschlag unterbreitete. Auch spätere Versuche des Hofrats, die Galeerenstrafe zu verhängen, scheiterten am Widerstand des Landesherrn und seines Geheimen Rats. 1615 erörterte der Hofrat in München die Frage, ob man die Sträflinge für Venedig nicht besser über das Erzstift Salzburg und weiter über Graz schicken könne, da bei der Route durch Tirol Schwierigkeiten wegen des Geleits entstehen könnten.

Herzog Maximilian schwankte in der Beurteilung der Galeerenstrafe. Ihm lag eine adäquate Bestrafung der Wilderer ganz besonders am Herzen, und so mußte der Hofrat in München über andere Strafmöglichkeit an Stelle der „misslichen" Galeerenstrafe beraten.

Nachdem der Hofrat dem Herzog gegenüber noch einmal beteuert hatte, daß bei Wilderern allein die Galeerenstrafe wirkungsvoll sei, ließ dieser den anfänglichen Widerstand fallen und beauftragte den Hofrat, mit dem Tiroler Erzherzog wegen des Geleits zu verhandeln und eine Rechnung über die Gesamtkosten aufzumachen. Dabei wurde festlegt, daß für den Transport von München zur Grenze der Amtmann von Perlach zuständig sein sollte.

Die Verurteilungen hingen, wie bereits geschildert, einerseits vom Bedarf der italienischen Seerepubliken, andererseits vom Bedürfnis der jeweiligen deutschen Territorien ab, Delinquenten auf Dauer und zuverlässig aus dem Land zu entfernen, statt sie hinzurichten oder einzusperren. So gewann unter Kurfürst Max Emanuel Anfang des 18. Jahrhunderts die Galeerenstrafe noch einmal an Bedeutung, da Venedig durch entsprechende Werber Bedarf an Galeerensträflingen anmeldete (Krieg um Morea), und andererseits der Landesherr Vaganten, Bettler, Zigeuner und Wilderer für immer loshaben wollte. Mitte des 18. Jahrhunderts schließlich wurde die Versendung von Galeerensträflingen nach Italien eingestellt.

c. Festungsbau/Zwangsarbeit

Der zwangsweise Einsatz größerer Gruppen von Bettlern, gartenden Knechten und Sträflingen beim Ausbau der bayerischen Landesfestungen läßt sich im Herzogtum Bayern erstmals in den letzten Jahren des 16. Jahrhunderts nachweisen. Am 6. August 1595 weist Herzog Wilhelm V. in einem gedruckten Mandat seine Beamten an, *gartende herrnlose Knecht, Stationirer, starcke Betler und andere dergleichen muessig gehend Gesindl* ohne Rücksicht auf Alter (d. h. zwischen 10 und 70 Jahren) und ohne Rücksicht auf Geschlecht, in den Landgerichten einzufangen und gruppenweise *in Springer geschlagen* zum Festungsbau nach Schärding zu schicken. Wie weit diese Aktion erfolgreich war, ist unbekannt. In der Folgezeit häufen sich aber ähnliche Maßnahmen gegen *stationierend und herrnlos Gesindl*: Ein Mandat vom 16. Januar 1597 richtet sich gegen gartende Soldaten aus dem ungarischen Türkenkrieg, die man wegen des Winters abgedankt hatte. In weiteren Mandaten vom 13. Juni 1608 und 1. Mai 1609 werden die Beamten aufgefordert, das müßiggehende Volk zum Festungsbau nach Ingolstadt zu schicken. Als dann 1610 ein Soldat vom Hofrat zur *Vesstung Springer Arbeit* nach Ingolstadt verurteilt wurde, verweigerte man dort allerdings die „Annahme“.

Im Aberglaubenmandat von 1611/12 wird die Zwangsarbeitsstrafe schon ganz selbstverständlich fakultativ zur Gefängnisstrafe angedroht. Ein Delinquent, der sich wahrsagen ließ, sollte wahlweise auch *an einen offentlichen gemeinen Baw oder dergleichen gegen Raichung seiner plossen Nothwendigkeit und Underhaltung zu arbeiten … condemniert … werden.*

1619 begann man mit der größten Festungsbaumaßnahme in der Regierungszeit Maximilians, mit dem Ausbau der Münchner Festungsanlagen. Am 4. September 1618 ließ der Herzog beim Hofrat in München nachfragen, wieviele Delinquenten derzeit in den Rentämtern verhaftet seien, die man für die im Frühjahr beginnenden Baumaßnahmen zur Erweiterung der fürstlichen Hauptstadt München heranziehen könne. Am 10. Dezember 1618 und am 11. Januar 1619 ergehen entsprechende Aufforderungen an die Rentämter und Landgerichte des Herzogtums. Doch als dann kurz darauf das Landgericht Rottenburg einen verhafteten Wilderer anbot, lehnte man in München ab. Man hatte wohl eher an kräftige Bettler und das müßiggehende „Gesindel“ gedacht als an Verbrecher.

Die „condemnatio ad operas“ als Strafausspruch und nicht als Disziplinierungsmaßnahme war nicht zuletzt auch vom Mangel an billigen Arbeitskräften diktiert; ergänzend zu den Delinquenten sollten nach dem Willen des Herzogs zwangsweise vagierende und arbeitsfähige Bettler, diese aber gegen Taglohn und Atzungsgeld, zu den Arbeiten herangezogen werden. Im Zusammenhang mit den Münchner Baumaßnahmen steht etwa die Anweisung des Hofrats an den Hofoberrichter, vier wegen „Rumorhandlungen“ verhaftete Buben aus der Au „in die

Eisen schlagen" zu lassen und „darinnen bei dem Isergepew zur Arbeit" bis Weihnachten zu beschäftigen. Die Arbeiten am Festungsausbau schritten zwar unter Beteiligung von Sträflingen und zwangsverpflichteten Bettlern voran, aber nicht schnell genug; beim Schwedeneinfall 1632 war die Stadt nicht verteidigungsbereit. Man konzentrierte sich deshalb auf die Festungen Ingolstadt, Rain und Burghausen, die schnell verstärkt werden mußten. Zu diesem Zweck versuchte man wieder, alle *feyrenden und müssiggehende Stationierer, starcke Bettler, hernnloß Gesind, Mann- und Weibspersonen, vagierende Handwercksgesellen und dergleichen* (Mandat vom 17. Februar 1632) aufzusammeln.

Nach dem Abzug der Schweden wurde ab 1636 die Befestigung Münchens wiederaufgenommen. Die Finanzierung übertrug der Kurfürst kurzerhand allen Untertanen, die nach seiner Meinung grundsätzlich verpflichtet seien, an diesem wichtigen *fortifications Gepew* entweder mitzubauen oder einen gewissen Beitrag zu zahlen. Er legte eine *gewise und durchgehende Geltanlag* in Höhe von 10% einer Jahressteuer fest (Mandat vom 16. Dezember 1637). Seit Frühjahr 1638 wurde dann tatsächlich mit enormen Kraftanstrengungen an den Münchner Festungsanlagen gebaut. Gleichzeitig hatten die Beamten Anweisung, durch entsprechende Verurteilung zur Zwangsarbeit die Arbeiten zu unterstützen. Tatsächlich tauchen nun in den Hofratsprotokollen zahlreiche solcher Verurteilungen auf, ohne daß dabei das Delikt eine Rolle spielte. Die Verurteilten mußten sich in München beim Rentmeister des Oberlands Hans Albrecht von Haimhausen melden. Gleichzeitig griff man auch wieder auf Müßiggänger und arbeitsfähige Bettler zurück, die laut Generale vom 16. März 1638 nach München geschickt werden sollten. Freilich wollte man in München nicht alles haben. Als das Landgericht Wolfratshausen drei Zigeuner lieferte, lehnte der Hofrat ab, *sintemalen wir … dergleichen Persohnen in unsern Landen zu den Kriegsdiensten oder in der Schanzarbeit alhie zugebrauchen zlassen nit gemeint.*

Die anderen Landgerichte reagierten überhaupt nicht auf Maximilians Aufforderung. Sie erhielten einen Monat nach dem ersten Schreiben eine strenge Ermahnung, nachdem sich der Herzog anläßlich einer Wallfahrt nach Tuntenhausen selbst davon überzeugen mußte, daß sich zahlreiche „taugliche" Leute auf den Müßiggang und den Bettel verlegt hatten.

Auch in den Jahren nach 1638 hielt die Verurteilung zur Schanzarbeit an. Sie ersetzte nun bei männlichen Delinquenten im wesentlichen die Verurteilung zur Landesverweisung. 1639 erreichten die Anstrengungen für den Münchner Festungsbau ihren Höhepunkt. Damals sollen 30 000 auswärtige und 10 000 Münchner Schanzer (darunter wohl auch viele Delinquenten und Zwangsarbeiter) tätig gewesen sein. An Geldmitteln, die über die genannte Sondersteuer eingebracht wurden, wendete man 1639 57 152 fl. für den Festungsbau auf. Im Jahre 1646 waren Erdwall und Graben bereits soweit vollendet, daß am 19. September der Ansturm der Schweden unter Wrangel zurückgeschlagen werden konnte.

Der Münchner Festungsbau führte dazu, daß kaum mehr Ausweisungsstrafen verhängt wurden. Mit Dekret vom 10. Mai 1641 wurde die für den ersten Ehebruch festgelegte fünfjährige Landesverweisung (für verheiratete Delinquenten sowie für unverheiratete bei einem Ehebruch mit einer verheirateten Frau) grundsätzlich abgeschafft und durch Freiheits- sowie Geldstrafen und Zwangsarbeitsstrafen ersetzt. Aber auch bei allen anderen Straftatbeständen war nun die Verhängung von Zwangsarbeitsstrafen erwünscht. Als adäquate Schanzarbeitsstrafe an Stelle der lebenslänglichen Landesverweisung verhängte man 1642 zusammen 15 Monate Zwangsarbeitsstrafe, verteilt auf drei Sommer.

Voraussetzung für eine Verurteilung zur Schanzarbeit war freilich die entsprechende körperliche Konstitution. In manchen Fällen versuchten daher die Verurteilten, durch ein ärztliches Zeugnis ihre Unbrauchbarkeit nachzuweisen, was darauf hinweist, daß für die Betroffenen in der Regel eine Landesverweisung und erst recht natürlich eine Wallfahrt oder Geldbuße angenehmer war. 1638 legte etwa der zur Schanzarbeit verurteilte ehemalige Amtmann von Massenhausen ein Zeugnis des Münchner Mediziners Dr. Tobias Geiger vor, in dem seine Untauglichkeit bescheinigt wurde. Der Amtmann bot einen Ersatzmann an. Dies wurde vom Hofrat akzeptiert, er mußte sich aber noch zu einer zusätzlichen Wallfahrt nach Altötting verpflichten.

Gegen Ende des 30jährigen Kriegs waren die Festungsanlagen Münchens bereits soweit vollendet, daß selbst für die Münchner Taglöhner, die als „Freischanzer“ am Festungsbau arbeiteten, keine Arbeit mehr vorhanden war. Die Zwangsarbeiter und Delinquenten wurden nun zur unerwünschten Konkurrenz. Deshalb wies der Hofrat ab 1648 den Münchner Stadtrat an, das müßiggehende Gesindel zum Festungsbau nach Landsberg zu schaffen, wo Bedarf an Arbeitern bestehe und wo sich die arbeitslosen Leute mit einem entsprechenden Tageslohn ihren Unterhalt verdienen konnten.

Ungebräuchlich war im Herzogtum und Kurfürstentum Bayern, soweit ersichtlich, die in anderen Territorien übliche Zwangsarbeit in Bergwerken. Das lag wohl vor allem am Mangel geeigneter Bergwerke, wenn auch offensichtlich in dieser Richtung Versuche angestellt worden sind: So teilte im Jahre 1613 der Oberstkanzler dem Hofratskanzler mit, daß Herzog Maximilian den Wunsch geäußert hätte, man sollte die Möglichkeit prüfen, ob der Wilderer Leonhard Zueln nicht in ein Eisenbergwerk geschafft werden könne. Maximilian dachte bei dieser Strafe wohl nicht zuletzt an mögliche Vorteile für das Bergwesen. Kurz zuvor hatte er ja den Versuch unternommen, das Bergregal durch die großzügige Verleihung von Schürfrechten finanziell ergiebiger zu gestalten (Mandat vom 1. Juli 1611).

Die Verurteilung zu einer „opera publica“ bildete den ersten Schritt zur Freiheitsstrafe in der modernen Form. Zur Einrichtung eines Arbeitshauses, das vor allem für das auch bei den Zwangsarbeitsstrafen immer schon miterfaßte heimatlose und „heillose“ Gesindel, für die vagierenden, gartenden Knechte, die arbeitsfähigen, aber müßiggehenden Bettler gedacht war, kam es im Herzogtum Bayern erst unter Kurfürst Ferdinand Maria im Jahre 1672. Der Festungsbau war weitgehend eingestellt, die öffentliche Bautätigkeit beschränkte sich auf Kunstbauten, die von Taglöhnern, später auch von türkischen Kriegsgefangenen ausgeführt wurden. Man hatte also nur noch beschränkten Bedarf an Zwangsarbeitern. Dazu kam, daß etwa die Schanzarbeit für viele Straftatbestände eine zu rigorose Ahndung darstellte und außerdem nicht gegen Frauen verhängt werden konnte. So verlegte man nun also die bewährte „opera publica“ in das Münchner Arbeitshaus. Aus dieser Einrichtung sollte sich dann im folgenden das gesamte bayerische Gefängniswesen entwickeln.

6. Die Freiheitsstrafen

a. Die Gefängnisstrafe

Die moderne Freiheitsstrafe leitet sich nicht, wie man früher meinte, von den Zuchthäusern bzw. „Besserungsanstalten“ des 17. Jahrhunderts ab (1670 und 1671 Nürnberg, 1682 München, 1692 Würzburg, 1722 Buchloe, 1732 Bamberg), sondern ist weit älter. Bereits im 16. Jahrhundert ist die Gefängnisstrafe eine selbstverständliche Strafe und wird in zahlreichen Gesetzen angedroht. Freilich haben die zeitgenössischen Juristen immer wieder auch auf das römische Recht hingewiesen, insbesondere auf die später wiederholte Digestenstelle (D. 48, 19 – de poenis; 8, 9: „Carcer enim ad continendos homines non ad puniendos haberi debet“ – „Der Kerker darf nur zur Aufbewahrung, nicht zur Bestrafung dienen“). Diese Formulierung übernehmen etwa die Carolina 1532 (Art. 218) und die Bayerische Malefizprozeßordnung 1616. In den entsprechenden Bestimmungen geht es vor allem um die ordnungsgemäße Verwahrung der Untersuchungsgefangenen und die entsprechende Beschaffenheit der Gefängnisse. Daraus darf man jedoch nicht schließen, daß eine Verwendung des Gefängnisses für andere Zwecke als für Untersuchungsgefangene praktisch ausgeschlossen gewesen sei. Gerade die kurzfristige Gefängnisstrafe gehört als Strafe bzw. Ersatzstrafe für

VERHALTENS- UND STRAFORDNUNG FÜR DIE „ZÜCHTLINGE“ IM KURFÜRSTLICHEN ZUCHT- UND ARBEITSHAUS IN MÜNCHEN VOM 30. OKTOBER 1788: In den Zucht- und Arbeitshäusern des 18. Jh. verwahrte man vorwiegend Bettler und Vaganten, die man durch Arbeit wieder auf den rechten Weg führen wollte. Gleichzeitig nutzte man die Zucht- und Arbeitshäuser als „Manufakturen“, die sich vom Erlös ihrer Produkte erhalten konnten. (Bayerisches Hauptstaatsarchiv, GR Fasz. 320 Nr. 5 1/2)

Verhaltungs- und Strafordnung

Für die Züchtling im churfürstl. Zucht- und Arbeitshaus in München.

1. Ruhig zu- und von der Andacht, auch Arbeit zu gehen, wenn man sie zu- und abrufet.
2. Alle unzüchtig- ärgerlich- und verführerische Reden, auch Fluchen, Schelten, und Raufen zu vermeiden.
3. Die quatemberliche Beicht, Communion, und andere Gebether mit Andacht verrichten.
4. Alles Schreiben zu unterlassen, und keine Schreibmaterialien zu führen.
5. Keinen Versuch zum entweichen, oder gar ausbrechen, zu wagen.
6. Keine Beyhilf zum Ausbrechen mittels allerley Instrumenten, zu leisten.
7. Wenn jemand Wissenschaft von einen vornehmenden Ausbrechen hat, solches anzuzeigen.
8. Die Entdeckung eines gefährlichen Anschlags zum Ausbrechen, wird belohnet.
9. Keine gefährliche Instrumenten, als Eisenstangen, und anders erfinden zu lassen.
10. Die Ausgeher haben sich des Aus- und Eintragen aller verdächtigen Sachen zu enthalten: und
11. Von der Entweich- oder Ausbleibung zu hüten.
12. Keines hat sich an einen bedenklichen Ort antreffen zu lassen.
13. Die aufhabende Spinnerey, oder andere Arbeit recht, und fleißig zu verrichten, oder den Abgang zu ersetzen.
14. Wer mehr spinnt, als in denen 6 Wintermonaten wöchentlich 30 kr., und in denen 6 Sommermonaten 35 kr., bekömmt das übrige in Geld auf die Hand.
15. Die Haspler haben sich des falschen Haspeln zu enthalten.
16. Das Stricken sowohl von Baumwoll, als Garn, unter der wegnahm, schärfest verbothen.
17. Das Waschen in denen Zimmern zu unterlassen.
18. Weder Kleider, noch was anders zu verkaufen, oder zu vertauschen.
19. Auch hat sich jedes sowohl in der Kleidung, als dem Leib nach, reinlich zu halten, zu butzen, zu säubern, alle Tag früh zu waschen, auch sich vor andern unerlaubten Vergehungen, die hierinn nicht enthalten, bey scharfer Bestrafung, zu enthalten. Actum München den 30. Oktober. 1788.

Churfürstl. Zucht- und Arbeitshaus Commißion in München.

Benno Ignatz von Hofstetten, Commißarius. Xaber Pögl, Verwalter.

Sittlichkeitsdelikte und im gesamten Niedergerichtsbereich zu den in den Gerichtsakten genannten und in den Gesetzen angedrohten Standardstrafen im Herzogtum und im Kurfürstentum Bayern.

Im Bereich der Malefizgerichtsbarkeit nahm die Gefängnisstrafe ebenfalls einen breiten Raum ein, doch war auch hier die zeitlich auf wenige Wochen beschränkte und durch „geringe Atzung“ verschärfte „Denkzettel“-Inhaftierung die Regel. Typisch für die seit 1600 immer üblicher werdende breite Anwendung der Gefängnisstrafe sind etwa die Strafbestimmungen des Aberglaubenmandats von 1611/12 in seiner ursprünglichen Fassung: Delinquenten, die sich wahrsagen ließen, sollten ein ganzes Jahr mit *Wasser und Brodt … fencklich enthalten … werden.* Delinquenten, die sich *aus Fürwitz* von Zigeunern, Wahrsagern und Zauberern wahrsagen ließen, sollten mit einem Monat, im Wiederholungsfall ebenfalls mit einem Jahr Gefängnis bestraft werden. Auch Personen, bei denen man Bücher oder Schriften abergläubischen Inhalts fand, sollten mit einem Jahr Gefängnis bestraft werden.

Die Malefizgefängnisse („Fronvesten“) unterschieden sich in Funktion und Bauweise erheblich von den Gefängnissen („Keichen“, Keuchen, bürgerliche Gefängnisse) der Niedergerichtsbezirke. Letztere mußten so gebaut sein, daß sich der Verwahrungsraum für die Gefangenen immer über der Erde befand; bei den Malefizgefängnissen dagegen konnte er unterirdisch angelegt sein. Da die bürgerlichen Gefängnisse in den Städten und Märkten auch als Schuldgefängnis dienten, trugen sie auch den Namen „Gehorsam-Gefängnis“. Einige Kommunen verfügten zudem über eigene „Schuldtürme“.

In den bürgerlichen Gefängnissen konnten alle der Niedergerichtsbarkeit vorbehaltenen Frevel abgebüßt werden. Für das 16. Jahrhundert charakteristisch ist die Anweisung der Bayerischen Landes- und Polizeiordnung 1553,[21] die Betrunkenen zur Ausnüchterung in die Keuchen zu stecken. Wurde ein Malefizverbrecher in einem Niedergerichtsbezirk verhaftet, so durfte er nicht länger als drei Tage in einem Niedergerichtsgefängnis verwahrt werden. Spätestens dann, dies legt schon die Ottonische Handfeste 1311 fest, war er an das zuständige Landgericht zu übergeben.

b. Die Malefizgefängnisse (Fronvesten)

Das Charakteristikum der „Fronvesten“ bildete die Folterkammer. Auch war der sonstige Bau auf sichere Verwahrung der Insassen hin eingerichtet; eine gewisse Abschreckungswirkung war erwünscht, da neben der Tortur auch das „taedium diuturni carceris“ (der Ekel vor einem längeren Kerkeraufenthalt) einen verhafteten Delinquenten zum Geständnis bewegen sollte.

Die Malefizgefängnisse befanden sich im Herzogtum Bayern innerhalb eines Landgerichts in der Regel am Sitz des Pflegers, Landrichters oder Pflegsverwalters. Bei großen Landgerichten konnte es auch mehrere Fronvesten geben. Die ständischen Blutgerichtsinhaber konnten ebenfalls eine Fronveste unterhalten. In München gab es beispielsweise entsprechend der zwischen Landesherrn und Residenzstadt aufgeteilten Blutgerichtsbarkeit neben dem landesherrlichen Malefizgefängnis, dem Falkenturm, noch ein städtisches Malefizgefängnis, die Schergenstube, die sich im Rathaus befand. Für hochgestellte Delinquenten stand im Burgstock im Alten Hof eine weitere Verwahrungsmöglichkeit zur Verfügung, das Grafen- oder Schottenstüberl. Hofbedienstete steckte man bei geringeren Vergehen auch in den Müllerturm, der zur Stadtbefestigung gehörte. Daneben verfügte die Stadt im Neuturm noch über ein Gefängnis, das für angesehene Fremde, für Schuldner und für Geistliche (carcer episcopalis) Verwendung fand. Auf eine strenge Scheidung zwischen landesherrlichen und städtischen Gefängnissen legte man keinen Wert; man half sich gegenseitig aus. Insbesondere mußte die Stadt München in ihren Stadttürmen landesherrliche Gefangene verwahren, die zu längeren Haftstrafen verurteilt worden waren.

Die landesherrliche Fronveste, der Falkenturm vor dem Wurzer- oder Kosttor, wurde vom Hofoberrichter beaufsichtigt, der täglich dort erscheinen mußte. Die Bewachung der Gefangenen war Aufgabe des Schlegels (Eisenmeister).

Grundsätzlich hatte die längere Verwahrung in einem Malefizgefängnis infamierende Wirkung, selbst wenn es nicht zur Folter oder zur Verurteilung kam. Die Ehre des Delinquenten mußte in Fällen der erwiesenen Unschuld und bei irrtümlicher Verhaftung ex officio wiederhergestellt werden. Der Landesherr konnte dabei von einem Regal der hohen Landesobrigkeit Gebrauch machen, das ihm durch den Reichsabschied von 1526 ausdrücklich zugestanden worden war. War die infamierende Wirkung eines Aufenthalts im Malefizgefängnis nicht beseitigt, konnte der Delinquent nach seiner Entlassung Schwierigkeiten bei der Ausübung eines Handwerks oder bei der Versehung einer Amtsstelle bekommen. Dabei wurde von den landesherrlichen Juristen das Institut der „infamia juris", des Verlustes der bürgerlichen Ehre, bewußt rechtlich stilisiert und zur Reglementierung eingesetzt und zwar auch dort, wo im Bewußtsein der Untertanen die Infamierung bereits bedeutungslos geworden war.

c. Die langfristigen und „ewigen" Gefängnisstrafen

Bis in die 2. Hälfte des 16. Jahrhunderts ging man auch im Herzogtum Bayern in Anlehnung an Art. 10 und 218 der Carolina 1532 von dem Grundsatz aus, daß die Verhängung lebenslanger Gefängnisstrafen grundsätzlich unzulässig sei. Der für die Praxis so ausschlaggebende Schriftsteller Andreas Perneder meint 1564 noch ganz im Sinne der Carolina: *Aber zu ewiger Gefencknuß soll niemands verurthailt oder damniert werden, es sein auch sollich Peen in Rechten verbotten. Dann die Gefencknuß sein zu Verwarung und nit zu Straff der Gefangen erdacht*

Carl Aug. Lebschée f. München
1866.

und fürgenommen. Seit der 2. Hälfte des 16. Jahrhunderts wird dann von der Rechtswissenschaft mehr und mehr die Zulässigkeit auch einer ewigen Gefängnisstrafe verfochten, wobei man sich besonders auf das kanonische Recht berief. Längere Gefängnisstrafen waren im Herzogtum Bayern jedoch durchaus schon die Regel, auch wenn sie vielfach der Verlegenheit entsprangen, daß man nicht genau wußte, was man mit dem Delinquenten anstellen sollte. Beispielsweise saß im Schloß von Straubing vom September 1588 bis zum Februar 1590 ein Graf Schlick in Haft, der den Herzog 197 fl. Verpflegung kostete.

Im Herzogtum Bayern wurde schließlich in der Bayerischen Malefizprozeßordnung 1616 (Tit. 2, Art. 7) die Möglichkeit zur Verhängung einer lebenslangen Gefängnisstrafe eröffnet, jedoch in der Praxis ergaben sich dabei große Probleme. Insbesondere war Herzog Maximilian im Unterschied zu den Juristen an der Universität Ingolstadt und im Münchner Hofrat ein entschiedener Gegner der lebenslangen Freiheitsstrafe. Er wollte sie ganz beseitigt wissen, weil sie zu viele Umstände mache, ein dauerndes Sicherheitsrisiko darstelle und bei unbemittelten Häftlingen zu viele Kosten verursache. Als 1607 die Universität Ingolstadt wieder einmal in einem Gutachten auf ewige Freiheitsstrafe plädiert hatte, griff Maximilian ein. Er untersagte der Universität in Zukunft die Verhängung von lebenslangen Freiheitsstrafen! In ihrer Antwort vom 25. April 1607 verteidigte die Universität ihre bisherige Praxis: Sie habe sich immer nur dann für lebenslängliche Gefängnisstrafen entschieden, wenn die Landesverweisung (relegatio) oder die Prügelstrafe (fustigatio) ungenügend, die Todesstrafe aber zu hart gewesen wäre. Die Landesverweisung sei im übrigen ohne Wirkung. Die Universität legte dem Herzog nahe, neue Strafen zu verordnen, die an Stelle der lebenslänglichen Gefängnisstrafe verhängt werden könnten und die in ihrer Wirkung zwischen fustigatio und Todesstrafe liegen würden.

Angesichts dieses Dilemmas, nämlich der tatsächlich vorhandenen großen „Straflücke“, die zwischen Landesverweisung und Hinrichtung klaffte, konnte sich Herzog Maximilian mit seinem Wunsch nach Abschaffung der lebenslänglichen Gefängnisstrafe nicht grundsätzlich durchsetzen. Für die Verhängung län-

◀ Das Zentralgefängnis des Herzogtums Bayern – der Falkenturm: Der im 14. Jh. im Rahmen der Münchner Stadtbefestigung zur Deckung des Wurzertors erbaute und im 19. Jh. abgerissene Falkenturm war das zentrale Malefizgefängnis (Fronfeste) des Herzogtums und Kurfürstentums Bayern. Er befand sich in unmittelbarer Nähe des Alten Hofs, wo der Hofrat seinen Sitz hatte. Dieser besaß als oberstes Malefizgericht im Herzogtum das Recht, alle wichtigen Strafverfahren an sich zu ziehen. Die Delinquenten wurden dann von den Landgerichten, wo sie verhaftet worden waren, nach München in den Falkenturm gebracht. Der Falkenturm war nur Untersuchungsgefängnis. Freiheitsstrafen wurden in ihm in der Regel nicht vollstreckt. (Stadtmuseum München)

Verruf.

Seine Kurfürstliche Durchleucht sind entschlossen, künftighin, und zwar mit Anfang des instehenden neuen Jahrs weder die Züchtlinge in dem hiesigen und Burghausischen Zucht- und Arbeitshause, noch die unter dem Criminal-Proceß liegenden Malefikanten in den Gefängnissen mehr auf die bisherige Art verkösten, sondern denenselben weiter nichts als das trockene Brod, wie es auch in andern auswärtigen Landen üblich ist, reichen und verrechnen zu lassen; sofern sie nicht selbst eine bessere Kost aus eigenen Mitteln zu bestreiten, oder solche mit Spinnen, Stricken, Nähen, oder anderer Handarbeit abzudienen vermögen. Es wird daher solches mittelst gegenwärtigen Verrufs bekannt gemacht, damit jedermann von der Zuchthausstrafe und Gefängniß sich desto mehr hüten möge. Gegeben in der Haupt- und Residenzstadt München den 29. Christmonats 1780.

Ex Commiſſione Sereniſ. Dni. Dni. Ducis, et Electoris Speciali.

Johann Georg Kroiß,
Kurfürstl. Ober-Landsregierungs-Sekretär.

gerer und lebenslanger Freiheitsstrafen (condemnatio ad perpetuos carceres) standen im Herzogtum Bayern jedoch kaum geeignete Gefängnisse zur Verfügung. Das einzige aus den Quellen bekannte Gefängnis für Lebenslängliche war Burg Neurandsberg in der heutigen Gemeinde Rattenberg (Landkreis Straubing-Bogen). 1610 wurde dieses Gefängnis geräumt und 1633 durch die Schweden endgültig zerstört. Die „ewige Gefängnisstrafe“ wurde in der Folgezeit in Einzelfällen zwar noch verhängt, aber durch die Zwangsarbeitsstrafe, die Galeerenstrafe, durch den Kriegsdienst oder aber durch eine sonstige Freiheitsstrafe ersetzt.

Erwähnt sei in diesem Zusammenhang das de jure noch bis zum Kriminalcodex 1751 aufrechterhaltene Privileg der bayerischen Adeligen, die ihre des Ehebruchs überführten Frauen auf ewig im eigenen Schloß einmauern durften.[22] Praktische Bedeutung hatte diese Strafbestimmung, soweit ersichtlich, nicht.

d. Die kurzfristigen Gefängnisstrafen

Die kurzfristige Gefängnisstrafe war eine der häufigsten Strafen in der von der landesherrlichen Polizeigesetzgebung geprägten Strafrechtspflege des frühabsolutistischen Staates. Sie war die geringste aller möglichen Strafen und wurde ersatzweise statt Geldstrafe vor allem bei vermögenslosen Straffälligen verhängt, die eine Gerichtsstrafe, also eine Geldstrafe bis zu 5 Pfund Pfennigen, verwirkt hatten.

Die Hofratsprotokolle sind voller Anweisungen über Länge und Art der zu verhängenden Gefängnisstrafen. Da wird dem zuständigen Landrichter von Dachau etwa befohlen, der Delinquent sei *wegen der groben Inzicht gegen den Hofmarksrichter zu Prugg noch drei Tag mit ringer Atzung in Fenckhnus abzustraffen …* Bei der „geringen Atzung“ handelte es sich um Wasser und Brot, die der Delinquent in der Regel selbst zu bezahlen hatte.

Die kurzzeitige Gefängnisstrafe war in allen Kombinationen möglich und konnte auch mit einer Malefizstrafe, etwa einer Landesverweisung kombiniert werden. Infamierend war die kurzfristige Gefängnisstrafe grundsätzlich nicht, da ja der Aufenthalt in Niedergerichtsgefängnissen, Keuchen und bürgerlichen Gefängnissen nicht ehrmindernd wirkte. Aber auch eine in einem Malefizgefängnis, wie etwa dem Münchner Falkenturm, vollstreckte kurzfristige Gefäng-

◀ VERSCHÄRFUNG DES STRAFVOLLZUGS 1780: IN ZUKUNFT NUR NOCH WASSER UND BROT FÜR DIE MALEFIKANTEN IM MÜNCHNER UND BURGHAUSENER ZUCHT- UND ARBEITSHAUS: Zum Zwecke einer größeren Abschreckung wird im Kurfürstentum Bayern in den beiden Arbeitshäusern in München und Burghausen den Insassen nur noch Wasser und Brot gegeben, außer sie können sich ihre Verpflegung selbst erarbeiten.

nisstrafe hatte zumindest de jure keine infamierende Wirkung. Ehrmindernd war ein Gefängnisaufenthalt nur dann, wenn er länger dauerte oder/und der Verhaftete gefoltert worden war.

Verschärft werden konnte die kurzfristige Gefängnisstrafe durch die Einschlagung in den „Stock". Der Stock (ein Holzblock mit Eisenbändern bzw. schließbaren Öffnungen, womit vor allem die Füße des Gefangenen, aber auch Hände und Kopf gefesselt bzw. eingeschlossen werden konnten) gehörte zum Inventar eines jeden Malefizgefängnisses und war ein Symbol für die hochgerichtliche Befugnis, ein Malefizgefängnis zu unterhalten („Stock und Galgen"). Der Begriff „stocken und blocken" begegnet uns im Werdenfelser Ehaftbuch von 1431 stellvertretend für „ins Gefängnis stecken".

Die Verpflegung der Gefangenen in den Gefängnissen war Aufgabe der dem Richter unterstehenden Amtleute (Scherge, Schlegel oder Eisenmeister/Eisenmann). Soweit die Verpflegungskosten vom Delinquenten nicht bezahlt werden mußten oder konnten, wurden sie in den Amtsrechnungen der Landgerichte aufgeführt. Einige Beispiele: In Erding verlangte der Richterknecht 1539 für eine Woche Verpflegung 55 Pfennige, für den Monat 1 Pfund Pfennige. Im benachbarten Moosburg stellte der Amtmann 1542 für eine Woche 60 Pfennige in Rechnung. Bei einer Strafklage mußte der Kläger für die Verpflegung des verhafteten Beklagten dem zuständigen Beamten pro Tag 7 Kreuzer bezahlen.[23]

Eine Folge der immer häufiger werdenden kurzfristigen Gefängnisstrafen war der steigende Bedarf an Gefängnissen. Der Ende des 16. Jahrhunderts zu beobachtende Neubau und Umbau von Gefängnissen geht parallel zum gleichzeitig florierenden Bau von Amtsgebäuden (Kanzleien, Pflegschlösser, Kästen). Zwischen 1550 und 1600 sind im Herzogtum Bayern fast alle landesherrlichen Pflegsitze (Schlösser) in den Landgerichten neu erbaut bzw. erweitert worden. Typisch sind insoweit auch die Verhältnisse in der Au bei München, wo man um 1600 ein Gefängnis gebaut hatte, das schon 1616 nicht mehr ausreichte. Die großzügigen Verhaftungspraktiken führten zu einer großen Zahl von Gefangenen, deren Bewachung nicht mehr sichergestellt war. Eine Folge der permanenten „Überbelegung" der Gefängnisse seit dem Ende des 16. Jahrhunderts war es wohl auch, daß ungewöhnlich viele Personen aus dem Gefängnis wieder flüchten konnten.

Zusammenfassend läßt sich feststellen, daß die Gefängnisstrafe seit dem 16. Jahrhundert zu einem der Fundamente des Strafensystems des neuzeitlichen Staates wird. Der „mittelalterliche" Grundsatz, daß die Gefängnisse nur zur vorübergehenden Verwahrung dienen dürfen, ist angesichts der neuen Dimension des Strafens obsolet geworden. Freilich war dieser Satz auch nicht als Verbot der Freiheitsstrafe gemeint. Er besagt in dieser und späteren Fassungen nur, daß gegen die Untersuchungsgefangenen mit gebotener Schnelligkeit und möglichst schonender Behandlung verfahren werden sollte.

Das Münchner Zucht- und Arbeitshaus von 1682: Längere Freiheitsstrafen spielten vor dem 17. Jh. eine untergeordnete Rolle. Man besaß weder die geeigneten Gefängnisse für eine längere Verwahrung noch wollte man die Kosten für die erforderliche Verpflegung und Bewachung aufwenden. Als sich aber die übliche Landesverweisung mehr und mehr als eine Strafe erwies, die Betroffene nur noch krimineller werden ließ, ging man dazu über, die Gefangenen mit Arbeiten im Lande zu beschäftigen. Zu Beginn des 30jährigen Krieges wurden Delinquenten mehr und mehr beim Bau von Festungen eingesetzt. Auch der Dienst bei der Artillerie oder auf Galeeren wurde als Strafe verhängt. Aus dieser Zwangsarbeit heraus entwickelte sich die Idee des modernen Gefängnisses, in dem gearbeitet und zugunsten der Staatskasse produziert wurde. 1682 ließ Kurfürst Ferdinand Maria auch in München ein solches „Zucht- und Arbeitshaus" ins Leben rufen. (Kupferstich aus Wenings Topographia Bavarica)

Architektonischer Ausdruck dieses gewandelten Strafensystems sind die Neubauten der Amtsgebäude mit ihren immer zahlreicher werdenden Gefängniszellen. Die kurzfristige Freiheitsstrafe war spätestens seit dem 16. Jahrhundert selbstverständlich, ja die häufigste Strafe!

e. Die Entstehung der Zuchthäuser

Von den Gefängnissen (Fronvesten), die in der Regel nur für kurzfristige Aufbewahrung der zu verurteilenden Delinquenten bzw. für kurzfristige Freiheitsstrafen bestimmt waren, sind die Zuchthäuser zu unterscheiden, die seit Ende des 16. Jahrhunderts zur Bekämpfung des Bettels üblich werden. Solche Zucht- und Arbeitshäuser für arbeitsscheue Bettler werden 1555 im englischen Bridewell und 1595 in Amsterdam eröffnet. Die ersten deutschen Häuser werden nach Amsterdamer Vorbild in den Hansestädten errichtet, in Bremen 1609, in Lübeck 1613, in Hamburg 1622 und in Danzig 1629. Allen diesen Arbeitshäusern liegt der Gedanke von der Erziehung durch Arbeit zugrunde.

Die Reichsstadt Nürnberg verfügte seit 1670 über ein „Zuchthaus", dessen Insassen sich durch Tabakreiben nützlich machen mußten. 1671 gründete man ein „Spinnhaus" für *faule und liederliche Weibspersonen.*[24] Kurfürst Ferdinand Maria ließ 1682 in München ein „Zucht- und Arbeitshaus" ins Leben rufen, 1672 hatte bereits das Hochstift Würzburg eine entsprechende Einrichtung geschaffen. 1724/25 folgte die Markgrafschaft Brandenburg-Bayreuth (St. Georgen)[25] und 1732 das Hochstift Bamberg. Als Gemeinschaftsveranstaltung des Schwäbischen Kreises wurde seit 1722 das Zucht- und Arbeitshaus in Buchloe betrieben.

7. Vermögensstrafen

a. Geldstrafen

Im niedergerichtlichen Strafbereich unterschied man im 16./17. Jahrhundert zwischen Schand- und Zivilstrafen: Die meistverhängte Schandstrafe war die kurzfristige Gefängnisstrafe, die regelmäßige Zivilstrafe war die Geldstrafe. Sie war die einzige Strafe, die auf Grund von Privatklagen (Injurienklagen) hin verhängt werden durfte. Ihr Hauptmerkmal bestand darin, daß sie keine ehrmindernde Wirkung hatte. Wurde eine Geldstrafe wegen Uneinbringlichkeit in eine Gefängnisstrafe umgewandelt, so wurde dem Betroffenen im Urteil ausdrücklich die Ehre vorbehalten.

Bei Malefizverbrechen fielen Geldstrafen vor allem dann an, wenn eine Leibesstrafe in eine Geldstrafe umgewandelt wurde. Sie war in den Strafgesetzen meist als Willkürstrafe (poena extraordinaria, arbitraria) angedroht, deren Höhe von der Schwere des Delikts abhing. In Niedergerichtsbezirken durfte sie die Höchstsumme von 5 Pfund Pfennigen (Gerichts- bzw. Hofmarkswandel) nicht überschreiten. Der Rentmeister besaß eine Strafkompetenz von 32 Pfund Pfennigen pro Jahr, der Landesherr, sein Hofrat bzw. die Regierungen konnten dagegen Geldstrafen in unbeschränkter Höhe verhängen.

DAS MARKGRÄFLICHE ZUCHTHAUS VON ST. GEORGEN AM SEE (STADT BAYREUTH): Das 1724/25 unter Markgraf Georg Wilhelm von Brandenburg-Bayreuth von dem Architekten Johann David Räntz errichtete Zucht- und Arbeitshaus (mit Anstaltskirche) war vor allem für arbeitsfähige Bettler und Landstreicher gedacht. Es galt zu seiner Zeit als vorbildliche Einrichtung. Auf der Darstellung ist zu sehen, wie im Innenhof im Beisein aller Insassen einem Neuankömmling oder einem zu Entlassenden der übliche „Willkomm“ bzw. „Abschied“ auf einem Strafesel in Form von Peitschenhieben (Karbatschenhieben) verabreicht wird. (Bayerisches Hauptstaatsarchiv)

Die Geldstrafen bildeten eine beachtliche Einnahmequelle. In den 20 Jahren zwischen 1598 und 1618 wurden für Geldstrafen (ohne Konfiskationsstrafen und Viztumshändel) im Herzogtum Bayern 73 657 fl. verrechnet. Die tatsächlichen Einnahmen dürften noch weit über diesem Betrag liegen, da ein beträchtlicher Teil der verhängten Geldstrafen direkt als Gnadengelder an Beamte ging. Dazu müßten noch die Strafgelder in den Landgerichten und die Strafgelder in den anderen Rentämtern gerechnet werden. Vorsichtig geschätzt, dürften im gesamten Herzogtum in den ersten Jahrzehnten des 17. Jahrhunderts pro Jahr mindestens 10 000 fl. an Strafgeldern eingegangen sein. Ein beachtlicher Teil dieses Betrags betraf die Ehebruchsstrafen.

b. Konfiskation

Das römische Recht kannte sowohl die Konfiskation einzelner Sachen als auch die Konfiskation des gesamten Vermögens. Diese letzte Straffolge basiert auf der Annahme, daß wegen mancher Verbrechen eine „servitus poenae" (Versklavung) eintritt. Diese wurde zwar unter Justinian I. (527–65) aufgehoben, die Vermögenskonfiskation aber für Majestätsverbrechen aufrechterhalten. In Deutschland ist dies im Mittelalter grundsätzlich nicht rezipiert worden. Man ging davon aus, daß der Täter durch Strafe an Leib und Leben genug gebüßt hatte. Im Sachsenspiegel (Buch 2, Art. 31) heißt es, daß der nächste Erbe das Gut des Hingerichteten bekommt. Doch Ende des 15. Jahrhunderts scheint die Vermögenskonfiskation wieder allgemein üblich geworden zu sein, was vor allem mit der Rezeption des Majestätsverbrechens zusammenhängt, das nun sehr weit ausgelegt wurde. Man deutete bald auch jedes andere Verbrechen mit öffentlichem Einschlag in ein Majestätsverbrechen um. Diese Entwicklung hat wohl der etwas undeutlich formulierte und daher unterschiedlich ausgelegte Art. 218 der Carolina 1532 im Auge: *Item an etlichen Orten, so eyn Übelthetter außerhalb des Lasters unser beleidigten Majestet oder sunst in andern Felle, so der Übelthetter Leib und Gut nit verwirckt vom Leben zum Todt gestrafft, werden Weib und Kindern an Bettelstabe und das Gut dem Herren zugewiesen …* Diese Gewohnheit soll aufgehoben werden. Gemeint ist damit wohl, daß nur dort konfisziert werden durfte, wo nach den ausdrücklichen Bestimmungen der Strafgesetze der Täter (wie beim Majestätsverbrechen) Leib und Gut verwirkt hatte. Dies geschah in der Folgezeit dann besonders im Bereich der Reichspolizeigesetzgebung.

Ebenfalls dem römischen Recht entnommen ist die Konfiskation des Vermögens bei **Flucht des Täters**.[26] Dessen Güter wurden zunächst beschlagnahmt und fielen dann nach Ablauf eines Jahres, wenn er sich nicht vor Gericht gestellt hatte, dem Fiskus anheim. Mit der Konfiskationsstrafe (poena confiscationis) eröffnete sich der frühneuzeitliche Staat eine bedeutsame Einnahmequelle. Für die Jahre 1599 bis 1618 wurde beispielsweise eine Gesamtsumme von 50 969 fl.

an sogenannten fiskalischen Geldern errechnet. Nicht berücksichtigt sind bei diesen Summen diejenigen Konfiskationsgelder, die der Landesherr verdienten Beamten als Gnadengelder direkt überschrieb.

Die größte Bedeutung hatte die Konfiskation vor allem bei Flüchtigen und „Austretern", die sich dem Strafverfahren entzogen. Besonders häufig war die bereits erörterte Konfiskation bei flüchtigen Totschlägern, die sich nach Jahr und Tag nicht der landesherrlichen Gerichtsbarkeit im sogenannten Inzichtsverfahren stellten.

Als eine Unterart der Konfiskation des Vermögens des flüchtigen Verbrechers kann die **Konfiskation bei Selbstmord** gelten, bei der ja die bayerische Praxis weit über die von der Carolina 1532 gezogenen Grenzen hinausgriff. Von großer Bedeutung wurden schließlich die Straftatbestände, die der Sicherung der landesherrlichen Einnahmen oder allgemein des wirtschaftlichen Verkehrs dienten. Wucherverbote, Münzmandate, Ausfuhrverbote und Abgabengesetze sahen seit der zweiten Hälfte des 16. Jahrhunderts die Konfiskation als Regelstrafe für Übertretungen vor.

Ein im 17. Jahrhundert besonders aktuelles Anwendungsgebiet für die Konfiskationsstrafe war das **Münzwesen**. In zahlreichen Mandaten werden Münzfälschungen und dann insbesondere der Tausch von verbotenen Münzsorten mit Konfiskation bedroht. Die Wirksamkeit dieser Strafandrohungen wird dadurch erhöht, daß man ein Viertel der konfiszierten und der als Strafe verhängten Geldsumme dem Denunzianten und ein Viertel dem zuständigen Beamten verspricht. Auch der **Schmuggel** und die Umgehung von Exportverboten wurden in zahlreichen Mandaten mit Konfiskation bedroht.

Schon im späteren römischen Strafrecht wird bei der Verhängung der Konfiskationsstrafe Rücksicht auf die engeren Verwandten genommen. Lediglich bei Majestätsverbrechen läßt Justinian (Novellen 134, 13) die gesamte Habe dem Fiskus verfallen. Im bayerischen Strafrecht des Mittelalters und der Neuzeit fällt diese Rücksichtnahme weitgehend weg. Bei flüchtigen Verbrechern hing die Berücksichtigung der Verwandten bei Konfiskationen zunächst von den vermögensrechtlichen Verhältnissen, der sozialen Lage der Angehörigen und der Schwere des Verbrechens ab. In jedem Fall konnte die Frau gegenüber dem konfiszierenden Fiskus ihr Heiratsgut (dos) beanspruchen. Sie mußte allerdings nachweisen, daß das Heiratsgut erlegt worden war, was nach einem zehnjährigen Zusammenleben vermutet wurde.

Kapitel VI
Biedermeier und Revolutionen
Strafrechtspflege in Bayern im 19. und 20. Jahrhundert

1. Strafrechtsreformen unter König Max I. Joseph

Mit einer Verordnung über die Verbesserung von Recht und Justiz vom 24. 1. 1800 leitete Kurfürst Max Joseph (ab 1806 König) die Reform des peinlichen Rechts ein, *welches der Verbesserung am dringendsten bedarf.* Kreittmayrs Strafgesetzbuch hatte sich schon bald nach seinem Erscheinen in vielen Bestimmungen als überholt erwiesen. Für die neue Regierung unter Minister Montgelas war das Strafrecht eines der ersten Objekte der Reformbemühungen. Zuerst schaffte man durch Verordnung vom 7. Juli 1806 die Folter ab. 1808 hob man die Bestrafung der einfachen Unzucht („Leichtfertigkeit") auf und reagierte damit auf die schon seit dem Beginn des 18. Jahrhunderts vorgebrachten rechtspolitischen Forderungen. Vor allem hoffte man damit, das Delikt des Kindsmordes eindämmen zu können.

Stillschweigend nicht mehr angewandt werden auch die Bestimmungen von Kreittmayrs Strafgesetzbuch über Hexerei und Aberglauben, die sich schon in den letzten Jahren des 18. Jahrhunderts überlebt hatten. Freilich waren Aber- und Hexenglauben besonders unter der Landbevölkerung noch keineswegs ausgestorben. Für die Obrigkeit sind etwaige abergläubische Praktiken nur noch unter dem Aspekt des Betrugs interessant. Weit verbreitet war etwa noch in den Notzeiten um 1800 das abergläubische Schatzgraben, wie eine Bekanntmachung vom 3. Sept. 1802 zeigt:[1] *Verschiedene Kriminal-Akten liefern die unangenehmsten Beweise, wie sehr noch der Aberglauben unter dem Landvolke herrsche und dasselbe den Betrügereien aller Art, vorzüglich aber der Überlistung sogenann-*

Verordnung zur Abschaffung der Tortur vom 7. Juli 1806.
(Bayerisches Hauptstaatsarchiv, Staatsverwaltung 1582) ▶

Wir Maximilian Joseph

von Gottes Gnaden, König von Baiern

ꝛc. ꝛc.

des heiligen römischen Reichs Erzpfalzgraf, Erztruchseß und Churfürst.

In Erwägung, daß die Folter oder peinliche Frage so ferne durch sie von einem blos Verdächtigen das Bekenntniß seiner Schuld erpreßt, und dadurch ein zur rechtlichen Verurtheilung erforderlicher Beweis hergestellt werden soll, nach der Natur der Sache und dem Beweise vielfältiger Erfahrung ein höchstbetrügliches und in sich selbst widersprechendes Mittel zur Erforschung der Wahrheit ist; auch die lange Erfahrung sattsam gezeigt hat, daß bey zweckmäßigem Verfahren der Inquirenten und wohl angewendeten Strafen wider den offenbaren Ungehorsam der Inquisiten dieses Mittel ohne Gefahr für die Justiz und für die allgemeine Sicherheit vollkommen entbehrlich sey; verordnen Wir hiemit allergnädigst:

§. 1.

Aufhebung der Folter.

Es soll die Folter oder peinliche Frage in den Herzogthümern Baiern, Oberpfalz und Neuburg fernerhin nicht mehr angewendet, und sonach alles dasjenige, was im Kriminal-Kodex P. II. C. 8. oder sonst irgendwo über den Gebrauch derselben verordnet ist, hiemit abgeschaft und gänzlich abrogirt seyn. — Nicht weniger soll die Verordnung des Codicis criminalis P. II. C. 5. §. 9. Nro. 13. und C. 8. §. 23. 25 die Tortur untüchtiger Zeugen und respect. Mitschuldiger betreffend, hiemit ausdrücklich aufgehoben seyn. Was hingegen die C. 8. §. 24. zugelassene Tortur gegen tüchtige Zeugen anbetrifft, so bleibt es zwar dem Richter unbenommen, gegen widerspenstige

A oder

ter Schatzgräber bloßstelle. So mußten jüngst drei Bauernfamilien im Regierungsbezirk Landshut mit einer Beschädigung von 2600 fl. ohne Hoffnung eines Ersatzes diese traurige Erfahrung bezahlen. Sämtliche Gerichtsbehörden erhalten daher die ernstliche Weisung, die Pfarrer auf dieses große Gebrechen aufmerksam zu machen und sie aufzufordern, daß sie als Lehrer des Volks ihre Pflichten erfüllen, sohin demselben den nötigen Unterricht geben, um jene tiefe Unwissenheit, welche die Quelle schändlichsten Aberglaubens und aller moralischen Unordnungen ist, endlich aufzuheben und dem Volke reine Begriffe über die wichtigsten Gegenstände seines Wirkungskreises beizubringen …

In den Jahren nach 1800 verlieren auch die Hochgerichte mit ihren Galgenplätzen an Bedeutung. Viele Hochgerichte in den zahlreichen an Bayern gefallenen Territorien und im Kurfürstentum und Königreich waren schon mangels Anwendung verfallen: Die Todesstrafe durch Hängen wurde seit den 80er Jahren kaum mehr ausgesprochen. Am 9. August 1808 ergeht an das Landkommissariat in München der folgende königliche Befehl: *Wir genehmigen, daß der an der offenen Landstraße nach Landsberg stehende Galgen samt der Köpfstätte abgetragen und der Platz der Kultur und Verschönerung der Umgebungen der Stadt gewidmet werden könne. Bei künftigen Hinrichtungen der zum Tode verurteilten Verbrecher soll ein willkürlicher Platz gewählt und eine wieder hinwegzunehmende Richtstätte aufgerichtet werden.*[2] Dem Münchner Beispiel folgten bald andere Außenämter. Der besonders eifrige Generalkommissär des Altmühlkreises schrieb daher am 22. 2. 1810 an das Appellationsgericht Neuburg: *In verschiedenen Reisen, welche ich im Altmühlkreis gemacht habe, mußte ich wahrnehmen, daß noch an vielen Orten Galgen und Rabensteine bestehen; da dergleichen Spuren älterer, denen jetzigen Zeiten nicht angemessener öffentliche Straffgerüste in vielen Kreisen und selbst in der Hauptstadt München nicht mehr anzutreffen sind; so wäre nach meiner Meinung, wo nicht allgemein, doch von jenen Puncten diese Straffgerüste, welche zu nahe an denen Heerstraßen liegen, dem Reisenden einen unangenehmen Gesichtspunkt ohne den Zweck der Besserung der Menschheit zu erreichen, darbieten … abzutragen oder wenigstens zu entfernen.*[3]

Die endgültige Beseitigung der Galgen erfolgte dann durch das Strafgesetzbuch von 1813. Nun wurden die letzten Galgen demontiert. 1814 schrieb beispielsweise die Königlich Bairische Finanzdirektion des Oberdonaukreises an das Appellationsgericht in Neuburg: *Die große Anzahl dieser Straffwerkzeuge im Oberdonaukreis, vorzüglich in den ehemals gemischten Gebiethen von Schwaben, wo man kaum einige Stunden reisen kann, ohne nicht auf mehrere zu stoßen, haben uns bewogen, sämmtliche Galgen im diesseitigen Kreise demolieren und entfernen zu laßen.* Im Illerkreis wurde bereits am 11. 7. 1813 angeordnet, *die sämtlichen in ihrem Bezirke befindlichen Galgen und Rabensteine unverzüglich auf den Abbruch abschätzen zu lassen.* Im Bereich des Rentamts (Finanzamts)

(Die Uebersicht über die abgestraften Kriminalverbrecher betreffend.)

Nachstehende Anzeige wird zur Jedermanns Wissenschaft und Nachdenken über Wirkung der Gesetze öffentlich bekannt gemacht.

München den 8ten August 1804.

Churfürstliche Landesdirektion von Baiern.

Freyherr von Weichs, Präsident.

Haider.

Tabellarische Uebersicht

aller im Jahre 1803 abgeurtheilten Kriminalverbrecher.

Verbrechen.	Hofgericht München.	Hofgericht Straubing.	Suma.
Crim. laesae Majestatis . . .	——	1	1
— vis publicae	——	1	1
Carceris effractio	1	4	5
Fracta urpheda ,	2	——	2
Homicidium .	2	6	8
Latrocinium .	——	1	1
Veneficium . .	1	——	1
Uxori — et Maricidium . .	1	——	1
Infanticidium .	3	——	3
Expositio Infantis	2	——	2
Crim. procur. Abortus . .	——	1	1
Vulneratio . .	1	——	1
Stuprum violentum . . .	2	1	3
Injuriae atroces	4	11	15
Minae atroces .	——	3	3
Furtum . . .	140	93	223
Sacrilegium . .	1	2	3
Abigeatus . .	17	7	24
Ferricidium . .	9	6	15
Rapina, et Roboria	8	7	15
Incendium . .	1	——	1
Adulterium . .	7	1	8
Bigamia . . .	1	——	1
Falsum . . .	3	13	16
Perjurium . .	1	——	1
Stellionatus. .	10	7	17
Crimen Vagi .	35	63	98
Fornicatio . .	4	15	19
Concubinatus . .	1	8	9
Incestus . . .	2	4	6
Scientia et Participatio . .	10	22	32
Suspectio . .	103	42	145
Die Zahl aller Schuldigen und Verdächtigen . .	372	319	691
Die Zahl aller abgeurtheilten Verbrecher, den Verdacht ausgeschlossen	269	277	546

Anfänge der Justizstatistik: Die im Jahre 1804 im Bereich der Hofgerichte München und Straubing abgeurteilten Verbrechen und Vergehen (Regierungsblatt 1804): Mit den aus dem Hofrat in München 1802 gebildeten Hofgerichten in München, Straubing, Amberg und Neuburg wurde im Kurfürstentum Bayern erstmals die Trennung von Justiz und Verwaltung auf der Mittelstufe vollzogen (seit 1808 Appellationsgerichte, seit 1879 Oberlandesgerichte). Die Veröffentlichung einer Statistik ist typisch für die Rechtspolitik der Zeit um 1800. Daß sie mehr für Beamte als für die Öffentlichkeit bestimmt ist, zeigen die lateinischen Bezeichnungen (vgl. dazu Glossar).

Memmingen erbrachte der Verkauf von Galgen und Köpfstätte zu Memmingen, sowie der Galgen zu Grönenbach, Legau, Kronburg und Dietmannsried den Betrag von 136 Gulden.

2. Das Bayerische Strafgesetzbuch von 1813

Mit der Erstellung eines neuen peinlichen Gesetzbuches für das Kurfürstentum Bayern wurde schon im Januar 1800 der Würzburger Hofrat und Professor Gallus Aloys Kleinschrod beauftragt. Bis Juni 1801 hatte er einen Entwurf in zwei Teilen (Kriminalrecht und Kriminalprozeßrecht) fertiggestellt.[4] Der Entwurf wurde überprüft und im Druck mit der Einladung veröffentlicht, daß alle Privatpersonen und Kollegien ihre Anmerkungen dazu machen sollten. Die meisten Einsender waren der Meinung, daß der Entwurf einer Umarbeitung bedurfte, bevor er zum Gesetz erhoben werden konnte.

Mit der Überarbeitung wurde nun im August 1804 der in Hainichen bei Jena geborene Paul Anselm von Feuerbach (1775–1833) beauftragt. Er legte im Dezember 1807 den ersten Teil des Strafgesetzbuches (über Verbrechen und

PAUL JOHANN ANSELM RITTER VON FEUERBACH: Geboren am 14. 11. 1775 in Hainichen bei Jena, gestorben am 29. 5. 1833 in Frankfurt, studierte in Jena seit 1792 zunächst Philosophie, promovierte 1795 und studierte dann Jura, um 1799 zum Dr. utriusque juris zu promovieren. Nach Lehrtätigkeit in Jena und Kiel kam er 1803 als Professor an die Universität Landshut, wechselte aber schon 1804 in das Justizministerium, wo er als geheimer Referendar 1813 sein Strafgesetzbuch vollendete. 1814 wurde er an das Appellationsgericht nach Bamberg und 1817 als Präsident des Appellationsgerichts nach Ansbach versetzt. Trotz vieler Bemühungen gelang es dem ehrgeizigen Feuerbach nicht mehr, nach München zurückzukehren. Wegen seiner exzentrischen Art und wegen der revolutionären Umtriebe seines Sohnes war er in München zur unerwünschten Person geworden.

Strafen) vor. Im Justiz-Ministerial-Departement wurde eine besondere Gesetzeskommission unter Leitung des Staats- und Konferenzministers Heinrich Theodor Graf Topor Morawitzky (1735–1810) ins Leben gerufen. Der erste Teil des Gesetzbuches wurde 1810 als „Entwurf des Gesetzbuches über Verbrechen und Vergehen für das Königreich Bayern“ veröffentlicht. Nach Einberufung einer weiteren Kommission unter dem Staats- und Konferenzminister Graf von Reigersberg, die zwischen 1810 und 1812 den alten Entwurf und den Entwurf des 2. Teils prüfte, wurde seit dem 7. Januar 1813 das gesamte Strafgesetzbuch im Geheimen Rat behandelt und schließlich mit Promulgationsedikt vom 16. Mai 1813 publiziert.

Feuerbach unterschied zwischen Verbrechen, Vergehen und Polizeiübertretungen. Letztere wurden nicht in das Strafgesetzbuch übernommen und sollten einem eigenen Polizeistrafgesetzbuch vorbehalten bleiben, was freilich erst 1861 zustande kam. Auch gewisse kritische Materien, deren Regelung äußerst kontrovers war, wie etwa die Bestrafung der Wilderei, finden sich nicht in Feuerbachs Strafgesetzbuch, sondern wurden gesondert geregelt, was die Bedeutung des Strafgesetzbuches erheblich minderte.

Der Wilddiebstahl war in der Verordnung vom 9. August 1806 geregelt worden, die auch noch nach dem Erlaß des Strafgesetzbuches von 1813 galt. Das bedeutete, daß ein auf frischer Tat ertappter Wilddieb, der einen Jäger tötete oder tödlich verletzte, nach § 16 dieses Mandats wegen Mordes zum Tode verurteilt wurde. Bei Anwendung des Strafgesetzbuches wäre diese Tat nur einfacher Totschlag gewesen. Die harte Bestrafung des Wilderers wurde 1817, als ein Revierförster von einem Wilderer erschossen wurde, vom Oberappellationsgericht wie folgt begründet:[5] „Der Gesetzgeber wollte durch Androhung strengerer Strafen die Jäger, welche nach ihren Pflichten die Reviere begehen, jedem Unfuge in denselben steuern, jeden Wilddieb, den sie attrapiren, festhalten müssen, in Ausübung ihrer schweren Amtspflicht unterstützen und sichern … “

Trotz aller Schwächen war Feuerbachs Werk eine der bedeutendsten Errungenschaften der Ära Montgelas. Vor allem außerhalb Bayerns erwarb es sich einen fast legendären Ruf, da Feuerbach erstmals konsequent den Grundsatz „Keine Strafe ohne Gesetz“ verwirklichte. Doch innerhalb Bayerns galt das Strafgesetzbuch bald als mißlungen: Da nur solche Delikte bestraft werden durften, die im Strafgesetzbuch ausdrücklich genannt waren (nulla poena sine lege) und auch der Strafrahmen dem Richter genau vorgegeben war, erwies sich das Strafgesetzbuch als extrem unpraktisch: Die genaue Gesetzeskasuistik und die enge Bindung an den Strafrahmen, die richterliche Willkür verhindern sollten, führten besonders bei verminderter Zurechnungsfähigkeit eines Täters zu übertrieben harten Urteilen, da der Richter an das strenge Strafminimum gebunden war. In solchen Fällen halfen nur landesherrliche Begnadigungen.

Feuerbach folgte dem Prinzip der allgemeinen Abschreckung durch strenge Strafandrohung (Generalprävention), das Strafensystem wurde insgesamt jedoch humanisiert. Mit dem Strafgesetzbuch findet auch die Strafe des Galgens ein Ende. Die Todesstrafe wird nun grundsätzlich nur noch durch Enthauptung vollzogen. In Art. 5 heißt es: *Wer das Leben verwirkt hat, soll mit entblößtem Kopfe, gekleidet in einen grauen Kittel, mit einer Tafel auf Brust und Rücken, worauf sein Verbrechen genannt ist, zum Richtplatz geführt und daselbst enthauptet werden …*

Die zweitschwerste Bestrafung nach Feuerbachs Strafgesetzbuch war die Kettenstrafe, die lebenslang verhängt wurde. In Art. 7 heißt es dazu: *Der zur*

Kettenstrafe Verurteilte ist vom Augenblicke der Rechtskraft des Urteils an, bürgerlich tot; sein Vermögen fällt an seine Erben, welche ihm hieraus den nötigen Unterhalt zu reichen verbunden sind; er kann fürder nichts besitzen und für sich nichts erwerben; er kann nicht auftreten vor Gericht, weder als Kläger noch als Beklagter; er kann nicht Zeuge sein, weder bei gerichtlichen noch bei außergerichtlichen Handlungen; er ist unfähig eine gültige Ehe zu schliessen und seine schon geschlossene Ehe löst sich bürgerlich auf, wie durch seinen natürlichen Tod. Der Staat gebraucht ihn beliebig zu öffentlichen Arbeiten, bei Austrocknung von Sümpfen und Moorgründen, beim Festungsbaue, in Steinbrüchen und dergleichen. So lange indessen keine Gelegenheit zu öffentlicher Arbeit vorhanden ist, wird er in dem Zuchthause, doch in einem von den übrigen Züchtlingen abgesonderten Raume verwahrt und zu den schwersten Zuchthausarbeiten angehalten. Dabei ist derselbe an beiden Füssen durch ein lange Kette mit einer schweren eisernen Kugel gefesselt …

Als weitere Freiheitsstrafen kannte das Gesetz die Zuchthaus- und Arbeitshausstrafe sowie die Festungsstrafe. Die Zuchthausstrafe konnte auf bestimmte oder auf unbestimmte Zeit verhängt werden. Auf bestimmte Zeit bedeutete nicht weniger als acht und nicht mehr als zwanzig Jahre. Die Arbeitshausstrafe durfte acht Jahre nicht überschreiten. Strafarbeitshäuser und Zuchthäuser sollten getrennte Gebäude sein. Als „privilegierte Bestrafung" war die Festungsstrafe eine Milderung der Kettenstrafe (Festungsstrafe ersten Grades), der Zuchthausstrafe (Festungsstrafe zweiten Grades) und des Arbeitshauses (Festungsstrafe dritten Grades). Die Festungsstrafe sollte also vor allem bei Personen höheren Standes und höherer Bildung verhängt werden, da, wie der offizielle Kommentar meint, die Freiheitsstrafen *den Mann von höherem Stande oder höherer Bildung bei weitem härter treffen als denjenigen, der in denselben an Umgebungen, Lebensart, Arbeit und dergleichen keine auffallende Änderung seines vorigen Zustands findet …*

Abgeschafft wurde die öffentliche Prangerstrafe. Lediglich bei der geschärften Todesstrafe wurde der Täter vor der Hinrichtung eine halbe Stunde lang am Pranger ausgestellt (Art. 6) und zwar nur an den Appellationsgerichtsorten, wo die Todesstrafe vollstreckt wurde. In den Landgerichten wurden dagegen der Pranger sowie die öffentlichen Schandstrafen abgeschafft (Art. 24). Beibehalten wurde als zusätzliche Strafe die Ausstellung, so bei Meineid (Art. 269), Rückkehr eines landesverwiesenen Ausländers (Art. 331) und qualifizierter Amtsunterschlagung durch Beamte (Art. 364). Auch bei Verurteilung zur Kettenstrafe und bei längerer Zuchthausstrafe war die Ausstellung obligatorisch. Wie diese öffentliche Ausstellung auszusehen hatte, regelte eine Instruktion vom 29. November 1817:[6]

1. Wird die Ausstellung bei der Kettenstrafe vollstreckt, so ist der Verurteilte in seinen Eisen, auf der Brust mit der Tafel, welche dessen Verbrechen und die zu-

Das ehemalige Frauenzuchthaus in Würzburg: Der 1810/11 von Peter Speeth im Auftrag von Großherzog Ferdinand III. geplante, aber erst unter König Ludwig I. 1826/27 vollendete Bau ist das einzige Gebäude in Deutschland, das in seiner äußeren Form der französischen Revolutionsarchitektur entspricht. Diese versuchte den Gebäudezweck in architektonische Formen umzusetzen. Die Würzburger Zuchthausfassade will den Abschreckungsgedanken symbolisieren (Rustika, Löwenkopf, 10 Säulen für die 10 Gebote!).

erkannte Strafe benennt, begleitet von dem Scharfrichters-Knechte unter gehöriger Bedeckung an das Gerüste, worauf er ausgestellt wird, zu führen, und an den auf dem Gerüste befindlichen Pfahl zu binden und so eine Stunde lang öffentlich auszustellen.

2. Kommt die öffentliche Ausstellung als Schärfung bei der Zuchthausstrafe vor, so wird der Verbrecher gefesselt durch eine leichte Kette von dem Gerichtsdiener

an die Schandbühne geführt und darauf mit einer Tafel auf der Brust, welche das Verbrechen und die zuerkannte Strafe benennt, eine Stunde lang öffentlich ausgestellt …
4. Jede Ausstellung soll, wenn es füglich geschehen kann, an einem Markttage oder sonst an einem Werktage, wo sich mehrere Menschen zu versammeln pflegen, Vormittags vollzogen werden.
5. In allen Fällen hat der Verurteilte mit entblößtem Haupte in anständiger Stellung mit dem Gesichte gegen das Publikum gewendet auf der Bühne zu stehen und sich ruhig zu verhalten …

Eine körperliche Züchtigung durfte nur noch im Gefängnis vollzogen werden.

Unter den im Strafgesetzbuch Feuerbachs behandelten Delikten verdienen die ab Art. 351 besonders ausführlich geregelten *besonderen Verbrechen der Staatsbeamten und öffentlichen Diener* besondere Beachtung. Hier zeigte sich die neue Auffassung vom Beamtentum, die in Montgelas' Staatsdienerpragmatik von 1805 ihren gesetzlichen Niederschlag fand. Das Strafgesetzbuch erfüllt hier gleichzeitig die Funktionen einer Disziplinarordnung. Als Strafen verhängt es daher neben der Dienstentsetzung (Kassation) als spezielle Kriminalstrafe bei Amtsverbrechen auch Dienstentlassung (Dimission) oder Herabsetzung im Dienste (Degradation). Die Dienstentsetzung war eine Ehrenstrafe, die den Verlust des Dienstranges und Gehaltes sowie die Unfähigkeit zu allen Würden, Staats- und Ehrenämtern nach sich zog. Die Dienstentlassung zog nur den Verlust des Dienstranges und Gehaltes nach sich.

Als Privatangelegenheit wurde von Feuerbach alles weggelassen, was nur unmoralisch, aber nicht rechtswidrig war. *Niemand wird Hexerei, Sodomie, Unzucht, Unglauben, Ketzerei, Blasphemie u. dgl. billigen oder für etwas Erlaubtes ansehen; allein dergleichen Gegenstände liegen so lange, als damit keine Verletzung der Rechte des Staats oder eines Privaten verbunden ist, außer der Sphäre eines Strafgesetzbuches …* meinten dazu die gleichzeitig erschienenen Anmerkungen zum Strafgesetzbuch.[7] Abergläubische Praktiken wurden nun als Betrug bestraft (Art. 263 Abs. 6): *Betrüger, welche die Vorurteile und den Aberglauben des Volks durch angebliches Geisterbeschwören, Schatzgraben, Zeichendeuten, Goldmachen und dergleichen zu ihrem Eigennutze mißbrauchen,* waren als ausgezeichnete Betrüger ersten Grades mit Arbeitshaus von ein bis drei Jahren zu bestrafen. Freilich zeigte sich auch hier bald, daß der Gesetzgeber über das Ziel hinausgeschossen war, wenn er z. B. das bloße Kartenlegen als qualifizierten Betrug wertete.

Dazu finden sich in den Jahrbüchern der Gesetzgebung und Rechtspflege[8] folgende Ausführungen: „Daß Kartenschlagen in dem Worte Zeichendeuten begriffen ist, kann nicht zweifelhaft scheinen, denn die Karten werden dabei als Zeichen gebraucht und gedeutet. Ebenso gewiß ist, daß aus dem Zeichendeuten, z. B. dem Wahrsagen aus der Hand, nach dem Kaffeesatz, nach Bleigießen, nach ausgeschlagenen Eiern, Traumauslegen u.d. viel Unheil entstehen ... Das Gesetz fordert drei Stücke a) einen Betrug ... b) Mißbrauch des Volksvorurteils ... c) eigennützige Absicht ... Bei dem angeblichen Schatzgraben und Goldmachen liegen diese Merkmale gewöhnlich so offen da ... Aber bei dem Zeichendeuten erscheint die Sache weniger dem Prinzip als dem Faktum nach in einem anderen Licht ... Da möchte ein Bauernmädchen wissen, ob ihr im Felde stehender Geliebter noch lebt, ob er ihr treu bleibt, ob sie bald einen Brief bekommt, bald heiratet oder sie möchte sich einen Traum auslegen lassen, sie geht also zur Kartenschlägerin, diese schlägt die Karten auf, deutet die Zeichen in ihrer Methode und spricht dem Geliebten Leben und Treue zu, sagt voraus, daß bald ein Brief eintreffen und daß das Mädchen bald einen anderen heiraten werde; alles das wird als ungewisse Vorhersagung gegeben und genommen, denn die Kartenschlägerin gibt nicht falsche Tatsachen für wahr und sich nicht für das Orakel von Delphi aus und das Mädchen zahlt freiwillig seine sechs oder zwölf Kreuzer für die Bemühung und gehet mehr oder weniger beruhigt davon, denn auch sie glaubt davon soviel oder sowenig als sie mag ... Wohin führte es, wenn jedes Kartenschlagen ... eine Spezialinquisition veranlaßte? Zu einer solchen Strenge, die sich an dem Staatsärar durch unnötige Vermehrung der Arbeit der Gerichte und durch die Kosten jeder Inquisition wohl am stärksten rächen würde, hatte der Gesetzgeber keinen Grund und diese wollte er auch nicht einführen." Eine entsprechende offizielle Auslegung des Art. 263 Abs. 6, in der das Kartenschlagen nur als Polizeiübertretung eingestuft wurde, erging am 25. Oktober 1814.

Feuerbach vertrat die Auffassung, daß die Strafe nur dazu dienen könne, alle Bürger psychologisch und physisch zur Einhaltung der Gesetze zu zwingen. In seinem „Lehrbuch des gemeinen in Deutschland gültigen peinlichen Rechts" von 1801 vertrat er die Lehre vom physischen und psychologischen Zwang: *Jeder weiß so, auf seine Tat werde unausbleiblich ein Übel folgen, welches größer ist, als die Unlust, die aus dem nicht befriedigten Antrieb zur Tat entspringt.*

Der Kriminalfall: Feuerbach, König Ludwig I. und der Fall Kaspar Hauser

Berühmt geworden ist Feuerbach aber vor allem als vielgelesener Sammler und Herausgeber von Kriminalfällen (Sammlung merkwürdiger Kriminalfälle, 2 Bde., Gießen 1808, 3. Aufl. 1839; Aktenmäßige Darstellung merkwürdiger Verbrechen, 2 Bde., Gießen 1828–1829, 3. Aufl. Frankfurt a. M. 1849) und wegen seines Engagements für Kaspar Hauser. Seine Veröffentlichung von 1832 (K. Hauser, Beispiel eines Verbrechens am Seelenleben des Menschen, Ansbach 1832) hat den Fall Kaspar Hauser bis heute zu einem der spektakulärsten Kriminalfälle des 19. Jahrhunderts gemacht.
Als Kaspar Hauser am 17. November 1833 in Ansbach an den Folgen einer Stichverletzung starb, war er bereits eine europäische Berühmtheit. Dies verdankte er vor allem der Annahme, er sei möglicherweise der badische Erbprinz.

KASPAR HAUSER

Kaspar Hauser war am Nachmittag des 26. Mai 1828, an einem Pfingstmontag, urplötzlich auf dem Unschlittplatz in Nürnberg aufgetaucht. Sein Alter betrug damals schätzungsweise 17 Jahre. Er hatte einen Brief an den Rittmeister von Wessenig dabei. Nach einem kurzen Aufenthalt in dessen Haus wurde er bei der Familie des Gefängniswärters Hiltel auf der Nürnberger Burg im Turm Luginsland untergebracht (26. Mai bis 18. Juli 1828). Dort besuchten ihn zahlreiche Neugierige. Hausers Sprachschatz, der ursprünglich nur 50 Worte umfaßt haben soll, erweiterte sich durch diese Besuche sehr schnell. Zu den folgenreichsten Besuchen (am 11. Juli 1828) gehörte der des Juristen P. J. Anselm Ritter von Feuerbach, der seit 1817 als Präsident des Appellationsgerichts in Ansbach saß. Feuerbach war in diesen Jahren mit seinem Werk „Aktenmäßige Darstellung merkwürdiger Verbrechen" beschäftigt. Der Fall Hauser war für ihn ein hochrangiger Kriminalfall, den er ebenfalls literarisch dokumentierte („Kaspar Hauser, Beispiel eines Verbrechens am Seelenleben des Menschen").
Feuerbach war freilich nicht der erste, der den Fall Kaspar Hauser der Öffentlichkeit präsentierte. Vor ihm hatte der Nürnberger Bürgermeister Binder in einer umständlichen „Bekanntmachung" vom 7. Juli 1828 auf das Schicksal Hausers hingewiesen. In dieser Bekanntmachung, die fast schon die Form einer literarischen Abhandlung hatte, wird zum ersten Mal behauptet, daß Hauser längere Zeit im Liegen in einem fast lichtlosen Raum gefangengehalten worden sei und in dieser Zeit nur Wasser und Brot genossen habe. Das romanhafte und pathetische an Binders Veröffentlichung, die nach dem Willen des Verfassers „die Teilnahme aller fühlenden Menschen unseres Vaterlandes" erforderte, hat in der Folgezeit das fast panoptikummäßige Interesse an Hauser und die Veröffentlichungen zu Hauser entscheidend beeinflußt.

Auf Veranlassung Feuerbachs kam Hauser schließlich am 18. Juli 1828 von Hiltel zu dem damals 30 Jahre alten Gymnasialprofessor und Dichter Georg Friedrich Daumer, auf den im folgenden noch näher einzugehen sein wird. Im Keller der Daumerschen Wohnung fand man gegen Mittag des 17. Oktobers 1829 Hauser mit einer stark blutenden Stirnwunde. Nach Hausers Angabe war er von einem vermummten Mann überfallen worden, der ihm mit den Worten „Du mußt doch noch sterben" bedroht hatte.
Auf Befehl König Ludwigs I. erhielt Hauser daraufhin eine Schutzwache und zog im Dezember 1829 zur Familie des Magistratsrats Biberbach und im Mai 1830 zu dem zu seinem Vormund bestellten Gerichtsassessor Gottlieb Frh. von Tucher. Damals begann sich um Hauser der Graf Stanhope – Peer von England – zu kümmern, der Hauser auch finanziell unterstützte. Im Dezember 1831 wurde Hauser auf die Initiative Feuerbachs und Stanhopes hin dem Lehrer Meyer in Ansbach zur Unterrichtung übergeben. Als Aufpasser war ihm der Gendarmerie-Oberleutnant Hickel beigegeben. In Ansbach verkehrte Hauser näher mit Feuerbach und dem dortigen Generalkommissar von Stichaner. Seit Ende des Jahres 1832 arbeitete Hauser beim Appellationsgericht Ansbach als Schreiber. Am 29. Mai 1833 starb der Präsident Feuerbach, Hausers großer Gönner. Seit 1829 litt er unter einer entschiedenen Schwächung seiner Kräfte. Ein Nervenzusammenbruch zwang ihn damals zu einer längeren Erholungsreise. Auch in der Folgezeit hat sich sein Zustand bis zu seinem Tode nicht mehr gebessert. In diese Zeit fiel die Abfassung seiner Abhandlung über Hauser, die deswegen von vielen Kritikern nicht mehr als ernsthaftes wissenschaftliches Werk betrachtet wurde.
Am 14. Dezember 1833 gegen 15.30 Uhr kam Kaspar Hauser mit einer Stichwunde in der linken Brustseite nach Hause. Nach Hausers Bericht habe ihn ein bärtiger Mann angesprochen und einen Beutel hingehalten und als Hauser diesen ergreifen wollte, habe ihn der Unbekannte in die Seite gestochen. Am 17. Dezember 1833 verstarb Hauser an seinen Verletzungen. Der Beutel wurde am Tatort gefunden. Er enthielt einen Zettel in Spiegelschrift mit dem merkwürdigen Text: „Hauser wird es euch ganz genau erzählen können, wie ich aussehe und woher ich bin. Den Hauser die Mühe zu ersparen, will ich es auch selber sagen, woher ich kome. Ich kome von – der baierischen Gränze – Am Fluße – ich will auch sogar noch den Namen sagen M. L. Ö."
Die und der Mörder Hausers, falls es solche gab, wurden nicht entdeckt, obwohl sich nun König Ludwig I. des Falles annahm.
Für ihn besaß der Fall Hauser eine nicht zu gering einzuschätzende politische Dimension. 1803 hatte Baden im Reichsdeputationshauptschluß die ehemals kurpfälzischen Gebiete um Mannheim und Heidelberg erhalten, ein Verlust, den das bayerische Königshaus, das in seinem alten Pfälzer Stammland 1815 nur mit der linksrheinischen Pfalz abgefunden worden war, nicht verschmerzt hat. Besonders König Ludwig versuchte mit allen mehr oder weniger korrekten Mitteln diese Gebiete, die auch die Landbrücke in die (linksrheinische) Rheinpfalz darstellten, wieder für Bayern zu bekommen. Erst als der König nach dem Tode der alten Zähringer Linie 1830 einsehen mußte, daß Baden und die deutschen Großmächte nicht geneigt waren, Heidelberg und Mannheim an die Wittelsbacher zurückzugeben, wurde auch Kaspar Hauser für Ludwig interessant.

Feuerbach schrieb am 8. April 1830, also kurz nach dem Tode Großherzog Ludwigs, an seinen König: „Zu den vielen über Kaspars Herkunft verbreiteten, teils albernen, teils ganz unwahr befundenen, teils außer den Grenzen jeder möglichen gerichtlichen Nachforschung liegenden Gerüchten oder Anzeigen gehört auch die: unser rätselhafter Findling sei ein vertauschter, ausgewechselter und dann auf die Seite geschaffter Prinz des Großherzogs Carl von Baden und Stephaniens, folglich keine geringere Person, als der nunmehrige ächte Großherzog von Baden selbst." Angeblich sei diese „romantische Sage", wie Feuerbach meinte, bereits 1829 aufgetaucht.
Obwohl das Jahr 1830 mit dem Tode des letzten Zähringers für Ludwig einen guten Anlaß gebracht hätte, sich der Prinzentheorie zu bedienen, wartet Ludwig ab. Er vertraute offensichtlich noch immer auf eine diplomatische Lösung bzw. auf einen Krieg mit Frankreich. Das ist um so erstaunlicher, als ja selbst in Baden offensichtlich viele von der Legitimität Kaspar Hausers überzeugt waren. So berichtet der Staatsrat und Landtagsabgeordnete Carl Th. Welcker, daß nach dem Tode des Großherzogs Ludwig viele Abgeordnete Zweifel gehabt haben, ob sie dem Nachfolger Leopold huldigen sollten.
Bis zum Tode Hausers geschieht von Seiten Ludwigs nichts, um den Fall Hauser für seine pfälzischen Pläne zu gebrauchen. Die sonstigen Äußerungen Feuerbachs, den er offensichtlich nicht mag, nimmt er nicht zur Kenntnis. Auch seine Stiefmutter, die Königin Karoline, die ja von Feuerbach eingehend informiert wird, und die als angebliche Tante Kaspar Hausers natürlich aus Familiengründen schon Interesse an Hauser haben mußte, und auch daran glaubte, scheint ihren Stiefsohn Ludwig erst nach dem Tode Hausers mit Feuerbachs sehr bestimmten Meinungen bekannt gemacht zu haben. Sie schreibt am 18. Dezember 1833 in ihr Tagebuch: „Ich erzählte dann dem König von den Gerüchten, die über dessen Herkunft im Umlauf sind und die er nicht kannte ..." Ludwig schreibt in sein Tagebuch: „... Mama sagte mir ... Kaspar Hauser sey für einen Sohn ihres Bruders gehalten worden, nämlich daß ein anderes Kind statt seiner untergeschoben worden. Der verstorbene Präsident Feuerbach hätte ihr darüber geschrieben, gewünscht, sie solle sich seiner annehmen, was sie aber, um ihm keine Gefahr zu bringen, nicht getan. Daß ein Sohn ihres Bruders vergiftet worden, leider ist kein Zweifel, (nämlich) der zweite, wovon der Vater so überzeugt war, daß er ihn nicht öffnen ließ ..." Ludwig nimmt nun lebhaften Anteil an den Vorgängen um den Tod Hausers. Am 21. Dezember 1833 schreibt er an das Innenministerium: „Es ist mir zu berichten, ob Caspar Hauser mit einem vergifteten Dolche ermordet worden, was an der Wunde selbst wahrgenommen werden konnte, und ob dieses schon für sich tötlich war." Er scheint nun einigermaßen davon überzeugt, daß Kaspar Hauser der Prinz von Baden war, denn am 23. Dezember 1833 lesen wir in seinem Tagebuch: „... recht leid der Tod des rechtmäßigen Großherzogs von Baden, wenn es Kaspar Hauser war, was wahrscheinlich. ..." Sein hessischer Schwiegersohn, notiert Ludwig, „sey überzeugt, der Großherzog von Baden, Leopold, wenn ihm ein rechtmäßiger Erbe Badens bekannt wäre, trete freiwillig ab. Er nannte jemand ... wen er für fähig hielte des an Kaspar Hauser begangenen Mordes. Da es nicht bewiesen, will ich den Namen nicht sagen ..." Auf die bald verbreitete These vom Selbstmord Hausers reagiert Ludwig verärgert bzw. ungläubig: Er ordnete deshalb an: „Der Name dessen, welcher in

Ansbach (oder Nürnberg) hatte einrücken lassen, Kaspar Hauser habe sich selbst die Wunde beigebracht, ist zu erforschen, überhaupt allem, was sich auf K. H. bezieht und auf das Verbrechen, ist unausgesetzt eifrig nachzuspüren. – Namentlich, welche Richtung der Mörder genommen und wo er über die Grenze zurück ist, was doch herauszubringen ist.“ Am 28. Dezember: „Was die Setzung einer Prämie auf Entdeckung des Täters betrifft, darüber ist auch die Ansicht des Ministers des Äußern zu vernehmen und heute noch. Wie erfreut würde ich sein, wenn der Urheber dieser Mordtat erwiesen werden sollte.“ Und schließlich am 29. Dezember: „Der Preis von zehntausend Gulden auf befragliche Entdeckung Kaspar Hauser betreffend, ist zu setzen und recht bekannt zu machen, zuvor aber den Entwurf mir zu schicken.“

Nachdem der Bericht aus Ansbach eingelaufen war, rügte König Ludwig I. die polizeilichen Maßnahmen: „Die ersten polizeilichen Maßregeln erscheinen viel zu spät ergriffen. Statt eines Polizeidieners (Herrle) hätte wenigstens eine polizeiliche Kommission augenblicklich auf die erste Anzeige sich an den Ort der Tat begeben und diesen besichtigen sollen, wenn es anders nicht möglich gewesen sein sollte, daß eine gerichtliche Kommission durch schleunige Kommunikation und einstweilige Bewachung des Platzes oder Sperrung des Gartens noch rechtzeitig zur Einsicht aufgefordert worden wäre. Es ist dieses der Polizeistelle in geeignetem Wege zu rügen.“

Zweifellos stehen die Mitteilungen über Hausers badisches Prinzentum, von dem König Ludwig offensichtlich schnell überzeugt war, und die Bemühungen um eine Aufklärung des Mordfalles in engster Beziehung. Ludwig konnte hoffen, durch eine Aufklärung des Mordfalles und durch die dadurch erfolgte Diskreditierung der regierenden Linie Hochberg doch noch zu seinem Ziel, der Rückgewinnung der Pfalz zu kommen. Voraussetzung für eine solche neuere Aktion waren freilich klare Beweise. Trotz großen Einsatzes und trotz hoher Prämie brachten die polizeilichen Untersuchungen kein Ergebnis. Zwei Jahre später schöpfte Ludwig I. neue Hoffnungen, nachdem ihm sein Innenminister Ludwig von Öttingen-Wallerstein neue Verdächtige präsentierte, aber auch diesmal mußte Ludwig einsehen, daß auch über Kaspar Hauser die badische Frage nicht zu lösen war.

Ludwigs politisches Interesse an Baden und in diesem Zusammenhang auch an Kaspar Hauser hat später dazu geführt, daß man Ludwig verdächtigte, er habe Kaspar Hauser in Pilsach bei Neumarkt in der Oberpfalz gefangenhalten lassen. Pilsach ist als Ort der Gefangenschaft erst von einer Schriftstellerin und Bewohnerin Pilsachs im 20. Jahrhundert „entdeckt“ worden. Die Quellen geben für eine solche Behauptung nichts her.

3. Bemühungen um eine Strafrechtsreform: politische Prozesse unter Ludwig I.

Da sich Feuerbachs Strafgesetzbuch wegen der Starrheit seiner Bestimmungen in der Praxis als nur beschränkt tauglich erwies, wurde bald der Ruf nach einer Neufassung, ja nach einem neuen Strafrecht laut. Als störend erwies es sich vor allem auch, daß in der 1815 zu Bayern gekommenen Rheinpfalz französisches Strafrecht galt (Code d'instruction criminelle von 1809 und Code pénal von 1811), das sich nicht unerheblich vom bayerischen Strafgesetzbuch von 1813 unterschied und in vielen Punkten schon den rechtspolitischen Forderungen des liberalen Bürgertums entsprach. Im Unterschied zu Feuerbachs Strafgesetzbuch waren in der Rheinpfalz die Öffentlichkeit und Mündlichkeit des Verfahrens sowie die Einrichtung von Schwurgerichten und Staatsanwaltschaften konsequent verwirklicht. Obwohl die Verfassung von 1818 ein einheitliches Strafgesetzbuch versprochen hatte, weigerte sich König Ludwig I., die fortschrittlichen Institutionen der Pfalz im rechtsrheinischen Bayern einzuführen.

Dies galt vor allem für die **Schwurgerichte**: Ihre Einführung war eine der wichtigsten Forderungen fast aller liberalen Politiker und Juristen dieser Zeit. Schon Feuerbach hatte in seinen „Betrachtungen über das Geschworenengericht" deutliche Worte gefunden: Bei der Schilderung der englischen und französischen Schwurgerichte meinte er: *Stellt man den Geschworenengerichten die in Deutschland eingeführten Criminalgerichte gegenüber, bringt man die Grundsätze und das Verfahren beider in Vergleichung, so zeigt sich überall ein schneidender Abstand, der die glänzenden Vorzüge der ersten nur um so mehr erhebt und uns für dieselben, als für die allgemeine Sache der Menschheit fast zur Begeisterung hinreißen muß.* Der Freispruch der beiden Hauptredner am Hambacher Fest von 1832, Dr. Philipp Jakob Siebenpfeiffer und Dr. August Wirth vor dem Schwurgericht Landau am 16. August 1832, bestärkte den König in seiner Auffassung, daß die pfälzischen Schwurgerichte wie die Schwurgerichte überhaupt eine Gefahr für seine autokratische Herrscherweise darstellten. In massiver Weise ging Ludwig I. nun daran, die Justiz für seine Zwecke personell zu säubern und umzubauen. So machte er das Landshuter Appellationsgericht zur zentralen Strafinstanz für Hoch- und Staatsverrat und besetzte es mit dem willfährigen Präsidenten Joseph von Hoermann. Auch wenn es den Gerichten nicht immer gelang, genug Nachweise für den Tatbestand des Hoch- oder Staatsverrats zu finden, so war es doch vor allem die jahrelange Untersuchungshaft, mit der man politische Oppositionelle besonders empfindlich treffen konnte.

Über die Delikte des **Hochverrats** und des Staatsverrats entspannte sich im Gefolge der juristischen Aufarbeitung der Vorgänge im Deutschen Bund und in Bayern nach 1830 eine lebhafte juristische Diskussion. Insbesondere ging es dabei auch um die Rechtmäßigkeit der Todesstrafe, die bei Hochverrat, einem nur undeutlich definierten Delikt, obligatorisch zu verhängen war. Wie schon im Mittelalter und der frühen Neuzeit, wo man das „crimen majestatis" besonders hart bestrafte (in der Regel mit Vierteilen), blieb die Definition des Hochverrats bis ins 19. Jahrhundert völlig diffus. Ungeklärt war vor allem, wo der Hochverrat anfing. Im bayerischen Strafgesetzbuch von 1813 wird der Hochverrat (gegenüber dem Herrscher) genauer vom Staatsverrat getrennt und die Tatbestandsmerkmale im einzelnen aufgezählt. Doch wird die Todesstrafe schon bei Handlungen angedroht, die weit vor der Vollendung liegen (Komplott, Einlassung in eine Verschwörung u. ä.). Der ebenfalls mit dem Tode bedrohte Staatsverrat zweiten Grades wurde auf zahlreiche Fälle ausgedehnt. Unklar blieb, wann ein Versuch begann. Der berühmte Jurist Mittermaier meinte 1839 im Staatslexikon von Rotteck-Welcker dazu: *Da nun nach dem baierischen Gesetzbuche auch der entfernteste Versuch, also der durch blose Vorbereitungen verübte, schon mit Strafe bedroht ist, so konnte es nicht fehlen, daß man den Kreis der Versuchshandlungen des Hochverrats auf eine sehr willkürliche Weise auf die entferntesten häufig als unreife Plane eines augenblicklich aufgeregten Kopfes vorkommenden Äußerungen ausdehnen konnte. Auch war es zu hart, wenn schon die Aufforderung (ein sehr unbestimmter Ausdruck) zu einem staatsverräterischen Aufruhr in öffentlich versammelter Volksmenge oder durch Verbreitung von Schriften als nächster Versuch (also mit Kettenstrafe oder Zuchthaus auf unbestimmte Zeit nach Art. 60 zu bestrafen) erklärt wurde.*

Auf Initiative König Ludwigs I. kam es besonders nach 1832 zu zahlreichen Hochverratsprozessen, die weder für den König noch für die bayerische Justiz ein Ruhmesblatt waren. Besonders deutlich zeigt das Verfahren gegen den Staatsrechtslehrer und Würzburger Bürgermeister Wilhelm Joseph Behr den Mißbrauch der Justiz zu politischen Zwecken.

Der Kriminalfall: Der Prozeß gegen den Würzburger Bürgermeister Professor Wilhelm Joseph Behr

Der in Sulzheim bei Gerolzhofen (Landkreis Schweinfurt) 1775 geborene Wilhelm Joseph Behr studierte Jura in Würzburg und Göttingen und war von 1799 bis 1821 Professor für Lehn- und Staatsrecht in Würzburg. Seit 1819 brillierte er dank seiner großen Rednergabe als Abgeordneter der Universität Würzburg in der 1. Bayerischen Ständeversammlung und wurde dort der Führer der liberalen Opposition. Als er 1821 zum Bürgermeister von Würzburg gewählt wurde, entließ man den unbequemen Behr auf Drängen Metternichs und auf Grund der Karlsbader Beschlüsse als Universitätsprofessor. Als Bürgermeister gab er die Zeitschrift „Unterhaltungen eines Bürgermeisters mit seinen Mitbürgern" heraus. Obwohl er mehrfach zum Abgeordneten der Ständeversammlung gewählt wurde, erteilte ihm der König nicht mehr die Genehmigung zum Eintritt in die Kammern. Aufgestachelt durch die Denunziationen des Privatdozenten Berks, der später in München Karriere machte, war Ludwig I. gewillt, das „ultraliberale Nest" Würzburg zu sprengen. Vor allem Behrs Rede auf dem gleichzeitig mit dem Hambacher Fest in Gaibach stattfindenden Verfassungsfest ließ Ludwig I. handeln. Im Oktober 1832 wurde er als Bürgermeister entlassen, nachdem man die Stadt eingeschüchtert hatte, die Universität wurde von mißliebigen Professoren „gereinigt". Nun wollte der König, daß die Gerichte mit aller Strenge gegen Andersdenkende vorgehen. Metternich wurde schon Anfang Juni 1833 darüber benachrich-

Wilhelm Joseph Behr

tigt, der König habe es „mit Donnerkeilen, die er auf seine Gerichte losgelassen, soweit gebracht, daß höchstwahrscheinlich der berüchtigte Eisenmann zum Tode und Hofrat Behr zu zehnjährigem Gefängnis wird verurteilt werden." Der Arzt Gottfried Wilhelm Eisenmann war der Redakteur des Würzburger Volksblattes. Tatsächlich wurde auf Antreiben des Königs eine Prozeßlawine wegen Hochverrats gegen Hunderte von Personen ausgelöst, die nun hinter Zuchthausmauern verschwanden. Ludwig I. warnte seine Richter vor „falscher Humanität" und er fand auch bald einen ehrgeizigen und willfährigen Richter, den aus Tirol stammenden Joseph von Hoermann, den der König an die Spitze des Landshuter Appellationsgerichts setzte, das zentral bei Hochverratsprozessen für zuständig erklärt worden war. Im Januar 1834 wurde Behr verhaftet und beim Appellationsgericht für den Untermainkreis ein Verfahren wegen hoch- und staatsverräterischer Umtriebe eröffnet. Das Gericht wurde gezwungen, das Verfahren an das Landshuter Oberappellationsgericht unter Hoermann abzutreten. Dort wurde Behr wegen „nächsten Versuchs zum Hochverrat" und wegen Verletzung der dem Monarchen schuldigen Ehrfurcht 1835 zur Festungsstrafe ersten Grades auf unbestimmte Zeit und zur Abbitte vor dem Bilde des Königs verurteilt. Das Oberappellationsgericht bestätigte das Urteil 1836.

Das Landshuter Urteil war auch nach damaligem Verständnis ein typisches Beispiel für Kabinettsjustiz und stellte eine klare Rechtsbeugung dar. Die Gründe für die Verurteilung waren an den Haaren herbeigezogen. Zur Belohnung wurde Hoermann später vom König zum Regierungspräsidenten von Oberbayern ernannt. In München betitelte man ihn unter Bezug auf die türkischen Grausamkeiten im griechischen Freiheitskampf „Wüterich Ali Pascha von Janina". Behr, der im Unterschied zu Dr. Eisenmann nur bis 1839 in unmittelbarer Festungshaft war und sich dann ein Zimmer mieten durfte, wurde 1847 begnadigt und mit der Amnestie 1848 vollständig rehabilitiert.

Er erhielt eine Entschädigung von 10 000 fl. 1848 wurde er noch in die deutsche Nationalversammlung gewählt, wo er freilich nicht mehr hervorgetreten ist. Er starb schon am 1. August 1851.

4. Die Wende von 1848: Strafrechtsreformen, Einführung von Schwurgerichten und Staatsanwaltschaften, Abschaffung der Patrimonialgerichte

König Ludwig I. dankte am 20. März 1848 ab. Sein Sohn und Nachfolger Maximilian II. mußte mehr oder weniger freiwillig die liberalen Märzforderungen in Gesetzesform bringen. Die großen Reformen im Gerichtswesen fanden ihren Niederschlag im Landtagsabschied vom 4. Juni 1848. Zu ihm gehörte auch das Gesetz *über die Grundlagen der Gesetzgebung über die Gerichtsorganisation, über das Verfahren in Civil- und Strafsachen und über das Strafrecht betr.*, das auch die **Einführung von Schwurgerichten** im rechtsrheinischen Bayern versprach (Art. 10 Nr. 4). Die Einzelheiten regelte man mit Gesetz vom 3. August 1848 (Voraussetzungen für die Berufung zum Geschworenen, Aufstellung der Geschworenenlisten). Dieses Gesetz wurde dann wörtlich in die Strafprozeßnovelle vom 10. November 1848 übernommen (Art. 75 bis 112). Zuständig sollten die bis zum 1. Oktober 1849 zu bildenden Schwurgerichte für die Aburteilung aller Verbrechen sein, welche mit Todes-, Ketten- oder Zuchthausstrafe bedroht waren, sowie für alle Verbrechen und Vergehen nach dem „Preßgesetz" (Pressegesetz) vom 4. Juni 1848. Eingerichtet wurden die Schwurgerichte bei den Kreis- und Stadtgerichten (seit 1857 Bezirksgerichte).

Wegen der Zuständigkeit der Geschworenengerichte für politische Delikte und Pressedelikte war die Festsetzung der Geschworenenlisten eine politisch brisante Angelegenheit. Die Geschworenenlisten mußten durch das Landratskollegium des jeweiligen Regierungsbezirkes aufgestellt werden. Als dem Innenminister bekannt wurde, daß bei der Festsetzung der Geschworenenlisten 1850 „unzuverlässige" Referenten mitgewirkt hatten, mußten alle Regierungspräsidenten Bericht erstatten. Der Regierungspräsident von Unterfranken überschickte darauf am 7. Dezember 1850 eine Liste der Geschworenen mit entsprechenden Streichungen und vermerkte, daß nur *gesinnungstüchtige Kandidaten* berücksichtigt wurden: *Wer nur im entferntesten als zu demokratischen Tendenzen hinneigend bekannt war, wurde gestrichen.*[9] Auch der Regierungspräsident von Oberfranken beruhigte seinen Innenminister: *Sollten demungeachtet und wider alles Erwarten einige ungeeignete, insbesondere demokratisch gesinnte Personen als Geschworene in dieser Liste vorkommen, so kann jeder zu befürchtende Nachteil dadurch vermieden werden, daß die künftigen Präsidenten des*

Zur Eriñerung der ersten
Die Geschwornen
Nichtschuldig
Schuldig

Schwurgerichtshofes bei der Ausübung des ihnen … zustehenden Rechtes das Verzeichnis der durch das Los gezogenen 45 Geschworenen auf 30 und die Ersatzgeschworenen auf sechs herabzusetzen, auf solche Personen geeignete Rücksicht nehmen und selbe von der Liste der Geschworenen streichen.“

Das gleichfalls 1848 in das bayerische Strafverfahren eingeführte **Anklageprinzip** setzte einen Schlußstrich unter das seit dem 15. Jahrhundert übliche Inquisitionsverfahren, in dem der Richter der alleinige Herr des Verfahrens war. Nun wurde bei jedem Kollegialgericht eine Staatsanwaltschaft als selbständige Behörde eingerichtet. Es waren dies die einzigen Bestimmungen des Gerichtsverfassungsgesetzes vom 25. Juli 1850, die unmittelbar verwirklicht wurden. 1851 waren die meisten Staatsanwaltschaftsstellen mit eigenen Beamten besetzt. Diese mußten bei jeder Sitzung anwesend sein, die Anklage vertreten und die Rechtspflege durch alle Instanzen überwachen. Ein Verordnung vom 27. Februar 1851 stellte vorsorglich fest, daß die Staatsanwälte Verwaltungsbeamte seien und damit keine richterliche Unabhängigkeit genießen können.

Gleichzeitig mit der Einrichtung von Schwurgerichten und Staatsanwaltschaften erhielt das rechtsrheinische Bayern das öffentliche und mündliche Verfahren nach pfälzischem Vorbild. Auch die Prügelstrafe schaffte man nun endgültig ab.

Die Einführung der Schwurgerichte seit 1848 hatte unmittelbare Auswirkungen für den Ausgang der Prozesse, die nun nicht mehr wie unter Ludwig I. von der Regierung in Zusammenarbeit mit ehrgeizigen Richtern gesteuert werden konnten. Gerade bei politischen und Presse-Delikten kam es nun zu einer Reihe von spektakulären Freisprüchen. Jetzt konnten die Angeklagten, wie beim Prozeß gegen Dr. Heinkelmann[10] vor dem Appellationsgericht in Augsburg auf das Wohlwollen der bürgerlichen Geschworenen hoffen.

Der Kriminalfall: Der Prozeß gegen Dr. Heinkelmann in Memmingen 1850

Der in Bamberg geborene Arzt Dr. Heinkelmann, der zunächst Jura studiert hatte, wegen seiner Mitgliedschaft in der deutschen Burschenschaft sein Examen nicht bestand und nach einem Medizinstudium drei Jahre eingesperrt wurde, gehörte zu den führenden Köpfen der Revolution von 1848 in Franken. Seit 1846 als Arzt in Bamberg tätig, war er als Leiter des Bamberger Volksvereins ein Vertreter des fränkischen

◀ Erinnerungsblatt an die ersten Schwurgerichtssitzungen in München 1849. Mit der Schaffung von Schwurgerichten auch im rechtsrheinischen Bayern wurde 1848 eine alte Forderung des liberalen Bürgertums verwirklicht. Die Schwurgerichte waren für die Aburteilung aller Verbrechen zuständig, die mit der Todes-, Ketten- oder Zuchthausstrafe bedroht waren. Darüber hinaus entschieden die Schwurgerichte auch über Verbrechen und Vergehen nach dem Pressegesetz vom 4. Juni 1848. Das bot kritischen Journalisten einen gewissen Schutz. (Stadtmuseum München)

Schwurgerichtssaal im Justizpalast Augsburg: Die Schwurgerichtssäle bildeten den besonders aufwendig ausgestalteten Mittelpunkt der in der 2. Hälfte des 19. Jh. erbauten bayerischen Justizpaläste. (Fotografie um 1875, Bayerisches Hauptstaatsarchiv)

Separatismus und der Initiator der gegen das Militär gerichteten Bamberger Demonstrationen im Januar 1849. In zahlreichen Versammlungen setzte er sich für die Einführung der Grundrechte der Frankfurter Nationalversammlung und die unbedingte Annahme der Reichsverfassung ein. Mit scharfen Worten geißelte er die Münchner Zustände unter König Ludwig: „... die saubere Wirtschaft in Bayern, die übermäßige Civilliste des Königs, die überflüssigen Pensionen, die Verschwendung der mit saurem Schweiß erworbenen Volksgelder für Huren, für die Erbauung von Palästen ...". In Breitengüßbach schloß er seine Rede mit dem Aufruf: „Ihr Mitbürger, bewaffnet Euch und jammert nicht hinter dem Ofen! Und wenn Ihr keine Schußwaffen habt, so greift zu den Sensen ..." Mit diesem Aufruf war der Tatbestand des versuchten Hochverrats gegeben. Heinkelmann konnte in die Schweiz fliehen, kehrte aber freiwillig zurück. Nach 15 Monaten Untersuchungshaft in Bamberg, wo ihn der Untersuchungsrichter v. Seefried in einen kalten und finsteren Kerker sperren ließ, wurde ihm schließlich der Prozeß vor dem Schwurgericht Augsburg gemacht, das man für zuständig erklärt hatte.

In seiner Verteidigungsrede erklärte laut Bericht des Augsburger Tagblatts vom 12. September 1850 Heinkelmann die Anklage der Staatsanwaltschaft für ein jesuitisches Machwerk, das so tue, als ob die Entstehung des Bamberger Volksvereins und der Bamberger Kongreß noch im biederen Vormärz geschehen sei, „als herrschte in Österreich noch der blödsinnige Absolutismus eines Metternichs, als hätte sich noch kein beschriebenes Blatt zwischen den preußischen Herrscher und sein Volk gedrängt, als befänden wir uns noch in der Lolazeit." Als der Präsident dem Angeklagten diese Rückerinnerungen verbat, erklärte sich dieser bereit, „die Lola fahren zu lassen". „Als im Jahre 1848 der Thron in Frankreich fiel", fuhr der Angeklagte fort, „heulte ein scharfer Westwind durch die alten Stammschlösser und Zwingburgen und ihre erlauchten Bewohner bebten und packten in ihrer Angst alle Kostbarkeiten, an denen Blut und Schweiß des Volkes klebten ... Damals habe man bebend Versprechungen gemacht, die man zu halten nie die Absicht gehabt ... Habe man da von einem Herrscher nur einen Laut eines Protestes gegen die Souveränität des Volkswillens vernommen? Die bayerische Regierung setzte vielmehr etwa darein, die erste zu sein, die ihre Abgeordneten nach Frankfurt sandte. Alle Regierungen hätten die Centralgewalt anerkannt ... Er sey mit allen anderen in gleichem Rechte gewesen, wenn er die Reichsverfassung anerkannte, so gut wie die bayerische Volkskammer, welche er in ihrer Majorität anerkannt habe. Daß er Demokrat sei, habe er nirgends widersprochen, er sei Republikaner und werde es so Gott will bleiben, er habe die Ansicht, daß nur das Volk berechtigt sey, sich eine Regierungsform zu geben und zu regieren und daß die republikanische Verfassung die vernünftigste, die dem Menschen würdigste sei ... aber daß man deshalb einen Verbrecher aus ihm machen wolle, dagegen müsse er sich verwahren."

Am 12. September 1850 wurde Heinkelmann freigesprochen. Empört berichtete der Regierungspräsident von Schwaben und Neuburg an sein vorgesetztes Innenministerium über die Geschworenen: „Sie haben auch die äußere Würde des Amtes so wenig bewahrt, daß sie, nachdem sie sich zurückzogen, um den Wahrspruch zu fällen, nicht länger ausblieben, als nötig war, eine Suppe zu essen, und dann hervortraten, ohne nur die Fragen gelesen zu haben. Als aber der Gerichtshof sich entfernt hatte, um das Urteil zu schöpfen, da gingen sie beinahe alle zu Dr. Heinkelmann und drückten ihm die Hände ... Der Verteidiger ... spielte die ganze Komödie von der endgültigen Reichsverfassung durch und schämte sich nicht zu deduzieren, daß durch sie die bayerische Staatsverfassung und mit ihr das Strafgesetzbuch von 1813 nicht mehr Geltung habe ..."

Der Regierungspräsident zog dann die folgenden Schlußfolgerungen, „1. Daß man mit den Verweisungen politischer Processe vor die Schwurgerichte sehr behutsam sein sollte ... 2. daß das Institut der Geschworenen für politische Verbrechen durchaus unbrauchbar ist ..."

Von größter Bedeutung für die Gerichtsverfassung waren die Reformen des Jahres 1848 bezüglich der **Aufhebung der Patrimonialgerichtsbarkeit**. Seit der Ottonischen Handfeste von 1311 war der Adel im Besitz der niederen Gerichtsbarkeit in seinen Hofmarken. Dieses Privileg wurde zur Enttäuschung des liberalen Bürgertums noch in der Verfassung von 1818 festgeschrieben: In sogenannten Patrimonialgerichten unterschiedlicher Größe und Kompetenz übte der jeweilige adelige Gerichtsherr auch eine beschränkte Strafgerichtsbarkeit aus. Diese ging nun 1848 ersatzlos an das jeweilige Landgericht bzw. an die Polizeibehörden über.

War die königlich bayerische Rechtsprechung bis 1848 schon *zum Spott der ganzen civilisirten Welt geworden*, so stand es um den Ruf der Patrimonialgerichte, die in der Regel (billige und) wenig befähigte Richter beschäftigten, noch schlechter. Dies zeigte sich im Zorn, der sich im Jahre 1848 über die Patrimonial- und Herrschaftsgerichte entlud, deren Inhaber als Ausbeuter und deren Beamte und Richter als unfähig und unehrlich beschimpft wurden: *Deshalb wurden adelige Diener nie in Gesellschaft von Staatsdienern zugelassen, überhaupt gemieden; denn der Edelmann benützte seine Diener und der Diener mußte sich zu Allem gebrauchen lassen, aber vorzüglich die Untertanen auszuziehen. Den Raub teilten sie – doch immer wieder in betrügerischer Art mit ihrem gnädigen Herrn. Z. B. als der Herzog Wilhelm die Herrschaft Banz kaufte, so waren ihm die Erträgnisse der Gerichtsbarkeit jährlich um 80–100 fl. angerechnet – dermal ertragen sie 1200–1500 fl. Dies wäre noch das geringste Übel gewesen. Dazu kommt noch die grenzenlose Unwissenheit aller adeligen Gerichtshalter. Wer hat noch von einem wissenschaftlich gebildeten adeligen Diener etwas gehört!!? Von diesen rührte es, daß der Edelmann seinen Herrschaftrichter etc. nicht anders als „meinen Kerl" hieß ...*[11]

Wesentliche Verbesserungen im Strafensystem des grundsätzlich noch gültigen Strafrechts von 1813 brachte das Gesetz vom 18. November 1849.[12] Abgeschafft wurde nun die Strafe des bürgerlichen Todes, die Ausstellung und die Brandmarkung.

5. Vollzug und Todesstrafe und öffentliche Hinrichtung

Die durch die strengen Strafbestimmungen des Strafgesetzbuches von 1813 vorgegebene häufige Verhängung der Todesstrafe sowie deren öffentlicher Vollzug waren Kernpunkte der liberalen Kritik an der bayerischen Strafrechtspflege. An eine Abschaffung der Todesstrafe, wie sie die Paulskirchenversammlung 1848 in ihren Grundrechten festgelegt hatte, war im Königreich Bayern nicht zu denken. Unter König Maximilian II. werden jedoch neben den ersten spontanen, von den Märzforderungen erzwungenen Reformen (Schwurgerichte) besonders seit dem Ende der 1850er Jahre weitere Reformen in der Strafrechtspflege vorangetrieben, die in der Schaffung eines neues Strafgesetzbuches und eines Polizeistrafgesetzbuches von 1861 gipfeln. Die meisten der verhängten Todesurteile wurden schon vor der Einführung des neuen Strafrechts nicht vollstreckt. Insgesamt waren seit dem 1. Januar 1849 bis zum Inkrafttreten des neuen Strafgesetzbuches am 1. Juli 1862 327 Todesurteile verhängt worden, davon 165 wegen Mord, 78 wegen Raub und 84 wegen Brandstiftung. Davon wurden nur 65 vollstreckt, nämlich 50 wegen Mord und 15 wegen Raub.

1854 ließ König Maximilian II. nach einer mißglückten Hinrichtung in München prüfen, ob die Hinrichtung durch das Schwert durch die Hinrichtung mit dem Schafott ersetzt werden könne. Seine Minister und der Staatsrat sahen keine Hindernisse, insbesondere nachdem das Königreich Sachsen schon 1852 und das Königreich Württemberg 1853 das Schafott „erfolgreich" eingeführt hatten. In der Pfalz und in der Rheinprovinz war diese Hinrichtungsart nach französischem Muster bereits seit 1798 üblich. Schon Feuerbach wollte sie in seinem Strafgesetzbuch privilegieren, wurde aber von seinen Mitarbeitern überstimmt. Durch königliche Verordnung vom 3. August 1854 wurde schließlich auch im Bayern diesseits des Rheins die Hinrichtung durch das Schafott eingeführt.

Der Kriminalfall: Darstellung des Verbrechens des in München am 11. Mai 1854 hingerichteten Christian Hussendörfer

Die gedruckten Berichte über die Verbrechen der zum Tode hingerichteten Personen wurde den jeweiligen Kreisblättern beigelegt. Die Ungeschicklichkeit des Scharfrichters bei der Hinrichtung Hussendörfers und die entsprechende negative Reaktion des Publikums führte zu der Anweisung, daß das Todesurteil in den frühen Morgenstunden und nicht wie bisher, zwischen 9 und 11 Uhr vollzogen werden mußte. Verschärfungen (Ausstellung) und Ankündigungen nach Art. 382 Abs. 2 mußten noch in der Fronveste bzw. am nächstgelegenen öffentlichen Gebäuden vorgenommen werden, der Weg zur Richtstätte mußte auf dem schnellsten Weg, unter Vermeidung der dichtbesiedelten Stadtteile erfolgen (30. Mai 1854). Im gleichen Jahr wurde die Hinrichtung durch das Schwert durch die Hinrichtung durch das Fallbeil (Schafott) ersetzt.

Geschichtliche Darstellung des Verbrechens des Christian Hussendörfer von Syburg.

Christian Hussendörfer, 19 Jahre alt, lediger Sattlergeselle von Syburg, k. Landgerichts Greding, führte seither kein tadelfreies Leben.
Er neigte sich dem Trunke und der Nachtschwärmerei hin, war dem fremden Eigenthum gefährlich, und bestahl auch schon einen seiner früheren Meister.
Im Monate Juli vorigen Jahres trat Christian Hussendörfer bei dem Sattlermeister Joseph Lindermaier von Eurasburg als Geselle gegen Kost und Lohn in Arbeit, und befand sich im September vorigen Jahres mit demselben bei einem Bauer in Holzburg auf der Störe.
Als sie am 29. desselben Monats die Arbeit dort vollendet hatten, begaben sie sich Nachts zwischen 10 und 11 Uhr auf den Rückweg nach Eurasburg.
Hussendörfer, welcher schon einige Tage vorher den Entschluß gefaßt hatte, seinen Meister zu ermorden und ihm den vereinnahmten Arbeitslohn, welcher in 13 fl. 30 kr. bestand, abzunehmen, überfiel nun plötzlich am Ende eines Waldes denselben, tödtete ihn nach längerer vergeblicher Gegenwehr durch mehrere Schläge und Messerstiche, und nahm sodann dessen Baarschaft zu sich.
In Eurasburg angekommen, rief Christian Hussendörfer sogleich um Hilfe und sagte unter Vorzeigung seiner blutigen Hände, er und sein Meister seien von Räubern überfallen worden, und dieser liege noch im Walde.

Erst am andern Tage wurde Joseph Lindermaier gräßlich verstümmelt und in einem Acker auf dem Rücken liegend entseelt gefunden.
Bei der gerichtlichen Besichtigung der Leiche ergab sich, daß der Hirnschädel gänzlich zerschmettert, das rechte Schläfenbein durchstoßen und die edelsten Organe der Brust und des Unterleibs mehrfach beschädigt waren, – Verletzungen, welche nothwendig, unmittelbar und ihrer allgemeinen Natur nach tödlich gewesen.
Christian Hussendörfer wurde als der That verdächtig alsbald in Untersuchung gezogen und nach erfolgter Verweisung vor das Schwurgericht von Oberbayern in der Sitzung vom 20. März l. Js. abgeurtheilt.
Die Geschwornen erkannten ihn des Verbrechens des doppelt qualifizirten Mordes für schuldig, worauf der Schwurgerichtshof von Oberbayern durch Urtheil vom 20. desselben Monats die Todesstrafe gegen ihn aussprach.
Nachdem der oberste Gerichtshof, welchem die Prüfung des Urtheils gemäß Artikel 233 des Strafprozeß-Gesetzes vom 10. November 1848 von Amtswegen zustand, weder in dem gegen den Angeklagten durchgeführten Strafverfahren, noch in dem erlassenen Strafurtheile einen Nichtigkeitsgrund gefunden hatte, haben Seine Majestät der König am 1. Mai l. Js. zu erklären geruht, daß zur Begnadigung des Christian Hussendörfer kein zureichender Grund vorliege.
Demzufolge wurde heute Vormittag das Todesurtheil an Christian Hussendörfer durch öffentliche Enthauptung mit dem Schwerte vollzogen.

München, den 11. Mai 1854.

Königliches Kreis- und Stadtgericht München.

Freiherr v. Mulzer,
königl. Kreis- und Stadtgerichts-Direktor.

Weichsler, Rath.

Muckenthaler, Aktuar.

Am 1. April 1855 wurde eine umfangreiche Instruktion über das Verfahren beim Vollzug der Todesurteile erlassen. Zwei Nachrichter (Scharfrichter) in Würzburg und München, denen jeweils zwei Gehilfen zur Seite standen, waren für den Vollzug der Todesstrafe im Bayern diesseits des Rheins zuständig. Die zwei am Sitz der Nachrichter aufbewahrten „Fallschwertmaschinen“ wurden von den Nachrichtern im Bedarfsfall zu den jeweiligen Schwurgerichtshöfen transportiert. Das dem Verurteilten zu verkündende Todesurteil mußte binnen 24 Stunden vollstreckt werden, wenn der Verurteilte nicht einen Aufschub von maximal 3×24 Stunden begehrte. Das Todesurteil mußte in den frühen Morgenstunden auf einem dem Untersuchungsgefängnis möglichst nahegelegenen öffentlichen Platz auf einem Gerüst vollzogen werden, das man zu diesem Anlaß aufbaute. Der Verurteilte wurde auf einem offenen Wagen, auf dem auch ein Geistlicher und der Gehilfe des Nachrichters saß, zur Hinrichtungsstelle gebracht. Der Wagen mußte ebenso wie das Hinrichtungsgerüst von Militär abgeschirmt werden.

Der Scharfrichter Reichhardt mit Gehilfen an seinem Arbeitsplatz im Gefängnis Stadelheim um 1910: Das Fallbeil wird seit 1854 nach pfälzischem und französischem Vorbild bei der seit 1813 obligaten Hinrichtung durch Enthauptung verwendet. Seit 1861 mußte die Hinrichtung im geschlossenen Raum stattfinden.

(§ 21) Sobald der Zug am Richtplatze eingetroffen ist, verrichtet der Geistliche mit dem Verurteilten ein kurzes Gebet, nach welchem auf ein von dem Kommissär des Kreis- und Stadtgerichts gegebenes Zeichen die Gehilfen des Nachrichters dem Verurteilten die Augen verbinden und denselben auf das Schaffot führen, allwo die Enthauptung durch den Nachrichter unter Beistand seiner Gehilfen ohne Aufenthalt vollzogen wird. (§ 22) Das Haupt mit dem bekleideten Leichnam ist vor den Augen der Zuschauer in einen bereit stehenden Sarg zu legen, worauf der Akt mit einem Gebete des Geistlichen geschlossen wird …

Trotz der Versuche, die Hinrichtungen schnell und ohne großes Aufsehen zu vollziehen, wurde von den zuständigen Beamten immer mehr der Volksfestcharakter der Hinrichtungen beklagt. Der Stadtkommissar von Amberg berichtete über eine Hinrichtung von drei Verurteilten am 24. August 1854: *Die ganze Nacht vom 23. auf den 24. war sowohl in der Stadt Amberg als in den umliegenden Orten keine Ruhe. Von Stunde zu Stunde kamen neue Karawanen*

Fußgänger und neue mit Schaulustigen schwer beladene Wägen an, aus allen Gegenden, von Hersbruck wie von Waldmünchen, von Burglengenfeld wie von Tirschenreuth waren Schaulustige da. Alle Gasthäuser waren blockiert und die übrigen Bewohner von Amberg in der nächtlichen Ruhe gestört. Aber auch der neugierige Teil der hiesigen Bevölkerung war schon zur rechten Zeit auf den Beinen. Um 4 Uhr morgens war schon der ganze sogenannte alte Paradeplatz mit Menschen besetzt, um da von der Fronveste aus die Verlesung des Urteils zu hören und den Stab brechen zu sehen. Als der Unterzeichnete von da um ½ 5 Uhr auf die Richtstätte kam, war der ganze Platz mit Tausenden von Zuschauern besetzt, aber ein Gedränge war nicht zu bemerken, weil der Platz überhaupt sehr umfangreich ist und der Platz, auf welchem das Schaffot aufgerichtet, sehr vorteilhaft gewählt war. Es mag eine Menschenmenge von 3–4000 Menschen versammelt gewesen sein, welche in späterem Vollzug der Execution kaum größer gewesen wäre, denn da die Execution schon um 6 Uhr früh vollendet war, so konnten alle Maurer, Zimmerleute, Lehrbuben, Taglöhner und Dienstboten derselben beiwohnen.[13]

Bei der Hinrichtung des Georg Gschwendter in München am 28. Januar 1856 um 7¾ Uhr waren „nur“ 900 Zuschauer da, wie der Münchner Gendarmeriekommandant zufrieden meldete. Mit dem neuen Strafgesetzbuch von 1861 hörten schließlich auch die öffentlichen Hinrichtungen auf.

Trotz der Zusagen im Grundlagengesetz vom 4. Juni 1848 kam es mit dem Gerichtsverfassungsgesetz vom 10. November 1861 im Königreich Bayern vergleichsweise spät zur **Trennung von Justiz und Verwaltung**. Sie war vor allem aus Kostengründen immer wieder hinausgezögert worden. Durch das Reichsgerichtsverfassungsgesetz vom 27. Januar 1877 erhielt das Deutsche Reich eine einheitliche Gerichtsverfassung mit Amtsgerichten, Schöffengerichten, Landgerichten, Schwurgerichten und Oberlandesgerichten. Am 1. 10. 1879 trat diese Gerichtsverfassung gleichzeitig mit anderen Reichsjustizgesetzen in Kraft. Aus den bayerischen Appellationsgerichten wurden, mit Ausnahme des Gerichts in Passau, Oberlandesgerichte als Berufungs- und Beschwerdeinstanzen über den Landgerichten. Sie haben Strafkammern und bei ihnen werden die Schwurgerichte gebildet.

Baulicher Ausdruck dieser Justizreformen waren die gegen Ende des 19. Jahrhunderts entstehenden Justizbauten und Justizpaläste. Sie sind die Schlösser des bürgerlichen Zeitalters, wie ein Blick auf die Architektur der großen bayerischen Justizpaläste in München, Augsburg, Bamberg und Nürnberg zeigt. In ihnen nehmen bezeichnenderweise die Schwurgerichtssäle einen zentralen Platz ein.

Ein neues Strafgesetzbuch und zusätzlich ein Polizeistrafgesetzbuch erhielt das Königreich Bayern erst 1861. Es trat am 1. Juli 1862 in Kraft. Verglichen mit dem preußischen Strafgesetzbuch von 1851, das später Vorbild für das Reichsstrafgesetzbuch werden sollte, waren die Strafen insgesamt erheblich milder.

JUSTIZPALAST BAMBERG: Die Justizpaläste sind als die „Residenzen der bürgerlichen Rechtspflege" im Stil von Schloßbauten aufgeführt worden. Der Bamberger Justizpalast wurde im Stil der Neurenaissance zwischen 1900 und 1903 nach Entwürfen von Hugo Höfl (1852–1910) errichtet. (Bayerisches Hauptstaatsarchiv)

DER JUSTIZPALAST IN MÜNCHEN: Der von 1890 bis 1897 errichtete Münchner Justizpalast, der für eine Vielzahl von Justizbehörden und für das Justizministerium geplant war, ist die bedeutendste architektonische Leistung von Friedrich Thiersch (1852–1921). (Zeichnung von F. Thiersch aus der Denkschrift zur Feier der Eröffnung, 1897)

Außerdem war das bayerische Strafgesetzbuch verständlicher formuliert. Die Todesstrafe wurde für einige wenige Verbrechen zwar beibehalten, doch durfte sie nicht mehr öffentlich vollstreckt werden.[14] Der Volksfestcharakter mancher Hinrichtungen in den 50er Jahren hatte gezeigt, daß die abschreckende Wirkung der öffentlichen Hinrichtung fragwürdig war.

Gleichzeitig begann man mit einer **Reform des Strafvollstreckungswesens**. Der Zustand der bayerischen Gefängnisse war außerordentlich besorgniserregend. Neue Anstalten waren nicht errichtet worden, der Strafvollzug fand im wesentlichen in alten Schlössern und ehemaligen Klöstern statt. Die Einführung des neuen Strafgesetzbuches machte eine Vermehrung und Erweiterung der bestehenden Strafanstalten erforderlich. Der damalige Justizminister Karl Christoph Frh. von Mulzer hielt es für eine Nowendigkeit, nach dem Vorbild anderer Staaten wenigstens versuchsweise das System der Einzelhaft (Zellenhaft) einzuführen. Vorbild waren die amerikanischen Gefängnisreformen. 1836 war in Pennsylvanien das erste Gefängnis in Strahlenbauweise errichtet worden. In den strahlenförmig angeordneten Zellenflügeln befanden sich ausschließlich Einzelzellen. Trotz der teuren Baukosten erlaubten die neuen Gefängnisse die sichere Verwahrung der Häftlinge bei geringem Personalaufwand. Von einer zentralen Aufsichtskanzel konnten alle Zellenflügel übersehen werden. Nachdem nun in Bayern mit dem 1861 erlassenen Gesetz über den Vollzug der Freiheitsstrafe durch Einzelhaft der Anfang gemacht worden war (unter gleichzeitiger Abschaffung der körperlichen Züchtigung als Disziplinarmaßnahme), begann man in den vorhandenen Männerstrafanstalten Zellenbauten einzurichten. Von 1864 bis 1869 wurde dann in Nürnberg das erste bayerische Zellengefängnis eingerichtet.

Die Verfassung des Deutschen Reichs vom 16. April 1871 übertrug die Zuständigkeit für die Strafgesetzgebung auf das Reich. Das für den Norddeutschen Bund 1870 erlassene Strafgesetzbuch, das im wesentlichen eine Übernahme des preußischen Strafgesetzbuches von 1850 darstellte, wurde nun als Reichsstrafgesetzbuch verkündet. Es galt ab 1. Januar 1872 auch für das Königreich Bayern.

6. Bayern im Reich: Bayerische Strafverfahren unter Reichsstrafrecht nach 1871

Mit der Einführung des Reichsstrafgesetzbuches und den Entscheidungen des Reichsgerichts in Strafsachen änderte sich im Königreich Bayern in einigen Bereichen die Bewertung und Aburteilung von Delikten. Vor allem waren im Reichsstrafgesetzbuch weit mehr Delikte als Verbrechen qualifiziert als im bayerischen Strafgesetzbuch von 1861. Das bedeutete, daß die Zuchthäuser vermehrt werden mußten mit der Folge, daß die Gefangenenanstalten Ebrach, Wasserburg und Lichtenau in Zuchthäuser umgewandelt wurden. In der Folgezeit baute man neue Gefangenenanstalten in Straubing (1902), in Landsberg am Lech und in Aichach (1908). Sie wurden in der sogenannten „panoptischen" Bauweise errichtet, bei der von einer zentral gelegenen Aufsichtskanzel alle Zellenflügel zu übersehen waren. Veraltete Strafanstalten wie Wasserburg, Würzburg, Plassenburg und Sulzbach löste man auf (1909).

Als Beispiel für die seit 1872 verschärfte Bestrafung von Delikten sei nur die Wilderei genannt, die nach dem bayerischen Strafgesetzbuch von 1861 noch vergleichsweise milde abgestraft worden war. Der verschärften Gangart der Strafgerichte und der bayerischen Beamten und Richter fiel auch ein alter bayerischer Volksbrauch zum Opfer, das Haberfeldtreiben, das nun über § 125 des Reichsstrafgesetzbuches (Landfriedensbruch) sein juristisches Ende fand.

Der Kriminalfall: Das Ende des Haberfeldtreibens 1896/97

Der Ausdruck Haberfeldtreiben ist zwar erst seit dem 18. Jahrhundert im Landgericht Aibling nachweisbar, in der Grafschaft Hohenwaldeck und in der Herrschaft Valley. Für diese Gebiete sind aber schon vor dem 18. Jahrhundert einige Fälle von nächtlichem Landfriedensbruch belegbar, die durchaus als „Haberfeldtreiben" eingestuft werden können, auch wenn amtlicherseits diese Bezeichnung nicht gebraucht wird: 1640 teilte beispielsweise der Hofrat in München dem Kloster Tegernsee, dem Freiherrn von Maxlrain und dem Landgericht Tölz mit, „das sich unlangsten etliche Personen zuesamen rottiert und in unserm Gericht Aybling bey nächtlicher Weil vermumbt dem Müller in dem Mühltal Geörgen Hoyer eingefallen und von ime und seinem Weib mit Straich und starcken Bethroungen vil Gelt erprest und abgenommen, auch anderwertig vil Ungebür veruebt haben …"[15] Wenig später wurde dann im Markt Holzkirchen ein Verdächtiger verhaftet und später dem zuständigen Gericht Wolfratshausen überstellt. Der Hofrat ließ den Delinquenten peinlich befragen, insbesondere wollte man etwas über seine Komplizen wissen. Da die Beteiligten aus der nächsten Umgebung stammten, handelte es sich offensichtlich nicht um einen Raubüberfall, sondern um eine gegen einen betrügerischen oder unliebsamen Müller gerichtete Rache- oder Strafaktion!

Beim Brauch des „Haberfeldtreibens", wie er dann im 18. und 19. Jahrhundert im südöstlichen Alpenvorland, insbesondere in der Mangfallgegend nachweisbar ist, handelt es sich um eine Art „Volksjustiz", bei der eine größere Gruppe von vermummten, bewaffneten und lärmenden Bauern in der Nacht vor ein Haus ziehen und dort vorwiegend durch das Verlesen von Versen unter Berufung auf Karl den Großen „Gericht halten". „Getrieben" wurde vor allem bei sittlichen Verfehlungen. Beliebtes Opfer war das ledige Mädchen, das sich mit einem Burschen der Nachbarschaft oder mit einem Ehemann eingelassen hatte und ein uneheliches Kind bekam. Im 19. Jahrhundert kam es bei dem Treiben, das in einigen Fällen sogar von Pfarrern angeregt worden war, zu persönlichen Racheakten und Gewalttätigkeiten. Trotzdem genoß das Treiben das Wohlwollen der gelehrten Münchner Gesellschaft und des Königshauses.

Wochenblatt
für den
Amtsbezirk Ebersberg.

Sonntag, Nr. 41. 9. Oktober 1864.

Amtliche Bekanntmachungen.

Bekanntmachung.

387) Maßregeln gegen das Haberfeldtreiben betr.

Da die Jahreszeit nahe rückt, in welcher bisher der grobe Unfug des Haberfeldtreibens überhaupt und leider auch im Amtsbezirke Ebersberg verübt wurde, so hält das unterfertigte k. Bezirksamt es für angemessen, alle Distriktsbewohner darauf aufmerksam zu machen, daß, wenn wider Erwarten auch in diesem Jahre ein Haberfeldtreiben stattfinden sollte, die im vorigen Jahre aus Anlaß des Haberfeldtreibens in Grafing eingeführten gemeindlichen Sicherheitswachen wieder angeordnet werden würden, daß ferner ohne Zweifel auch wieder Linienmilitär zur Sicherheit und gegebenen Falles auf Execution in die betreffende Gegend gelegt, und jene Gemeinde, in deren Bezirk ein Haberfeldtreiben stattfand, in die Kosten des Militäraufgebotes verurtheilt werden würde, wie dieß erst jüngst in dem fiskalischen Prozesse gegen die Gemeinde Lenggries durch Erkenntniß des k. Appellationsgerichtes von Oberbayern geschehen ist.

Der Magistrat Grafing und die Gemeindeverwaltungen haben dieß ungesäumt in ihren Gemeinden öffentlich bekannt zu machen und zugleich die hohe Regierungsentschließungen vom 27. Dezember 1856 und 19. Jänner 1861, welche im hiesigen Amtswochenblatte von 1861 Nr. 36 u. 48 abgedruckt sind, bei versammelter Gemeinde zu verlesen, und die darin enthaltenen Vorschriften, Mahnungen und Warnungen allen Gemeindebewohnern dringend ans Herz zu legen, darüber in den Verkündungsregistern den Nachweis zu liefern und endlich bei irgend einem, selbst dem geringsten Verdacht einer drohenden Störung der öffentlichen Ruhe und gesetzlichen Ordnung augenblicklich Anzeige hieher zu erstatten.

Wenn auch die in dem Erlasse des unterzeichneten Amtsvorstandes vom 28. November 1861 ausgesprochene Erwartung, daß der grobe Unfug des Haberfeldtreibens, der während der ersten 10 Jahre seiner Amtsverwaltung niemals im Bezirke vorkam, diesem auch in Zukunft ferne und fremd bleiben werde, zu seinem größten Schmerze und zur Schmach

MASSREGELN DES BEZIRKSAMTS EBERSBERG GEGEN DAS HABERFELDTREIBEN 1864.

Noch 1833 dekretierte König Ludwig I.: „Bey dem alten Brauch des Haberfeldtreibens soll es gelassen werden …"
In der großen Landesbeschreibung „Bavaria", die König Max II. herausgeben ließ, wurde das „Haberfeldtreiben" von Wilhelm Heinrich Riehl, dem Vater der Volkskunde als kulturhistorisches Ereignis gepriesen. Die bei den Treiben verlesenen Verse, die teilweise immer pornographischer wurden, wurden als begehrte „Bauernerotik" gedruckt und in München vertrieben. In der zweiten Hälfte des 19. Jahrhunderts gewann das Haberfeldtreiben eine zunehmend sozialpolitische Komponente. Getrieben wurde nun vor allem auch gegen Fabrikbesitzer. 1866 wandte sich auch der Erzbischof von München und Freising in einem Hirtenbrief gegen „den Frevel des sogenannten Haberfeldtreibens". Nun verschärfte sich bald auch der Kurs der Obrigkeit. Orte, in denen oder von denen aus getrieben wurde, mußten mit der kostspieligen Einquartierung von Militär rechnen.
Nachdem das Reichsgericht in Leipzig in einem Urteil klargestellt hatte, daß Gewalttätigkeiten gegen Personen, die Voraussetzung für den Tatbestand des Landfriedensbruchs waren, auch dann vorlägen, wenn die Schüsse „nichts beschädigt und ihr Ziel verfehlt" hätten, konnte nun auch das nächtliche Haberfeldtreiben erfolgreich verfolgt werden. Durch einen „Verrat" gelang die Verhaftung von über 300 „Haberern" im Miesbacher Raum. Man vermied es, die Angeklagten vor ein Schwurgericht zu bringen, da man den Laienrichtern nicht traute. In den Jahren 1896 und 1897 mußten sich vor den Strafkammern des Landgerichts München II und Traunstein 361 Angeklagte wegen Körperverletzung, Sachbeschädigung und schweren Landfriedensbruch verantworten. Die Richter verhängten teilweise drakonische mehrjährige Zuchthausstrafen, insgesamt summierten sich die Freiheitsstrafen gegen die Haberer auf 281 Jahre. Am 12. Oktober 1897 befaßte sich auch der Landtag mit dem Haberfeldtreiben. Der sozialdemokratische Abgeordnete Georg von Vollmar machte sich dafür stark, daß der Landtag beim Prinzregenten eine Amnestie für die verurteilten Oberländer beantrage. Zur Begründung führte der mit den Bauern des Oberlandes vertraute Jurist aus, daß es sich beim Haberfeldtreiben um den Rest einer uralten Gerichtsbarkeit handelte. Daß die Haberer bewaffnet zum Treiben kommen, beruhe auf der alten Wehrhaftigkeit des Gebirgsvolkes (Gebirgsschützen). Pornographisch könnten die Verse der Haberer nur den Städtern vorkommen, die im Bezug auf die Sexualität eine etwas andere Auffassung hätten als die Landbewohner. Insgesamt sei das Haberfeldtreiben eine soziale Revolte gegen den Polizeistaat und gegen die wachsende Ungleichheit. Darüber hinaus verwies er auf die sozialen Folgen bei den Familien der zu langjährigen Freiheitsstrafen verurteilten Haberer.
Vollmars Einsatz für die Haberer fand keine Mehrheit im Landtag. Damit war das Schicksal des Haberfeldtreibens endgültig entschieden. Ihre Anführer, etwa der letzte Haberermeister Thomas Bacher aus Westerham und der Habererführer Balthasar Killi aus Münster bei Glonn wurden erst 1904 freigelassen. Auch wenn ihnen in ihrer Heimat ein begeisterter Empfang bereitet wurde, waren die Zeiten des Haberfeldtreibens endgültig vorbei.

MIESBACHER SCHÜTZENSCHEIBE AUS DEM 19. JH. MIT DARSTELLUNG EINES NÄCHTLICHEN HABERFELDTREIBENS. (Heimatmuseum Miesbach)

Kurze Zeit nach diesen spektakulären Prozessen beschäftigte ein Fall die Öffentlichkeit, bei dem es ebenfalls um den Gegensatz zwischen Strafgesetz, Obrigkeit und Polizei auf der einen und um bäuerlichen Widerstand und bäuerliche Freiheit auf der anderen Seite ging: Der Fall Kneißl.[16]

Der Kriminalfall: Die Verurteilung von Mathias Kneißl

Mathias Kneißl wurde am 4. August 1875 in Unterweikertshofen (Landkreis Dachau) als Sohn des Müllers Mathias Kneißl und seiner Frau Therese geboren. Therese Kneißl, eine sehr resolute und etwas zwielichtige Person, hatte von ihrem Vater, dem aus Venetien eingewanderten Alois Pascolini, ein Haus geerbt, in dem sie mit ihrem Mann eine kleine Gastwirtschaft betrieb. 1886 kauften die Kneißl eine einsame Mühle in der Nähe des Weilers Altstetten (Gemeinde Erdweg, Landkreis Dachau). Die Mühle wurde bald zu einem Treffpunkt für Ganoven. Im Sommer 1892 wurden die Eltern Kneißl wegen ihrer Beteiligung bei einem Kirchenraub in der Wallfahrtskirche Herrgottsruh bei Friedberg verhaftet. Der Vater starb in der Haft, und Mathias Kneißl und sein jüngerer Bruder Alois begannen die Gegend mit Diebstählen und Wildereien zu beunruhigen. Als am 2. November 1892 zwei Gendarmen die Brüder festnehmen wollten, wurden diese gewarnt und schossen vom Dachboden aus auf die beiden Polizisten, von denen der eine leicht, der andere schwer verletzt wurde. Die Kneißlbuben wurden gefaßt und verurteilt. Nach seiner Haftentlassung 1899 kam Mathias Kneißl bald wieder auf die schiefe Bahn. Durch Diebstähle und Wilddiebereien in den Dör-

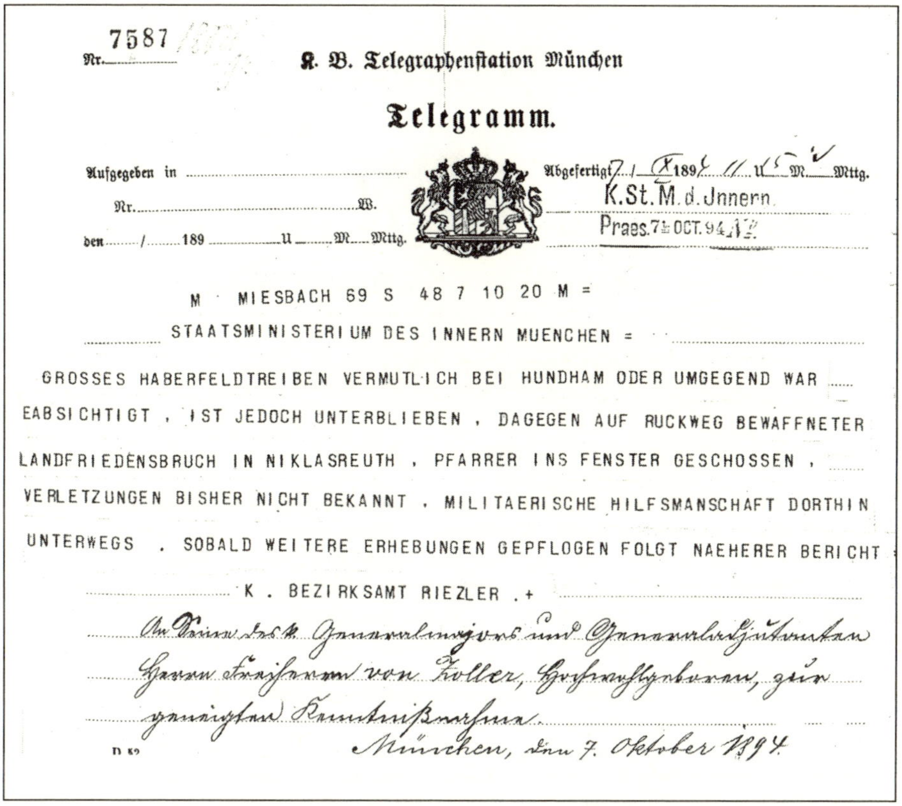
Nr. 7587

K. B. Telegraphenstation München

Telegramm.

Aufgegeben in ....

Nr. .... W.

den ..../.... 189 .... U .... M .... Mttg.

Abgefertigt 7/X 1894 11 U 15 M. Mttg.

K.St.M.d.Jnnern

Praes. 7. OCT. 94

M · MIESBACH 69 S 48 7 10 20 M =

STAATSMINISTERIUM DES INNERN MUENCHEN =

GROSSES HABERFELDTREIBEN VERMUTLICH BEI HUNDHAM ODER UMGEGEND WAR EABSICHTIGT , IST JEDOCH UNTERBLIEBEN , DAGEGEN AUF RUCKWEG BEWAFFNETER LANDFRIEDENSBRUCH IN NIKLASREUTH , PFARRER INS FENSTER GESCHOSSEN , VERLETZUNGEN BISHER NICHT BEKANNT . MILITAERISCHE HILFSMANSCHAFT DORTHIN UNTERWEGS . SOBALD WEITERE ERHEBUNGEN GEPFLOGEN FOLGT NAEHERER BERICHT

K . BEZIRKSAMT RIEZLER .+

An Seine des k. Generalmajors und Generalleutnanten Herrn Freiherrn von Zoller, Hochwohlgeboren, zur geneigten Kenntnißnahme.

D 59

München, den 7. Oktober 1894.

TELEGRAMM DES MIESBACHER BEZIRKSAMTMANNS RIEZLER AN DAS STAATSMINISTERIUM DES INNERN VOM 7. OKTOBER 1894: Da dem Pfarrer von Niklasreuth ins Fenster geschossen wurde, lag nach Meinung des Beamten ein bewaffneter Landfriedensbruch vor, der mit dem Einsatz von Militär (Einquartierung) beantwortet wurde. Auf die Hartnäckigkeit und Unnachgiebigkeit Riezlers ist schließlich die Beendigung der Haberfeldtreiben zurückzuführen: Er veranlaßte die Verhaftung der Haberer im Miesbacher Raum und deren Aburteilung. (Bayerisches Hauptstaatsarchiv)

fern und Wäldern seiner Heimat versuchte er, sich das Geld für eine geplante Auswanderung zu beschaffen. Als am 30. November 1900 der Gendarmeriekommandant und ein Gendarm von Altomünster den Kneißl beim Flecklbauer in Irchenbrunn, Michael Rieger, der ihn verraten hatte, verhaften wollten, tötete Kneißl den Komman-

Extrablatt.

№ 7. München, den 17. Januar 1901.

Bayer. Central- Polizei - Blatt.

Herausgegeben von der k. Polizei-Direktion München.

1000 Mark Belohnung.

Mord.

497. **Kneißl** Mathias, kathol., ledig, Müller und Schreiner, beheimathet in Unterweikertshofen, k. Bezirksamts Dachau (Oberbayern), geboren daselbst 12. Mai 1875 (hat früher fälschlich auch das Jahr 1877 als sein Geburtsjahr angegeben), Sohn des verstorbenen Müllers und Schreiners Mathias Kneißl (früheren Besitzers der Schachermühle in der Gemeinde Sulzemoos, Bez.-A. Dachau), und dessen Ehefrau Therese, geb. Pascolini, ist wegen Mordes und zweier Verbrechen des Mordversuchs zu verhaften und in das Untersuchungsgefängnis Augsburg einzuliefern.

Signalement: 25 Jahre alt, von kleiner Gestalt (nur 1,60—1,64 Meter groß), untersetzt, blonde in der Mitte gescheitelte Haare, dunkelblondes Schnurrbärtchen — nach neueren Erhebungen zeigt sich Kneißl auch mit schwarzgefärbten Haaren und schwarzgefärbtem Schnurrbärtchen — blaue Augen, blonde Augenbrauen, ovales Gesicht, oberbayerischer Dialekt, am linken Unterarm eine Tättowierung (einen Armbrustschützen und die Jahreszahl 1892 darstellend) und am linken Oberschenkel zwei alte Schußnarben; auch soll er eine Warze am Hals haben und kleine Ohrringe tragen.

Letztbekannte Kleidung: Schwarzer Hut, dunkle Kleidung, bläulicher oder blauschwarzer Ueberzieher (nach anderer Angabe dunkelgrauer Havelock), schwarze Wadenstrümpfe (nach anderer Angabe Gamaschen) und gelbe Schuhe. Kneißl trägt eine Drillingsbüchse (dreiläufiges Jagdgewehr) bei sich. (D. 936.)

Augsburg, den 17. Januar 1901.

Untersuchungsrichter B
am kgl. b. Landgericht Augsburg.

FAHNDUNG NACH MATHIAS KNEISSL.

Neues
Münchener Tagblatt.
(Münchener Tagblatt.)

№ 320. Samstag den 16. November 1901. 25. Jahrgang.

Zum Prozeß Kneißl in Augsburg.

Kneißl vor dem Schwurgericht Augsburg, Titelbild des Neuen Münchener Tagblatts vom 16. November 1901: Der Prozeß gegen Mathias Kneißl fand ein ebenso großes Presseecho wie vorher schon die Jagd auf den Räuber. Der mitangeklagte Flecklbauer Rieger (rechts oben) wurde freigesprochen.

danten und verletzte den Gendarmen so schwer, daß dieser wenig später starb. Warum der vorbestrafte Rieger Kneißl verraten hatte, ist bis heute ungeklärt. Entweder war er an der ausgesetzten Belohnung von 400 Mark interessiert oder er wollte die verhaßten Polizisten in die Falle locken. Nun wurde eine bisher beispiellose Fahndung nach Kneißl eröffnet. Die Belohnung wurde auf 1000 Mark erhöht. Der Prinzregent ließ sich wöchentlich Bericht erstatten. Trotzdem konnte die Polizei den Räuber nicht fassen und machte sich so zum Gespött der Presse („Menschenjagd im Baierland"). Die Bevölkerung betrachtete inzwischen Kneißl mit Sympathie. Er galt als der mutige Einzelgänger, der die verhaßte Staatsgewalt zum Narren hielt. Schließlich machte man Kneißl, dessen Aufenthalt von der Verwandtschaft verraten worden war, in Geisenhofen (Landkreis Fürstenfeldbruck) dingfest. Das Haus wurde von 150 Mann Gendarmerie belagert und 30 Minuten lang beschossen. 43 Gendarmen stürmten schließlich das Gebäude. Der durch einen Bauchschuß schwerverwundete Kneißl wurde nach München gebracht, gesundgepflegt und im November nach Augsburg gebracht, wo ihm vor dem Schwurgericht der Prozeß gemacht wurde. Auch der Flecklbauer Michael Rieger mußte sich wegen Beihilfe zum Mord verantworten, wurde aber freigesprochen.

Das Gericht verurteilte Kneißl zum Tode. Am 14. Februar 1902 lehnte Prinzregent Luitpold auf Antrag des Justizministers von Leonrod die Begnadigung ab. Leonrod gab dem Prinzregenten zu bedenken: „Das Verhalten des Kneißl von früher Jugend an ... war eine stete Auflehnung gegen Gesetz und Obrigkeit ... Kneißl hatte der staatlichen Ordnung offen den Krieg erklärt und den Kampf gegen sie mit seltener Energie geführt ..." Am 21. Februar 1902 um 7.00 Uhr morgens wurde Kneißl im Hof des Landgerichtsgefängnisses in Augsburg mit der Guillotine enthauptet.

7. Ausklang: Bayern nach dem 1. Weltkrieg. Die Revolution von 1918/19 und Hitlers Aufstieg im Spiegel politischer Prozesse

Auch die Revolution von 1918 und das Ende der Monarchie in Bayern, die Weimarer Verfassung (11. August 1919) sowie die Bamberger Verfassung (14. August 1919) änderten nichts an dem vom Reich vorgegebenen Strafrecht und an der Gerichtsverfassung. Bemerkenswert als spezifisch bayerische Erscheinungen sind vielleicht die 1919 entstandenen Revolutionsgerichte und Volksgerichte. Bei Ausrufung der 1. Räteregierung am 7. April 1919 erließ das Mitglied des revolutionären Zentralrats Ernst Toller *Ausführungsbestimmungen für das Revolutions-Tribunal*, dem keine Berufsrichter angehörten, sondern 28 Mitglieder aus den Reihen der Unabhängigen Sozialdemokraten, der Anarchisten und des Bauernbundes. Große Wirkungen entfaltete das Revolutionstribunal nicht, da die erste Räterepublik am 13. April von der 2. kommunistischen Räterepublik abgelöst wurde. Zur Niederkämpfung der Münchner Räteregierung verhängte die nach

Ausführungs - Bestimmungen

für das

Revolutions-Tribunal

1. Das Revolutions-Tribunal ist dazu bestimmt event. auftretende Widerstände gegen die revolutionären Grundsätze zu brechen und Verstöße zu ahnden, die geeignet sind, den Bestand der Räterepublik zu gefährden oder zum Bürgerkrieg zu führen.

2. Das Revolutions-Tribunal ist nur für die unruhige Uebergangszeit bestimmt.

3. Als schwere Verbrechen gelten tätliche Angriffe oder Widerstand mit der Waffe in der Hand, Raub und Plünderung, Aufreizung zu tätlichen Vergehen und Unterstützung von Feinden der Räterepublik. Diese Vergehen werden nach freiem Ermessen der Richter mit Gefängnis, Zuchthaus, Zwangsarbeit oder mit dem Tode bestraft. Alle sonstigen Verbrechen und Vergehen, die die Wirksamkeit der revolutionären Maßnahmen hemmen, ohne den Bestand der Räterepublik zu gefährden, oder den Kampf zwischen Volksgenossen heraufzubeschwören, sind nach freiem Ermessen der Richter mit Freiheits- oder sonstigen Strafen zu ahnden. Bei leichteren Fällen kann Verwarnung stattfinden.

Der Prov. Revolutionäre Zentralrat:

gez. Toller.

Druck: Münchner Buchgewerbehaus M. Müller & Sohn.

Errichtung eines Revolutionstribunals durch die Münchner Räteregierung am 7. April 1919 mit Ausführungsbestimmungen von Ernst Toller (Bayerisches Hauptstaatsarchiv, Plakatesammlung)

Porträt Kurt Eisners (1867–1919)

Proklamation.

Volksgenossen!

Um nach jahrelanger Vernichtung aufzubauen, hat das Volk die Macht der Zivil- und Militärbehörden gestürzt und die Regierung selbst in die Hand genommen. Die Bayerische Republik wird hierdurch proklamiert. Die oberste Behörde ist der von der Bevölkerung gewählte Arbeiter-, Soldaten- und Bauernrat, der provisorisch eingesetzt ist, bis eine endgültige Volksvertretung geschaffen werden wird. Er hat gesetzgeberische Gewalt. Die ganze Garnison hat sich der Republikanischen Regierung zur Verfügung gestellt. Generalkommando und Polizeidirektion stehen unter unserem Befehl. Die Dynastie Wittelsbach ist abgesetzt. Hoch die Republik!

Der Arbeiter- und Soldatenrat: Kurt Eisner.

Proklamation Kurt Eisners vom 7./8. November 1918 mit der Ausrufung der Republik: Die in der Nacht des 7. Novembers 1918 im Mathäserkeller entworfene und anschließend sofort gedruckte Proklamation. (Bayerisches Hauptstaatsarchiv, Plakatesammlung)

Bamberg ausgewichene Regierung unter dem Sozialdemokraten Johannes Hoffmann das Standrecht über das rechtsrheinische Bayern.

Die Standgerichte traten an die Stelle der seit November 1918 bestehenden Sondergerichte und wurden in verschiedenen bayerischen Städten eingerichtet. Sie waren vor allem für Hoch- und Landesverrat zuständig und urteilten in mehreren tausend Fällen alle wesentlichen Vertreter der Räteregierung ab. Beim Standgericht München wurden 257 Verurteilungen ausgesprochen. Das einzige Todesurteil erging am 3. Juni 1919 gegen den Führer der 2. Räterepublik Dr. Eugen Leviné. Er wurde zum Tode verurteilt und hingerichtet, weil er, *obwohl die Aussichtslosigkeit des Kampfes voraussehend und erkennend – die von ihm fanatisierten Massen zum Kampf gegen die Regierungstruppen veranlaßte und dadurch den Bürgerkrieg entfachte, wobei er aber selbst sich an Kampfhandlungen nicht beteiligte, sondern es vorzog, sich zu verbergen und auf seine Flucht bedacht zu sein.*

Durch Verordnung vom 19. Juli 1919 wurde das Standrecht aufgehoben. Eingesetzt wurden neue Volksgerichte, die als Ausnahmegerichte vor allem für schwere Verbrechen, insbesondere aber für Hochverrat und Landesverrat zuständig waren. Als Ausnahmegerichte strebten sie eine rasche Aburteilung an. Rechtsmittel waren nicht möglich. Trotz ihrer offensichtlichen Verfassungswidrigkeit blieben die Volksgerichte bis 1924 bestehen.

Zwei politische Verfahren in den Jahren zwischen 1919 und 1924, das gegen den Eisnermörder Arco 1920 und das gegen Adolf Hitler 1924, sollen diese bayerische Kriminalgeschichte abschließen, da sie zeigen, in welch ein gefährliches Fahrwasser die bayerische Justiz und die „Ordnungszelle Bayern“ mit den Urteilen der Volksgerichte in diesen Jahren gekommen war.

Der Kriminalfall: Der Mord an Kurt Eisner und der Prozeß gegen Anton Graf Arco-Valley

Der 22jährige Leutnant Anton Graf Arco-Valley hatte am 21. Februar 1919 den ersten Ministerpräsidenten Eisner um 10 Uhr vormittags auf offener Straße erschossen, als dieser gerade von seinem Regierungssitz (Montgelas-Palais) zur Eröffnung des neugewählten Landtags in der Prannerstraße ging. Arco war der Meinung, daß Eisner, der bei der Wahl am 12. Januar eine schwere Niederlage erlitten hatte (seine USPD errang nur drei Sitze), seine „revolutionäre Regierung“ fortsetzen würde, wie er das in seinem Staatsgrundgesetz vom 4. Januar angekündigt hatte. Arco wußte nicht, daß Eisner den Entwurf eines neuen Staatsgrundgesetzes in der Tasche hatte. Im Prozeß, der erst zu Beginn des Jahres 1920 vor dem Volksgericht München stattfand, machte Arco deutlich, was er von Eisner hielt. Auf einem Zettel faßte er seine Gründe für seinen Tötungsentschluß zusammen: „I. Eisner 1) strebt verdeckt nach Anarchie, um sein weiteres Bleiben zu erreichen, 2) ist Bolschewist, 3) ist Jude, 4) ist kein Deutscher, 5) fühlt nicht deutsch, 6) untergräbt jedes vaterländische Denken und Fühlen, 7) ist ein Landesverräter. Das ganze Bayernvolke ruft weg mit Ihm! Er geht nicht! Also !!!

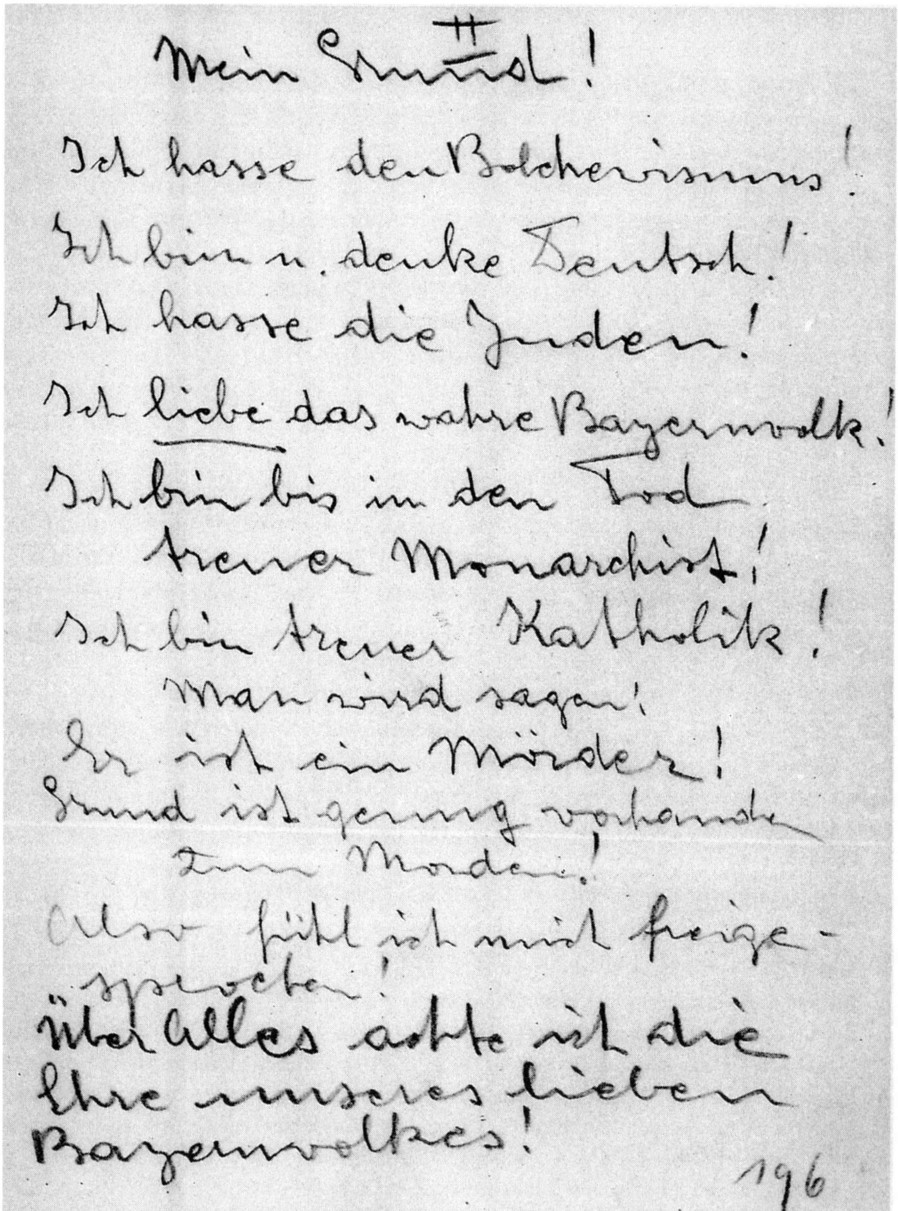
Mein Grundsatz!
Ich hasse den Bolschewismus!
Ich bin u. denke Deutsch!
Ich hasse die Juden!
Ich liebe das wahre Bayernvolk!
Ich bin bis in den Tod
treuer Monarchist!
Ich bin treuer Katholik!
Man wird sagen:
Er ist ein Mörder!
Grund ist genug vorhanden
zum Morden!
Also fühl ich mich freige-
sprochen!
Über Alles achte ich die
Ehre unseres lieben
Bayernvolkes!
196

DER ARCO-PROZESS VOR DEM SONDERGERICHT MÜNCHEN: EIGENHÄNDIGE AUFZEICHNUNGEN DES EISNER-MÖRDERS ANTON GRAF ARCO-VALLEY ÜBER SEINE TATMOTIVE. (Staatsarchiv München, Staatsanwaltschaften 2295)

II. Mein Grund! Ich hasse den Bolschewismus. Ich bin und denke Deutsch! Ich hasse die Juden! Ich liebe das wahre Bayernvolke! Ich bin bis in den Tod treuer Monarchist! Ich bin treuer Katholik! Man wird sagen: Er ist ein Mörder! Grund genug vorhanden zum Morde! Also fühle ich mich freigesprochen! Über alles achte ich die Ehre unseres lieben Bayernvolkes!"

Der Anklagevertreter sah sich trotz größter Sympathien für den „von solch glühender Vaterlandsliebe beseelten" Täter gezwungen, die Todesstrafe zu fordern. Das Gericht schloß sich diesem Antrag am 16. Januar 1920 unter Verzicht der sonst üblichen Aberkennung der bürgerlichen Ehrenrechte auf Lebenszeit an. Am Tag nach der Urteilsverkündung beschloß der Bayerische Ministerrat die Umwandlung der Todesstrafe in lebenslange Freiheitsstrafe, in eine Begnadigung Arcos, da die Handlung des jungen und politisch unmündigen Mannes nicht aus niedriger Gesinnung, sondern aus glühender Liebe zu Volk und Vaterland geschah. Außerdem hätte der Täter ohne jeden Versuch der Verschleierung die Tat gestanden. Am 4. Juni 1923 wurde die lebenslange Strafe in 15. Jahre Festungshaft umgewandelt und am 13. April 1924, während des Hitlerprozesses, erfolgte die Freilassung unter Bewährungsauflagen. In seine Zelle in Landsberg zog der stolze Hitler ein. Arco nahm später eine sehr kritische Stellung zum Nationalsozialismus ein. Er starb 1945 durch Verkehrsunfall.

Der Kriminalfall: Der Hitlerputsch 1923 und seine strafrechtliche Aufarbeitung

Seit dem 26. Oktober 1923 wurden mit Wissen des Generalstaatskommissars Kahr in Bayern bei der Reichswehr (General Lossow), der Landespolizei (Oberst von Seißer) und den Kampfbünden Vorbereitungen für einen „Marsch auf Berlin" getroffen. An dem gegen die Regierung Stresemann und Reichspräsident Ebert in Berlin gerichteten Umsturzplan, der eine Rechtsdiktatur, ein Reichsdirektorium zum Ziel hatte, war auch der Chef der Heeresleitung General Hans von Seeckt beteiligt, der aber am 3. November seine Beteiligungszusage zurückzog. Kahr und Lossow beurteilten daraufhin die Erfolgsaussichten eines Marsches auf Berlin negativ. Kahr warnte am 6. November die Führer der Kampfbünde vor einem aussichtslosen Putsch. Adolf Hitler beschloß daraufhin, mit seiner NSDAP, die damals etwa 40 000 Mitglieder hatte, zum Jahrestag der Revolution selbständig loszuschlagen. Hitler wollte dazu eine „Vaterländische Kundgebung" der Vaterländischen Verbände Münchens nutzen, die am Abend des 8. Novembers 1923 im Bürgerbräukeller stattfinden und auf der Kahr einen Vortrag über den Marxismus halten sollte. Am Nachmittag dieses Tages hatte Kahr in Gegenwart von Lossow und Seißer General Ludendorff empfangen, der den ausweichenden Kahr fragte, was er nun eigentlich wolle und der ihm die Miteinbeziehung Hitlers nahelegte. Anschließend fuhr Kahr zum Bürgerbräukeller, wo alle Münchner Honoratioren anwesend waren.

Hitler hatte unterdessen seine Kräfte für den Putsch bereitgestellt, das SA-Regiment München, die SA-Studentenkompanie unter Heß, Röhms „Reichskriegsflagge", den Stoßtrupp Adolf Hitler, die Oberlandbataillone „Werdenfels" u. a. Daneben war auch die Infanterieschule München aufmarschiert.

Kahrs Rede war sehr theoretisch, doch meinte er, daß die Diktatur die einzige Möglichkeit biete, die Grundlage des neuen Geschlechtes freier Deutscher zu schaffen.

Mitten in der Rede drang kurz vor 21 Uhr Hitler, im schwarzen Gehrock mit Eisernem Kreuz auf der Brust, begleitet vom „Stoßtrupp Hitler“ unter Göring und Berchtold, in den Saal ein und feuerte einen Revolverschuß an die Decke, um sich Gehör zu verschaffen. Er eilte zum Rednerpult und rief die „nationale Revolution“ aus. Die bayerische Regierung sei gestürzt, eine provisorische Regierung werde gebildet. Dann bat er Kahr, Lossow und Seißer in ein Nebenzimmer und teilte ihnen mit, Pöhner sei zum bayerischen Ministerpräsidenten mit diktatorischen Vollmachten ernannt, Kahr zum Landesverweser, er selber, Hitler, werde an die Spitze der neuen Reichsregierung treten, in der Ludendorff die neue „nationale Armee“ organisieren werde. Lossow sei als Reichswehrminister, Seißer als Polizeiminister vorgesehen.
Die im Saal anwesende Menge begrüßte die Ankündigungen. Ministerpräsident Knilling und die anwesenden Minister wurden verhaftet und Hitler schloß die Veranstaltung mit den Worten, der nächste Morgen sehe die Träger der Revolution tot oder ein freies Deutschland.
Den Putschisten gelang es nicht, die Kasernen zu besetzen. Nachdem sich im Laufe der Nacht Lossow und Seißer von Hitler distanzierten, standen den etwa 4000 Putschisten etwa 2400 Mann gutbewaffneter Reichswehr und Landespolizei gegenüber. Im von den Putschisten besetzten Wehrkreiskommando warteten Hitler und Ludendorff vergeblich auf Kahr, Lossow oder Seißer. Diese distanzierten sich mit einem Telegramm um 3 Uhr nachts und einem Aufruf Kahrs vom Putsch und von der erzwungenen Zusage. Am Vormittag des nächsten Tages, die Zeitungen berichteten von einem gelungenen Putsch, verlegte Hitler sein Hauptquartier wieder in den Bürgerbräukeller. Um 12 Uhr griffen Reichswehreinheiten das von Röhm verteidigte Wehrkreiskommando (ehemaliges Kriegsministerium Ludwigstraße) an. Röhm ergab sich schließlich nach Verlust von drei Toten.
Hitler und Ludendorff beschlossen, durch einen großen Demonstrationszug die Bevölkerung für ihre Sache zu gewinnen. Am Vormittag des 9. Novembers 1923 zog ein annähernd 3000 Mann starker Demonstrationszug, der teilweise bewaffnet war, vom Bürgerbräukeller Richtung Marienplatz. In der vordersten Reihe marschierten Ludendorff und Adolf Hitler mit. Am Marienplatz hielt Streicher eine Rede, gegen 13 Uhr bewegte sich die Menge durch die Residenzstraße Richtung Odeonsplatz. Der Zugang zum Odeonsplatz wurde von einer verstärkten Hundertschaft der bayerischen Landespolizei abgesperrt. Die Demonstranten suchten die Polizeikette mit ihren aufgepflanzten Seitengewehren zu durchbrechen. Plötzlich fielen Schüsse. Bei dem Feuerwechsel kamen drei Polizisten, ein unbeteiligter Zuschauer und 13 Hitleranhänger ums Leben. Um 15 Uhr war der Putsch gescheitert. Hitler floh und verbarg sich in der Villa Ernst Hanfstaengls in Uffing am Staffelsee, dort wurde er am 10. November verhaftet.
Der Hochverratsprozeß gegen die Hauptführer des Hitlerputsches, Ludendorff, Hitler, Kriebel, Röhm, Weber, Brückner, Pöhner, Frick, Perner und R. Wagner vor dem Volksgericht München dauerte vom 26. Februar bis zum 27. März 1924. Das Gericht tagte in der Kaserne der vormaligen Infanterieschule. Der damalige Justizminister Gürtner war deutschnational, der Gerichtsvorsitzende Landgerichtsdirektor Neithardt war schon im Arcoprozeß tätig geworden, die Laienrichter zeigten sich wenig kritisch

gegen die Angeklagten. Diese benützten den Prozeß zur politischen Propaganda. Hitler klagte die „Novemberverbrecher“ und das „System der Republik“ an, Ludendorff beschimpfte den bayerischen Separatismus und die katholische Kirche. Im Urteil vom 1. April 1924 wurde Ludendorff freigesprochen. Hitler erhielt die Mindeststrafe von fünf Jahren Festungshaft sowie eine Geldstrafe von 200 Goldmark, auf Verlangen der Laienrichter wurde eine frühzeitige Begnadigung zur Bewährung nach sechs Monaten in Aussicht gestellt. Hitler bezog die Zelle des kurz vorher entlassenen Arcos in Landsberg. Schon am 20. Dezember 1924 wird Hitler gegen den Willen der Staatsanwaltschaft München I mit Bewährungsfrist aus der Haft entlassen.[17]

Kapitel VII
Zusammenfassung
Vom „humanen" Mittelalter über den „Strafstaat" des 16. und 17. Jahrhunderts zum modernen schlechten Gewissen

In unserem Gang durch die Strafrechtsgeschichte haben wir zu zeigen versucht, wie sich im 16. und 17. Jahrhundert der moderne Staat in seinen wesentlichen Teilen aus dem „Geist des Strafens" entwickelte. In welcher Weise und mit welchen Argumenten damals die strafende Obrigkeit die Herrschaft über die Herzen und das Bewußtsein der Untertanen gewann, zeigt uns das Beispiel des Herzogtums und Kurfürstentums Bayern. Dort wie in allen anderen Territorien waren es im 16. und 17. Jahrhundert vor allem die **neuen Delikte** Ehebruch, Leichtfertigkeit, Gotteslästerung sowie Zauberei (und Aberglauben), die zu „Leitdelikten" des frühneuzeitlichen Staates werden. Durch die Normierung und Kriminalisierung der entsprechenden Tatbestände werden geschlechtliche Verfehlungen und sonstiges gesellschaftliches Fehlverhalten (etwa Fluchen und Zutrinken) aus dem eher privaten Bereich der bloßen Sündhaftigkeit in den Zugriffsbereich der weltlichen Strafgesetzgebung gebracht. Das Leben wird für die Untertanen gefährlicher. Die Strafrechtspflege mit ihren Organen wendet sich nun nicht mehr vorwiegend gegen Fremde, Außenseiter, Diebe und „Landschädliche", sondern vor allem gegen Einheimische und deren sittliches Betragen. Dies sollte tiefgreifende Folgen haben: Indem die Landesherrschaft die Untertanen dem Zugriff einer „alltäglichen" Strafjustiz preisgibt, festigt sie zwar ihren Herrschaftsanspruch, macht aber die Untertanen zu einem beträchtlichen Teil zu Fremden im eigenen Lande.

Die **Furcht der Untertanen vor der Obrigkeit** wird seit dem 16. Jahrhundert nicht nur durch die Sittlichkeits- und Religionsgesetzgebung, sondern auch durch die sonstige Inflation der Strafgesetze vermehrt, etwa im Bereich des Abgabenwesens. Von größtem Einfluß auf das Strafrecht werden etwa die Fiskalisierung der Staatsverwaltung, der Ausbau der Kammerbehörden, die landesherrliche Ausgaben- und Steuerpolitik. Die enorme Ausweitung der Steuerpflicht durch Aufschlag, Türkensteuer und steigenden Rhythmus der Landsteuererhebung, auch die erhebliche Zunahme der Geldstrafen und ihre Überwachung als Einnahme durch neu eingerichtete Kammerbehörden steigern die Bedeutung der Strafrechtspflege. Steuerhinterziehung wird zum alltäglichen und vielbestraften Delikt wie die Gotteslästerung, Zutrinken und Leichtfertigkeit.

Angesichts der neuen Delikte und der „Alltäglichkeit" der Strafrechtspflege erwies sich das herkömmliche **Verfahren** mit seinem Prinzip der festen Beweisregeln als undurchführbar. Dazu kam, daß auch die Qualität der neuen Straftaten mit ihrer oft unscharfen Begrifflichkeit (gartende Knechte, Aberglauben, Zauberei, Gotteslästerung, Leichtfertigkeit, Ehebruch) einen Tatnachweis nach den bisherigen Regeln erschwerte oder unmöglich machte: Bei den meisten der neuen Delikte war von ihrer Deliktstruktur her entweder ein Zeugenbeweis schwer möglich (Zauberei, Leichtfertigkeit), oder sie waren so beschaffen, daß man guten Gewissens nicht ein Geständnis mit der vollen Anwendung der Folter erzwingen konnte (Leichtfertigkeit). Das System der Folter, das prinzipiell nur im Rahmen des alten Beweisrechts und nur für solche Kapitalverbrechen taugte, bei denen ein realer Schaden aufgetreten war, erwies sich angesichts der neuen Qualität und Quantität der Strafrechtspflege bald als unbrauchbar. Das zeigte sich insbesondere beim Hexereidelikt, wo die Folter bei entsprechender Energie der Richter die notwendigen Geständnisse lieferte und damit als Verfahrensmittel bald in Mißkredit kam. Die neue Quantität und Qualität des Strafens erzwangen also ein neues Strafverfahren. Die für den Untertanen spürbarsten Änderungen waren dabei die „schnellen" Verhaftungen und der „schnelle" Prozeß. Zur weiteren Beschleunigung diente etwa die im 16. und 17. Jahrhundert in den meisten Territorien durchgeführte Abschaffung des „endlichen Rechtstags", der noch eine letzte Reminiszenz an den Akkusationsprozeß war. Auch die Beteiligung von Laienbeisitzern an der Strafrechtspflege schränkte man wegen ihrer prozeßverzögernden Wirkung rigoros ein.

Nicht nur die Straftatbestände, die für sich allein bekanntlich nichts bewirken, auch die **Strafen** selbst und ihre Exekution gewinnen seit dem 16. Jahrhundert sowohl von ihrer Qualität als auch von ihrer Schärfe her eine für die Untertanen äußerst unangenehme Dimension. Von größter Bedeutung für die Betroffenen wird dabei die zunehmende Häufigkeit der (etwa bei Leichtfertigkeit und Ehebruch angedrohten) Schand- und Verweisungsstrafen. Um den neuen großen Bedarf an Schandstrafen zu befriedigen, „erfand" man im 16. und 17. Jahrhundert in den deutschen Territorien zusätzliche geeignete Strafen. Selbst ehemalige Kirchenstrafen benützt man nun für weltliche Strafzwecke, wie etwa das „Ausstellen" vor der Kirche. Die hergebrachte Strafe der Ausweisung wird durch die Häufigkeit ihrer Anwendung (etwa bei Leichtfertigkeit) ad absurdum geführt und daher mehr und mehr durch Geld- und Freiheitsstrafen ersetzt. Die Anfänge der modernen Freiheitsstrafe lassen sich an den nun häufig verhängten kurzzeitigen

Gefängnisstrafen, an der Zwangsarbeitsstrafe (Festungsbau), an der Galeerenstrafe, nicht zuletzt auch an den Neubauten für Gefängnisse beobachten. Die Anfänge der modernen Freiheitsstrafe sind also nicht in den Zucht- und Arbeitshäusern des 17. Jahrhunderts, sondern im Strafensystem des 16. Jahrhunderts zu suchen, und zwar im damaligen „Bedarf" an neuen und zusätzlichen Strafen.

Die **Angst** und das Bewußtsein, daß sich die Dinge zum Schlechten hin wenden, wird den Untertanen von Amts wegen vermittelt, so etwa durch die stete Beschwörung der Türkengefahr, der Kriegsgefahr und der drohenden Seuchen. Mit solchen „künstlichen Gefahren" ließen sich auch die steigenden Steuerforderungen des Landesherrn begründen.

Die Angst vor Lebensgefahr, vor Seuchen, vor Türken, vor Fremden, vor Armut wurde um so stärker, je mehr die Sicherheit im christlichen Glauben, die christliche Bescheidenheit und Selbstgenügsamkeit verlorenging. Die im Humanismus und der Säkularisierung des Denkens um 1500 angelegte Betonung des individuellen und materiellen Wohlbefindens machte den Menschen empfänglicher für Angst, für das Bewußtsein äußerer Gefährdungen. Angst wird auch zum notwendigen Charakteristikum des werdenden Untertanen. Dieser wird von seiner Obrigkeit doppelt in Angst versetzt: Zuerst werden die großen Ängste vor Krieg (Türkengefahr), Seuchen oder sonstigen Gottesstrafen aktiviert und bewußt gemacht, sodann werden durch die Aufrichtung einer großen Zahl von nicht erfüllbaren sittlichen Anforderungen und deren Strafbewehrung auch Bestrafungsängste als Mittel der Disziplinierung eingesetzt.

Viele der beschriebenen obrigkeitlichen Maßnahmen wurden durch eine von den Untertanen ausgehende „Nachfrage" veranlaßt, eine Nachfrage, die nicht unbedingt religiös, sondern in der Regel sehr real motiviert war: Es ging um die mittelbare oder unmittelbare Bedrohung der körperlichen und wirtschaftlichen Existenz der Untertanen durch Naturkatastrophen, Krankheiten und Verbrechen. Der Kreis der potentiellen Schuldigen weitet sich durch die obrigkeitliche Strafgesetzgebung ständig: Wucherer, Münzfälscher, gartende Knechte, Zauberer, sittenlose Dienstboten, schließlich auch der fluchende Nachbar werden als Delinquenten zu Unheilbringern im speziellen und allgemeinen. Es bildet sich eine Atmosphäre der Fremden- und Nachbarfeindlichkeit. Das Strafrecht wird so nicht nur zur Waffe des Landesherrn, sondern auch der **denunzierenden Untertanen**, zum Allheilmittel gegen alle Gebrechen der Natur und der Menschheit. Das macht seine Durchsetzung für die Obrigkeit trotz der zunächst überforderten Bürokratie möglich.

Besonders im Rahmen der Hexenprozesse wird deutlich, daß auch die Nachbarschaft ein wesentliches Element des gesamten Verfolgungsmechanismus war: Viele Beamte leiteten Hexenprozesse nicht zuletzt auf massiven Druck ihrer Untertanen oder auf Grund von Denunziationen aus deren Kreis ein. Dazu kommt, daß der Untertan auf dem Lande im Laufe des 16. Jahrhunderts zunehmend mit ihn bedrohenden fremden Personen konfrontiert wird. Zu nennen sind hier vor allem die gartenden Knechte. Die Tötung von gewalttätigen gartenden Knechten durch Untertanen wird straffrei gestellt. Unter die gartenden Knechte mischen sich zunehmend auch sonstige „vagierende" Personen, „kräftige" Bettler und auch Zigeuner, denen man vergeblich den Aufenthalt im Lande verbietet.

Zur erfolgreichen Verwirklichung des umfassenden Ordnungsauftrags des frühneuzeitlichen Staates war die Bürokratie allein nicht fähig. Es bedurfte auch noch der aktiven Mitarbeit der Untertanen in Form des landesherrlich organisierten und bezahlten Denunziantentums. Dieses hat einen nicht zu unterschätzenden Verdienst am Erfolg des Prinzips „Herrschen durch Strafen" und am Werden des modernen Staates.

Die Entwicklung im 16. und 17. Jahrhundert zeigt eine größere Abgrenzung Richtung **Mittelalter** als Richtung 19. Jahrhundert. Das angeblich „finstere" Mittelalter kennt bei weitem nicht die bis heute anhaltende „Disziplinierung" der Untertanen und das allumfassende staatliche Regelungs- und Strafmonopol. Die durch tausend Jahre übliche privatrechtliche Streitbeilegung durch Sühneverträge wird vom modernen Juristenstaat beseitigt.

Ein Blick ins **19. Jahrhundert** mit seinem Rückgriff auf Traditionen, die seit dem 16. Jahrhundert verschüttet wurden (Schwurgerichte) zeigt uns noch allzuviel von der seit dem 16. Jahrhundert einsetzenden unseligen („mittelalterlichen") Entwicklung des „Herrschens durch Strafen". Die Perfektionierung der aus der Zwangsarbeitsstrafe des 16. Jahrhunderts entstandenen Freiheitsstrafe mittels aufwendiger Gefängnisbauten und die Disziplinierung der Untertanen durch entsprechende Polizeimaßnahmen und politische Prozesse atmen noch den Geist dieses 16. und 17. Jahrhunderts. Am Ende unserer Darstellung stehen nicht ohne Grund zwei politische Prozesse. Sie sollen zeigen, wie bis ins 20. Jahrhundert der Grundsatz wirksam war, daß die Justiz vor allem Politik mit anderen Mitteln zu sein hat. Insofern ist die Beschäftigung mit der Strafrechtsgeschichte nicht nur von historischem, sondern von aktuellem Interesse.

Anhang

Glossar zur bayerischen Strafrechtsgeschichte

Abdecker Schinder, Wasenmeister

Abdeckerhäusel Wohnstätten der Abdecker; Errichtung nur mit obrigkeitlicher Genehmigung

abdringen mit Gewalt wegnehmen

Aberacht damnatio; proscriptio superior; Oberacht; Überacht; wer sich nicht innerhalb von Jahr und Tag von der Acht löst, fällt in die Aberacht mit besonders schweren Sanktionen, siehe **Acht**

abigeatus Viehdiebstahl

absagen den Frieden oder die Freundschaft aufkündigen; Erklärung der Fehde, meist durch Absagebriefe; diese müssen bei Friedensschluß zurückgegeben werden; Kriegserklärung

absolutio ab instantia (ab instantia iudicii absolvieren) Freispruch ohne Urteil im Strafverfahren; vorläufiger Freispruch ohne Rechtskraft; jederzeitige Wiederaufnahme des Verfahrens möglich

absolvere auch: ledigen; aus der Acht, von einer Verpfändung lösen

Achfahrt Aachenfahrt, Wallfahrt nach Aachen

Achsgeld Abgabe bei Verkauf vom Wagen aus

Acht Man unterscheidet Acht (proscriptio) und Oberacht, Aberacht (damnatio). Die Acht wird zur Aberacht, wenn sie nicht binnen Jahr und Tag gelöst ist. Die Acht ist noch in der **CCC** 1532 geregelt. Eine letzte Mordacht wurde 1570 in Nürnberg ausgesprochen.

Achttag der Tag, an dem Acht und Bann verkündet werden

Achtbuch Niederschriften über die vom jeweiligen Gericht wegen Straftaten oder Schuldsachen ausgesprochenen Ächtungen (proscriptiones) sowie Aufzeichnungen über Stadtverbote und Selbstverbannungen. Zunächst ist die Führung von Achtbüchern kaiserliches Vorrecht. Der Reichslandfrieden von 1235 sieht die Bestellung eines kgl. Hofrichters und die Führung eines Achtbuchs vor. Das älteste erhaltene Achtbuch Deutschlands (des kaiserlichen Landgerichts Rothenburg) enthält Eintragungen ab 1274 und beruht auf einem Privileg Rudolfs II. Ältere Achtbücher sind auch in Nürnberg (1285–1337) und Augsburg (ab 1302) erhalten geblieben. Auch später finden sich kaiserliche Verleihungen von Achtbüchern: 1346 gestattet Ludwig d. Bayer den Bürgern zu Ulm Achtbuch und Acht wie in Augsburg.

Ächter Geächteter

Achtschatz Geldsumme, die für die Lösung aus der Acht zu bezahlen war.

actio Klage

adminicula Beweisbehelfe, die im Strafprozeß nicht als Beweis (Indiz), sondern nur zu dessen Unterstützung dienen (Kriminalcodex 1751 II, 4, 7), wie etwa die Physiognomie eines Verdächtigen

adulterium Ehebruch

Afterglaube Aberglaube

afterreden verleumden

aggratiatio Begnadigung

aggratiandi jus Begnadigungsrecht

Aisch Erfordern, Verlangen, siehe **Haischurteil**

aischen haischen; fordern, siehe **Haischung**

Aischung Frist

Akkord Vereinbarung

Akkusationsprozeß Strafverfahren, das die Klage (des Geschädigten) voraussetzt

Aktenversendung Versendung von Akten eines Prozesses an ein fremdes Gericht, um ein Urteil zu erbitten, siehe **Oberhöfe**

alienationes Entfremdungen (von Gütern)

ambitus Ehrgeiz, Amtserschleichung

ambitus crimen Verbrechen des Ämterkaufes

Amtmann Amman, Amptmann, magister, officialis, villicus, procurator; Inhaber eines Amtes, Bürgermeister, Dorfvorsteher, Beamter, Richter

Anathem Kirchenbann

Angeber Denunziant; jemand, der alte Rechte aus der Erinnerung diktiert

Angebung Denunziation

anima occidendi Tötungsvorsatz

Anleiter Geschworener, **Fronbote;** verhaftet und händigt Vorladungen aus

Ansprecher Zauberer

antworten auch: vor Gericht sich verantworten, ausliefern, übergeben (überantworten)

Antworter Beklagter

Appellation (lat. appellatio) dingen, bei einer höheren Instanz gegen ein Urteil Berufung einlegen

arbiter legitimus ordentlicher Richter

arbitrator Schiedsrichter

arbitrium arbitramentum; laudum; Entscheidung im Schiedsverfahren

arbitror arbiter; amicabilis compositor; Schiedsrichter; Schildmann, Spruchmann, verwillkürter Richter

articuli probationis Beweisartikel

Assise Schwurgericht

Asyl (Freiung) gefreiter Bezirk oder gefreites Gebäude. Man unterscheidet im wesentlichen Kirchenasyl und weltliches Asyl. Für bestimmte Delikte ist das Asyl eingeschränkt (Bayerischer Kriminalcodex von 1751 2,6,15).

audientia publica Verhör vor Gericht

Auditor Militärbeamter, der die Untersuchung in einem Militärstrafverfahren leitet

Auditoriat Untersuchungsbehörde im Militärstrafverfahren

Auflauf Tumult, Aufruhr

aufrecken (die Hand) zum Schwur heben

Aufziehen In Süddeutschland gebräuchliche Form der **Folter**, bei der die Delinquenten an den hinter der Schulter zusammengebundenen Händen mit einem Seil hochgezogen werden. Man unterscheidet das Aufziehen ohne Gewicht („leer" aufziehen) und das Aufziehen mit Gewichten.

Ausschaffung Vertreibung, Stadtverweisung

ausschwärzen aus dem Land schmuggeln

ausstreichen 1. auspeitschen, geißeln 2. hervorheben, ausmalen

Austrag 1. Schiedsgericht, Schiedsurteil, Vergleich 2. Altenteil und die Verhandlung, die zur Festsetzung des Altenteils geführt hat

Austrägalgerichtsbarkeit Austrägal-Gerichte; Schiedsgerichtsbarkeit, dem Adel im Alten Reich zugestandene interne Instanz; im 19. Jh. Sondergerichtsbarkeit für Mitglieder des deutschen Bundes und mediatisierte Reichsstände (Standesherren)

austreten sich eigenmächtig der Obrigkeit entziehen, sich eigenmächtig rächen. Fehdehandlung; vor allem Verlassen des Hoheitsgebiets des eigenen Landesherren und damit verbundene Fehdeerklärung, siehe **Austreter**

Austreter Jemand, der sich selbst gewaltsam und eigenmächtig Recht verschafft, insbesondere durch Aufhebung der Friedens- und Huldgemeinschaft durch Verlassen des Friedensbezirks bzw. des Territoriums (Bürger verläßt die Stadt unter Aufsagung des Bürgerrechts). Seit dem 15. Jh. wird der mutwillige Austreter strafrechtlich verfolgt (LO 1516, Teil 1, Bl. 8; **CCC** 1532 Art. 128).

Ausweisung Landesverweisung

B siehe auch **P** und **W**

Ba(h)rprobe Bahrrecht; seit dem 12. Jh. nachweisbarer Teil des Strafverfahrens beim Totschlag, bei dem der Verdächtige an die Bahre des Getöteten geführt wird, um seine Unschuld zu beschwören

Ba(h)rrecht siehe **Bahrprobe**

Bann Befugnis, Gebote und Verbote mit Verbindlichkeit zu erlassen, siehe **Zwing und Bann**

bannen verbindlich festlegen (das Recht bannen = bei Strafe ge- und verbieten)

Bannleihe Verleihung eines Gerichtsbannes (vor allem Blutbann) an einen Beamten. Die Verleihung erfolgte in der Regel durch Stabauflegung durch den Inhaber der Banngewalt und nach Leistung des Amtseids.

Bannrichter landesherrlicher Bediensteter, der seit dem 16. Jh. die Hinrichtungen leitete (Herzogtum und Kurfürstentum Bayern)

Banntaiding Gericht; Inbegriff aller Rechte und Gewohnheiten, die bei einem Banntaiding angewandt werden

Beinschrauben spanische Stiefel; seit dem 17. Jh. übliches Folterinstrument (Kfst. Bayern)

berechten verurteilen, zu Gericht sitzen

Besserung Buße (Strafe)

Betretungsfall die bekanntgewordene Begehung einer Straftat

Bettelvogt die (von der Obrigkeit ernannte) für die Bettler zuständige Person, die vor allem die Almosen und Umlagen einsammelt und an die berechtigten Bettler weitergibt

Bettelzeichen in Bettelordnungen (vor allem seit dem 16. Jh.) vorgeschriebenes Abzeichen für autorisierte Bettler

Bilmesschnitt Mensch (Zauberer, Hexe), der mit übernatürlichen Mitteln fremdes Korn abschneidet

Blutbann das Recht der Blutgerichtsbarkeit (hohe Gerichtsbarkeit)

Blutrunst Blutrur; blutende Wunde, Blutvergießen

Bogwunde schwere Verwundung, Verwundung mit scharfen Waffen, Wunde, aus der Blut „im Bogen" herausschießt

Brechen 1. Prechen; Strafinstrument der Niedergerichtsbarkeit ohne **infamierende** Wirkung. In der Regel aus einem Halseisen (Eisenring) bestehend, war der Brechen vor allem an Kirchen angebracht und diente zur „Ausstellung" des Delinquenten bei Ehebruch und **Leichtfertigkeit**. 2. Malzbrechen

Burgfrieden 1. Hoheits-, Schutz-, Markt- und Gerichtsbezirk der Städte und Märkte. Die Burgfriedensgrenze lag meist weit vor den Mauern und war durch Burgfriedenssteine (-säulen) markiert. 2. Gebiet oder Gebäude mit erhöhtem Rechtsfrieden (fürstlicher Palast, Spital), in dem etwa das Waffentragen oder der Streit mit dem Abhacken der Hand bestraft wurden (Hinweis durch entsprechende Tafeln)

Burggeding Burgfrieden

Caducität (strafweiser) Heimfall eines Lehengutes an den Obereigentümer wegen Verletzung der Lehenspflicht oder sonst rechtswidriger Handlungen, 1818 aufgehoben

calumnia Verleumdung

calumnieren verleumden

Capitalstrafe Todesstrafe (vor allem durch Schwert, Strang, Rad, Feuer oder Vierteilen)

carnifex Metzger, Henker, Scharfrichter

CCC Constitutio Criminalis Carolina (**Halsgerichtsordnung** Karls V. v. 1532)

Certioration Strafformel, Strafdrohung

circalator Landstreicher

comitatus comitia, Grafschaft

Commination Bedrohung

condemnieren verurteilen

Constitut constitutus; der Delinquent, der gütlich oder peinlich (mit Folteranwendung) vernommen wird

constitutum Vernehmung eines Delinquenten (gütlich oder peinlich)

Contravention Zuwiderhandlung

crimen Untat, Verbrechen, Wehtat

crimen falsi Fälschung, Urkundenunterdrükkung

crimen flagrans handhafte Tat

crimen laesae majestatis Laster der beleidigten Majestät; Hochverrat, Majestätsbeleidigung

crimen perduellionis Hochverrat

crimen repetundarum Bestechung, Vorteilnahme

crimen vagi Landstreicherei

crimen vis publicae Landfriedensbruch

culpa Schuld

Defraudation Betrug, insbesondere Steuerbetrug, Veruntreuung, Unterschlagung

deiudicare aburteilen

Detention Festsetzung, Verhaftung

dies fatalis endlicher Rechtstag, letzter Verhandlungstermin

dies intimata dies statutus; Tagsatzung, Gerichtstermin

Diffamant Verleumder

diffidatio Widerbot; Fehdeansage

Digesten systematisch geordnetes Sammelwerk, umfangreichster Teil des Corpus juris civilis (530–533) in 50 Büchern mit einer Sammlung römischer Juristenschriften

dingen eine Rechtssache vor ein höheres Gericht bringen, Berufung einlegen, siehe **appellieren**

Dingmann Geschworener (siehe auch **Schranne**)

Dingstatt Gerichtsplatz

Dorfgericht örtliches Ordnungs- und Niedergericht, in der Regel mit Strafkompetenz bis 72 Pfennige

Dorfmennig Dorfgemein, siehe **Gemein**

Dorfordnung lokale Satzung

Dorfvierer Dorfvorstand

Edelmannsfreiheit 1557 festgelegte Vorrechte des alten Adels im Herzogtum und Kurfürstentum Bayern, vor allem das Recht auf Gerichtsbarkeit auf den **einschichtigen Gütern** sowie auf den Sitzen und Sedeln (adeligen Höfen). Die Edelmannsfreiheit konnte auch verliehen werden.

effractio carceris Ausbruch, Gefangenenbefreiung

effusio sanguinis siehe **Blutrunst**

Ehaft Ehehaft; 1. der Zusammenschluß der mit gewissen Rechten und Pflichten ausgestatteten Gemeindemitglieder 2. Die an bestimmten Tagen im Jahr stattfindende Versammlung dieser Gemeindemitglieder (**Ehafttaiding**), um Gemeindeangelegenheiten zu verhandeln, etwa Vergabe der Ehaftgewerbe 3. Sammlung aller örtlichen Satzungen, Rechte und Pflichten einer Gemeinde

ehafte Not ius legitimum, höhere Gewalt, gesetzlich anerkannte Entschuldigung für Versäumnis eines Termins (Krankheit, Gefängnis, Naturereignisse, Wallfahrt, Herrengeschäfte u. ä.); Fall der Gefahr und Landesverteidigung

Ehaftgericht siehe **Ehafttaiding**

Ehafttaiding Ehaftgericht; die jährlich einmal oder zweimal stattfindende Versammlung aller Gerichtsuntertanen zur Erledigung rechtlicher, polizeilicher und gemeindlicher Angelegenheiten. Verlesung der in der jeweiligen Gemeinde geltenden oder für die Gemeinde aktuell wichtigen Bestimmungen, die u. a. im Ehaftbuch (Ehaftordnungen) niedergelegt sind. Ablegung der Gemeinderechnung durch die Dorfführer. Ursprünglich eigenes Satzungsrecht (vgl. **Weistümer**), dann Entgegennahme obrigkeitlicher Satzungen

Eideshelfer Schwörer

einschichtige Güter außerhalb einer Hofmark liegende Güter, die rechtlich zu dieser gehören: siehe **Edelmannsfreiheit**

Eisengeld Entlohnung des Eisenmeisters für das Anketten von Gefangenen

Eisenmeister Eisenamtmann; Gefängnisbeamter, Gefängnisaufseher

Endrecht Gerichtsverhandlung, in der das endgültige Urteil gefällt wird; das Urteil selbst

entpresten emprosten; sich vor Gericht rechtfertigen, sich der **Inzicht** (Anklage, Anschuldigung) erwehren

entsagen entzagen; die Freundschaft aufsagen, Fehde ansagen

erkrumben lahm werden (Hexenschuß)

Evokationsrecht ius evocandi; kgl. und fürstliches Recht, die Rechtsprechung an sich zu ziehen, kann durch Evokationsprivilegien ausgeschlossen werden (privilegium de non evocando)

Ewiger Landfriede das auf dem Reichstag von Worms 1495 beschlossene Reichsgesetz, das die Fehde als Mittel der Rechtwahrung verbietet

examinieren verhören

exlex friedlos, vogelfrei, rechtlos, geächtet

expurgatio Reinigungseid

falsum crimen falsi; Fälschung, Urkundenunterdrückung

fänklich annehmen gefangensetzen

Fehde Streiterledigung durch Selbsthilfe; eingeschränkt durch Gesetzgebung (Landfrieden), Einungen; mutwillige Fehde war untersagt; außerhalb der Fehde standen gewisse Personen bzw. Schutzobjekte, etwa Frauen, Geistliche, Juden, Kirchen, Pflüge, Mühlen. Fehde mußte durch Brief angesagt werden. Endgültiges Verbot durch den **Ewigen Landfrieden** 1495

Ferchwurf Rauferei mit Blutfluß

fericidium Wilderei

Fiskal fiscus; Beamter, dem die Verfolgung landesherrlicher (Vermögens)ansprüche und Interessen obliegt (Fiskalprozeß); der fiscus der Lex Baiuvariorum kassiert herzogliche Strafgelder; zugeordnete Behörde: Fiskalat

fl. florenus; Gulden

Folter tormentum; siehe **peinliche Befragung**

fornicatio Unzucht, Leichtfertigkeit, Ehebruch

forum ordinarium ordentlicher Gerichtsstand

forum privilegiatum privilegierter Gerichtsstand (z. B.für Adelige oder Beamte)

Fragartikel/Fragstücke siehe **Interrogatorien**

Fraischgerichtsbarkeit (fraischliche Gerichtsbarkeit) Hochgerichtsbarkeit, Blutgerichtsbarkeit

Fraischsteine Steine zur Markierung der Hochgerichtsgrenzen

Freibriefe die von den bayerischen Herzögen an die Landstände erteilten Privilegien (1. Freibrief = Ottonische Handveste 1311)

Freigericht Gericht ohne obrigkeitliche Einbindung; meist auf freiem Feld und durch Geschworene (Freie) besetzt (Freigericht der freien Bauern in der Grafschaft Eglofs/Allgäu)

Freihartsbube Freihardt; Landstreicher, Gauner, Spielmann

Freiung Freiheit, Platz, Ort oder Raum mit (von der Obrigkeit verliehenem) gesteigertem Rechtsfrieden (mit dem absoluten Verbot des Waffengebrauchs) oder Sonderrechten, etwa dem Recht auf **Asyl**. Das (permanente) Friedgebot bedarf des Hinweises durch entsprechende Warntafeln (Beil und abgehauene Frevlerhand), siehe **Muntat**.

Fretterei Nötigung

Frevel violentia, temeritas, excessus; nicht todeswürdiges Gewaltvergehen (etwa blutige Verwundung)

Friedgebot (amtliche) Aufforderung zur Friedwahrung. Entweder zeitlich und räumlich begrenzt oder im Einzelfall. Verstöße gegen ein bestehendes oder ausgesprochenes Friedgebot stehen unter erhöhter Strafdrohung

Friedschatz ursprünglich Abgabe, mit der man sich im Fehdefall von der Gefolgschaftspflicht freikauft, später Dauerabgabe für Schutz und Schirm

Fronbote (missus dominicus) Gerichtsbote; im MA auch als Parteivertreter (**Vorsprecher**) tätig

Fronveste fron = herrschaftlich; Gefängnis der Hoch- bzw. Blutgerichtsbarkeit zur Verwahrung von **Malefizverbrechern** bis zum Prozeßende. In den Fronfesten befand sich in der Regel auch die Folterkammer.

Fünfergericht seit dem 15. Jh. nachweisbares Nürnberger Gericht für einfache Strafsachen

Fürfang Anefang; Recht und Pflicht des Richters, sich in den Besitz einer gestohlenen Sache zu setzen; Anteil des Richters an einer gestohlenen Sache (Art. 37 des Oberbayerischen Landrechts); Gebühr des Klägers für die Verhaftung und Verhandlung des Beklagten bzw. für die Wiederbeschaffung einer gestohlenen Sache

Fürsprech Vorsprecher; Redner; Parteivertreter

furstendig nützlich

furtum Diebstahl

Galeerenstrafe seit dem 16. Jh auch in Süddeutschland übliche Strafe. Die Sträflinge werden vor allem nach Venedig und Genua verschickt.

gartende Knechte abgedankte Soldaten (Landsknechte), die ihren Lebensunterhalt vorwiegend durch Betteln bestreiten. Zahlreiche Mandate gegen gartende Knechte seit dem 16. Jh.

Geige Strafinstrument in der Form einer Geige zum Einspannen von Händen und Kopf, vorwiegend für Frauen (in der Form einer Halbgeige oder Doppelgeige für zwei Delinquenten/innen)

gelehrter Eid vorgesprochener Eid

Geleitrecht jus conductus; kaiserliches bzw. landesherrliches Geleitrecht (Dauergeleit) auf gewissen Durchgangsstraßen. Konnte von Kaufleuten oder Juden gegen Bezahlung in Anspruch genommen werden und hatte bei Beschädigung des Geleitnehmers Schadensersatzpflicht des Geleitherrn zur Folge; auch zeitlich beschränkt (Jahrmarktsgeleit); davon zu unterscheiden das Prozeßgeleit (freies Geleit) für den Weg zum Gericht (oder zurück – auch nach Verurteilung).

Gerichtswandel die Strafe, die ein Gericht verhängt (im Unterschied zum **Viztumshandel**)

Gerüfte clamor, Zetergeschrei; obligatorisches Geschrei bei einer Straftat, auf Grund derer der Täter verfolgt werden muß (**Nacheile**), siehe auch **handhafte Tat**

gichtig geständig

Gichtigung Urgicht; Bekenntnis, Aussage (peinliche Gichtigung = Verhör mit Folter)

Gnadenstoß der vor der Räderung zur Tötung des Delinquenten durchgeführte Stoß gegen den Hals

Gottesurteil Entscheidung eines Rechtsstreits durch das vermutete Eingreifen Gottes (**Kampfklage,** Feuerprobe, Wasserprobe u. a.)

Haberfeldtreiben vor allem in der Miesbacher Gegend bis ins 19. Jh. übliche Form des nächtlichen Volksgerichts mit öffentlicher Verlesung von Anklagen u. ä. Nach Entartung im Laufe des 19. Jh. strafrechtlich verfolgt (Landfriedensbruch) und damit beendet

Haischurteil Aisch; Heischung; inquisitio; „gehaischte" (angeforderte) Rechtsberatung zugunsten eines anderen Gerichts (etwa durch die Juristen der Reichsstadt Nürnberg für die umliegenden Gerichte), formuliert als (unverbindliches) Urteil

Haken Folterinstrument: am Haken werden die Delinquenten aufgezogen

Halmstrafen Strafen wegen unbefugten Weidens

Halsgericht Hochgericht, Blutgericht, oberstes Strafgericht (Reichsstadt Nürnberg: 13 Schöffen unter Vorsitz des Stadtrichters)

Halsgerichtsbuch Gerichtsbuch, Gerichtsprotokoll der Strafgerichtsbarkeit

Halsgerichtsordnung Strafgesetzbuch, vgl. etwa Bamberger Halsgerichtsordnung von 1507, in der das Strafrecht und das Strafverfahren geregelt wurden. Die Peinliche Gerichtsordnung Kaiser Karls V. von 1532 (**CCC**) ist die berühmteste Halsgerichtsordnung. Sie wurde nach dem Vorbild der Bamberger Halsgerichtsordnung gestaltet.

handhafte Tat Verbrechen, bei dem der Täter unmittelbar gefaßt wird

Heimsuchung Verletzung des Hausfriedens durch feindliches Eindringen in Haus und Hof, insbesondere zur Nachtzeit

hereinschwärzen ins Land oder ins Haus schmuggeln

Herrschaft Herrschaftsgericht; adeliger Gerichtsbezirk, oft im Besitz des **Blutbanns**

Hochgericht 1. Befugnis zur Aburteilung der mit Leib- und Lebensstrafe geahndeten Delikte 2. der für alle Gerichtsuntertanen bindende Gerichtstermin zur Abhaltung des Hochgerichts bzw. anderer Gerichte 3. Köpfstätte, Rabenstein; Hinrichtungsstätte, das Hochgericht mit Galgen und das Hochgericht für die Hinrichtung durch das Schwert (Köpfstätte) befanden sich i. d. R. an unterschiedlichen Orten 4. Versammlungsort 5. Gerichtssprengel

Hofmark Dorfbezirk mit niederer Gerichtsbarkeit und sonstigen Rechten (Scharwerk, Musterungsrecht, Steuereinhebungsrecht, Ordnungspolizei). Bei der offenen Hofmark ist die Gerichtsbarkeit des Hofmarksherrn auf seine Grunduntertanen beschränkt, bei der geschlossenen Hofmark hat er die Gerichtsbarkeit über sämtliche Einwohner des Hofmarksbezirks. Siehe auch **Edelmannsfreiheit**

Hofrat aus dem landesherrlichen Rat entstandene höchste (kollegial organisierte) Regierungsstelle im Herzogtum Bayern und anderen Territorien. Vom Hofrat spalten sich in der Regel im 16./17. Jh. weitere kollegial organisierte Zentralbehörden ab. Der Hofrat war vor allem oberstes Gerichtsorgan des Landes (seit 1620 ist im Zivilverfahren das Revisorium oberstes Gericht), zuständig auch für die inneren Landesangelegenheiten, vor allem für die Sicherheit und Ordnung (Polizei). Seit 1779 (Gründung der Oberlandesregierung) auf Rechtssachen beschränkt.

homicidium Totschlag

homicidium dolosum homicidium voluntarium, proditorium; Mord

Hundschlager Schinderknecht

infamare jemand für landschädlich erklären

infamia Ehrlosigkeit

infamierend ehrmindernd, unehrlich machend

infamis landschädlich

infanticidium Kindesmord

injuriae atroces schwere Beleidigung

Injurie Beleidigung

Injurienklage Beleidigungsklage

injurieren beleidigen, schmähen

Inquisition amtliche Untersuchung

Interrogatorien (lat. interrogatoria) Fragstücke, Fragartikel. Artikelweise gegliederte Fragen im mittelalterlichen und neuzeitlichen Zivil- und Strafprozeß

Inzicht impulsatio; Bezichtigung

Inzichtverfahren Verfahren, das einem Beschuldigten oder in Verdacht geratenen ermöglicht, sich durch Selbstanklage („Inzicht") zu entlasten. Der „Inzichter" findet sich vor Gericht ein und legt einen Reinigungseid ab. Das Verfahren war in Altbayern und in Franken üblich. Die Würzburger Landgerichtsreformation von 1512 beschränkt die Berechtigung zur Inzicht auf Ritterbürtige. Seit Ende des 16. Jh. wird das Inzichtverfahren in den meisten Territorien beseitigt und hat nur noch am kaiserlichen Landgericht Hirschberg Bedeutung.

iudex Richter

iudicium Gerichtsbarkeit, Gericht, Gerichtsversammlung, Gerichtsort, Gerichtskompetenz, Urteil

iudicium provinciale Landgericht

iudicium villae Dorfgericht

iugulus Henker

J.U.D. Juris utriusque Doctor; Doktor beider Rechte (römisches und kanonisches Recht)

iuramentum purgatorium Reinigungseid im Strafverfahren, durch den sich der Beklagte vom Strafvorwurf befreien kann

ius gladii Blutbann

K siehe auch **C**

Kaiserliche Landgerichte direkt dem Kaiser unterstehende Hochgerichtsbezirke; auf dem Gebiete des heutigen Bayern gab es mehrere kaiserliche Landgerichte. Am bedeutendsten waren das kaiserliche Landgericht Franken in Würzburg, das kaiserliche Landgericht Rothenburg und das kaiserliche Landgericht Hirschberg.

Kampfklage Streitaustrag vor Gericht unter Verwendung von Waffen: **Gottesurteil**. Obwohl kirchlicherseits seit 1234 verboten, erhielt sich das Gottesurteil in Franken bis ins 15. Jh. in Form der Kampfklage für Ritter (kaiserliches Landgericht in Würzburg) oder Patrizier (Nürnberg). Der Kampf wurde unter Beachtung strenger Regeln mit Schild und Streitkolben ausgetragen.

Karbatsche Riemenpeitsche, im Strafverfahren vor allem für Bestrafung und Folter angewandt

karbätschen peitschen

Kastenamt Kasten; landesherrliches Amt unter Leitung eines Kastners zur Einsammlung der Abgaben, seit dem 19. Jh. = Rentamt

Keiche/Keuche oberirdisches Gefängnis, Holzverschlag innerhalb eines Gefängnisses

Korrektionsanstalten Arbeitshäuser, siehe **Zuchthaus**

Kreuzstein Stein mit Kreuzabbildung, siehe **Steinkreuz**

Lähmde Lem; laesio perpetua; schwere Körperverletzung mit bleibenden Schäden, insbesondere Lähmungen

Landesfreiheitserklärung erklärte Landsfreyheit; Erklärung der Landesfreiheit; erstmals 1508 erfolgte Zusammenfassung der landständischen Rechte im Herzogtum Bayern, Teil der Landesgesetzgebung

Landfriedensgerichte Nach dem Mainzer Reichslandfrieden 1235 traten neben die ordentliche Gerichtsbarkeit besondere Landfriedensgerichte, die entweder zeitlich beschränkt oder/ und subsidiär zu den bestehenden Gerichten (Landgerichten, Zentgerichten) tätig waren. Eine weite Verbreitung fanden die Landfriedensgerichte vor allem im 14. Jh. und 15. Jh. in Franken. Ihre Entscheidungskompetenz entsprach den Regelungen der Landfrieden, also Eindämmung bzw. Ausschließung der Selbsthilfe (vor allem durch Mord, Raub und Brandstiftung). Durch den **ewigen Landfrieden** 1495 wurden die Landfriedensgerichte überflüssig.

Landgebot Landpot; Mandat; landesherrliche Verordnung

Landgericht im Herzogtum, Kurfürstentum und Königreich Bayern unterste landesherrliche (staatliche) Verwaltungseinheit. Organisation seit dem 13. Jh. Leiter war ein Landrichter bzw. ein **Pfleger** (daher auch Pfleggericht, Pflegamt, Land- und Pfleggericht). Neuorganisation seit 1804 mit einem Landrichter an der Spitze (Landgerichte älterer Ordnung) als staatliche Verwaltungsbehörde der Unterstufe und als Gericht der ersten Instanz. Nach der Trennung von Justiz und Verwaltung 1861 wird das Landgericht (Landgericht jüngerer Ordnung) ab 1862 (bis 1879) zum Gericht, die Verwaltungsaufgaben werden von den **Bezirksämtern** wahrgenommen. Seit 1879 (Reichsgerichtsverfassungsgesetz von 1877) gelten im wesentlichen die heute noch gültigen Gerichtsbezeichnungen: aus den Landgerichten (jüngerer Ordnung) werden im wesentlichen Amtsgerichte. Die ehemaligen **Bezirksgerichte,** also die Gerichte 2. Instanz, werden zu Landgerichten.

Landgeschrei Alarm (durch Glockenläuten u. a.) bei allgemeiner Gefahr (Feuer, Krieg) oder nach Begehung eines Verbrechens, insbesondere Raub, verpflichtet zur Verfolgung der Täter (Nacheile) bzw. zur Sammlung der wehrfähigen Männer

Landrecht Rechtskodifikation, im Unterschied zum Stadtrecht, Lehenrecht. In Bayern vor allem das Oberbayerische Landrecht von 1347 und das Landrecht von 1616

Landshuldigung Wiederaufnahme eines Landesverwiesenen in die Huld des Landesherren (Erteilung der Landshuld)

Landstände Landschaft; Adel, Prälaten sowie Städte und Märkte als Vertreter des Landes, deren Zustimmung (Bewilligung) der Landesherr vor allem bei Steuererhebungen benötigt. Treten auf **Landtagen** zusammen, im Königreich Bayern 1808 als Korporation aufgehoben

Landstandschaft Zugehörigkeit zur Landschaft, vor allem die Berechtigung, auf dem Landtag mit Sitz und Stimme vertreten zu sein

laquei poena Galgenstrafe (laqueum = Strick)

latro Dieb, Räuber

latrocinium Raubmord

leer aufziehen jemand bei der Folter ohne angehängte Gewichte **aufziehen**

Leibstrafen die i. d. R. am Pranger vollzogenen Strafen (im 18. Jh.: Ausstreichen mit dem Staubbesen, Aufbrennen eines Buchstabens u. ä.)

Leib(s)zeichen dem Richter als Beweismittel für ein Verbrechen vorgelegte Teile der Leiche bzw. die Leiche selbst, Körpermale als Indiz für strafbare Handlungen (z. B. Hexenmal)

Leichtfertigkeit Unzucht unter Ledigen, spätestens seit dem 16. Jh. von der weltlichen Obrigkeit bestraft (im Königreich Bayern bis 1808)

leonicium Kuppelei

lex Gesetz

lex Cornelia de siccariis et veneficis Gesetz (römisches Recht) über die Bestrafung von Totschlag, Giftmord und Zauberei

lex Julia de ambitu Gesetz (römisches Recht) über die Bestrafung von Ämterkauf

lex Julia repetundarum Gesetz (römisches Recht) über die Bestrafung von Bestechung

lictor Scherge, Gerichtsdiener

maleficium Missetat

Malefizgerichtsbarkeit Blutgerichtsbarkeit

Malefizhandel Blutgerichtsfall, siehe auch **Viztumshandel**

Malefizverbrechen (lat. maleficium) Verbrechen, das mit dem Tode bedroht ist

manu mutilare Handabschlagen

Markstein Grenzstein

minae atroces schwere Bedrohung, Nötigung

mitigieren mildern (Strafe)

mulcta multa; Strafe

Nachrecht Nachwändel; Teil der Strafgelder, der dem Beamten zufällt, auch: zusätzliche Abgabe an den Beamten bei Nachsteuer und Freigeld

Nachrichter Scharfrichter

Nam(e) Raub

Niedergericht Gerichtsbarkeit unterhalb der hohen Gerichtsbarkeit (Blutgerichtsbarkeit, Halsgerichtsbarkeit), etwa Stadt- und Marktgericht, Patrimonialgericht, siehe **Hofmark**

niederwerfen verhaften

nöten zwingen, nötigen

Notnunft Notdrang; Notzucht

Oberhof Gericht oder Kollegium, das auf Ersuchen Gutachten oder Urteilsempfehlungen für (benachbarte) Gerichte gibt

Ohrenabschneiden Ohrenschlitzen (Strafe)

Ordinaristrafen Strafen, die gesetzlich vorgeschrieben sind und bei denen der Richter daher keinen Ermessensspielraum hat wie bei den Extraordinaristrafen und den willkürlichen Strafen

P siehe auch **B**

Pachstein Pagstein; Zankstein, den zankende Frauen um den Hals tragen mußten

Pasquil Schmähschrift

pax iurata siehe **Urfehde**

peccare sündigen

peccatum Sünde

Peen poena; Strafe

Peinlein Scharfrichterknecht

peinliche Befragung Folter; in mehreren Stufen üblich (erste Stufe = Vorzeigung der Foltergeräte); im Kgr. Bayern 1808 abgeschafft

peinliche Gerichtsbarkeit von lat. poena = Strafe, Strafgerichtsbarkeit

peinliche Gichtigung Herbeiführung eines Geständnisses im Strafprozeß, siehe **Urgicht**

peinliches Verhör Vernehmung in der Folterkammer

Pen Leiden, Qual, Strafe

Penfall Geldstrafe

pena siehe **poena**

Pfleger provisor; praeses; Amtsverwalter, im Herzogtum Bayern und in anderen Territorien Vorstand eines Landgerichts. Seit dem 13. Jh. nachweisbar. Zuständig für den militärischen Schutz, die Verwaltung und die Rechtspflege

Pflegsverwalter Pflegsverweser; Verwalter einer Pflegerstelle

poena Strafe, Buße, Wandel

poena corporis afflictae Leibesstrafe

poena dupli Strafe in Höhe des doppelten Betrags einer hinterzogenen Steuer oder Abgabe

poena extraordinaria außerordentliche Strafe für den Fall, daß keine gesetzliche Strafdrohung für das entsprechende Delikt oder die besonderen Umstände des Delikts vorhanden ist

Poenfall poena conventionalis; Reukauf; Reugeld; Vertragsstrafe

Poenformel sanctio; Strafandrohung in Urkunden

Pogwunde siehe **Bogwunde**

Polizeiordnung Rechtsnormen zur Regelung der öffentlichen Sicherheit und Ordnung

Pönsatz Strafmaß

praeco Scherge, Fronbote, Amtmann

praeconatus Schergenamt

Pranger (Schreiat) Strafwerkzeug der Hochgerichtsbarkeit (nicht zu verwechseln mit dem **Schandpfahl**). An den Pranger wurden die Delinquenten zum Auspeitschen (durch den Scharfrichter) gestellt, meist mit anschließender Ausweisung (in München erstmals 1331 genannt)

provinciale iudicium Suevicum das kaiserliche Landgericht in Schwaben

proscriptio Acht

Rabenstein (gemauerter) Hinrichtungsplatz

Reinigungseid Eid des Beklagten, mit dem er sich von einem Vorwurf entlasten kann (eventuell mit Hilfe von Eidhelfern)

Rentamt 1. Im Herzogtum und Kurfürstentum Bayern die nach dem **Rentmeister** benannten Verwaltungsbezirke der Mittelebene (München = Oberland, Landshut, Burghausen und Straubing); die Rentämter Landshut und Straubing standen unter Leitung eines **Viztums,** der dem jeweiligen Regierungskollegium (adelige und gelehrte Regierungsräte) vorstand. Das Rentamt Burghausen stand unter Leitung eines Hauptmanns. Das Rentamt München (Oberland) wurde vom **Hofrat** verwaltet. Die **Rentmeister** waren jeweils für die Finanzverwaltung und für die Rentmeisterumritte zuständig. 2. Seit 1802/3 werden die unteren Finanzbehörden (als Nachfolger der **Kastenämter)**, Rentämter genannt (bis 1919). Leiter der Behörde ist der Rentamtmann

Rentmeister Seit dem 15. Jh. im Herzogtum Bayern nachweisbar. Vor dem Rentmeister mußten alle Beamten, die Einnahmen zu verwalten hatten, Rechnung legen. Im 16. Jh. wird der Rentmeister zu einem allgemeinen Kontrollorgan der Verwaltung mit richterlichen Funktionen. Für jedes **Rentamt** im Herzogtum und Kurfürstentum Bayern (München, Landshut, Straubing, Burghausen) war ein Rentmeister zuständig, dessen Hauptaufgabe es war, auf jährlichen Rentmeisterumritten die Unterbeamten zu kontrollieren und Rechtsfälle zu entscheiden und mittelschwere Delikte zu bestrafen (Rentmeisterstrafen)

Rentmeisterumritt jährlicher Besuch des Rentmeisters in den Landgerichten eines **Rentamts**, auf dem er die Beamten und Kommunen kontrollierte und für gewisse Delikte Rentmeisterstrafen verhängte (Vorstellung vor dem Rentmeister)

Rügeverfahren auf der Rügepflicht der Gerichtsuntertanen bzw. geschworener Rügeleute beruhendes Gerichtsverfahren; im Herzogtum Bayern im 14. Jh. abgeschafft

rumor Raufhändel

saga Hexe

schädlicher Mann Schwerverbrecher, Landfriedensbrecher

Schandpfahl Strafinstrument der Niedergerichtsbarkeit ohne entehrende Wirkung. Seit dem 16. Jh. vor allem bei der Bestrafung der Gotteslästerung üblich.

schanzen an Festungsanlagen arbeiten

Schanzarbeit Arbeit an Festunganlagen (als Zwangsarbeitsstrafe)

Schlögl Gefangenenwärter, siehe **Eisenmeister**

Scholler Scholder; 1. Jahrmarkt 2. Vergütung für den Gerichtsknecht (bei Aufsicht über die Kirchweih) 3. Glücksspiel, Spielhalter (Schollergeld = Spielgeld)

Schollerer Glücksspieler

Schranne durch Bänke (Schrannen) abgegrenzter Gerichtsplatz (Landschranne, Forstschranne), Marktplatz, Markthalle, v. a. für Getreide

Schub Handhafte; geraubte Sache (auf einen Schub ziehen = sich auf gutgläubigen Erwerb berufen)

schwärzen schmuggeln

Schwärzung Schmuggel, siehe auch **Defraudation**

Siebenereid siehe **Übersiebnen**

species facti Tatbestand

spoliiren plündern, berauben

Springer 1. an Stangen befestigte Eisenfesseln für die Füße, die nur eine springende Fortbewegung erlauben 2. Gefängnis

Springerbuben Gefängniswärter

Ständeversammlung Im Königreich Bayern Bezeichnung für die durch die Verfassung von 1818 eingerichtete und seit 1819 tagende Repräsentation, bestehend aus 1. Kammer (Kammer der Reichsräte) und 2. Kammer (Kammer der Abgeordneten); seit 1848 wird die Ständeversammlung Landtag genannt.

Staubbesen Rute, Besen zum Auspeitschen (Ausstreichen) von Delinquenten am **Pranger** (meist in Zusammenhang mit Landesverweisung

Steinkreuz Sühnekreuz; (auf Grund eines Sühnevertrags) vom Täter am Ort der Tat (meist Totschlag) zu errichtendes Steinkreuz

stellionatus Betrug

Stillfrag Teil des Malefizprozesses, der unter Ausschluß der Öffentlichkeit stattfand (stille Frage)

Stock Gefängnis, Holzvorrichtung (Block) zur Festsetzung von Gefangenen bzw. zur kurzzeitigen Abstrafung (meist in **Keuchen** und sonstigen Gefängnissen)

Stockhaus Gefängnis

Stockmeister Gefängnisaufseher

Strohband Stropant; leicht zerreißbarer Strick aus Stroh (üblich auch Seidenfaden), mit dem ein Verbrecher, der dem Hochgericht ausgeliefert wird, an die Grenzsäule des Niedergerichts gebunden wird, wo er sich, wenn er nicht nach drei Tagen übernommen wird, selbst befreien kann.

stuprum Hurerei; Unzucht

stuprum violentum Notzucht

suspicio Argwohn, Verdacht

suspiziert verdächtig

Tigen bäuerliche Gerichtsgemeinde (im Allgäu)

tormentum Tortur, Folter

treuga gelobter Friede, Handfriede

überfahren übertreten, verletzen, zuwiderhandeln, schädigen

Übernächtigkeit bei einer Straftat, bei der eine Nacht vergangen ist (bei der Übernächtigkeit eingetreten ist), kann der Täter in der Regel nicht mehr, wie bei der **handhaften Tat**, durch einfachen Zeugeneid überführt werden.

Übersiebnen Strafverfahren: Überführung und Verurteilung eines Täters durch den Eid von sieben Geschworenen (Siebenereid = probatio septima manu), abgeschafft seit dem Spätmittelalter

Umritt siehe **Rentmeister**

Unhold Hexe, Zauberer, Teufel

Urfehde Gelöbnis oder (beurkundeter) Schwur, alle Feindseligkeiten einzustellen bzw. sich nicht für erlittene Schäden (Tortur, Haft) zu rächen (bei Freilassung) bzw. (bei Ausweisung) das Land zu verlassen und nicht mehr zu betreten (vgl. **Ausweisung**)

Urfehdebrief Urkunde, in der die **Urfehde** eines Delinquenten vom zuständigen Beamten beurkundet wird

Urgicht Geständnis; die gedruckte Beschreibung eines Verbrechens, die bei Hinrichtungen verkauft wird

vier Wälder siehe **Wälder**

violatio Verletzung, Übertretung

violentia Frevel, Gewaltsamkeit

violentum stuprum Notzucht

Viztum (aus lat. Vicedominus) Stellvertreter des bayerischen Herzogs mit Gerichtskompetenz. Das Viztumsamt ist seit dem 13. Jh. nachweisbar. Es wird ausschließlich von Adeligen versehen. Im 16. Jh. waren die Viztume die obersten Verwaltungsbeamten in den nun (nach den **Rentmeistern**) Rentämter genannten ehemaligen Viztumsämtern Landshut und Straubing. In Burghausen amtierte als oberster Verwaltungsbeamter ein Hauptmann.

Viztumshändel Im Herzogtum Bayern die dem Herzog vorbehaltenen Strafen. Eine Liste der Viztumshändel findet sich in den **Landesfreiheitserklärungen**

Vogt advocatus; Inhaber einer Vogtei (advocatia); allgemein: (Rechts)vertreter bzw. die für Schutz und Schirm eines (schutzbedürftigen) Dritten (vor allem kirchliche Institutionen) kraft Herkommen, gesetzlich oder vertraglich zuständige Person oder Institution. Der Vogt übt vor allem die Gerichtsbarkeit und den militärischen Schutz aus. Vogt wird auch der mit der Vogtei beauftragte Beamte genannt. Kirchenvögte (z. B. Klostervogt, Hochstiftsvogt) und weltliche Vögte (z. B. Reichsvogt) können für ihre Schutzfunktion entsprechende Leistungen verlangen, etwa Rat und Hilf, Waffenhilfe (Reis), Dienste (Robot, Scharwerk) Steuern und Abgaben. Auf der Vogtei beruhen in Franken und Schwaben die Landeshoheit. Auf der Reichsvogtei des Kaisers beruht die Reichsunmittelbarkeit der Reichsstädte.

Vogtdienste Abgaben, die auf dem Vogteirecht basieren

Vogtei siehe **Vogt**

W siehe auch **B**

Wahrspruch der Spruch der Geschworenen über Schuld und Unschuld des Angeklagten

Waibel centurio; Weibel; Gerichtsdiener, Büttel

Wälder die vier Wälder: Thüringerwald, Böhmerwald, Schwarzwald, Scharnitz (= Alpen) markieren die Grenzen des Herzogtums Bayern zum Ausland (Art. 7,2 Oberbayerisches Landrecht 1346)

Wandel compositio, Geldbuße, Geldstrafe

Wasenmeister Abdecker, beseitigt und verwertet Tierkadaver innerhalb des Amtsbezirkes. Der Wasenmeister war verpflichtet und allein berechtigt, vor allem die gefallenen vierfüßigen Haustiere zu beseitigen und innerhalb einer gewissen Zeit auf dem Wasenplatz zu begraben. Die Wasenplätze mußten außerhalb der Ortschaften angelegt werden. In manchen Gebieten amtierte der Wasenmeister bis zur Aufhebung der öffentlichen Galgenstrafe und Beseitigung der entsprechenden Hochgerichte (Bayern 1808) auch als Henker

Weistümer aus Rechtsweisung entstandene Rechtsnormen vorwiegend im ländlichen Bereich, in denen vor allem lokales Gewohnheitsrecht geregelt ist. Seit dem 16. Jh. werden die nun **Dorfordnungen** genannten ländlichen Rechtsquellen in der Regel von der jeweiligen Obrigkeit formuliert.

Zent centena; Zentgericht; Zentamt; in fränkischer Zeit ist die centena = Zent Wehr- und Gerichtsgemeinde der freien Franken, d. h. der kgl. Wehrbauern (Königsfreie). Seit der Landfriedensbewegeung des 12. Jh. in Franken (Hessen und dem Mittelrheingebiet) gebräuchliche Bezeichnung für das Hochgericht (mit bäuerlicher Beteiligung) und den entsprechenden Hochgerichtsbezirk (für Pön- und Rügfälle = Fraisch). Der Ausdruck leitet sich wohl vom lateinischen Centena = Hundertschaft ab. Der im Hochgerichtsbezirk zuständige Richter wurde Zentgraf bzw. Zentvogt genannt. Er erhielt die Blutbannverleihung durch den jeweiligen Landesherrn. Die Zuständigkeiten der Zentgerichte wurden seit dem 16. Jh. durch die Zentralbehörden eingeschränkt. So zog etwa im Hochstift Bamberg das 1540 errichtete Bamberger Malefizamt die wichtigsten Strafrechtskompetenzen der 29 Bamberger Zentämter an sich.

Zetergeschrei siehe **Gerüfte**

Zuchthaus Werkhaus, Spinnhaus, Arbeitshaus, Korrektionsanstalt; seit dem 17. Jh. nach holländischem Vorbild eingerichtete Arbeitsanstalt vor allem für arbeitsunwillige Bettler, Landstreicher und Leichtkriminelle (Nürnberg 1670, München 1682, Würzburg 1692, St. Georgen/Bayreuth 1724, Buchloe (Schwäbischer Reichskreis) 1722, Bamberg 1732)

Zwing und Bann die Gesamtheit der Hoheitsrechte, insbesondere die Hochgerichtsbarkeit

Anmerkungen

Kapitel I, S. 13–55

1 Werner Schultheiß (Bearb.), Die Acht-, Verbots- und Fehdebücher Nürnbergs von 1285–1400 (Quellen und Forschungen zur Geschichte der Stadt Nürnberg 2), Nürnberg 1960
2 Gerhard Pfeiffer, Quellen zur Geschichte der fränkisch-bayerischen Landfriedensorganisation (Schriftenreihe zur bayerischen Landesgeschichte 69), München 1975, S. 28
3 abgedruckt bei Christine Rädlinger, Überlieferung und Propaganda: Die Münchener Verfassungskämpfe von 1397 bis 1403 in einer Quelle des 16. Jahrhundert, in: Oberbayerisches Archiv 117/116 (1993/1994), S. 169 ff.
4 z. B. kaiserliche Privilegien für Rothenburg 1386, Dinkelsbühl 1398, Kaufbeuren 1418, Weißenburg 1431, Windsheim 1365 und Schweinfurt 1397
5 Blickle, Schwaben, S. 193
6 Knapp, Zenten, 1. Abt., S. 139
7 W. Preger, Der Traktat des David von Augsburg über die Waldensier, Abh. d. hist. Cl. d. kgl. bayer. Ak. d. Wiss. XIV (1879), S. 181 ff.
8 Die Waldenser waren wegen ihrer Praxis der Laienpredigt bereits 1184 von Papst Lucius III. exkommuniziert worden.
9 Landrecht, Art. 375 III, ed. Laßberg
10 Knapp, Das Lochgefängnis, S. 25 f.
11 Blickle, Schwaben, S. 244
12 a.a.O., S. 263
13 Klage gegen die Stadt Wasserburg, vgl. OA 21 (1859), S. 148–152
14 Thiersch, Vervemung, S. 7 f.
15 a.a.O., S. 11
16 Th. Lindner, Die Vehmeprozesse gegen Herzog Heinrich den Reichen von Bayern-Landshut, in: Deutsche Zeitschrift für Geschichtswissenschaft 3 (1890), S. 65 ff.
17 Thiersch, Vervemung, S. 30 ff.

Kapitel II, S. 56–77

1 Druck bei: Deutsche Reichstagsakten unter Maximilian I., Bd. 5, Reichstag von Worms 1495, bearbeitet von Heinz Angermeier (RTA Mittlere Reihe, Bd. 5), Göttingen 1981, S. 575 ff.
2 Blickle, Schwaben, S. 252 ff.
3 Druck in Monumenta Boica 34 b, S. 302 f.
4 Alfred Wolff, Gerichtsverfassung und Prozeß im Hochstift Augsburg in der Rezeptionszeit, in: Abhandlungen zur Geschichte des Hochstifts Augsburg 4 (1931), S. 175 ff.

Kapitel III, S. 78–144

1 BayHStA GU Kirchberg 13
2 Otto Rieder, Totschlagsühnen im Hochstift Eichstätt. Nach Beispielen aus dem 15. und 16. Jahrhundert, in: Sammelblatt des Historischen Vereins Eichstätt 6 (1891), S. 1–58, 7 (1892), S. 1–37
3 Rieder, 7 (1892), S. 10

4 BayHStA KHR 284, Bl. 430 v ff. (28. September 1644)
5 In Württemberg ab 1540 (Kothe, S. 176)
6 Zedler, Bd. 5 (1724), Sp. 977
7 BayHStA Kurbayern Geheimes Landesarchiv 1277, Bl. 19 v ff. (Landtag von 1552)
8 BayHStA Staatsverwaltung 3, Bl. 57 f.
9 Aus den überlieferten Ermittlungen wegen Abtreibung geht auch hervor, daß – zumindest in der Zeit nach 1635 – im Herzogtum Bayern der „Gaffran“, also Kampfer, als häufigstes Abtreibungsmittel Verwendung fand. Die Schreibweise „Gaffran“ findet sich in keinem der einschlägigen Wörterbücher. Bei Schmeller, Bd. 1, Sp. 874, finden sich die Formen „Gaffer“ und „Gafer“. Kampfer ist als Abtreibungsmittel belegt. Der Safran, an den man auch denken könnte, dagegen nicht (vgl. etwa die umfangreichen Ausführungen zu Safran und „Campfer“ in Zedlers Universallexikon).
10 Vgl. dazu jetzt: Ulbricht, Kindsmord und Aufklärung; Wächtershäuser, Das Verbrechen des Kindsmords
11 § 29 des Organischen Edikts vom 8. September 1808 (RBl., Sp. 2254)
12 BayHStA KHR 277, 365 (13. Dezember 1642)
13 BayHStA Staatsverwaltung 2/4, Bl. 727 (Dekret vom 31. Januar 1625)
14 Mandat v. 8. Januar 1655, Oberpfälzische Malefizprozeßordnung 1557/59, Mandat v. 5. Oktober 1741, Kriminalcodex 1751, 12, 16
15 BayHStA KHR 225, Bl. 240 v. (16. Februar 1629)
16 Chr. Frh. v. Aretin, Über Wilddiebstahl und dessen Bestrafung, in: Jahrbücher der Gerechtigkeits-Pflege in Baiern, Neuburg a. d. Donau 1813, S. 225–236 (229)
17 28. März 1663, 11. Oktober 1674, 28. November 1676, 28. Juli 1678, 20. September 1678, 19. Juli 1705, 17. April 1717 und 25. Februar 1735
18 Für Braunschweig-Wolfenbüttel etwa Schormann, S. 105
19 Hiereth, Moosburg, S. 121, Anm. 93
20 Zur geschichtlichen Entwicklung des Tötungsrechts des Ehemanns vgl. Amira, Todesstrafe, S. 15 ff.
21 Ähnlich im Herzogtum Braunschweig-Wolfenbüttel (Mandat von 1593): Todesstrafe, wenn beide Ehebrecher verheiratet sind (Schormann, S. 107)
22 Dittrich, S. 97
23 BayHStA KHR 257, Bl. 193 v f.
24 BayHStA KHR 271, Bl. 350 v ff.
25 BayHStA KHR 257, Bl. 229 (26. November 1637)
26 BayHStA KHR 296, Bl. 145 (16. Mai 1647)
27 BayHStA KHR 234, Bl. 325 (1630)
28 BayHStA KHR 279, Bl. 253 f. (27. Mai 1643)
29 Erstmals wird auf Reichsebene die Leichtfertigkeit in der Reichspolizeiordnung von 1530 (Bl. XXXIII) angesprochen: „Dieweil auch viel leichtfertige Personen ausserhalb von Gott aufgesetzter Ehe zusammen wohnen, auch der öffentliche Ehebruch nicht gestraft …“ Etwas ausführlicher, aber inhaltlich im wesentlichen gleich formuliert dann die Reichspolizeiordnung von 1548 (Bl. XXV): Neben dem Ehebruch und dem Zusammenwohnen außerhalb der Ehe werden in einem Nebensatz auch sonstige Leichtfertigkeitsdelikte angesprochen. Dort heißt es, daß man auch „andere leichtfertige und unzimliche Beywohnungen hinführn mitnichten gestatten“ soll.
30 Freyberg, Gesetzgebung, Bd. 2, S. 176
31 Institutionen IV, 18, 4 sowie Cod. ad Leg. Jul. de adult. (vgl. Glück, Pandekten, Bd. 5, S. 190)
32 BayHStA Staatsverwaltung 3/4, Bl. 156 f.
33 BayHStA KHR 225, Bl. 19 ff.
34 Kreittmayr, Anm. zum Kriminalcodex im Cap 6, § 1 a

35 BayHStA Kurbayern Geheimes Landesarchiv 1285, Bl. 55 v f.
36 BayHStA KHR 5, Bl. 213 v (7. Oktober 1579)
37 BayHStA GR Fasz. 446, Nr. 1
38 Weitnauer, Geschichte des Allgäus, 2. Bd., S. 130
39 Vgl. Stieve, Polizeiregiment, S. 31 f.
40 BayHStA KHR 234, Bl. 138 (25. Oktober 1630), KHR 234, Bl. 400 v (23. Dezember 1630); KHR 263, Bl. 45 (5. April 1639)
41 BayHStA KHR 184, Bl. 320 (29. Juli 1623)
42 Lipowsky, Kirchenpolizei, S. 35 f.
43 Jarcke, Handbuch, Bd. 3, S. 179 ff.
44 Vgl. vor allem: Leutenbauer, Gotteslästerung
45 BayHStA GR Fasz. 322/9
46 Clasen, S. 245
47 H. Rößler, Wiedertäufer in und aus München 1527–1528, in: OA 85 (1962), S. 42 ff.
48 Clasen, S. 245 ff.
49 Clasen, S. 255
50 StadtA München, Stadtgericht 866/1, Bl. 135 ff.
51 Rudolf Endres, Heinrich Institoris, sein Hexenhammer und der Nürnberger Rat, in: Segl, Hexenhammer, S. 195–216
52 Vgl. zum folgenden Behringer, Hexengesetzgebung, S. 50 ff.
53 P. Gehring, Der Hexenprozeß und die Tübinger Juristenfakultät, in: Zeitschrift für württembergische Landesgeschichte 1 (1937), S. 169
54 Ziegler, Dokumente, S. 595
55 Vgl. dazu vor allem Behringer, Feuer, S. 153 ff.
56 BayHStA KHR 66, Bl. 17 v (12. April 1608)
57 StBM cgm 2538, Bl. 107
58 BayHStA KHR 99, Bl. 90
59 BayHStA Kurbayern Geheimer Rat 193, Bl. 2 (Sitzung vom 16. November 1612): „Dem Hofrat die publicatio zu verweisen." Der Eintrag ist im Zusammenhang mit dem vorhergehenden Hofratsbericht zu sehen, kann sich also nur auf die Publikation des Mandats bei den Hofmarken und den Fall Friedberg beziehen. Anders bei: Behringer, Feuer, S. 242
60 BayHStA KHR 283, Bl. 73 v (7. April 1644)
61 P. Segl (Hg.), Der Hexenhammer
62 BayHStA Jesuiten 584, Bl. 2
63 BayHStA HZR 95, Bl. 434
64 Johann Brunner, Geschichte der Stadt Tirschenreuth, Tischenreuth 1933, S. 52 ff.
65 Riezler IV, S. 675 f.; Renate Blickle, Die Haager Bauernversammlung des Jahres 1596. Bäuerliches Protesthandeln in Bayern, in: Peter Blickle (Hg.), Bauer, Reich und Reformation. FS für Günther Franz zum 80. Geburtstag, Stuttgart 1982, S. 43–73
66 Bayerische Landesordnung 1516, Teil 1, Bl. 18 und Bayerische Landesordnung 1553, Buch 6, Tit. 6, Art. 3
67 Buch 6, Tit. 6, Art. 4
68 Dies wird noch von Kreittmayr in seinen Anmerkungen zum Kriminalcodex 1, 8, 5 erörtert.
69 BayHStA KHR 65 (4. März 1608)
70 Vgl. Carsten Küther, Räuber und Gauner in Deutschland. Das organisierte Bandenwesen im 18. und frühen 19. Jahrhundert, Göttingen 1976
71 Es handelte sich also nicht um eine an Farinacius bzw. der italienischen Strafrechtsliteratur orientierte Neueinführung durch die MPO 1616, wie Christl, S. 97, meint.
72 BayHStA KHR 83, Bl. 8 v (3. Juli 1610)

73 Zur Strafbarkeit des Selbstmordes vgl.: K. A. Geiger, in: HDA 7, Sp. 1627–1633; ders., Der Selbstmord im deutschen Recht, in: Archiv für katholisches Kirchenrecht 65 (1891), S. 3–36; H. Kühnel, „da erstach sich mit willen selber …". Zum Selbstmord im Spätmittelalter und in der frühen Neuzeit, in: Sprache und Recht I, FS für Ruth Schmidt-Wiegand, 1986, S. 474–489; Schmelzeisen, S. 150 f.; A. Wacke, in: HRG 4, Sp. 1616–1618.
74 BayHStA KHR 95, Bl. 315 (Hofratsbefehl vom 28. September 1611)
75 BayHStA KHR 82, Bl. 191 v (8. Juni 1610)
76 Am 16. Januar 1621 wurde das am Anfang des Kriegszugs nach Oberösterreich und Böhmen ausgesprochene Verbot des „Freiden- und Saitenspiels" und der Tänze auf dem Land wieder aufgehoben (BayHStA KHR 164, Bl. 52)
77 BayHStA Staatsverwaltung 1, Bl. 391 (Dekret vom 13. November 1643)
78 Manfred Vasold, Pest, Not und schwere Plagen. Seuchen und Epidemien vom Mittelalter bis heute, München 1991; Walter Hartinger und Winfried Helm, „Die laidige Sucht der Pestilentz". Kleine Kulturgeschichte der Pest in Europa, Passau 1986
79 Vgl. dazu: Heinrich Crebert, Künstliche Preissteigerungen durch Für- und Aufkauf. Ein Beitrag zur Geschichte des Handelsrechts, Heidelberg 1916
80 Landespolizeiordnung 1553, Buch 3, Tit. 5; Landespolizeiordnung 1616 Buch 2, Tit. 11
81 Zur Geschichte des Trinkens vgl. Hasso Spode, Alkohol und Zivilisation, Berlin 1991
82 Vgl. Heydenreuter, Steuerbetrug
83 Joseph Elias von Seyfried, Zur Geschichte Bairischer Landschaft und Steuern bearbeitete Urkunden und Beilagen, München 1800, S. 203 ff.
84 Claus-Peter Clasen, Die Augsburger Steuerbücher um 1600, Augsburg 1976, S. 42 f.

Kapitel IV, S. 145–202

1 Alfons Vogt, Die Anfänge des Inquisitionsprozesses in Frankfurt am Main, in: ZRG GA 68 (1951), S. 234–307.
2 Friedrich August Biener, Beiträge zur Geschichte des Inquisitionsprozesses und der Geschworenengerichte, Leipzig 1827 (ND Aalen 1965).
3 Vgl. dazu jetzt Trusen, Strafprozeß und Rezeption.
4 Zur Stellung des Anklägers in der Bayerischen Malefizprozeßordnung 1616 vgl. Christl, S. 62 ff.
5 BayHStA KHR 170, Bl. 287 v f. (23. November 1621)
6 Bayer. Malefizprozeßordnung 1616, Tit. 2, Art. 2
7 a.a.O., Tit. 3, Art. 7
8 Ebd.
9 Von größter Bedeutung für die bayerischen Juristen waren vor allem Prosper Farinacius (Praxis et theoria criminalis, Frankfurt 1597) und Julius Alexandrinus Clarus (Opera omnia, Genua 1566).
10 a.a.O., Tit. 2, Art. 2
11 Hiereth, Moosburg, S. 121, Anm. 93
12 BayHStA HR I Fasz. 401, Nr. 2
13 Bayerische Landes- und Polizeiordnung 1616, Tit. 13
14 Bayerische Malefizprozeßordnung 1616, Tit. 2, Art. 6
15 BayHStA KHR 234, Bl. 169 v (4. November 1630): Anweisung des Hofrats an den Pflegsverwalter von Kranzberg
16 1645 mußte etwa der Dachauer Landrichter die Verpflegungskosten zahlen, nachdem er zwei Untertanen ohne ausreichende Indizien wegen angeblichen Totschlags hatte verhaften lassen (BayHStA KHR 289, Bl. 232; 19. August 1645)

17 LO 1578, Buch 6, Tit. 2, Art. 2: „... sie seyen, was Stands sie wöllen."
18 BayHStA Staatsverwaltung 3/4, Bl. 632
19 Nach Chlingensperg, semicenturia, S. 161, stellte dieser landesherrliche Vorbehalt eine besondere Eigenart der bayerischen Strafrechtspflege dar.
20 BayHStA Staatsverwaltung 3, Bl. 57 f.
21 BayHStA KHR 252, Bl. 129 (2. Mai 1636): Hofrat an Pflegsverwalter in Rain
22 BayHStA KHR 143 (8. Mai und 27. November 1618)
23 BayHStA KHR 5, Bl. 132 v (21. August 1579)
24 BayHStA KHR 157, Bl. 30
25 Tit. 2, Art. 5; Dittrich, S. 71
26 Vgl. Freyberg, Gesetzgebung, Bd. 3, S. 144 ff.
27 BayHStA KHR 259, Bl. 250 (17. Juni 1638)
28 Zum Asylrecht allgemein vgl. O. Henßler, Art. „Asylrecht", in: HRG, Bd. 1, Sp. 243 ff.; Hans-Jürgen Becker, Art. „Asyl – Weltliches Recht", in: Lexikon des Mittelalters, Bd. 1 (1980), Sp. 1157 f.; Peter Landau, Art. „Asylrecht", in: Theologische Realenzyklopädie, Bd. 4 (1979), Sp. 315–327; August Bulmerincq, Das Asylrecht in seiner geschichtlichen Entwicklung und dessen völkerrechtliche Bedeutung für die Auslieferung flüchtiger Verbrecher, Dorpat 1853 (ND Wiesbaden 1970)
29 Johannes Aventinus, Baierische Chronik, hg. von Georg Leidinger, München 1988, S. 192
30 So Kreittmayr, Anm. zu Kriminalcodex 2, 5, 15
31 BayHStA KHR 84, Bl. 44 v (18. Oktober 1610)
32 BayHStA KHR 267, Bl. 269 v (18. Mai 1640)
33 Freyberg, Gesetzgebung, Bd. 3, S. 152
34 Freyberg, Gesetzgebung, Bd. 3, S. 154 f.
35 BayHStA KHR 82, Bl. 170 v, 171 v (2. Juni 1610)
36 Freyberg, Gesetzgebung, Bd. 3, S. 154
37 BayHStA KHR 64, Bl. 27 v (13. April 1611); zum Franziskanerkloster vgl.: W. Kücker, Das alte Franziskanerkloster in München, in: OA 86 (1963), S. 5–158
38 Freyberg, Gesetzgebung, Bd. 3, S. 153 f.
39 a.a.O., S. 11 f.
40 Hans-Günter Tröger, Die ehemalige Freistatt zu Hohenberg a. d. E. – ein Rechtsaltertum besonderer Art, in: Das Steinkreuz 21 (1965), S. 15
41 Vgl. dazu im einzelnen Christl, S. 86 ff.
42 Krenner, Landtag 1605, S. 186
43 Bayerische Malefizprozeßordnung 1616, Tit. 3, Art. 2
44 Krenner, Landtag 1605, S. 186
45 J. H. Langbein, Torture and the Law of Proof, Chikago 1977; E. Peters, Torture, Oxford/New York 1985; R. Quanter, Die Folter in der deutschen Rechtspflege einst und jetzt, 1900; P. Fiorelli, La tortura giudiziaria nel diritto comune, 2 Bde., Mailand 1953/54
46 Krenner, Bd. 13, S. 322
47 BayHStA KHR 93, Bl. 85 v (1611)
48 BayHStA KHR 307, Bl. 529 (10. März 1650)
49 BayHStA KHR 261, Bl. 8
50 Bayerische Malefizprozeßordnung 1616, Tit. 3, Art. 3
51 BayHStA KHR 252, Bl. 130 v (2. Mai 1636)
52 Bayerische Malefizprozeßordnung 1616, Tit. 2, Art. 2
53 BayHStA KHR 262, Bl. 367 (10. März 1639)
54 Buch 6, Tit. 13, Art. 2
55 Tit. 1, Art. 5 und 9

56 BayHStA KHR 273, Bl. 146 (26. Oktober 1641)
57 BayHStA KHR 273, Bl. 255 v. (14. November 1641)
58 BayHStA KHR 305, Bl. 335 (28. August 1649)
59 StadtA München Bürgermeister und Rat 56, Bl. 1 (3. Januar 1599)
60 BayHStA KHR 279, Bl. 2 (4. April 1643)
61 C. Manz, Anm. 32 ff. zu Art. 58 Carolina von 1532
62 Zur Technik des „Aufziehens" vgl. die zeitgenössischen Abbildungen Nr. 63–66 bei Hans Fehr, Das Recht im Bilde, Erlenbach-Zürich 1923
63 Manz, Anm. 21 ff. zu Art. 58 Carolina von 1532
64 Generale vom 31. Okt. 1616; BayHStA KHR 131, Bl. 165
65 BayHStA KHR 235, Bl. 69 v (11. April 1631)
66 1690 wird die Torturleiter in den Landgerichten des Erzstifts Salzburg eingeführt (StA München Pfleggericht Teisendorf 99)
67 Vgl. Kreittmayr, Anm. a zu Kriminalcodex 2, 8, 2; in Westeuropa ist die Folter durch Beinschrauben schon Anfang des 16. Jahrhunderts üblich (vgl. Schild, Abb. 345); eine Abbildung des im 18. Jahrhundert üblichen Typs der Beinschrauben zeigt die Constitutio Criminalis Theresiana (vgl. Schild, Abb. 357).
68 Am 15. November 1610 befiehlt der Hofrat dem Landrichter von Landsberg, einen „in flagranti crimine" ertappten Landstörzer mit den Beinschrauben oder dem Daumenstock anzugreifen (BayHStA KHR 84, Bl. 109).
69 BayHStA KHR 131, Bl. 142 v (12. November 1616)
70 Die wegen verschiedener Leichtfertigkeits- und Diebstahlsdelikte verhaftete Ursula Prezner soll wegen ihrer körperlichen Verfassung mit Anwendung der Beinschrauben peinlich befragt werden (BayHStA KHR 159, Bl. 250; 12. September 1620).
71 BayHStA KHR 253, Bl. 41 v (8. Juli 1636); KHR 261, Bl. 270 v (27. November 1638)
72 BayHStA KHR 254, Bl. 230 v (26. November 1636)
73 BayHStA KHR 277, Bl. 125 v (27. Oktober 1642)
74 Auch in anderen Territorien wird im 17. Jahrhundert die Beinschraube eine der gebräuchlichsten Torturarten, vgl. Quanter, Tortur, S. 161 f.; 1619 wird die Daumenschraube als Torturinstrument in Brandenburg genannt (DRWB, Bd. 1, Sp. 1473).
75 BayHStA KHR 273, Bl. 216 (13. November 1641); KHR 299, Bl. 207 (17. November 1648)
76 BayHStA KHR 304, Bl. 245 v (19. Mai 1649)
77 Kreittmayr, Anm. a zum Kriminalcodex 2, 8, 2.
78 BayHStA KHR 261 (13. November 1638); KHR 304, Bl. 467 (26. Juni 1649)
79 BayHStA KHR 253, Bl. 264 v (17. September 1636); KHR 254, Bl. 230 v (26. November 1636). Auch noch in Hexenprozessen des 18. Jahrhunderts hielt man an dieser Übung fest. Vgl. etwa die Beschreibung eines Hexenprozesses von 1715, in: Stadt Erding, Chronik, Bilderbogen, Dokumente, Erding 1976, S. 94 f.
80 Kriminalcodex 1751, 2, 8, 2 (Die Regelung entspricht einem Mandat vom 2. Juni 1743)
81 BayHStA KHR 232, Bl. 24 v (4. April 1630)
82 Vgl. Quanter, Tortur, S. 147 f.
83 Kreittmayr, Anm. c zum Kriminalcodex 1751, 2, 8, 3
84 BayHStA KHR 270, Bl. 100 (23. Januar 1641)
85 Christl, S. 102
86 BayHStA KHR 278, Bl. 105 v (26. Januar 1643)
87 BayHStA KHR 262, Bl. 356 (2. März 1644)
88 BayHStA KHR 272, Bl. 200 (20. August 1641)
89 BayHStA KHR 271, Bl. 400 v (17. Juni 1641)
90 Manz, Kommentar, S. 241 (Nr. 47 zu Art. 58)

91 BayHStA KHR 305, Bl. 208 (5. August 1649)
92 BayHStA KHR 126 (16. September 1616)
93 BayHStA KHR 268, Bl. 63 v (13. Juli 1640)
94 Kriminalcodex 1751 2, 8, 13.
95 BayHStA KHR 304, Bl. 246 (19. Mai 1649)
96 Bayerische Malefizprozeßordnung 1616 Tit. 3, Art. 2–5; Christl, S. 84 ff.
97 a.a.O., Tit. 3, Art. 16 und 17
98 BayHStA KHR 233, Bl. 499 v (28. September 1630)
99 BayHStA HR I Fasz. 401, Nr. 3
100 BayHStA KHR 225, Bl. 318 ff.
101 Friedrich von Spee, Cautio Criminalis, aus dem Lateinischen übertragen und eingeleitet von J. F. Ritter, München 1982, S. 61
102 Reinhard Heydenreuter, Kreittmayr und die Strafrechtsreform unter Kurfürst Max III. Joseph, in: Freiherr von Kreittmayr. Ein Leben für Recht, Staat und Politik. Festschrift zum 200. Todestag, München 1991, S. 54 f.
103 Vgl. dazu Striedinger, Feuerbach, S. 230 ff.
104 Vgl. Christl, S. 110
105 Während der Verhandlung eines Kriminalfalles im Hofrat 1610 äußerte Dr. Balthasar die Meinung, daß die Flucht des Täters das „crimen notorium“ mache, während der Landesherr insoweit offensichtlich anderer Meinung war (BayHStA KHR 84, Bl. 105; 13. November 1610)
106 Bayerische Malefizordnung 1616, Tit. 4, Art. 3; vgl.: Josephus Mascardus, Conclusiones probationum omnium, Frankfurt 1634
107 Die Entbindung von der Instanz ermöglichte eine weitere Strafverfolgung. Sie war die normale Form der Beendigung des Strafverfahrens, da ein freisprechendes Urteil nur in Ausnahmefällen erging, etwa wenn auf Entschädigung oder Wiederherstellung der Ehre geklagt wurde.
108 BayHStA KHR 207, Bl. 73 v (1626)
109 Anmerkungen zum CJBJ 1753 14, 15 a.
110 BayHStA KHR 256, Bl. 23 (4. Mai 1637); KHR 269, Bl. 33 (8. Oktober 1640)
111 BayHStA KHR 277, Bl. 468 f. (29. Dezember 1642); HR I Fasz. 138 Nr. 107
112 BayHStA KHR 254, Bl. 275 v (4. Dezember 1636)
113 Gehrke, S. 242; Wolff, S. 237 f.
114 Gehrke, S. 243, 245; Wolff, S. 237 f.
115 Gehrke, S. 267
116 Bayerische Malefizprozeßordnung, Tit. 6, Art. 2 und 9
117 Art. 100 Carolina von 1532: „Von unnottürfftigen unnützen geverlichen Fragen, so vor Gericht beschehen“; Art. 218 Carolina von 1532: „Von Mißbreuchen und bösen unvernünfftigen Gewonheyten, so an etlichen Orten und Enden gehalten werden.“
118 BayHStA GR Fasz. 324, Nr. 20
119 a. a. O.
120 entsprechend Tit. 6, Art. 2; Tit. 1, Art. 9 Bayerische Malefizprozeßordnung 1616
121 Ähnliche Rechte hatte etwa der Markt Abbach. Dort waren bei der Tortur zwei Ratsmitglieder und der Kämmerer anwesend. Das „heimliche Recht“ mußte auf dem Ratshaus gehalten und mit 17 bis 19 ehrbaren Männern besetzt sein. Das Urteil sprach der Kämmerer. Der Markt war auch für den Unterhalt des Hochgerichts zuständig (HAB Mallersdorf, S. 297).
122 BayHStA GR Fasz. 324/21 und GR Fasz. 318/1
123 BayHStA KHR 279, Bl. 74 (23. April 1643)
124 BayHStA KHR 126 (16. September 1616)
125 Art. 109–112; 114; 132–134; 136; 160; 167; 169; 173; 177–180 Carolina von 1532. Diese Unterscheidung zwischen Delikten, die mit einer poena ordinaria, und solchen, die mit einer

poena extraordinaria bedroht waren, hat die Carolina von 1532 von der italienischen Strafrechtswissenschaft übernommen.

126 Kurpfälzer Malefizordnung VII Par. 6; Kern, S. 372
127 BayHStA KHR 234, Bl. 72 v
128 BayHStA KHR 93, Bl. 145 f. (20. August 1610)
129 BayHStA KHR 255, Bl. 121 v (24. Januar 1637)
130 BayHStA Regestensammlung Freyberg S I C II D 53
131 Tit. 3, Art. 8 Bayerische Malefizprozeßordnung 1616; Art. 47 Carolina von 1532
132 BayHStA KHR 189, Bl. 215 (23. Februar 1624)
133 BayHStA KHR 279, Bl. 105 (29. April 1643)
134 Krenner, Landtag von 1605, S. 186
135 BayHStA Staatsverwaltung 3/4, Bl. 672 f. (13. Juni 1615)
136 Heydenreuter, Hofrat und Hexenprozesse, S. 148
137 StadtA München Stadtgericht 866/1
138 Christl, S. 79 f.; R. Müller, Inzichtverfahren.
139 Vgl. dazu HRG, Sp. 413 ff.; Zoepfl, S. 150 ff.
140 Vgl. dazu HRG, Sp. 1481 ff.
141 Follak, S. 150
142 Bamberger Landgerichtsordnung 1503, Tit 14; Bambergensis 1507, Art. 176, 177, 181, 182, 226, 242; Carolina von 1532, Art. 151, 152, 156; Art. 156 Carolina von 1532 verweist im wesentlichen auf die lokalen Gewohnheiten und gewährt nur ein Geleit zum Recht.
143 Bayerische Malefizprozeßordnung 1616 Tit. 5, Art. 3 sowie Bayerische Landes- und Polizeiordnung von 1616 Buch 5, Tit. 12, Art. 2
144 Bayerische Landes- und Polizeiordnung von 1616, Buch 5, Tit. 12, Art. 3
145 BayHStA KHR 303, Bl. 17
146 Bayerisches Landrecht von 1518, Tit. 18. Einzelheiten bei R. Müller, Inzichtsverfahren, S. 83.
147 BayHStA KHR 133, Bl. 226 v (7. März 1617); KHR 290, Bl. 142 v (3. November 1645)
148 BayHStA KHR 166, Bl. 56 v f. (22. April 1621)
149 BayHStA KHR 264, Bl. 106 v (23. Juli 1639)

Kapitel V, S. 203–269

1 Carolina 1532, Art. 109, 111, 116, 125, 172
2 Landrecht 1518, Titel 19, Art. 6
3 Bayerische Malefizprozeßordnung 1616, Tit. 2, Art. 3, Tit. 8, Art. 9
4 Aberglaubenmandat 1611/12, fol. 12
5 Kriminalcodex 1751 1, 2, 17 und 1, 7, 5
6 Landrecht 1518, Tit. 19, Art. 6; Carolina 1532 Art. 137 und 192
7 Carolina 1532 Art. 192
8 Kriminalcodex 1751 1, 2, 19; 1, 3, 15 und 16
9 Carolina 1532, Art. 124, 130, 131, 133, 159, 162
10 Tit. 19, Art. 9
11 Art. 131
12 Aus dem Tagebuch des Nürnberger Scharfrichters Meister Franz, tätig 1573–1616, Nachdruck der Buchausgabe von 1801, Dortmund 1980
13 Buch 6, Tit. 2, Art. 2
14 Carolina 1532, Art. 115, 123, 158, 161, 198

15 Bayerische Landes- und Polizeiordnung 1616, Teil 5, Kap. 9, Art. 15; Ehebruchs- und Leichtfertigkeitsmandat vom 20. September 1635
16 Vgl. etwa das Mandat vom 20. September 1635
17 Buch 6. Bl. 32
18 Buch 5, Tit. 7, Art. 1
19 Buch 5, Tit. 6, Art. 1
20 Buch 2, Teil 4, Art. 8
21 Buch 6, Teil 7, Art. 2
22 So auch: Bayerische Landes- und Polizeiordnung 1616, Buch 5, Teil 9, Art. 9
23 Bayerische Malefizprozeßordnung 1616, Tit. 2, Art. 8
24 Marlen Sothmann, Das Armen-, Zucht- und Werkhaus in Nürnberg bis 1806, Nürnberg 1970
25 Rudolf Endres, Das „Strafarbeitshaus" St. Georgen bei Bayreuth, in: Jahrbuch der Sozialarbeit 4 (1981), S. 89–105
26 Codex 9,40; Digesten 48, 17: De requirendis vel absentibus damnandis

Kapitel VI, S. 270–313

1 Abgedruckt bei: Hans-Jochen Vogel, Von tief gesunkener Moral, Rosenheim 1998, S. 23 f.
2 BayHStA GR Fasz. 324
3 Vgl. dazu und zum folgenden: „Gerechtigkeit erhöht ein Volk", S. 222
4 Entwurf eines peinlichen Gesetzbuches für die kurpfalzbaierischen Staaten, verfaßt von Gallus Aloys Kleinschrod, München 1802
5 Gönner/Schmidtlein, Jahrbücher der Gesetzgebung und Rechtspflege im Königreich Bayern, Bd. 3, Erlangen 1820, S. 166
6 a.a.O., S. 99
7 Anmerkungen zum Strafgesezbuche für das Königreich Baiern. Nach den Protokollen des königlichen geheimen Raths, 1. Bd., München 1813, S. 23
8 Gönner/Schmidtlein, Jahrbücher der Gesetzgebung und Rechtspflege im Königreich Baiern, Bd. 1, Erlangen 1818, S. 253 f.
9 BayHStA MInn 44251
10 BayHStA MInn 30933
11 Der Zuschauer in Franken, Nr. 1, Bamberg 1848 (herausgegeben von Dr. Jakob Ernst von Reider, S. 3)
12 Gbl. 1850, Sp.17
13 BayHStA MInn 46136
14 Overath, Tod und Gnade
15 BayHStA KHR 269, Bl. 359 v f. (22. Dezember 1640)
16 Wilhelm Lukas Kristl, Das traurige und stolze Leben des Mathias Kneißl, Pfaffenhofen 1972
17 Otto Gritschneder, Bewährungsfrist für den Terroristen Adolf H., München 1998

Literatur

Amira, Karl von, Die germanischen Todesstrafen. Untersuchungen zur Rechts- und Sozialgeschichte (Abhandlungen der philologisch-philosophischen Klasse der Bayerischen Akademie der Wissenschaften 31), München 1922.

Ay, Karl Ludwig, Unehrlichkeit, Vagantentum und Bettelwesen in der vorindustriellen Gesellschaft (anhand bayerischer Quellen), in: W. Grab (Hrsg.), Jahrbuch des Instituts für Deutsche Geschichte VIII, Tel Aviv 1979, S. 13–37.

Bauer, Richard und Schlosser, Hans (Hrsg.), Wiguläus Xaver Aloys Freiherr von Kreittmayr. 1705–1790. Ein Leben für Recht, Staat und Politik, München 1991.

Behringer, Wolfgang, Hexenverfolgung in Bayern. Volksmagie, Glaubenseifer und Staatsräson in der Frühen Neuzeit, München 1987.

Behringer, Wolfgang, Mit dem Feuer vom Leben zum Tod. Hexengesetzgebung in Bayern, München 1988.

Behringer, Wolfgang, Mörder, Diebe, Ehebrecher. Verbrechen und Strafen in Kurbayern vom 16. bis 18. Jh., in: Richard van Dülmen (Hrsg.), Verbrechen, Strafen und soziale Kontrolle. Studien zur historischen Kulturforschung III, Frankfurt am Main 1990, S. 85–132.

Behringer, Wolfgang, Die große Schongauer Hexenverfolgung und der historische Kontext, in: Der Welf. Jahrbuch des Historischen Vereins Schongau – Stadt und Land 1 (1993), S. 1–17.

Birr, Christiane, Konflikt und Strafgericht, Der Ausbau der Zentgerichtsbarkeit der Würzburger Fürstbischöfe zu Beginn der frühen Neuzeit, Köln u. a. 2002.

Blasius, Dirk, Geschichte der politischen Kriminalität in Deutschland 1800–1980, Frankfurt a. M. 1983.

Blasius, Dirk, Der Kampf um die Geschworenengerichte im Vormärz, in: Hans-Ulrich Wehler (Hrsg.), Sozialgeschichte heute, Festschrift für Hans Rosenberg, Göttingen 1974, S. 148–161.

Blickle, Peter und Blickle, Renate, Schwaben von 1268 bis 1803 (Dokumente zur Geschichte von Staat und Gesellschaft II/4), München 1979, S. 193.

Blusch, Clemens, Das Bayerische Strafverfahrensrecht von 1813. Die Reform des Bayerischen Strafverfahrensrechts am Anfang des 19. Jh. unter Paul Johann Anselm von Feuerbachs Mitwirkung, Frankfurt a. M. u. a. 1997.

Breit, Stefan, „Leichtfertigkeit" und ländliche Gesellschaft. Voreheliche Sexualität in der frühen Neuzeit (Ancien Régime. Aufklärung und Revolution Bd. 23), München 1991.

Breit, Stefan, Verbrechen und Strafe. Strafgerichtsbarkeit in der Herrschaft Hohenaschau, Aschau 2000.

Byloff, Fritz, Die letzten Zaubereiprozesse in Mühldorf und Landshut, in: ZBLG 11 (1938), S. 427–444.

Caspar, Carl Johannes, Darstellung des strafrechtlichen Inhaltes des Schwabenspiegels und des Augsburger Stadtrechts, Berlin 1892.

Chlingensperg, Hermann Anton Maria, Semicenturia considerationum iuridicarum super jure Hoffmarchiali bavarico, Ingolstadt 1716.

Christl, Gerhard, Die Malefizprozeßordnung des Codex Maximilianeus von 1616, dargestellt in ihrem Verhältnis zur Carolina und den Rechtsquellen des 16. Jahrhunderts im Herzogtum Bayern, Jur. Diss. Regensburg 1975.

Clasen, Claus-Peter, The Anabaptists in Bavaria, in: The Mennonite Quarterly Review 39 (1965), S. 243–261.

Danker, Uwe, Räuberbanden im Alten Reich vor 1700. Ein Beitrag zur Geschichte von Herrschaft und Kriminalität in der frühen Neuzeit, 2 Bde., Frankfurt am Main 1988.

Deutsches Rechtswörterbuch, Wörterbuch der älteren deutschen Rechtssprache. Hrsg. von der Deutschen Akademie der Wissenschaften (Berlin) und der Heidelberger Akademie der Wissenschaften, 1–6, Weimar-Köln 1914–1971.

Die Kgl. Bayerischen Staatsminister der Justiz in der Zeit von 1818 bis 1918. Ihre Herkunft, ihr Werdegang und ihr Wirken, hrsgg. von dem Staatsministerium der Justiz, München 1931.

Dinklage, Karl, Fränkische Bauernweistümer. Ausgewählte Texte. Veröffentlichungen der Gesellschaft für fränkische Geschichte, X. Reihe: Quellen zur Rechts- und Wirtschaftsgeschichte Frankens, Würzburg 1954.

Dinklage, Karl, Quellen zur mittelalterlichen Geschichte der Zentgerichte in Franken, in: Mainfränkisches Jahrbuch für Geschichte und Kunst 4 (1952), S. 33–90 und 5 (1953), S. 40–90.

Dittrich, Hans-Wolfgang, Die Entstehung des Oberpfälzischen Landrechts von 1657/59 und seine Malefizprozeßordnung, Kallmünz 1991.

Döhring, Erich, Geschichte der deutschen Rechtspflege seit 1500, Berlin 1953.

Doering, Heinz W. L., Das alte Münchener Zuchthaus. Eine Studie zur Entwicklung des Gefängniswesens in Bayern von der Carolina bis Feuerbach, Jur. Diss. Masch. Erlangen 1926.

Dülmen, Richard van, Theater des Schreckens, Gerichtspraxis und Strafrituale in der frühen Neuzeit, 2. Aufl., München 1989.

Egan-Krieger, Wolter von, Gaukler ihrer Zeit. Die letzte Hexeninquisition in Freising, Kranzberg 1992.

Evans, Richard J., Rituals of Retribution. Capital Punishment in Germany 1600–1987, Oxford 1996.

Farin, Michael (Hg.), Polizeireport München 1799–1999, Katalog zur gleichnamigen Ausstellung, München 1999.

Feine, Hans E., Die kaiserlichen Landgerichte in Schwaben im Spätmittelalter, in: ZRG GA 86 (1948), S. 148 ff.

Felber, Alfons, Unzucht und Kindsmord in der Rechtsprechung der freien Reichsstadt Nördlingen vom 15. bis 19. Jh., Bonn 1961.

Feuerbach, Paul Johann Anselm, Lehrbuch des gemeinen in Deutschland gültigen Peinlichen Rechts, mit vielen Anmerkungen und Zusatzparagraphen und mit einer vergleichenden Darstellung der Fortbildung des Strafrechts durch die neuen Gesetzgebungen, hrsg. von Carl Joseph Anton Mittermaier, 14. vermehrte und umgearbeitete Auflage, Giessen 1847.

Follak, Klaus Peter, Die Bedeutung der „Landshuter Landesordnung“ von 1474 für die Niederbayerische Gerichtsorganisation (Miscellanea Bavarica Monacensia 74), München 1977.

Föringer, Heinrich, Verhandlungsform des öffentlichen Malefizrechtstages nach altbayerischem Strafverfahren im 16. Jh., in: OA 7 (1846), S. 431 ff.

Foucault, Michel, Überwachen und Strafen. Die Geburt des Gefängnisses, Frankfurt am Main 1977.

Freyberg, Max Frh. von, Pragmatische Geschichte der bayerischen Gesetzgebung und Staatsverwaltung seit den Zeiten Maximilians I., 4 Bde., Leipzig 1836–1839.

Fried, Pankraz, Herrschaftsgeschichte der altbayerischen Landgerichte Dachau und Kranzberg im Hoch- und Spätmittelalter sowie in der frühen Neuzeit (Studien zur bayerischen Verfassungs- und Sozialgeschichte 1), München 1962.

Fried, Pankraz (Hg.), Die ländlichen Rechtsquellen aus den pfalz-neuburgischen Ämtern Höchstädt, Neuburg, Monheim und Reichertshofen vom Jahre 1585, unter Mitarbeit von Reinhard Heydenreuter u. a., bearb. von Franz Genzinger (Veröffentlichungen der Schwäbischen Forschungsgemeinschaft, Reihe 5 b: Rechtsquellen, Bd. 1), Sigmaringen 1983.

Fuhl, Beate, Randgruppenpolitik des Schwäbischen Kreises im 18. Jh.: Das Zucht- und Arbeitshaus zu Buchloe, in: Zeitschrift des Historischen Vereins für Schwaben 81 (1988), S. 63–115.

Funk, Wilhelm, Pranger in Mainfranken, in: Jahrbuch des Landkreises Kitzingen 1979, S. 239–253.

Gehrke, Heinrich, Die Rechtsprechungs- und Konsilienliteratur Deutschlands bis zum Ende des Alten Reichs, Diss. Berlin 1972.

„Gerechtigkeit erhöht ein Volk". Recht und Rechtspflege in Bayern im Wandel der Geschichte, Ausstellungskatalog Bayerisches Hauptstaatsarchiv, München 1990.

Gernhuber, Joachim, Strafvollzug und Unehrlichkeit, in: ZRG GA 74 (1957), S. 119–177.

Glück, Christian Friedrich von, Ausführliche Erläuterung der Pandekten, 34 Bde., Erlangen 1790–1830.

Gollwitzer, Heinz, Ludwig I. von Bayern. Königtum im Vormärz. Eine politische Biographie, München 1986.

Grimm, Jacob, Deutsche Rechtsaltertümer, 2 Bde., 4. Aufl., Leipzig 1899, ND Darmstadt 1983.

Hampe, Theodor, Die Nürnberger Malefizbücher als Quellen der reichsstädtischen Sittengeschichte vom 14. bis zum 18. Jh. (Neujahrsblätter der Gesellschaft für fränkische Geschichte 17), Bamberg 1927.

Handwörterbuch des deutschen Aberglaubens (HDA), hrsg. unter besonderer Mitwirkung von Eduard Hoffmann-Krayer und Mitarbeit zahlreicher Fachgenossen von Hanns Bächtold-Stäubli, 10 Bde., Berlin und Leipzig 1927–1942 (ND Berlin und New York 1987).

Handwörterbuch zur deutschen Rechtsgeschichte (HRG), hrsg. von Adalbert Erler und Ekkehard Kaufmann, Berlin 1964 ff.

Harke, Werner, Das Strafrecht des Münchner Blutbannbuches. Unter Berücksichtigung der anschließenden Malefizprotokolle (1574–1617), Jur. Diss. Masch. München 1950.

Hartinger, Walter, Raubkriminalität und soziale Schichtung. Zur Wirkung bürgerlicher Lebensformen im 18. Jh., in: Zeitschrift für Volkskunde 70 (1974/I), S. 1–19.

Hartinger, Walter, Hochgericht und Handwerk. Zum Problem der Ehrlichkeit in der frühen Neuzeit, in: Oberpfälzer Heimat 19 (1975), S. 7–14.

Hartinger, Walter, Rechtspflege und Volksleben. Zur Funktion des Rechts im absolutistischen Bayern, in: Konrad Köstlin/Kai Detlev Sievers (Hrsg.), Das Recht der kleinen Leute. Beiträge zur Rechtlichen Volkskunde (FS Karl-Sigismund Kramer), Berlin 1976, S. 50–66.

Hartinger, Walter, Von Rauf- und Ehrenhändeln, Blutrunst und Dämonenfurcht – Gewalt in der alten Volkskultur (mit Beispielen aus Ostbayern), in: Rolf-W. Brednich/Walter Hartinger (Hrsg.), Gewalt und Kultur, Passau 1994, S. 1–26.

Helbig, Franz, Die Tortur. Geschichte der Folter im Kriminalverfahren aller Zeiten und Völker. Völlig neu bearbeitet und ergänzt von M. Bauer, 1973.

Helm, Winfried, Konflikt in der ländlichen Gesellschaft. Eine Auswertung frühneuzeitlicher Gerichtsprotokolle (Passauer Studien zur Volkskunde 7), Passau 1993.

Helm, Winfried, Herrschaft im frühneuzeitlichen Alltag Niederbayerns, untersucht anhand archivalischer Quellen (Passauer Studien zur Volkskunde 5), Passau 1993.

Hentig, Hans von, Die Strafe, 2 Bde., Berlin 1954.

Heydenreuter, Reinhard, Gerichts- und Amtsprotokolle in Altbayern, in: Mitteilungen für die Archivpflege in Bayern 25/26 (1979/1980), S. 11–46.

Heydenreuter, Reinhard, Der landesherrliche Hofrat unter Herzog und Kurfürst Maximilian I. von Bayern (1598–1651) (Schriftenreihe zur bayerischen Landesgeschichte 72), München 1981.

Heydenreuter, Reinhard, Galgenberg und Machbaum. Flurnamen und Rechtsgeschichte in Altbayern, in: Blätter für oberdeutsche Namenforschung 24 (1987), S. 6–25.

Heydenreuter, Reinhard, Strafrechtspflege in den bayerischen Besitzungen des Hochstifts Freising, in: Hubert Glaser (Hrsg.), Hochstift Freising. Beiträge zur Besitzgeschichte, München 1990, S. 217–228.

Heydenreuter, Reinhard, Rechtspflege im Herzogtum Bayern in der Mitte des 16. Jh., in: Mohnhaupt Heinz (Hrsg.), Rechtsgeschichte in den beiden deutschen Staaten (1988–1990). Beispiele, Parallelen, Positionen (Studien zur europäischen Rechtsgeschichte 53), Frankfurt am Main 1991, S. 262–286.

Heydenreuter, Reinhard, Der landesherrliche Hofrat in München und die Hexenprozesse in den letzten Regierungsjahren des Herzogs und Kurfürsten Maximilian I. (1598–1651), in: ZBLG 55 (1992), S. 137–150.

Heydenreuter, Reinhard, Vom Dingplatz zum Justizpalast. Kleine Bayerische Rechtsgeschichte (Hefte zur Bayerischen Geschichte und Kultur, Bd. 16), Augsburg 1993.

Heydenreuter, Reinhard, Der Steuerbetrug und seine Bestrafung in den deutschen Territorien der frühen Neuzeit, in: Staatsfinanzen – Staatsverschuldung – Staatsbankrotte in der europäischen Staaten- und Rechtsgeschichte (hrsgg. von Gerhard Lingelbach), Köln u. a. 2000, S. 167–183.

Hiereth, Sebastian, Moosburg. Rechtsentwicklung, Rechtsprechung und Verwaltung in einem niederbayerischen Landgericht (Studien zur bayerischen Verfassungs- und Sozialgeschichte 12), München 1986.

Hinckeldey, Chr. (Hrsg.), Justiz in alter Zeit. (Schriftenreihe des mittelalterlichen Kriminalmuseums Rothenburg ob der Tauber 3), Rothenburg o. d. T. 1984.

Hippel, Robert von, Beiträge zur Geschichte der Freiheitsstrafe, in: Zeitschrift für die gesamte Strafrechtswissenschaft XVIII (1898), S. 437–472.

Hirsch, Hans, Die hohe Gerichtsbarkeit im hohen Mittelalter, 2. (unveränderte) Aufl., Köln 1958.

His, Rudolf, Das Strafrecht des deutschen Mittelalters, 2 Bde., Leipzig–Weimar 1920/35.

His, Rudolf, Die Körperverletzung im Strafrecht des deutschen Mittelalters, in: ZRG GA 41 (1920), S. 75–126.

Hochholzer, Adolf, Die Malefizprozeßordnung des Landgerichts Reichenberg-Pfarrkirchen, in: Heimat an Rott und Inn 1967, S. 31–42.

Hornung, H., Beiträge zur inneren Geschichte Bayerns vom 16. bis 18. Jh. aus den Umrittsprotokollen des Rentamtes Burghausen, Diss. München 1915.

Huber, Alfons, Hexenwahn und Hexenprozesse in Straubing und Umgebung (Straubinger Hefte 25, Beilage zum Jahresbericht des Johannes-Turmair-Gymnasiums), Straubing 1975.

Jarcke, Carl Ernst, Handbuch des gemeinen deutschen Strafrechts, Bd. 3, Berlin 1830.

Jerouschek, Günter, Die Herausbildung des peinlichen Inquisitionsprozesses im Spätmittelalter und in der frühen Neuzeit, in: Zeitschrift für die gesamte Strafrechtswissenschaft 14 (1992), S. 28–360.

Jerouschek, Günter, Die Hexenverfolgungen als Problem der Rechtsgeschichte. Anmerkungen zu neueren Veröffentlichungen aus dem Bereich der Hexenforschung, in: Zeitschrift für neuere Rechtsgeschichte 15 (1993), S. 202–224.

Ignor, Alexander, Geschichte des Strafprozesses in Deutschland 1532–1846, Paderborn u. a. 2002.

Jütte, Robert, Geschichte der Abtreibung: Von der Antike bis zur Gegenwart, München 1993.

Kammerer, Peter, Über Schwurgerichte in Bayern, Vorzüge und Mängel derselben, München 1858.

Kappl, Claus, Die Not der kleinen Leute. Der Alltag der Armen im 18. Jh. im Spiegel der Bamberger Malefizamtsakten, Bamberg 1984.

Kern, Bernd-Rüdiger, Die Gerichtsordnungen des Kurpfälzer Landrechts von 1582 (Quellen und Forschungen zur höchsten Gerichtsbarkeit im Alten Reich 23), Köln–Wien 1991.

Khraisser, Sebastian, Processus Criminalis Romano-bavaricus, Neuburg 1654.

Kleinheyer, Gerd, Zur Rechtsgestalt von Akkusationsprozeß und peinlicher Frage im frühen 17. Jh.. Ein Regensburger Anklageprozeß vor dem Reichshofrat. Anhang: Der Statt Regenspurg Peinliche Gerichtsordnung (Wissenschaftliche Abhandlungen der Rheinisch-Westfälischen Akademie der Wissenschaften 45), Opladen 1971.

Kleinschrod, Gallus Aloysius, Über die Strafe der öffentlichen Arbeiten, Würzburg 1789.

Knapp, Hermann, Das alte Nürnberger Kriminalrecht, Berlin 1896.

Knapp, Hermann, Die Zenten des Hochstifts Würzburg. Ein Beitrag zur Geschichte des süddeutschen Gerichtswesens und Strafrechts, Bd. 1: Die Weistümer und Ordnungen der Würzburger Zenten, 1. und 2. Abt., Berlin 1907.

Knapp, Hermann, Das Übersiebnen der schädlichen Leute in Süddeutschland, Berlin 1910.

Knapp, Hermann, Alt-Regensburgs Gerichtsverfassung, Strafverfahren und Strafrecht bis zur Carolina, Berlin 1914.

Knapp, Hermann, Das Rechtsbuch Ruprechts v. Freising in seiner Bedeutung als strafrechtliche Quelle des Mittelalters, Berlin 1914.

Knapp, Hermann, Schuld und Sühne im alten baierischen Recht, in: Archiv f. Strafrecht und Strafprozeß 66 (1919), S. 221–270, 389–469.

Knapp, Hermann, Übersiebnen der schädlichen Leute in Süddeutschland, in: ZStW Bd. 44 (1924), S. 379 ff., 515 ff.

Köglmeier, Georg, Neustadt an der Donau, Bd. 1, Neustadt a. d. Donau 1994.

Kothe, Irmgard, Der fürstliche Rat in Württemberg im 15. und 16. Jh., Stuttgart 1938.

Kramer, Karl-Sigismund, Die Nachbarschaft als bäuerliche Gemeinschaft. Ein Beitrag zur Rechtlichen Volkskunde mit besonderer Berücksichtigung Bayerns, München 1954.

Kramer, Karl-Sigismund, Volksleben im Fürstentum Ansbach und seinen Nachbargebieten (1500–1800). Eine Volkskunde aufgrund archivalischer Quellen, Würzburg 1961.

Kramer, Karl-Sigismund, Grundriß einer Rechtlichen Volkskunde, Göttingen 1974.

Kreittmayr, Xaver Wiguläus Aloys Frh. von, Anmerkungen über den Codicem Juris Bavarici Criminalem, München 1752.

Krenner, Franz von (Hg.), Baierische Landtagshandlungen in den Jahren 1429–1513, 18 Bde., München 1803–1805.

Krenner, Franz von (Hg.), Der Landtag im Herzogtum Baiern vom Jahre 1605, München 1802.

Krenner, Johann Nepomuk Gottfried von, Ueber Land, – Hofmarchs – und Dorfgerichte in Baiern, München 1795.

Kunstmann, Hartmut H., Zauberwahn und Hexenprozeß in der Reichsstadt Nürnberg (Nürnberger Werkstücke zur Stadt- und Landesgeschichte 1), Nürnberg 1970.

Kunze, Michael, Der Prozeß Pappenheimer (Abhandlungen zur rechtswissenschaftlichen Grundlagenforschung 48), Ebelsbach 1981.

Labouvie, Eva, Zauberei und Hexenwerk. Ländlicher Hexenglaube in der frühen Neuzeit, Frankfurt 1991.

Landau, Peter/Schroeder, Friedrich Christian (Hrsg.), Strafrecht, Strafprozeß und Rezeption: Grundlagen, Entwicklung und Wirkung der Constitutio Criminalis Carolina (Juristische Abhandlungen XIX), Frankfurt a. Main 1984.

Landau, Peter, Schwurgerichte und Schöffengerichte in Deutschland im 19. Jh. bis 1871, in: Antonio Padoa Schioppa (Hg.), The Trial Jury in England, France, Germany 1700–1900, Berlin 1987, S. 241–304.

Leiser, Wolfgang, Strafgerichtsbarkeit in Süddeutschland. Formen und Entwicklung (Forschungen zur deutschen Rechtsgeschichte 9), Köln–Wien 1971.

Leiser, Wolfgang, Süddeutsche Land- und Kampfgerichte des Spätmittelalters, in: Württembergisch Franken 70 (1986), S. 5–17.

Leutenbauer, Siegfried, Hexerei- und Zaubereidelikt in der Literatur von 1450 bis 1550. Mit Hinweisen auf die Praxis im Herzogtum Bayern (Abhandlungen zur rechtswissenschaftlichen Grundlagenforschung 3), Berlin 1972.

Leutenbauer, Siegfried, Das Delikt der Gotteslästerung in der bayerischen Gesetzgebung (Forschungen zur deutschen Rechtsgeschichte 14), Köln–Wien 1984.

Lipowsky, Felix Joseph von, Geschichte des Bayerischen Kriminalrechts, München 1803.

Lipowsky, Felix Joseph von, Baierns Kirchen- und Sitten-Polizei unter seinen Herzögen und Churfürsten, München 1821.

Maister Franntzn Schmidts Nachrichters inn Nürmberg all sein Richten, hrsg. von Albrecht Keller 1913, ND mit einer Einleitung von Wolfgang Leiser, Neustadt a. d. Aisch 1979.

Manz, Caspar, Commentarius in Carolinam … quatenus de processu criminali agitur, Ingolstadt 1650 (ND Frankfurt 1976).

Martschukat, Jürgen, Inszeniertes Töten, Eine Geschichte der Todesstrafe vom 17. bis zum 19. Jh., Köln u. a. 2000.

Marzahn, Christian, Das Zucht- und Arbeitshaus. Die Kerninstitution frühbürgerlicher Sozialpolitik, in: Christian Marzahn/Hans-Günther Ritz (Hrsg.), Zähmen und Bewahren. Die Anfänge bürgerlicher Sozialpolitik, Bielefeld 1984.

Mayer, Karl, Schinder und Scharfrichter im Hochstift Freising, Freising 1991.

Mayer, Manfred, Quellen zur Behördengeschichte Bayerns. Die Neuorganisationen Herzog Albrechts V., Bamberg 1890.

Mayr, Karl Georg, Sammlung der Churpfalz-Baierischen allgemeinen und besonderen Landes-Verordnungen, 6 Bde., München 1784–1799 (= Generaliensammlung).

Merzbacher, Friedrich, Das „Alte Halsgerichtsbuch" des Hochstifts Eichstätt, in: ZRG GA 73 (1956), S. 375–396.

Merzbacher, Friedrich, Die Hexenprozesse in Franken, 2. Aufl., München 1970.

Mitteis, Heinrich – Lieberich, Heinz, Deutsche Rechtsgeschichte. Ein Studienbuch. 18. Aufl. 1988.

Mittermaier, Hans, Die geschichtliche Entwicklung des Asylrechts und die Grundlagen der Asylgewährung in Bayern, Diss. München 1950.

Müller, Reinhard, Studien zum Inzichtverfahren nach bayerischen Quellen (Leipziger rechtswissenschaftliche Studien 115), Leipzig 1939.

Müller-Wirthmann, Bernhard, Raufhändel. Gewalt und Ehre im Dorf, in: Dülmen, Richard van (Hrsg.), Kultur der einfachen Leute. Bayerisches Volksleben im 16.–19. Jh., München 1983, S. 79–111.

Mussinan, Joseph Ritter v., Bayerns Gesetzgebung, München 1835.

Norenberc – Nürnberg 1050 bis 1806, Ausstellungskatalog Staatsarchiv Nürnberg, München 2000.

Nowosadtko, Jutta, Scharfrichter und Abdecker. Der Alltag zweier „unehrlicher Berufe" in der Frühen Neuzeit, Paderborn 1994.

Osenbrüggen, Eduard, Das alemannische Strafrecht im deutschen Mittelalter, Schaffhausen 1860 (ND Aalen 1968).

Overath, Petra, Tod und Gnade. Die Todesstrafe in Bayern im 19. Jh., Köln 2001.

Parigger, Harald, Das Bamberger Stadtrecht (Veröffentlichungen der Gesellschaft für fränkische Geschichte, Reihe X, Bd. 12), Würzburg 1983.

Peitzsch, Wolfram, Kriminalpolitik in Bayern unter der Geltung des Codex Juris Criminalis Bavarici von 1751 (Münchner Universitätsschriften 8), München 1968.

Perneder, Andreas, Von Straff und Peen aller und jeder Malefizhandlung ein kurzer Bericht, hrsg. v. Octavianus Schrenck, Ingolstadt 1564.

Pfeiffer, Gerhard, Die königlichen Landfriedenseinigungen in Franken, in: Der deutsche Territorialstaat im 14. Jh., Bd. 2 (Vorträge und Forschungen 14), Sigmaringen 1971, S. 229–253.

Pfister, Ludwig, Aktenmäßige Geschichte der Räuberbanden an den beiden Ufern des Mains, in Spessart und im Odenwalde, Heidelberg 1812.

Pültz, Hermann, Die Tortur im bayerischen Strafverfahren von Kreittmayr bis Feuerbach, Diss. jur. Erlangen 1946.

Quanter, Rudolf, Die Folter in der Deutschen Rechtspflege sonst und jetzt, Dresden 1900 (ND Aalen 1970).

Quanter, Rudolf, Die Schand- und Ehrenstrafen in der Deutschen Rechtspflege, Dresden 1901 (ND Aalen 1970).

Reif, Heinz (Hrsg.), Räuber, Volk und Obrigkeit. Studien zur Geschichte der Kriminalität in Deutschland seit dem 18. Jh., Frankfurt am Main 1984.

Riezler, Sigmund, Geschichte Baierns, 8 Bde., Gotha 1878–1914 (ND Aalen 1964).

Riezler, Sigmund, Geschichte der Hexenprozesse in Bayern, Stuttgart 1896 (ND Aalen 1968).

Roetzer, Karl, Die Delikte der Abtreibung, Kindestötung sowie Kindesaussetzung und ihre Bestrafung in der Reichsstadt Nürnberg, Diss. Jur. Erlangen 1957.

Rosenthal, Eduard, Geschichte des Gerichtswesens und der Verwaltungsorganisation Baierns, 2 Bde., Würzburg 1889–1906 (ND Aalen 1968).

Ruping, Hinrich, Grundriß der Strafrechtsgeschichte, 3. Aufl., München 1998.

Schild, Wolfgang, Alte Gerichtsbarkeit. Vom Gottesurteil bis zum Beginn der modernen Rechtsprechung. 2. Aufl. München 1985.

Schlosser, Hans, Zum Rechtsquellencharakter der bayerischen Polizeimandate des 16. Jh.s, in: Archivalische Zeitschrift 75 (1979), S. 225–232.

Schlosser, Hans, Rechtsgewalt und Rechtsbildung im ausgehenden Mittelalter, in: ZRG GA 100 (1983), S. 9–52.

Schlosser, Hans, Die Galeerenstrafe in Süddeutschland als Reaktion auf Preisrevolution und Großmachtpolitik (16.–18. Jh.), in: Reinhard Blum/Manfred Steiner (Hrsg.), Aktuelle Probleme der Marktwirtschaft in gesamt- und einzelwirtschaftlicher Sicht, FG zum 65. Geburtstag von Louis Perridon, Berlin 1984, S. 87–114.

Schlosser, Hans, Die Strafe der Galeere für Kriminelle aus Bayern und Schwaben – Menschenhandel als Strafvollzug im 16.–18. Jh., in: Rieser Kulturtage. Dokumentation V/1984, Nördlingen 1985, S. 265–290.

Schlosser, Hans, Die Strafe der Galeere als Verdachtsstrafe, in: „Nit anders denn liebs und guets." Petershauser Kolloquium aus Anlaß des achtzigsten Geburtstags von Karl S. Bader, hrsg. v. Clausdieter Schott und Claudio Soliva, Sigmaringen 1986, S. 133–141.

Schlosser, Hans, Rechtsetzung und Gesetzgebungsverständnis im Territorialstaat Bayern im 16. Jh., in: ZBLG 50 (1987), S. 41–61.

Schlosser, Hans und Schwab Ingo, Das Oberbayerische Landrecht Kaiser Ludwigs des Bayern von 1346. Edition, Übersetzung und juristischer Kommentar, Köln u. a. 2000.

Schmeller, Johann Andreas/Fromann, Georg Karl, Bayrisches Wörterbuch, 2 Bde, 2. Aufl., München 1872/1877 (ND Aalen 1973).

Schmelzeisen, Gustav Klemens, Polizeiordnungen und Privatrecht (Forschungen zur neueren Privatrechtsgeschichte, Bd. 3), Köln 1955.

Schmidt, Eberhard, Der Inquisitionsprozeß in ober- und niederbayerischen Rechtsquellen des 15. und 16. Jh.s, in: FS Hellmuth von Weber, Bonn 1963, S. 32–55.

Schmidt, Eberhard, Einführung in die Geschichte der deutschen Strafrechtspflege, Jurisprudenz in Einzeldarstellungen Bd. 1, 3. Aufl., Göttingen 1965.

Schmidt, Eberhard, Zur Entwicklung des Inquisitionsprozesses in Baiern, in: Zeitschrift für die gesamte Strafrechtswissenschaft 85 (1973), S. 857 ff.

Schnabel-Schüle, Helga, Kirchenzucht als Verbrechensprävention, in: Kirchenzucht und Sozialdisziplinierung im frühneuzeitlichen Europa, Berlin 1994, S. 49–64.

Schneid, Josef, Das Rechtsverfahren wider die Hexen zu Wemding im ersten Drittel des 17. Jh.s, in: OA 57 (1913), S. 118–195.

Schnelbögl, Wolfgang, Die innere Entwicklung der bayerischen Landfrieden des 13. Jh.s, Heidelberg 1932.

Schormann, Gerhard, Strafrechtspflege in Braunschweig-Wolfenbüttel 1599–1633, in: Braunschweiger Jahrbuch 55 (1974), S. 90–122.

Schrittenloher, Joseph, Aus der Gutachter- und Urteilstätigkeit der Ingolstädter Juristenfakultät im Zeitalter der Hexenverfolgungen, in: Jahrbuch für fränkische Landesforschung 23 (1963), S. 315–353.

Schroeder, Friedrich Christian (Hrsg.), Die Carolina. Die Peinliche Gerichtsordnung Kaiser Karls V. von 1532 (Wege der Forschung 626), Darmstadt 1986.

Schrott, Konrad, Am Galgen, Rad und Schwert. Strafgerichtsbarkeit im Hochstift Bamberg, Gundelsheim 1991.

Schubert, Ernst, Arme Leute, Bettler, Gauner im Franken des 18. Jh.s (Veröffentlichungen der Gesellschaft für Fränkische Geschichte, R 9, 26), Neustadt/Aisch 1983.

Schuhmann, Helmut, Der Scharfrichter. Seine Gestalt – seine Funktion (Allgäuer Heimatbücher 67), Kempten 1964.

Schulte, Regina, Das Dorf im Verhör. Brandstifter, Kindsmörderinnen und Wilderer vor den Schranken des bürgerlichen Gerichts in Oberbayern 1848–1910, Hamburg 1989.

Schultheiß, Werner, Altnürnberger Rechtspflege und ihre Stätten, in: Mitteilungen des Vereins für Geschichte der Stadt Nürnberg 61 (1974), S. 188–203.

Schüßler, Martin, Statistische Untersuchung des Verbrechens in Nürnberg im Zeitraum von 1285 bis 1400, in: ZRG GA 108 (1991), S. 117–193.

Segall, Josef, Geschichte und Strafrecht der Reichspolizeiordnungen von 1530/48/77 (Strafrechtliche Abhandlungen, Heft 183), Breslau 1914.

Segl, Peter (Hg.), Der Hexenhammer. Entstehung und Umfeld des Malleus malificarum von 1487, Köln–Wien 1988.

Sellert, Wolfgang, Rüping Hinrich, Studien- und Quellenbuch zur Geschichte der deutschen Strafrechtspflege, Bd. 1: Von den Anfängen bis zur Aufklärung, Aalen 1989.

Spindler, Max (Hrsg.), Handbuch der bayerischen Geschichte, Bd. 2, 2. Aufl., München 1977.

Stahleder, Erich (Hrsg.), „Gerechtigkeit erhöht ein Volk“. Recht und Rechtspflege in Bayern im Wandel der Geschichte, Ausstellungskatalog, München 1990.

Stieve, Felix, Das kirchliche Polizeiregiment in Baiern unter Maximilian I. (1595–1651), München 1876.

Strafjustiz in alter Zeit (Schriftenreihe des mittelalterlichen Kriminalmuseums Rothenburg ob der Tauber 3), Rothenburg ob der Tauber 1980.

Striedinger Ivo, Des Kriminalisten Feuerbach Verhältnis zu Bayern, insbesondere sein Anteil an der Aufhebung der Folter, in: ZBLG 8 (1935), S. 230 ff.

Thiersch, Bernhardt, Vervemung des Herzogs Heinrich des Reichen von Baiern durch die heimliche Acht in Westphalen, Essen 1835.

Trusen, Winfried, Strafprozeß und Rezeption. Zu den Entwicklungen im Spätmittelalter und den Grundlagen der Carolina, in: Peter Landau/Friedrich-Christian Schroeder (Hrsg.), Strafrecht, Strafprozeß und Rezeption. Grundlagen, Entwicklung und Wirkung der Constitutio Criminalis Carolina, Frankfurt am Main 1984, S. 29–118.

Trusen, Winfried, Der Inquisitionsprozeß. Seine historischen Grundlagen und frühen Formen, in: ZRG KA 105 (1988), S. 168–230.

Trusen, Winfried, Vom Inquisitionsprozeß zum Ketzer- und Hexenprozeß, in: Dieter Schwab (Hrsg.), Staat, Kirche, Wissenschaft in einer pluralistischen Gesellschaft. FS für Paul Mikat, Berlin 1989, S. 435–450.

Vogel, Hubert, Der große Schongauer Hexenprozeß und seine Opfer 1589–1592, Schongau 1989.

Vogel, Hubert, Leibesstrafen und Scharfrichtergebühren in der Hexenprozeßzeit, in: Lech-Isar-Land 1992, S. 133–138.

Volkert, Wilhelm (Hg.), Handbuch der bayerischen Ämter, Gemeinden und Gerichte 1799–1980, München 1983.

Wächtershausen, Wilhelm, Das Verbrechen des Kindsmordes im Zeitalter der Aufklärung. Eine rechtsgeschichtliche Untersuchung der dogmatischen, prozessualen und rechtssoziologischen Aspekte (Quellen und Forschungen zur Strafrechtsgeschichte 3), Berlin 1973.

Waizenegger, Ferdinand, Disputatio Juridica de Maleficis et processu adversus eos instituendo, Ingolstadt 1629.

Weitnauer, Alfred, Allgäuer Chronik, 3 Bde., Kempten 1962–1972.

Wolff, Helmut, Geschichte der Ingolstädter Juristenfakultät (1472–1625) (Ludovico Maximilianea 5), Berlin 1973.

Wüst, Wolfgang, Inqusitionsprozeß und Hexenverfolgung im Hochstift Augsburg im 17. und 18. Jh., in: ZBLG 50 (1987), S. 109–126.

Wüstendörfer, Maria Theresia, Das baierische Strafrecht des 13. und 14. Jh.s, München 1942.

Zallinger, Otto von, Das Verfahren gegen die landschädlichen Leute in Süddeutschland. Ein Beitrag zur mittelalterlich-deutschen Strafrechts-Geschichte, Innsbruck 1895.

Zedler, Johann Heinrich, Großes vollständiges Universallexikon aller Wissenschaften und Künste, 64 Bde. und 4 Suppl., Halle/Leipzig 1732 ff. (ND Graz 1961–1964).

Ziegler, Walter, Altbayern von 1550–1651 (Dokumente zur Geschichte von Staat und Gesellschaft in Bayern, Abt. 1, Altbayern vom Frühmittelalter bis 1800, Bd. 3), 2 Bde., München 1992.

Zoepfl, Heinrich (Hrsg.), Die peinliche Gerichtsordnung Kaiser Karl V. nebst der Bamberger und der Brandenburger Halsgerichtsordnung, sämtlich nach den ältesten Drucken und mit den Projecten der peinlichen Gerichtsordnung Kaiser Karl V. von den Jahren 1521 und 1529, 2. Aufl., Leipzig–Heidelberg 1876.

Zumkeller, Cornelia, Bayern nach der französischen Julirevolution. Die Aburteilung politischer Vergehen und Verbrechen durch das Appellationsgericht Landshut/Freising in den Jahren 1832–1840, Diss. München 1991.

Abkürzungen

BayHStA	Bayerisches Hauptstaatsarchiv
Bl.	Blatt
fl.	florens = Gulden
FS	Festschrift
GR	Generalregistratur
HAB	Historischer Atlas von Bayern
HDA	Handwörterbuch des deutschen Aberglaubens
HR	Hofamtsregistratur
HRG	Handwörterbuch für Rechtsgeschichte
Hrsg.	Herausgeber
HZR	Hofzahlamtsrechnungen
Kfst.	Kurfürstentum
KHR	Kurbayern Hofrat (= Protokolle des Hofrats)
LO	Landesordnung
ND	Nachdruck
O	Ordnung
OA	Oberbayerisches Archiv
RTA	Reichstagsakten
StA	Staatsarchiv
StadtA	Stadtarchiv
ZBLG	Zeitschrift für bayerische Landesgeschichte
ZRG GA	Zeitschrift für Rechtsgeschichte, Germanisitische Abteilung
ZRG KA	Zeitschrift für Rechtsgeschichte, Kanonistische Abteilung

Verzeichnis der Abbildungen

(in Kurzform)

Register

Vorbemerkung: Nicht im einzelnen aufgelistet sind häufig zitierte Gesetze wie die Bamberger Halsgerichtsordnung 1507, die Carolina 1532, die bayerischen Landes- und Polizeiordnungen (1516/18, 1553 und 1578), das bayerische Landrecht von 1518 und 1616, der bayerische Kriminalcodex von 1751 oder das bayerische Strafgesetzbuch von 1813. Von den Stichworten des GLOSSARS (S. 318–328) wurden nur die wichtigsten zusätzlich in das Register aufgenommen.

Bildnachweis

Bayerisches Hauptstaatsarchiv: S. 23, 30, 43, 62, 65, 92, 126, 147, 150, 208, 212, 240, 242–244, 257, 262, 267, 271, 290, 297, 300, 303, 307, 308
Heimatmuseum Miesbach: 302
Spessartmuseum Lohr: S. 88
Staatsarchiv München: S. 84, 100, 173, 174, 175, 205, 206, 310
Staatsarchiv Würzburg: S. 194
Stadtarchiv München: S. 25, 113
Stadtarchiv Volkach: S. 41
Stadtmuseum München: S. 121, 260, 288
Universitätsbibliothek Augsburg: S. 28
Universitätsbibliothek München: S. 14

Die restlichen Bilder sind aus Privatbesitz bzw. aus den Buchbeständen der Amtsbücherei des Bayerischen Hauptstaatsarchivs.